职业教育系列教材 · 城市轨道交通类
城市轨道交通运营管理系列　精品教材

# 城市轨道交通车站设备

龙　讯　梁晓芳　黄泳霖◎主　编

中国建材工业出版社
北　京

**图书在版编目（CIP）数据**

城市轨道交通车站设备/龙讯，梁晓芳，黄泳霖主编. --北京：中国建材工业出版社，2024.4

职业教育系列教材. 城市轨道交通类

ISBN 978-7-5160-4002-7

Ⅰ.①城… Ⅱ.①龙… ②梁… ③黄… Ⅲ.①城市铁路—车站设备—高等职业教育—教材 Ⅳ.①U239.5

中国国家版本馆 CIP 数据核字（2023）第 240617 号

**城市轨道交通车站设备**

CHENGSHI GUIDAO JIAOTONG CHEZHAN SHEBEI

龙 讯 梁晓芳 黄泳霖 主编

出版发行：中国建材工业出版社

地　　址：北京市海淀区三里河路 11 号

邮　　编：100831

经　　销：全国各地新华书店

印　　刷：北京雁林吉兆印刷有限公司

开　　本：787mm×1092mm 1/16

印　　张：17.5

字　　数：440 千字

版　　次：2024 年 4 月第 1 版

印　　次：2024 年 4 月第 1 次

**定　　价：49.80 元**

---

本社网址：www.jccbs.com，微信公众号：zgjcgycbs

# 本书编委会


**主　编**　龙　讯　梁晓芳　黄泳霖

**副主编**　田欣蕊　穆云江　于亚峰　吕　丹　邵正萍

**参　编**　胡兴丽　蒋镇航　刘　杰　徐艺宁　吴佳宁　汪　亮　黄艳清

# 前　言

随着我国城市轨道交通运营里程的不断增加，轨道交通行业对城市轨道交通运营管理人才的需求也在不断增大。目前国内开设城市轨道交通运营管理、城市轨道交通机电技术等相关专业的高等职业院校逐渐增多，相关企业也需要更多具有专业职业素养，掌握相关岗位所需理论知识与操作技能的高素质技能型人才。本教材在编写过程中依据项目引领、任务驱动的职业教育理念，按照任务导入、知识准备、任务实施的思路，基于城市轨道交通站务员、行车值班员、客运值班员、值班站长、机电设备维修工等岗位的职业能力分析，结合企业实际生产项目和典型需求编写而成。

本书以项目任务形式编写，以行业相关核心岗位所需的理论知识和操作技能为主，对城市轨道交通车站设备相关知识进行了阐述。本书主要包括轨道交通车站认知、车站自动售检票系统、车站消防系统、环控及给排水系统、低压动力照明系统、站台门系统、自动扶梯及电梯系统等项目，每个教学任务均包含任务实施，教材内容理论联系实际，让学生真正掌握相关知识内容。

本书由重庆公共运输职业学院龙讯、梁晓芳和广西交通技师学院黄泳霖担任主编；重庆公共运输职业学院穆云江、于亚峰、吕丹，重庆科技职业学院邵正萍，天津市消防救援总队轨道交通支队田欣蕊担任副主编；重庆公共运输职业学院胡兴丽、蒋镇航，重庆工程职业技术学院刘杰，重庆科技职业学院徐艺宁、吴佳宁，重庆交通技师学院汪亮，重庆工贸技师学院黄艳清参编相关工作。项目一、项目四、项目五由重庆公共运输职业学院龙讯、穆云江，广西交通技师学院黄泳霖编写；项目二由重庆公共运输职业学院梁晓芳编写；项目三由天津市消防救援总队轨道交通支队田欣蕊编写；项目六、项目七由重庆公共运输职业学院吕丹、于亚峰、重庆科技职业学院邵正萍编写。

本教材编写过程中参考引用了部分轨道交通企业的技术资料及相关文献，在此表示衷心的感谢，鉴于编者水平及实践经验的局限性，对各种问题的分析和处理不免有偏颇不足之处，敬请读者批评指正。

编　者

# 目 录

**项目一 城市轨道交通车站认知** …… 1
项目背景 …… 1
项目任务书 …… 2
任务一 城市轨道交通车站的分类 …… 3
任务二 城市轨道交通车站的主要功能区 …… 5
任务三 城市轨道交通车站的具体布置及相关设备 …… 8
任务四 城市轨道交通车站设备配置原则 …… 14

**项目二 车站自动售检票系统的操作与维护** …… 17
项目背景 …… 17
项目任务书 …… 18
任务一 自动售检票系统的认识 …… 19
任务二 自动售票机的操作与维护 …… 28
任务三 自动检票机的操作与维护 …… 59
任务四 半自动售票机的操作与维护 …… 86

**项目三 车站消防系统的操作与维护** …… 102
项目背景 …… 102
项目任务书 …… 103
任务一 消防基础知识 …… 104
任务二 火灾自动报警系统 …… 106
任务三 消防联动系统及其工作 …… 119
任务四 常见消防设备的使用 …… 127

**项目四 环控系统与给排水系统的操作与维护** …… 131
项目背景 …… 131
项目任务书 …… 132
任务一 环控系统的运行与操作 …… 133
任务二 给排水系统使用与维护 …… 153

**项目五 车站低压动力照明配电系统的操作与维护** …… 179
项目背景 …… 179
项目任务书 …… 179

任务一　低压配电及照明系统运行 …… 180
任务二　车站低压配电及照明系统设备的使用及运行维护 …… 203
任务三　UPS 应急操作 …… 208

**项目六　站台门系统的操作与维护** …… 219
项目背景 …… 219
项目任务书 …… 221
任务一　站台门系统的使用与运行维护 …… 222
任务二　站台门系统的故障处理 …… 236

**项目七　自动扶梯及电梯系统的操作与维护** …… 244
项目背景 …… 244
项目任务书 …… 244
任务一　自动扶梯的使用与运行管理 …… 245
任务二　垂直电梯的使用与运行管理 …… 258
任务三　自动扶梯系统及电梯系统的应急处理 …… 267

**参考文献** …… 274

# 项目一　城市轨道交通车站认知

## 项目背景

根据《城市交通分类标准》（CJJ/T 114—2007）中的定义，城市轨道交通为采用轨道结构进行承重和导向的车辆运输系统，依据城市交通总体规划的要求，设置全封闭或部分封闭的专用轨道线路，以列车或单车形式，运送相当规模客流量的公共交通方式。城市轨道交通是城市公共交通的骨干，具有节能、省地、运量大、全天候、无污染（或少污染）又安全等特点，属绿色环保交通体系，特别适应于大中城市。

2020年底“十三五”结束时，我国城轨交通的运营规模已稳居世界第一，运营里程数的总长度超过6000公里。到2024年1月，我国55个城市开通运营城市轨道交通线路308条，运营里程已超过1万公里。在城轨行业高速发展的同时，也存在大而不强等问题，突出表现为：一是重线路、轻网络，导致网络结构功能与统筹综合能力不强，主要城市在轨道交通网络规模及多制式融合发展方面，与世界级城市相比仍有差距；二是重建设、轻管理，造成运输品质不高；三是重运营、轻经营，行业可持续发展的能力有待提高；四是重吸收、轻原创，核心装备自主化能力、关键技术攻关能力亟待加强；五是重短期、轻长期，短期建设投资和长期运维成本巨大，使得大规模投资可持续性有待改善。

我国城轨交通发展的总体战略可分为3个阶段：第一阶段节点为现在至2025年，是网络快速发展阶段，城轨交通总量规模继续发展，多系统制式协调推进；第二阶段至2035年，是区域融合发展阶段，在完善网络建设的同时，从侧重提高运输能力过渡到侧重改善服务质量和效率，实现装备及技术的自主化；第三阶段至本世纪中叶，为高质量发展阶段，我国要进入城轨强国的前列，中国城轨交通的技术和标准将引领世界轨道交通的发展。

城市轨道交通是有轨交通，其运输组织、功能实现、安全保证均应遵循有轨交通的客观规律。在运输组织方面，要实行集中调度、统一指挥、按运行图组织行车；在功能实现方面，各有关设备（如隧道、线路、供电、车辆、通信、信号、车站机电设备等）均应保证状态良好，运行正常；在安全保证方面，主要依靠设备正常运行和合理行车组织来保证必要的行车间隔和正确的行车径路。

城市轨道交通设备基本上可分为线路和站场、车辆和牵引供电、通信和信号、供电系统、车站系统运营设备（包括自动售检票系统、门禁系统、火灾自动报警系统、自动灭火系统、车站机电设备、环控系统、机电设备监控系统、乘客引导信息服务设备等）等。这些设备是城市轨道交通的“硬件”，是正常运营的物质基础，是安全的技术保证。城市轨道交通中采用了以计算机处理技术为核心的各种自动化设备，代替了人工的、机械的、电气的行车组织、设备运行和安全保证系统，从而使城市轨道交通运营更为可靠、更为安全。

车站系统运营设备简称车站设备。掌握车站设备原理、操作和维护，是车站工作人员的基本要求。首先是要认知车站、车站设备。

## 项目任务书

城市轨道交通车站的认知项目任务书如表 1-1 所示。

**表 1-1 城市轨道交通车站的认知项目任务书**

| 名称 | 城市轨道交通车站的认知 | |
|---|---|---|
| 学习目标 | 知识目标 | 1. 了解城市轨道交通车站的 4 种分类方法，能叙述城市轨道交通车站的各种分类<br>2. 熟悉城市轨道交通车站的主要功能区，能叙述城市轨道交通车站主要功能区的作用和设备种类<br>3. 熟悉地面出入口的要求和布置方式<br>4. 熟悉中间站厅的功能及布置方式<br>5. 熟悉地下站台的组成和分类<br>6. 掌握各类乘降设备的特点和要求<br>7. 熟悉换乘通道的特点<br>8. 掌握城市轨道交通车站设备的配置原则 |
| | 技能目标 | 1. 能判断城市轨道交通车站的类型<br>2. 熟悉城市轨道交通车站主要功能区的作用和设备种类，能有效地指导旅客快速集散<br>3. 熟悉城市轨道交通车站的具体布置及相关设备，具备流程和设备选型的优化能力<br>4. 掌握城市轨道交通车站设备的配置原则，具备优化配置能力 |
| | 素质目标 | 1. 具有良好的社会公德、职业道德和专业基本素质<br>2. 具有强烈的法律意识、安全环境保护意识、安全与自我保护意识<br>3. 具有沟通协调能力、语言表达能力、班组管理能力<br>4. 培养团结协作、热情有礼、认真细心、沉着冷静、遇乱不惊的职业素养 |
| 学习内容 | 任务一　城市轨道交通车站的分类<br>　工作任务　阐述城市轨道交通车站的分类<br>任务二　城市轨道交通车站的主要功能区<br>　工作任务　阐述城市轨道交通车站的主要功能区<br>任务三　城市轨道交通车站的具体布置及相关设备<br>　工作任务一　阐述地面出入口的要求和布置方式<br>　工作任务二　阐述中间站厅的功能及布置方式<br>　工作任务三　阐述地下站台的组成和分类<br>　工作任务四　阐述各类乘降设备的特点和要求<br>　工作任务五　阐述换乘通道的特点<br>任务四　城市轨道交通车站设备的配置原则<br>　工作任务　阐述城市轨道交通车站设备的配置原则 | |

一、任务描述

城市轨道车站站务员应了解城市轨道交通车站的分类方法，确定车站类型，明确车站的业务分布；熟悉城市轨道交通车站主要功能区的作用和设备种类，有效地指导和帮助旅客快速集散；熟悉地面出入口的要求和布置方式、中间站厅的功能及布置方式、地下站台的组成和分类，掌握各类乘降设备的特点和要求，熟悉换乘通道的特点，具备流程和设备选型的优化能力；掌握城市轨道交通车站设备的配置原则，具备优化配置能力。

任务完成时要求做到：

1. 阐述城市轨道交通车站的分类，分析判断某个车站的具体类型；

续表

| |
|---|
| 2. 针对某个车站，分析阐述其主要功能区的作用和设备种类，并编制使用说明；<br>3. 针对某个车站，分析阐述其地面出入口的布置方式、中间站厅的布置方式、地下站台的组成、各类乘降设备的特点和要求，并编制使用说明，提出优化设计方案；<br>4. 针对某个车站，对照城市轨道交通车站设备配置原则，提出配置改进方案。<br>5. 学生以团队组织讨论学习，每个工作任务可由一名学生代表进行讲解分析；<br>6. 学习团队和教师对每名学生的说明文件、优化方案和改进方案，以及阐述过程等，进行任务评价。<br>二、任务实施说明<br>1. 将授课班级学生分组，每小组 5～8 人为一个学习团队；<br>2. 每个学习团队组织学习，进行项目任务分析、任务分配、制定团队工作任务分配表；<br>3. 资料学习、相关知识准备，完成项目的资讯环节；<br>4. 现场教学、资源利用，完成项目的实施演练环节；<br>5. 学习团队按任务分配表制作相关 PPT 汇报演讲稿，团队派代表上台演讲。 |
| 任务下发人：<br>日期：　　年　　月　　日 |
| 任务执行人：<br>日期：　　年　　月　　日 |

# 任务一　城市轨道交通车站的分类

## 一、任务导入

城市轨道交通运营系统由多个分别实现不同功能的子系统构成，包括车辆、线路、车站三大基础设备及电气、运行和信号等控制系统。

城市轨道车站是供列车停靠，旅客乘降、集散的重要设施，车站的选址、布置、规模等对轨道交通运营效果具有决定性意义。车站既为乘客提供安全、便捷、舒适的乘车条件，又能吸引更多的客流，获得更好的运营效益，同时也是列车车辆到发、通过、折返、临时停车的地点。它既是轨道交通系统对外提供客运服务的窗口，又是系统内部最主要的生产基地。它既是城市轨道交通客运服务的起点，也是客运服务的终点。

## 二、知识准备

城市轨道交通车站分类方法有多种，一般常用的分类方法包括按运营特点、规模、位置和是否具有站控功能 4 种。

### （一）按运营特点分类

按运营特点分类，城市轨道交通车站可分为中间站、区域站、换乘站、枢纽站、联运站和终点站。各种车站分类示意图如图 1-1 所示。

中间站仅供乘客上下车之用，功能单一，是城市轨道交通路网中数量最多的基本站型。

区域站又称为折返站，是设在线路中间可供列车折返、开行区间列车的车站，站内有折返线和设备，区域站兼有中间站的功能。所谓折返线，是指在线路两端终点站（对

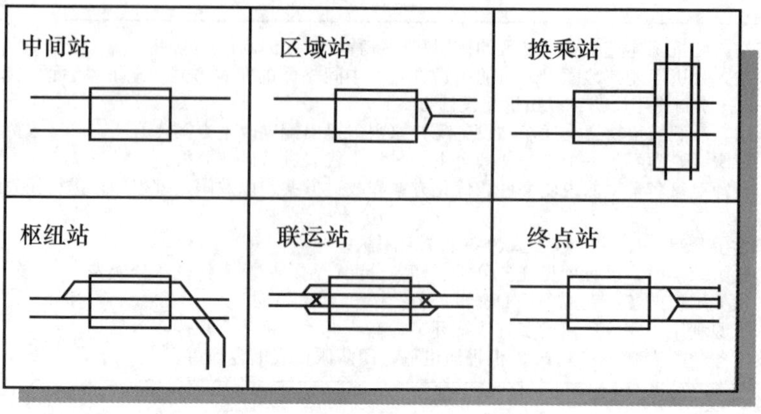


图 1-1　各种车站分类示意图

于环线，也需要设两个“终点站”）或者准备开行折返列车的区间站设置的专供列车折返掉头的线路。

换乘站是在两条或两条以上城市轨道交通线交叉点上设置的车站，除了具有中间站的功能外，更主要的是还可以从一条线路上的车站通过换乘设施转换到另一条线路上的车站。

枢纽站位于城市轨道交通线路分岔的地方，其中有一条是正线，可以在两个方向上接车和发车，接送两条线路上的乘客。

联运站具有中间站和换乘站双重功能，车站内设有两种不同性质的列车线路，以进行联运及客流换乘。

终点站是线路两端的端点车站，除了供乘客上下车外，还用于列车折返及停留，因此，终点站一般设有多股停车线。如果线路需要延长，终点站即变为中间站或区域站。

### （二）按规模分类

按照车站客流量大小可进行如下分类。

（1）大型车站：高峰每小时客流量达 3 万人次以上。

（2）中型车站：高峰每小时客流量达 2 万～3 万人次。

（3）小型车站：高峰每小时客流量达 2 万人次以下。

### （三）按位置分类

（1）地下站：由于地面建筑已固定，或是为节省地面空间，埋藏于地下。车站过出入口及通道引导客流。其中按埋藏深度又可分为浅埋式车站、中埋式车站和深埋式车站 3 种，其中浅埋式车站轨顶至地表距离小于 15m，中埋式车站轨顶至地表距离为 15～25m，深埋式车站轨顶至地表距离大于 25m，缺点是造价比地面站高很多。

（2）地面站：设置在地面层。地面车站造价比较低，工程量小，布置灵活；缺点是占用地面空间，造成轨道交通线路经过的地面区域分割，所以，一般在城乡结合部采用此类型的车站。

（3）高架车站：置于高架桥梁的桥面，结构上比较简单，造价大大低于地下站；缺点是有永久性阴影区，对城市街道景观的影响较大。

### （四）按是否具有站控功能分类

城市轨道交通车站按是否具有站控功能可分为集中站和非集中站。集中站通常为有道岔的车站，具有站控功能。集中站车站值班员可根据调度命令监控集中站管辖线路上列车的运行，执行扣车与催发车等列车运行调整措施。非集中站通常为无道岔车站。

## 三、任务实施

**工作任务　阐述城市轨道交通车站的分类**

制作 PPT，阐述城市轨道交通车站的分类。

## 四、任务评价

城市轨道交通车站的分类评价表如表 1-2 所示。

**表 1-2　城市轨道交通车站的分类评价表**

<table>
<tr><td>项目任务</td><td colspan="5">城市轨道交通车站的分类</td></tr>
<tr><td>班级</td><td></td><td>姓名</td><td></td><td>评价时间</td><td></td></tr>
<tr><td colspan="6">【考核内容】</td></tr>
<tr><td>考核项目</td><td colspan="3">考核标准</td><td>分值</td><td>得分</td></tr>
<tr><td>城市轨道交通车站的分类方法</td><td colspan="3">清晰阐述城市轨道交通车站的分类</td><td>15</td><td></td></tr>
<tr><td rowspan="2">某车站的类型及业务分布分析</td><td colspan="3">类型分析逻辑性</td><td>10</td><td></td></tr>
<tr><td colspan="3">业务分布分析全面、重点突出</td><td>25</td><td></td></tr>
<tr><td rowspan="3">制作内容</td><td colspan="3">制作能清晰展示城市轨道交通车站分类的 PPT 演讲稿</td><td>15</td><td></td></tr>
<tr><td colspan="3">要求类型分析图形准确、文字流畅</td><td>15</td><td></td></tr>
<tr><td colspan="3">做到业务分析熟练、图文并茂</td><td>20</td><td></td></tr>
<tr><td colspan="6">指导教师意见：</td></tr>
<tr><td colspan="6">说明：1. 建议采用四级评分制（如 90%～100%、80%～90%、60%～80%、<60%）。<br>2. 主要采用小组互评的方式进行评价，教师最后进行参考评分。</td></tr>
</table>

# 任务二　城市轨道交通车站的主要功能区

## 一、任务导入

城市轨道交通车站基本上分为两大部分：一是乘客使用空间，二是涉及车站运营的技术设备用房及管理用房。

乘客使用空间是直接为乘客服务的区域，主要包括站厅层公共区、站台层公共区、售票处、检票口、问讯、公用小卖部、楼梯、自动扶梯及垂直电梯、公共卫生间和无障碍公厕等。

车站公共区应划分为付费区与非付费区；站厅层要有足够的公共区域面积，以满足高峰时段客流的集散，并要有足够数量的售检票设备和其他公共服务设施；站台层要有足够的站台宽度，并有分布均匀的楼梯、自动扶梯和满足列车编组停靠的有效站台长度。

设备用房及管理用房是为保证正常运营条件和营业秩序而设置的，主要包括车站综合控制室、站长室、值班室、公安安全室、安全门设备室、公共通信机房、通信设备室、信号设备室、AFC 机房、AFC 票务室、公安消防设备室、消防泵房、污水泵房、废水泵房、工务用房、气瓶间、变电所、照明配电室、风机监控室、环控机房、小系统通风机房和会议交接班室等，它们一般分设于站厅层和站台层的两端。

城市轨道交通车站一般可分为 6 个主要功能区：出入口、站厅层、站台层、车站控制室、综合开发区和车站设备房区。

## 二、知识准备

### （一）出入口

旅客进出车站的通道，也可能作为城市过街地道。设置时出入口不宜过长，并应该满足人防、消防和紧急疏散等有关要求。为确保乘客的人身安全，方便乘客及疏散客流，一个车站通常设有多个出入口，一般不少于 2 个（有关条文规定：至少有两个以上达到使用要求的出入口，轨道交通车站方可投入使用）。同时为方便乘客识别，车站出入口一般采用编号进行区分。

### （二）站厅层

站厅层的一般布局如图 1-2 所示。

图 1-2　站厅层的一般布局

站厅层用于售票和检票，是布置部分服务与控制设备的场所。其布局方式主要取决于车站的售检票方式（人工售检票和自动售检票）。

站厅一般应有付费区和非付费区的功能区别。同时，检售票系统应设在有利于乘客进、出站的位置，以尽量缩短乘客在站内的停留时间。有些地铁的站厅还可考虑与地下商业街连接，如上海地铁 1 号线人民广场站，深圳地铁的科学馆站、大剧院站、购物公园站等。

站厅层的车站设备主要包括自动售票机 TVM、自动充值机（Adding Value Machine，AVM）、验票机（Ticket Checking Machine，TCM）、闸机及票亭等。

### （三）站台层

它是最直接体现车站功能的层面，其主要作用是供列车停靠、乘客候车及上下列车之用。乘客能直接登上或离开到、发列车的候车楼层称为站台层。乘客候车和上、下列车的区域称为站台。站台的大小取决于远期预测的高峰小时的客流量。站台长度一般应满足八节编组的列车停靠，站台宽度按客流量大小计算确定。站台层还设有设备用房及管理用房。一般不设生活用房，因站台直接与股道相接，如无站台门，则安全性较差。

站台层一般布局如图 1-3 所示。

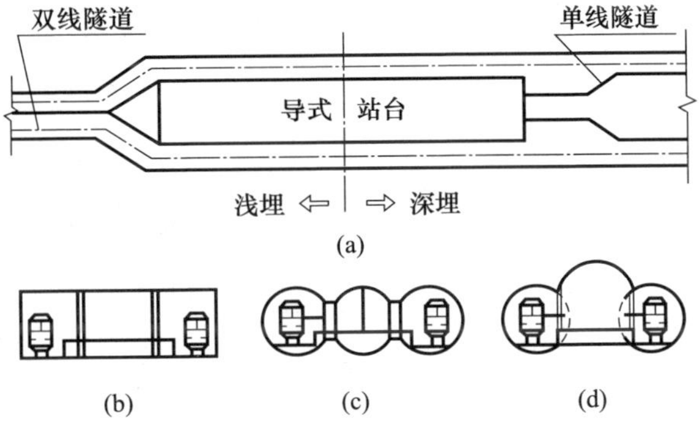


图 1-3　地铁车站站台层一般布局

（a）岛式站台平面；（b）岛式站台剖面 1；（c）岛式站台剖面 2；（d）岛式站台剖面 3

### （四）车站控制室

车站控制室一般应设在便于监视售票、检票楼梯和自动扶梯口等部位的地方，通常设在站厅层。另外，车站强、弱电设备应分开控制，有噪声源的设备用房应远离乘客活动区。

车站控制室内的设备主要包括模拟监控盘（Monitoring Control Panel，MCP）及各种计算机（如设备监控、防灾报警、隧道感温光纤、信息发布、票务系统的车站计算机、显示门禁监控状态的计算机、对讲机等）。

### （五）综合开发区

现代城市轨道交通项目建设特别强调车站及沿线的综合开发能力，如上海地铁 1 号线的火车站、深圳地铁 1 号线的罗湖站和广州地铁 1 号线的广州东站等。综合开发区可与市政公共设施结合，与商业、服务设施结合，与民防工程设施结合等。

### （六）车站设备房区

城市轨道交通车站两端均设置为设备及管理用房区，作为站务人员值班及变电系统、环控系统（含大、小系统，冷冻水系统，风机等）、低压配电及照明系统、通信及信号系统、设备监控系统、站台门的控制系统、自动售检票系统部分设备的放置与监控用房。

## 三、任务实施

**工作任务　阐述城市轨道交通车站的主要功能区**

制作 PPT，阐述城市轨道交通车站的主要功能分区、主要功能区的作用、主要功能区的设备种类。

## 四、任务评价

城市轨道交通车站的主要功能区评价表如表 1-3 所示。

**表 1-3　城市轨道交通车站的主要功能区评价表**

| 项目任务 | 城市轨道交通车站的主要功能区 | | | | |
|---|---|---|---|---|---|
| 班级 | | 姓名 | | 评价时间 | |
| 【考核内容】 | | | | | |
| 考核项目 | 考核标准 | | | 分值 | 得分 |
| 城市轨道交通车站的主要功能区 | 清晰阐述城市轨道交通车站主要功能区的作用、主要功能区的设备种类 | | | 15 | |
| 某车站的主要功能区及设备种类分析 | 主要功能区的示意图清晰合理 | | | 15 | |
| | 主要功能区的作用分析准确 | | | 10 | |
| | 主要功能区设备种类统计准确 | | | 10 | |
| 制作内容 | 制作能清晰展示城市轨道交通车站主要功能区的演讲 PPT | | | 15 | |
| | 某车站主要功能区的作用图片清晰、文字简要明了 | | | 20 | |
| | 主要功能区设备种类统计准确 | | | 15 | |
| 指导教师意见： | | | | | |

说明：1. 建议采用四级评分制（如 90%～100%、80%～90%、60%～80%、<60%）。
　　　2. 主要采用小组互评的方式进行评价，教师最后进行参考评分。

# 任务三　城市轨道交通车站的具体布置及相关设备

## 一、任务导入

为保证城市轨道交通系统车站各功能区的正常运营，需要相应的基建设备和服务设备配套，为乘客提供满意的服务，包括基础设施、服务设施和后勤保障设施等，如售检票系统、自动扶梯、环境控制与保护系统、车站动力供应系统和应急救援系统等。

具体来说，车站辅助用房有运营用房（包括值班室、站长室、广播室、售票室等）、服务用房（包括员工休息室、厕所、盥洗室、茶炉房等）、技术用房（包括通信工作室、信号工作室、继电器室等）、供电用房（包括降压室、牵引变电室、高压变电室、照明配电室、蓄电池室等）和环控用房（包括机电室、空调机房、通风机房、消防器材用房、泵房等）。

下面以地下车站为例，介绍各功能区的设计要素、布置形式和相关设备。

## 二、知识准备

车站内应按功能分为公共区、设备区和办公区，各区应划分合理，功能明确，便于管理，并应符合下列规定。

（1）车站设计规模应根据控制期高峰小时预测的客流集散量和车站行车管理、设备用房的需要确定，要与站厅、站台、出入口通道、楼扶梯及售检票等部位的通过能力相匹配，同时满足事故发生时乘客紧急疏散的需要。应注意车站分向客流、突发客流的影响。超高峰系数根据车站规模及周边用地情况决定的客流性质不同取1.2～1.4。

（2）车站设计应合理组织各种客流，减少相互交叉干扰，保证乘客方便进站、迅速出站，车站的站厅、站台、出入口、通道、楼梯、自动扶梯和售检票机等部位的通过能力应相互匹配。

（3）地铁车站建筑设计应以功能为主，并注重交通性建筑应具备的简洁明快、美观大方、易于识别等特点，建筑设施突出交通功能，体现现代交通建筑的时代气息，同时还应与周围的城市环境相协调。

（4）地下车站应在满足使用功能要求的前提下，尽量优化设备、管理用房布置，并进行标准化、模块化、集约化设计以压缩工程规模，节省投资。

（5）地铁车站设计应积极配合城市地下和地上空间的综合开发并与周边地下过街道、地下商场、人行天桥及物业开发相结合。凡与车站合建或连通的物业开发区、过街通道等公共设施的防火措施，应满足地铁车站要求；发生灾情时，应保证系统的相对独立性和可靠性。

（6）凡与规划路网相交的车站应根据换乘客流量及线路、站址等具体条件选择便捷的换乘方式，当不能同步实施时，应预留接口条件。

（7）车站设计应符合有关规范、规定，满足客流、行车组织与运营管理、设备的要求。

（8）全线需统一考虑无障碍设计。车站应设置无障碍电梯、残疾人专用厕所及盲道等无障碍设施。车站至少应有一处出入口设置无障碍电梯。

（9）地下车站设计应按六级人防设防，车站出入口通道及风道应符合相应的人防要求，站台层端部应预留按人防分区设置区间隔断门的条件。

（10）车站站厅层公共区应预留安检设施的设置空间。

在地铁车站设计中，根据车站的功能和要求，设计者设计前一定要分析各种设计要素，尤其是有利因素和不利因素，以便在设计中体现和满足人性化和规范化的需要。

地铁车站的不利因素一般包括以下6方面：①空间封闭、狭长，结构类同，空间封闭给人们带来闭塞和压抑的感觉，往往使乘客的识别能力降低；②站内噪声大，由于站内空间封闭，建筑装修材料吸声系数较小，声反射强度大；③站内湿度大；④发生火灾等灾害后扑救困难；⑤采用机械通风和人工照明；⑥施工比较复杂。

地铁车站的有利因素一般包括以下两方面：①节约城市用地；②具有良好的防护功能，战时可作为避难场所。

地下车站一般由地面出入口、中间站厅、地下站台 3 部分组成，乘降设备保证各部分之间乘客移动的便捷、舒适和安全可靠。地下车站横剖面如图 1-4 所示。

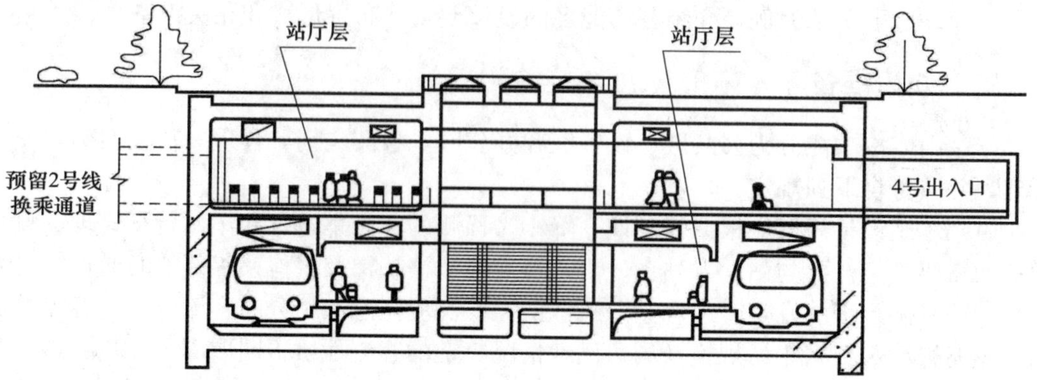


图 1-4　地下车站横剖面

## （一）地面出入口

车站出入口的主要作用在于吸引和疏散客流，风亭是车站的通风设施，起到换气的作用，因此车站出入口和风亭应根据客运需要与疏散要求设置，还须考虑下列原则。

（1）车站出入口布置，应与车站主要客流量方向一致，一般选在城市道路两侧、交叉口及有大量人流的广场附近，出入口宜分散均匀布置，以便最大限度地吸引乘客。在其建筑形式上，应考虑当地气候条件和具体位置，且车站出入口位置应设置地铁统一标志，以引导乘客。

（2）车站出入口应尽可能与城市过街地道、地下街、天桥、下沉式广场等公共建筑相结合，以方便乘客，减少用地和拆迁，减少投资。

（3）单独修建的地面出入口和地面通风亭，其位置应符合当地城市规划部门的规划要求，一般设在建筑红线以内。如有困难不能设在建筑红线以内时，应经当地城市规划部门同意，再选定其位置。

（4）车站出入口和地面通风亭不应设在易燃、易爆、有污染源及挥发有害物质的建筑物附近，与上述建筑物之间的防火安全距离应符合相关规范的规定。

出入口布置方式通常有“L”形、“T”形和“一”形，如图 1-5（a）所示。

地下车站的出入口通道还可以兼做人行过街设施，如图 1-5（b）、1-5（c）、1-5（d）所示。

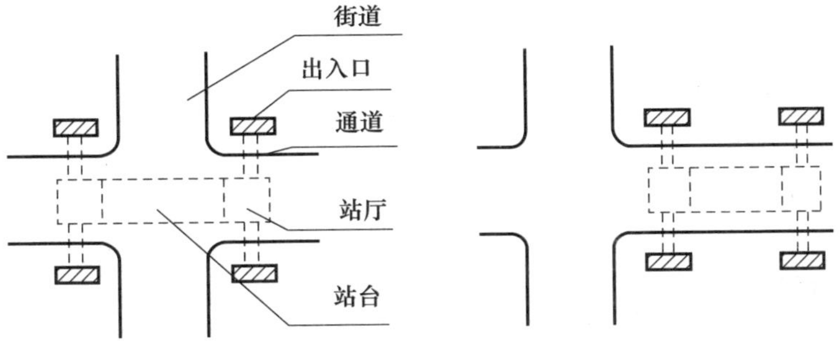


(c)　　(d)

图 1-5　出入口布置方式示意图

## （二）中间站厅

中间站厅一般设在地下一层，其主要功能是集疏客流、售检票、服务、设备管理与设备用房。设计时应考虑具备以下要素：①足够的面积。需充分满足列车同时到达、乘客密集到发时客流移动、集散、售检票的需求（包括收费区与不收费区），同时，在条件允许的情况下提供服务面积（不收费区）。②良好的照明与环控，尽量接近地面环境指标。③便捷的与地面出入口的联系方式，可选择坡道、楼梯、自动扶梯和垂直升降梯等方式。④特色的装饰，是车站所在地特色的主要表现，可通过适当的壁画、雕塑、广告等表现。

中间站厅的布置方式包括在站台两端布置和集中布置两种，如图 1-6 所示。

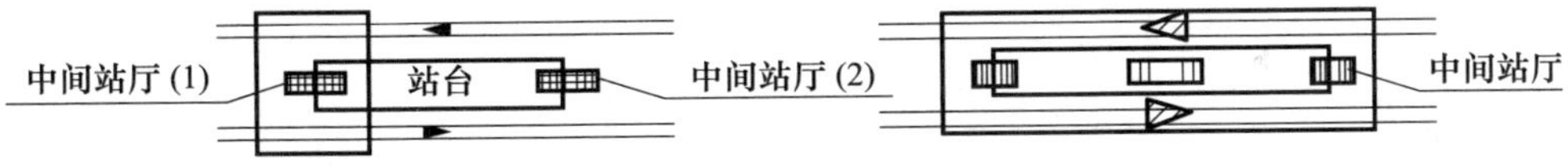


(a)　　(b)

图 1-6　中间站厅布置方式示意图

（a）在站台两端布置；（b）集中布置

## （三）地下站台

地下站台一般设在地下二层，是供列车停靠、乘客乘降的功能层，由站台、线路（股道）和乘降设备等组成。其类型包括岛式站台、侧式站台和混合式站台，如图 1-7 所示。

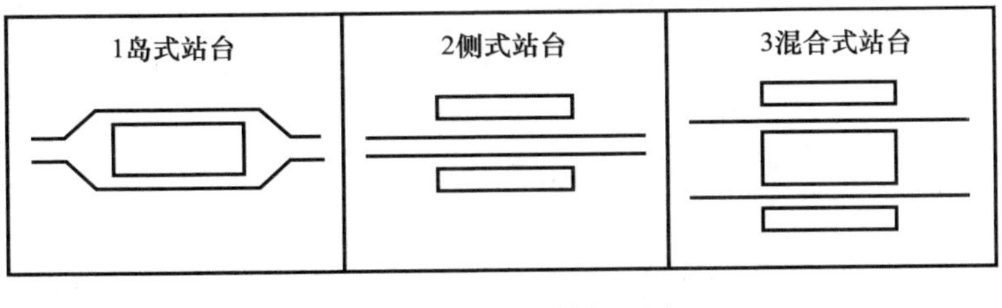


图 1-7　地下站台类型图

岛式站台位于上下行线路之间。侧式站台分别位于线路两侧。混合式站台是岛式站台与侧式站台的组合。

岛式站台的优点如下。

（1）站台面积可以得到充分利用，有效利用率高；管理集中。

（2）工作人员生产效率高。

（3）乘客换乘方便。

（4）车站结构紧凑。

（5）设备使用率高。

岛式站台的不足如下。

（1）明挖式施工时车站两端线路可能产生喇叭口，运行状态差（进出站曲线）。

（2）当区间隧道双线集中布置时，横向扩展余地差；双向乘客上下车对流干扰大。

侧式站台的优缺点与岛式站台正好互补。

### （四）车站乘降设备

车站乘降设备应保证车站地面出入口、中间站厅、地下站台之间乘客垂直移动便捷、舒适和安全可靠。车站的乘降设备主要包括楼梯、自动扶梯、坡道和换乘通道。

1. 楼梯

楼梯是最简单易建的乘降设备，其投资低、施工简单、管理方便，但易造成人流交叉干扰，乘客使用不方便。我国楼梯踏步的宽度×高度常采用（300～320）mm×（145～150）mm。在站台宽度允许的条件下，一般应尽量增加楼梯宽度。

2. 自动扶梯

自动扶梯可以形成最佳运送状态，通过能力大，乘客间无冲突干扰，能合理组织客流（无交叉对流）。

在不设置步行楼梯时，自动扶梯梯带总数不少于3条（上下、备用）。实际中，一般采用上行自动扶梯、下行步行楼梯的设置方法降低设备投资及运营成本。

自动扶梯坡度采用30°角，踏步高度小于一般楼梯踏步高度。一般设置方案为：中间站厅通道及地面出入口较多，可适当地选用自动扶梯；站台层因需尽快疏解下车乘客，宜将站台两端楼梯尽量放宽，站台中间楼梯则需留出一侧通道，设置自动扶梯用于上行。

3. 坡道

在条件许可的情况下，比如高差较小、施工条件良好，可用坡道替代楼梯连接地下站台与中间站台、中间站厅与地面出入门。

坡道长度应以乘客走行时间能够承受为限，对于设在地下的坡道，应取较小值（一般不应超过200m）。为防止滑倒，坡道地面需有防滑措施。另外，坡道照明十分重要，两侧墙体可用广告灯箱或装饰面布置，营造一个安全、可靠、温馨的环境，减少乘客穿越地下坡道时可能产生的疲劳感和烦躁情绪。

4. 换乘通道

换乘通道的设置方式包括直接垂直换乘、利用中间联合站厅换乘和平面换乘3种，如图1-8所示。

直接垂直换乘方式的优点是换乘距离短、方便，其不足之处在于站台宽度必须保证可以设置垂直换乘梯道，且能满足上下换乘客流的集疏。即使如此，站台上还会呈现比较杂

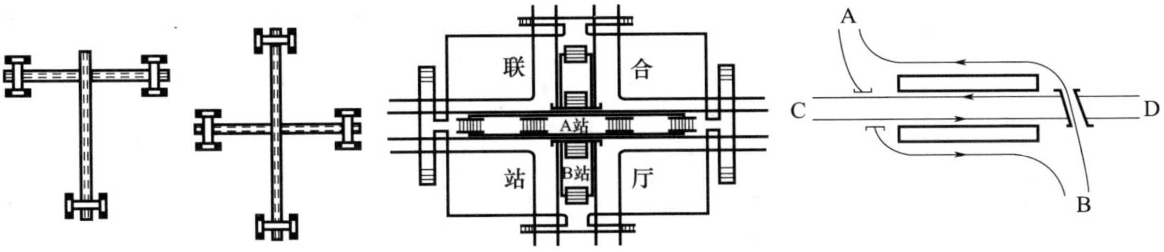


(a)　(b)　(c)

图 1-8　换乘方式示意图

（a）直接垂直换乘方式；（b）利用中间联合站厅换乘方式；（c）平面换乘方式

乱的现象，而且不易管理和检票，所以，垂直换乘方式一般只适合换乘量较小的车站。

利用两个车站共用的中间联合站组织换乘，可以减小站台层的客流压力，同时妥善完成客流集散和售检票等过程。但因联合中间站厅与两个车站的站台不在同一个平面，导致有一个站台的乘客进出中间站厅的垂直距离加大，需要较强的升降设备配套，又因联合中间站厅须承担两个车站的客流集疏、售检票和服务等任务，因此，需要的空间较大，进而导致地下工程量变大，造价可能也会增加。

平面换乘是将互相交叉、不在同一平面的两条轨道交通线路通过坡道曲线处理，构成互相平行的同一平面的换乘方式。

平面换乘对于某两个方向，如图 1-8（c）中 A 与 D、B 与 C 换乘的乘客来说，实现了同一站台换乘，非常方便。对于另两个方向，如图 1-8（c）中 A 与 C、B 与 D 的换乘乘客来说，仍须进入中间站厅完成换乘。相对而言，为此而形成的线路曲线与坡道大大提高了工程造价和施工难度（因为在地下），增加了列车运行的不良因素（有反向曲线、上下坡道）。因此，除非某两个方向的换乘比例相当高，如图 1-8（c）中 A 与 D、B 与 C 换乘占绝对多数，并且在其他条件也许可的情况下，方可权衡得失，慎重选用。

## 三、任务实施

制作 PPT，完成以下 5 项工作任务：

工作任务一　阐述地面出入口的要求和布置方式

工作任务二　阐述中间站厅的功能及布置方式

工作任务三　阐述地下站台的组成和分类

工作任务四　阐述各类乘降设备的特点和要求

工作任务五　阐述换乘通道的特点

## 四、任务评价

城市轨道交通车站的具体布置和相关设备评价表如表 1-3 所示。

**表 1-3　城市轨道交通车站的具体布置和相关设备评价表**

| 项目任务 | 城市轨道交通车站的具体布置和相关设备 | | | | |
|---|---|---|---|---|---|
| 班级 | | 姓名 | | 评价时间 | |

续表

| 项目任务 | 城市轨道交通车站的具体布置和相关设备 | | |
|---|---|---|---|
| 【考核内容】 | | | |
| 考核项目 | 考核标准 | 分值 | 得分 |
| 城市轨道交通车站的布置方式 | 清晰阐述地面出入口、中间站厅、地下站台的布置方式 | 15 | |
| | 阐述各类乘降设备的特点 | 10 | |
| 某车站的布置分析 | 给出地面出入口、中间站厅、地下站台布置方式的分析及建议 | 20 | |
| | 统计分析各类乘降设备 | 10 | |
| 制作内容 | 清晰展示城市轨道交通车站布置方式的演讲 PPT | 10 | |
| | 某车站地面出入口、中间站厅、地下站台布置方式的图片清晰、文字简要明了 | 20 | |
| | 各类乘降设备统计准确，分析合理 | 15 | |
| 指导教师意见： | | | |
| 说明：1. 建议采用四级评分制（如 90%～100%、80%～90%、60%～80%、<60%）。<br>2. 主要采用小组互评的方式进行评价，教师最后进行参考评分。 | | | |

# 任务四　城市轨道交通车站设备配置原则

## 一、任务导入

城市轨道交通设备具有以下特点。

一是投资巨大，设备的功能定位与费用控制紧密相连，设备的一次投资费用与设备使用费用密不可分，设备的全寿命周期费用研究应得到足够重视，设备投资约占总投资的 35%左右，车辆、信号、供电又占了其中的 75%左右。

二是技术先进，各设备系统运用了大量的高新技术，技术含量高。

三是系统复杂，设备系统由 10 多个子系统组成，接口繁复，相互之间的联系、制约多。

四是国产化要求高，较高的国产化率对降低费用作用明显。

五是缺乏统一的标准，设备必须根据用户的特定需求进行选型定型、招标采购，产品生产周期长，选择随意性大。

六是设备与运营关系密切，安全、可靠的设备是成功运营的保证。

这些特点决定了城市轨道交通车站的设备配置要求。首先，要在满足乘客服务要求的前提下，尽量提高国产化水平，降低成本，重视其经济性；其次，要强调设备配置技术的先进性与能力匹配；最后，要坚持设备配置的安全性。

## 二、知识准备

城市轨道交通车站设备具体的配置原则如下。

### （一）实用性原则

车站服务设施的设置应满足科学合理、安全便捷和及时疏散的要求。城市轨道交通车站主要解决乘客在该服务系统中的会聚与疏解，有较强的时效性。乘客的基本要求是在短暂的移动过程中充分享受车站提供的舒适服务，因此，设备的实用性是车站首先要考虑的问题，如车站的自动扶梯、先进的售检票系统、车站的空气调节系统等设备都是城市轨道交通车站实现优质服务功能不可缺少的。

另外，作为现代文明城市的窗口，无障碍通行走廊（系统）的设置也是必不可少的，从而为行动不便的乘客提供出行便利。

### （二）经济性原则

在满足乘客乘降需求的前提下，本着提高设备利用率的原则，车站内配置的相关设备必须体现经济性原则，即从设备的等级、规模、先进程度等方面出发体现够用原则，从而使车站建设的投资恰到好处。车站设备的国产化是实现经济性的最佳途径，较高的国产化率对降低费用作用明显。

### （三）技术先进性原则

城市轨道车站设备运用了大量的高新技术。城市轨道交通系统作为先进的大容量、快捷交通运行工具，是一个复杂的运营系统。高技术、高智能化是其基本特征，而要体现这一高技术、高智能化特征，构成这一系统的诸设备必须具有高度的先进性。

就目前而言，应主要应用计算机技术、信息技术和控制技术，提高车站设备的技术水平和应用层次。

### （四）功能匹配原则

城市轨道交通车站设备的配置要分析各系统设备的功能定位与匹配关系：

一方面，要注意功能的匹配，保持功能结构的合理性；要着重对设备的基本功能、辅助功能和外观功能等进行分类、整理、评价和定位，保证设备选择的功能前提是正确的。由于轨道交通系统投资巨大，所以，城市轨道交通车站的设备配置既要满足乘客所需的服务要求，也要防止出现设备能力闲置，降低设备的使用效率及系统运营的经济效益（不包括正常的设备能力储备），即车站设备服务能力与乘客所需服务容量的匹配。

另一方面，车站设备配置的能力匹配还包括各设备之间的容量与能力匹配，如列车运营密度对站厅候车力、疏解能力、自动扶梯服务容量、售检票能力等都提出了相应的要求，需要车站各配置设备之间的能力协调。

### （五）安全性原则

城市轨道交通与其他各类交通工具一样，也十分强调运营的安全性，这是所有因素中首要考虑的要素，可从具体设备和总体设备两方面分别进行分析。前者从可靠性、先进性、操作性和维修方便性等方面衡量其设计的安全性，从运行时间、故障及维修保养等方面确定其使用的安全性；后者则从设备的布局、配合性、作业能力和固定资产含量等方面分析设备的总体安全性。

安全运营的实现除了依靠严格而科学的运营管理以外，所属设备运行的可靠程度也是一个决定因素。对于车站设备的配置来说，设备的设计安全性和使用安全性是十分重要的。

设备的设计安全性是指设备的可靠性、可维修性、可操作性及先进性等。设备的使用安全性包括设备的运行时间和维修保养情况等。设备的运行时间越短，维修保养得越好，其使用安全性也越高；反之亦然。因此，要对所配置设备的设计安全性和使用安全性严格把关，同时还要配备必要的应急设备，以防万一，如车站的供电系统。

## 三、任务实施

工作任务一　阐述城市轨道交通车站设备配置原则

制作 PPT，阐述城市轨道交通车站设备配置的实用性原则、经济性原则、技术先进性原则、功能匹配原则和安全性原则。

## 四、任务评价

城市轨道交通车站设备配置原则评价表如表 1-4 所示。

**表 1-4　城市轨道交通车站设备配置原则评价表**

<table>
<tr><td>项目任务</td><td colspan="5">城市轨道交通车站的具体布置和相关设备</td></tr>
<tr><td>班级</td><td></td><td>姓名</td><td></td><td>评价时间</td><td></td></tr>
<tr><td colspan="6">【考核内容】</td></tr>
<tr><td>考核项目</td><td colspan="3">考核标准</td><td>分值</td><td>得分</td></tr>
<tr><td>城市轨道交通车站设备配置原则</td><td colspan="3">阐述城市轨道交通车站设备配置原则</td><td>15</td><td></td></tr>
<tr><td rowspan="2">某车站的设备配置分析</td><td colspan="3">设备统计分析准确合理</td><td>15</td><td></td></tr>
<tr><td colspan="3">配置优化方案科学，经济性强</td><td>15</td><td></td></tr>
<tr><td rowspan="3">汇报 PPT 及工作报告</td><td colspan="3">城市轨道交通车站设备配置原则阐述图文并茂</td><td>10</td><td></td></tr>
<tr><td colspan="3">某车站的设备配置统计表达准确、美观大方，分析合理</td><td>20</td><td></td></tr>
<tr><td colspan="3">配置优化方案表达简明、图文并茂</td><td>20</td><td></td></tr>
<tr><td colspan="6">指导教师意见：</td></tr>
<tr><td colspan="6">说明：1. 建议采用四级评分制（如 90%～100%、80%～90%、60%～80%、<60%）。<br>2. 主要采用小组互评的方式进行评价，教师最后进行参考评分。</td></tr>
</table>

## 五、思维拓展（思考题）

1. 简述我国城市轨道交通的发展历程。
2. 简述城市轨道交通车站分类方法。
3. 简述城市轨道交通车站各功能区及作用。

# 项目二　车站自动售检票系统的操作与维护

## 项目背景

自动售检票（Automatic Fare Collection，AFC）系统是城市轨道交通系统运营服务的核心子系统，该系统集计算机技术、机电一体化技术、模式识别技术、人工智能技术等多种高新技术于一体。实现售检票全过程的自动化，可极大地提高服务水平和工作效率。AFC 系统在城市轨道交通建设中不断受到重视，技术在飞快发展。

自动售检票系统使地铁公司能够有效地在地铁车站网络中控制乘客客流，保证乘客支付的费用与其行程相符，同时保障乘客支付的费用被安全可靠地收取。自动售检票系统实现乘客使用通过自动售票机购买的非接触式车票，在地铁相应车站的自动检票机刷票进站乘车，在乘客目的车站的自动检票机刷票出站。自动售票机能够帮助乘客在没有车站工作人员帮助的情况下，自主购买车票进出车站，实现轨道交通系统的全自动流程管理。

自动售检票系统是通过计算机技术、现代通信网络技术、自动控制技术、智能卡技术、大型数据库技术、传感技术、统计和财务等专业知识的综合运用，特别是信息技术的运用，替代了传统的人工售检票，大大降低了票务工作人员的劳动强度，实现了在地铁运营环境中售票、进站检票、出站检票、票务数据统计和处理等环节的自动化，杜绝了人为因素影响，体现了地铁票务管理的现代化水平，提高了地铁运营效率和收益，同时极大方便了乘客。AFC 售检票系统直接面对乘客，各类车票按一定规则进行初始化后，由自动售票机或人工售票机按乘客需求发售经赋值的车票，乘客在非付费区购票（自动售票机或半自动售票机）后，由非付费区完成检票过程（入闸机）进入付费区，乘车到站后，又由付费区完成检票过程（出闸机）进入非付费区，整个操作过程由 AFC 售检票系统实现售检票的自动化。

售检票系统终端设备是城市轨道售检票系统的最基本组成部分，具有售票、检票、上传交易信息等功能。其中涉及的最主要终端设备有自动售票机、半自动售票机、自动检票机。那么，这些终端设备的组成结构有哪些？具有哪些功能？如何对其进行使用及维护？本项目主要解决这些问题。

自动售票机如图 2-1 所示。

图 2-1　自动售票机

# 项目任务书

车站自动售检票系统的操作与维护任务书如表 2-1 所示。

**表 2-1　车站自动售检票系统的操作与维护任务书**

| 名称 | 车站自动售检票系统的操作与维护 | |
|---|---|---|
| 学习目标 | 知识目标 | 1. 掌握自动售检票系统设备的组成，能叙述自动售检票系统各层次的主要功能。<br>2. 了解城市轨道交通自动售检票系统的架构及各架构的功能。<br>3. 掌握自动售检票系统终端设备的种类及功能，理解自动检票系统的原理。<br>4. 掌握城市轨道交通车票的类型、适用范围及自动售票机的工作模式。<br>5. 理解自动检票机的工作原理及自动检票机的工作方式。<br>6. 掌握半自动售/补票机的功能、操作模式。<br>7. 掌握票务日常工作流程，明确站务员职责及注意事项。<br>8. 掌握 AFC 系统终端设备的常见故障、故障原因及处理办法。 |
| | 技能目标 | 1. 运用自动检票系统理论知识，识别自动检票系统各设备。<br>2. 熟记自动售检票系统各设备功用及代号，能布置和使用各种设备。<br>3. 能熟练地说出终端设备的内、外部结构，并熟练使用自动售票机购买单程票。<br>4. 能够在 TVM 上熟练地进行记录查询、更换钱箱、补充硬币、补充单程票等操作。<br>5. 能够对闸机按照操作作业流程进行票箱的更换。<br>6. 能够在半自动售/补票机上熟练地进行售票、充值等操作。<br>7. 能够正确处理自动售票机、自动检票机及半自动售/补票机的常见故障。 |
| | 素质目标 | 1. 具有良好的社会公德、职业道德和专业基本素质。<br>2. 具有强烈的法律意识、安全环境保护意识、安全与自我保护意识。<br>3. 具有沟通协调能力、语言表达能力、班组管理能力。<br>4. 培养团结协作、热情有礼、认真细心、沉着冷静、遇乱不惊的职业素养。 |
| 学习内容 | 任务一　TVM 的操作与维护<br>知识准备：AFC 系统的构成、原理、我国城市地铁 AFC 系统简介、自动售票机的功能、结构、工作模式及 AFC 系统的运行管理<br>工作任务一　TVM 的操作<br>工作任务二　TVM 的日常维护<br>任务二　AGM 的操作与维护<br>知识准备：AGM 的概述、功能、结构及工作模式<br>工作任务一　AGM 的操作<br>工作任务二　AGM 的日常维护<br>任务三　BOM 的操作与维护<br>知识准备：BOM 的功能、结构及工作模式<br>工作任务一　BOM 的操作<br>工作任务二　BOM 的日常维护 | |

一、任务描述

城市轨道车站站务员应掌握城市轨道交通自动售检票系统功能、结构和组成部分；熟悉车站 AFC 系统设备操作手册；了解车站 AFC 系统设备维修手册；具备车站 AFC 设备操作与维护能力。能够以城市轨道交通自动售检票系统操作与维护为主线，进行 TVM 的操作与维护、AGM 的操作与维护、BOM 的操作与维护 3 个任务的学习与实施；能够根据车站 AFC 设备操作手册编写 TVM 的操作、AGM 的操作、BOM 的操作、票务日常工作等作业流程；能够完成车站 AFC 系统设备的维护与管理工作。

任务完成时要求做到：

1. 能够编写 TVM、AGM、BOM 的操作流程和日常维护步骤等文件。
2. 根据车站 AFC 系统设备操作流程和日常维护步骤，能够实施 TVM、AGM、BOM 进行操作和日常维护。
3. 能够进行 TVM、AGM、BOM 的简单故障处理和设备管理。
4. 了解 TVM、AGM、BOM 的规格和工作环境。

续表

| |
|---|
| 5. 学生以团队组织讨论学习，每个设备由一名学生代表结合设备进行功能、结构和运行模式讲解，同时，操作相应设备进行示范演示。<br>6. 学习团队和教师对每名学生编写的车站 AFC 系统设备的操作流程及日常维护步骤工艺文件，对车站 AFC 系统设备进行功能、结构和运行模式讲解，以及正确操作相应设备等进行任务评价。<br>二、任务实施说明<br>1. 将授课班级学生分组，每小组 5～8 人为一个学习团队。<br>2. 每个学习团队组织学习，进行项目任务分析、任务分配、制定团队工作任务分配表。<br>3. 资料学习、相关知识准备，完成项目的资讯环节。<br>4. 现场教学、资源利用完成项目的实施演练环节。<br>5. 学习团队讨论，编制 TVM、AGM、BOM 的操作流程和日常维护步骤等工艺文件。<br>6. 学习团队现场实践，实施 TVM、AGM、BOM 的操作和日常维护。<br>7. 学习团队按任务分配表制作 TVM、AGM、BOM 的操作和日常维护 PPT 汇报演讲稿，团队派代表上台演讲。<br>三、任务实施注意点<br>1. 观察 TVM、AGM、BOM 的结构和使用环境。<br>2. 必须按操作流程操作 TVM、AGM、BOM 等设备。<br>3. 学习 TVM、AGM、BOM 等设备简单故障的处理方法，能够实施相应的故障应急处理。<br>4. 学习团队进行讨论，可让老师参与讨论，通过团队合作解决问题。<br>5. 能够识别安全标识，注意安全与环保意识的培养。<br>四、拓展任务<br>1. 掌握具有国内外领先水平的城市轨道交通车站自动售检票系统设备。<br>2. 按“准员工”的要求学习车站 AFC 系统设备操作手册和车站 AFC 系统设备操作手册。<br>3. 能够进行票务日常工作及特殊情况下的票务应急处理。<br>4. 拓展团队自主学习车站计算机（SC）及验票机（TCM）的使用与维护专业技能。<br>5. 会制作车站自动售检票系统操作与维护的多媒体课件。 |
| 任务下发人：<br>日期：　　年　　月　　日 |
| 任务执行人：<br>日期：　　年　　月　　日 |

# 任务一　自动售检票系统的认识

## 一、任务导入

自动售检票系统通常表示为 AFC 系统，是指由交通管理部门（如城市轨道交通）用于自动售票、自动检票和自动统计与结算的一系列设备构成的系统。它是集机械、电子、计算机应用、计算机网络管理、通信传输、票务政策及票务管理等功能于一体的控制系统和信息管理系统。地铁 AFC 系统已有 30 多年的历史，在世界各国地铁中广泛应用，对地铁现代化运营和管理起到了十分重要的作用。本任务从了解售检票系统的发展历程开始学习，了解自动售检票系统的构成、原理与国内主要城市的自动售检票系统。

## 二、知识准备

自动售检票系统通常表示为 AFC 系统，是指由交通管理部门中（如城市轨道交通）用于自动售票、自动检票和自动统计与结算的一系列设备所构成的系统。它是集机械、电子、计算机应用、计算机网络管理、通信传输、票务政策及票务管理等功能于一体的控制系统和信息管理系统。地铁 AFC 系统已有 30 多年的历史，在世界各国地铁中广泛应用，对地铁现代化运营和管理起到了十分重要的作用。

自动售检票系统城市轨道交通运营管理中票务管理的重要组成部分。所谓自动售检票（AFC）系统是以磁卡（纸制磁卡和 PET 磁卡）或智能卡为车票介质，利用自动售票机、半自动售票机、自动检票机、查询机等终端设备，并通过计算机网络实现轨道交通运营的自动售票、自动检票、自动收费、自动计费、自动统计、清分的封闭式票务管理自动化系统。

AFC 系统通常由中央计算机、车站计算机、票房售票机、自动售票机、进/出闸机验票和信息载体——车票等部分组成。

目前，AFC 系统主要有三大类型：磁卡系统、接触式 IC 卡系统和非接触式 IC 卡系统。由于以非接触式 IC 卡为媒介的自动售检票系统应用范围最广，技术和设备的发展日趋成熟，在交通行业的自动收费系统中有一定的代表性。因此，以非接触式 IC 卡 AFC 系统为例进行介绍和分析。

### （一）我国轨道交通自动售检票系统的发展历程

20 世纪 80 年代末，上海地铁凭借在国外搜集到的资料，艰难地开始了 AFC 系统和设备的研制，当时，城市轨道交通 AFC 系统概念在中国还是一片空白；在 20 世纪 90 年代初广州地铁 1 号线可行性研究报告中，票务收费方式是人工还是自动仍是一个重要章节。在这个阶段，对 AFC 系统的功能设置以学习国外成功的系统经验为主。在此期间，中国香港地铁将其宝贵的建设和运营经验传授给内地。同时，国际著名的专业厂家也通过产品和系统介绍，将其城市轨道交通 AFC 系统许多优秀的技术和经验推荐给了我国。这些都为广州地铁和上海地铁 AFC 系统在建设之初就拥有基本完善的功能奠定了基础。我国城市轨道交通首个 AFC 系统供货合同的签订正值 20 世纪 90 年代中期，当时国际上的磁卡 AFC 系统技术已相当成熟，而 IC 卡技术在交通收费方面的应用研究才刚刚开始，巴黎地铁和中国香港地铁正考虑将非接触 IC 卡应用于轨道交通及公交收费，我国对公交 IC 卡应用的研究还只处于接触式 IC 卡水平。由于当时 IC 卡成本非常高，所以，在磁卡、IC 卡和条形码等多种媒介中，都倾向于选择磁卡。

从 1998 年年底开始，AFC 系统在国内的城市轨道交通中投入使用，并逐步展现出良好的票务管理水平和高效的客流处理能力，使地铁公司票务收益管理实现了以最少的人力和物力、高效而低成本的运作。AFC 系统发挥的作用得到设计者、建设者和乘客的认可。在这个阶段，国内轨道交通 AFC 系统用户通过使用和摸索，在掌握原系统丰富多样、科学严谨功能的同时，整理归纳了许多适用于轨道交通票务管理的新功能，使 AFC 系统的功能更为完善。轨道交通 AFC 系统的优越性，其主要表现在以下几方面：其一，准确的客流及票务统计分析数据为运营调控、市场营销和新线建设提供了科学的决策依据，也为提高服务质量和信息处理能力创造了条件。其二，高效的 AFC 设备使车站客流井然有序、快速通过，减少了有意、无意的逃票，保障了地铁公司的票务收益。其三，自动售检票系统可大大减少现金交易、人工记账及统计工作，可精简人员，准确率和效率较高。其四，维修管理系统使维修资源得以较好的利用，并可达到反应快、修复快的效果。

在之后的短短几年内，IC 卡技术在轨道交通 AFC 系统中的应用由研究摸索迅速发展到大规模实际应用。非接触式IC卡以其储存量较大、保密性较强、可实现一卡多用等特性，逐步取代了磁卡的地位，已成为各城市轨道交通收费系统的首选车票媒介。非接触式IC卡技术在轨道交通AFC系统的大规模应用猛烈冲击着以磁卡为车票媒介的已有AFC系统，同时推动了新建线路AFC系统在功能上的扩展和性能上的提高，使系统结构更为简单、高效，成本得以下降。例如，广州和上海在建设新线路的同时，重视对已有系统的调整，将改造原有的磁卡AFC系统提到了重要议事日程。在此阶段，遇到了与许多国际大都市同样面临的抉择：一是一步到位地改为全IC卡系统，即所有票种均为IC卡；二是先将储值票改为IC卡，单程票仍沿用原有的磁卡，时机合适再改为全IC卡系统。我国与国外大都市轨道交通的最大不同点在于：我国的线网刚开始修建，而国外一些大都市已建有上百千米基本稳定的线网。在国外大都市线网内，储值票改用IC卡、单程票仍沿用磁卡是完全可行的，而我国城市轨道线网刚刚开始建设，新线采用全IC卡系统势在必行，如果原建线路仍沿用磁卡单程票或只部分增设IC卡单程票，磁卡单程票就不能在新线通行，或造成系统内两种单程票通行，使系统变得复杂，乘客容易混淆。因此，已建线网越简单，进行全IC卡系统改造越有利。因此，在分析和对比了国内外情况后，广州地铁果断决策，在修建广州地铁2号线AFC系统的同时，改造1号线的原磁卡收费系统，将其改造为全IC卡系统，使新建线路的AFC系统具有统一的技术标准。三是支付方式转向智能化阶段，随着智能支付技术在轨道交通行业的不断渗透和发展，从2015年开始，国内各城市地铁开始陆续尝试开展“地铁传统票务＋智能支付”的新模式应用研究，部分城市已陆续上线轨道交通智能支付技术应用。智能支付技术在AFC专业的应用，可有效的解决运营过程中存在的AFC系统设备维护成本高、现金管理成本大、传统售检票模式运营组织难等问题。目前，在智能化支付方面主要采用的方式有：一是互联网电子支付购买地铁单程票、现场购票时利用互联网电子支付代替现金支付，比如通过扫描微信与支付宝二维码进行支付。二是智能支付技术直接过闸。主要应用形式主要有手机NFC过闸、银联闪付过闸、手机二维码过闸等方式。

### （二）自动售检票系统的构成

城市轨道交通线网自动售检票系统具有5层架构。

1. 轨道交通清分系统（ACC）

对整个路网进行运营管理和票务管理，包括车票管理、车票发行、票务清分、票务结算、财务管理、运营参数管理、安全管理、报表统计、运营模式管理、运营监控、票务监控监视、系统维护及与外部接口交换数据等。

2. 线路中心计算机系统（LCC）

线路中心计算机系统具有对本线路区域内的AFC系统设备进行监控、票款清算、对账、数据审核、设备维护、管理等功能，主要功能如下。

（1）接收ACC下载的车票种类、票价表、运营模式等参数并通过SC下载到AFC车站终端设备。

（2）能自动采集各车站上传的各种交易数据、产生各种报表、审计每站每日票务、核准所售票值及现金数额、统计分析票务数据、客流分析、财务记账和结/转账管理、查询和报表处理，完成与 ACC 清算对账和收益管理工作，为运营管理决策提供有效依据。

（3）运营管理：对 AFC 车站终端设备进行管理，下载运营参数、运营模式、控制参数、同步时钟、黑名单等，含操作权限和设备运行状态监控等，并能建立维修档案、向维修部门提供各车站 AFC 车站终端设备故障报警信息和故障类型。

（4）通信处理：线路中心计算机系统通过通信专业的通信传输网与各车站计算机进行数据传输与交换。

（5）时钟校对功能：能接收清分中心下载的时钟信号、自动校对本地主机时钟，同时实时下发给各车站计算机系统。

（6）权限管理：设置工作站，管理和设置操作权限，负责系统内各层面操作权限的设置和管理。

（7）系统电源中断时，依靠 UPS 的供电，保证系统正常工作一定时间。

3. 车站计算机系统（SC）

车站计算机系统是 AFC 系统的重要组成部分，在整个 AFC 系统中，车站计算机系统负责对本车站内部的所有设备进行实时监控，并可对车站 AFC 系统运营、票务、收益及维修等功能进行集中管理。车站计算机能够收集、处理车站内各类数据，并上传到 LCC，接收 LCC 下传的各类系统参数，并下载到车站各终端设备；可接收 LCC 下达系统的各类命令，并下传到各终端设备，同时可根据需要自行向车站设备下达控制命令，并将该操作记录上传到 LCC。

4. 车站终端设备（SLE）

AFC 系统的服务功能主要是通过设置在车站现场的自动售检票设备实现的，车站终端设备安装在各车站的站厅，是直接为乘客提供售检票服务的设备。车站终端设备按应用可分为自动售票机、半自动售票机、自动检票机和自动查询机等。车站设备布局图如图 2-2 所示。

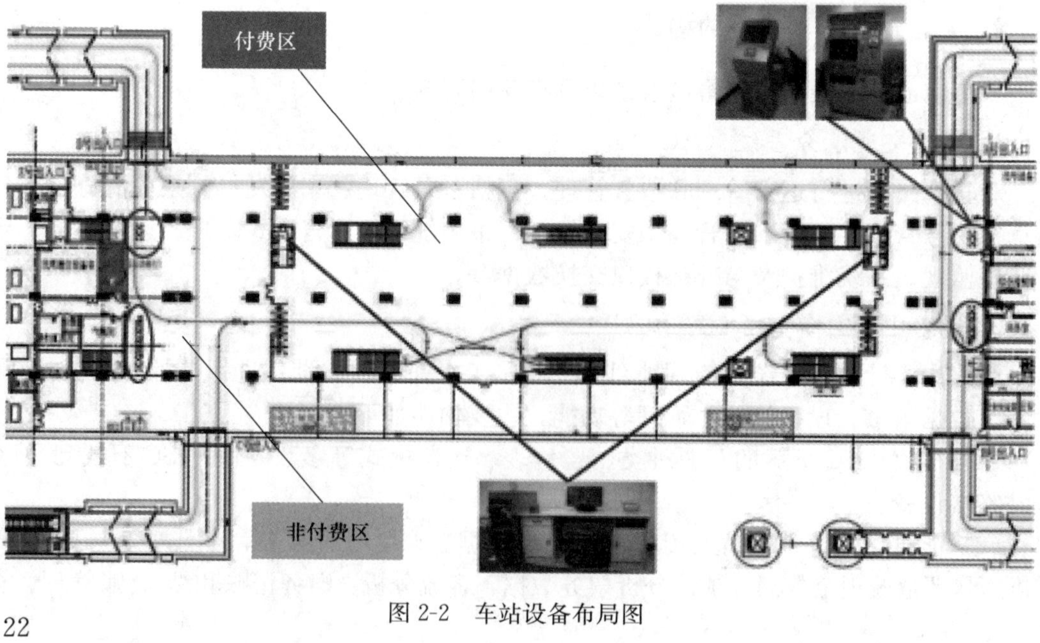


图 2-2　车站设备布局图

（1）自动售票机（TVM）：TVM 安装在非付费区内，主要用于乘客自助式购买轨道交通单程票及对轨道交通储值票进行充值操作，同时自动售票机通过车站局域网与车站计算机连接，接收有关参数及控制命令，同时上传有关的交易、现金、钱箱更换、票箱更换及设备状态等数据。

（2）半自动售票机（BOM）：BOM 为功能较全面的终端设备，设于车站客服中心。BOM 可以同时向付费区乘客提供售票服务和向非付费区乘客提供补票服务，也可以只向付费区或非付费区乘客提供服务，具体根据其所在票亭位置的不同，通过设置实现其向乘客提供不同的服务功能。

（3）自动检票机（AGM）：AGM 包括进闸机、出闸机、双向闸机。AGM 设在公共区付费区和非付费区的分隔带上。自动检票机可满足乘客右手持票或者右手扫码快速通过闸机，同时通过车站局域网与车站计算机连接，接收有关参数及控制命令，同时上传有关的交易、班次及设备状态等数据。在时段客流方向明显的车站，如果站厅面积狭窄，可根据实际情况设置可调的双向闸机。

（4）自动查询机（TCM）：TCM 安装在非付费区，主要供乘客自助查看车票的信息及其有效性，显示车票基本信息（票种、车票有效期等）及车票内记录的使用历史（交易类型、交易时间、交易地点、交易金额等），同时读取过程不修改车票上的任何数据。

5. 车票

车票是记录乘客乘车信息的媒介和载体，能记录车票的系统编号、安全信息、车票种类、个人信息、进出站信息、金额、有效期、历史交易记录等信息，与车站售检票终端设备共同实现系统自动售票检票功能。

根据轨道交通的特点，按照车票使用性质，票卡可分为单程票、储值票和许可票三大类。车票的类型及使用说明如表 2-2 所示。

**表 2-2　车票的类型及使用说明**

| 车票类型 | | 图标 | 使用说明 |
| --- | --- | --- | --- |
| 单程票 | 普通单程票 |  | 乘客购票时完成对票卡的赋值，当日当站、限时限距、出站回收 |
| | 应急票 | 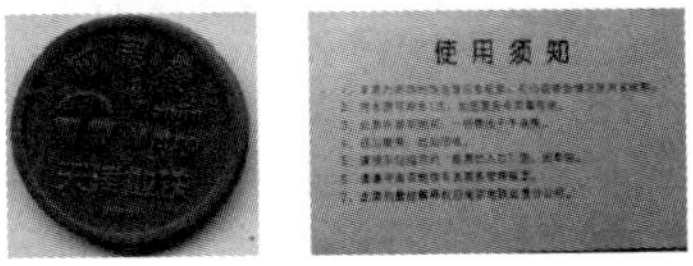 | 预先对一定数量的车票进行预赋值，在出现大客流时由工作人员人工发售 |
| | 出站票 | | 出站时由半自动售/补票设备发售补票使用，发售当日当站有效、出站回收 |
| 储值票 | 普通储值票 |  | 包括记名储值票和不记名储值票 |

续表

| 车票类型 | | 图标 | 使用说明 |
|---|---|---|---|
| 储值票 | 优惠储值票 |  | 包括学生票、老年票等 |
| | 纪念票 |  | 包括计次纪念票、定期纪念票和区段票 |
| 许可票 | 员工票 |  | 供轨道交通相关从业人员工作使用的车票 |
| | 工作人员票 | 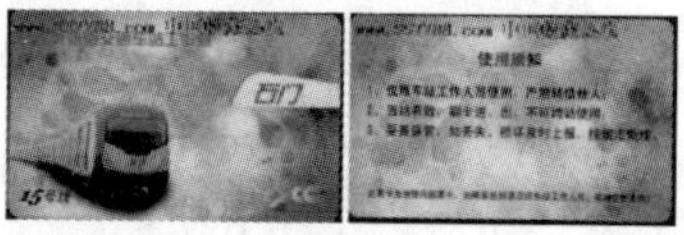 | 由车站工作人员持有，仅限指定车站使用，不检查进出站次序 |
| | 测试标票 | 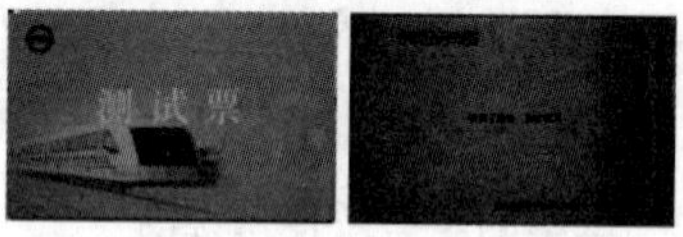 | 对自动售检票系统设备进行维护诊断用的特殊车票，只能在设备处于维护模式由维修人员测试设备时使用 |

1）单程票

（1）单程票分为普通单程票和预制单程票。普通单程票是指在车站 AFC 终端设备上发售的当日有效且只能在本站使用的单程票；预制单程票一般由制票中心提前制作并配发到车站，通过人工售卖，以弥补大客流情况下设备售票能力不足的问题。预制单程票具有如下特点：已赋有一定金额、有较长的使用期限、在有效期内每个车站都可以使用。

（2）单程票的循环过程如下。

① 采购。

② 经过初始化工作，在票内写入密钥，并在数据应用区写入票卡类型、有效期等信息。

③ 配发到车站，通过自动售票机和票务处理机进行发售。

④ 乘客乘坐地铁出站时由出站闸机自动回收，回收后的车票可在车站循环使用，异常车票需要交回车票主管部门，重新进行初始化。

2）储值票

储值票（Adding Value Ticket，AVT）一般分为记名储值票和不记名储值票。例如，“深圳通”普通储值票分为租用版普通卡和销售版普通卡。租用版普通卡属于不记名卡，不可挂失，可透支，可按规定退卡；销售版普通卡属于不记名卡，不可挂失，不可透支，不可退卡。

（1）记名储值票。记名储值票卡内保存持卡人的个人信息，卡面可根据需要印刷持卡人的姓名、性别、身份证号和照片等。记名储值票可以挂失，并可以享受信用消费和信用增值及其他特殊服务。表面印有个人信息的记名储值票一般不允许转让使用，也不能退还。记名储值票的种类主要包括个人记名储值票、学生票、员工票、家属票、老人免费票、残疾人免费票和伤残军人免费票等。

（2）不记名储值票。票上没有持票人的个人信息，使用后如无污损可将车票退还发卡公司，重新发行使用。不记名储值票卡不能挂失，不能享受信用消费和信用增值服务。储值票的卡内金额一般有一定的上限，不同的城市规定不同。比如，深圳市储值票的卡内金额最高为1000元（学生储值票的卡内金额最高为500元）。

3）许可票

许可票是一种不同于单程票和储值票的特殊票种，由运营方根据某种特殊需要，针对某些群体的特殊要求，以吸引或方便其乘坐地铁为目的而发行的，赋予其特定使用许可的一种车票，在限定的条件下具有一定的优惠。

许可票一般分为以下几种。

（1）公务票：供轨道交通相关从业人员工作使用的车票。

（2）测试票：是一种对自动售检票系统设备进行维护诊断用的特殊车票，只能在设备处于维护模式由维修人员测试设备时使用。

（3）乘次票：被赋予固定乘次许可，在有效期及许可范围内可以重复使用。通常该种车票使用时只记次数，不计里程。

### （三）自动售检票系统原理

当乘客进入城市轨道交通系统车站时，所有车票（通过购买等方式获得）在出入口处由直线排列的三杆式转动检票机进行检票处理。进口检票机处理并归还单程票，同时处理非接触式智能卡。出口检票机处理和回收单程票并将其装进票盒，同时处理非接触式智能卡。在静止状态，检票机的一个方向保持转杆锁住，仅当有效车票处理后才开放通道。检票机将相应的信息显示于检票机机箱末端的顶部。若检票机的电源发生故障，则三杆可以两个方向自由转动。

自动售检票系统包括以下类型的车票媒介：单程票、多程票、储值非接触式智能卡、出站票、员工票、测试票和测试非接触式智能卡以及电子二维码车票。单程票可在车站内由乘客操作的自动售票机和售票员操作的人工售票机出售。单程票和出站票都可重复流通，由出口检票机回收，并由自动售票机或人工售票机重新发售。多程车票、员工票（若为磁卡车票而非非接触式智能卡）及其他特殊用途的磁卡车票都不能被检票机回收，它们具有与一般车票不同的外观形状。非接触式智能卡和出站票仅由票房人员通过人工售票机出售，并且可重复使用，当面值用尽时可再充值。单程票和出站票是由聚酯塑料制成的，在恶劣温度和湿度环境下经久耐用并能保持尺寸稳定。宽度和长度为ISO（International Organization for Standardization，国际标准化组织）标准，约为54mm×86mm，厚度为0.25mm。单程票可在车站内由乘客操作的自动售票机和售票员操作的人工售票机出售。非接触式智能卡和出站票仅由票房人员通过人工售票机出售。人工售票机能够出售所有类型的车票、分析有问题的车票，改正或替换车票，当乘客和工作人员之间有争议时通常还能提供必要的信息帮助。每台人工售票机控制两个乘客显示器，一个面向非付费区，另一个面向付费区。自动售票机以接受硬币为主、接受纸币为辅，并具有找零功能。自动售票机可出售不同票价的单程票，在前面板上，每一票价的车票对应指定按钮。车票由坚固的票箱给出，此票箱与用于出口检票机回收车票的票箱是可互换的。单程票循环流通过程由乘客从自动售票机购票，到出口检票机回收车票，然后由工作人员将出口检票机回收的车票再放入自动售票机，在同一车站内即可实现。二维码电子车票可实现直接在闸机处扫描电子车票进出站。

所有车站自动收费系统设备均与车站计算机系统连接，它可以监视和控制设备的状态，接收交易数据，发送数据到中央计算机系统，并从中央计算机接收收费价目表和其他系统参数，然后传送系统参数到车站设备，生成车站级报表。而中央计算机系统能监控各车站设备的状态，产生票务收入和客流量报表，管理自动收费系统的防欺诈功能。为了减少所需备件，应尽可能在最大程度上采用通用部件和模块。自动收费系统要求每台设备的设计都是模块化的、可靠的、可维修的、可拆卸的、耐用的、快速的、便利的、安全的和保密的。

### （四）我国城市地铁 AFC 系统简介

AFC 系统作为城市轨道运输收费、客流预测和客流调控的一个综合自动化和信息化系统，在追求效益和效率的现代地铁运输系统中的地位是不可替代的。AFC 系统性能的优劣直接影响城市公共交通系统的形象。而且 AFC 系统也是公共交通运输系统直接面向乘客的窗口，是体现运营商和一个城市服务质量的一面镜子，下面介绍几个城市的 AFC 系统。

1. 深圳地铁的 AFC 系统

深圳地铁 AFC 系统的主要特点是出闸部分设有阔闸机。深圳地铁的售票问询处只负责查询、补票和充值，一般不发售单程票，储值票为非接触式 IC 卡。在单程票的使用上采用非接触式 IC 卡，形式为 Token；采用基于全非接触 IC 卡技术的售检票专用设备，充分考虑国内乘客的使用习惯，注重细节设计，具有良好的技术创新性；IC 卡中的密码经过 DES（Data Encryption Standard）扩散算法分散，使系统和 IC 卡具有较高的安全保密性。

系统的软硬件功能都达到了国际先进水平，与国外同类系统相比，更符合中国国情且更实用，并在技术先进性、功能实用性、系统可用性、数据准确性和应用安全性等方面都超越了国内同期其他 AFC 系统。

系统设计遵循标准化思想，强调良好的系统开放性，可以极其容易地进行扩展和升级。系统设计灵活，适应性高，票种和运营模式设计丰富，可以容易地通过参数设置满足各种运营需求。

票卡的发售、回收和清分等关键部件都是自主设计和制造的，方便了后期维护，而且备品、备件有保障。单程车票的设计、封装和生产工艺技术已完全掌握，车票的性能已达到 SONY 公司的同类车票水平。

深圳地铁也是按层次结构设计的，具有极佳的可扩展性和可扩充性。系统升级、设备升级甚至部件的升级和更换都非常方便。整个 AFC 系统由 4 部分组成：中心系统、车站系统、终端设备和票卡。

（1）中心系统

中心系统运行于地铁行车调度指挥中心，负责 AFC 系统在中心的业务处理和管理。它是 AFC 系统中 BOM 的基本乘客事务处理核心部分，包括卡库存管理、卡初始化、材料库存管理、黑名单生成、票价方案管理、运营管理和用户管理等模块。

（2）车站系统

车站系统运行于各车站，负责 AFC 系统在各个车站的业务处理，如售卡、充值、进出站、挂失和退卡等，同时负责车站卡和现金的管理。

（3）终端设备

车站的终端设备主要有票务处理机、自动售票机、自动增值机、闸机和自动验票机等，其功能是完成售检票业务及交易数据的存储和上传，完成车票的信息查询，完成票务处理工作。网络中断时，设备最少能保存 600 000 条交易数据，而且中断恢复后未上传的数据可实现自动上传。

2. 南京地铁的 AFC 系统

南京地铁 AFC 系统的中标承包商是法国 Thales CGA 公司和南京熊猫电子公司。AFC 系统的技术部分由法国 Thales CGA 负责，AFC 系统的设备部分由南京熊猫电子公司生产。南京地铁的单程票采用非接触式 IC 卡。

3. 上海地铁的 AFC 系统

上海地铁 1 号线和 2 号线 AFC 系统的中标承包商均为美国的 Cubic 公司。其 AFC 系统运行多年，有比较成熟的使用经验和管理经验，在系统架构、中央计算机系统信息处理、车站计算机使用功能、车票管理、系统维护等方面已形成全套的规范和流程。上海地铁 3 号线的中标承包商是西班牙的 Indra 公司和上海华虹公司。

4. 广州地铁的 AFC 系统

广州地铁 1 号线的 AFC 系统与上海一样，采用的是美国的 AFC 系统。广州地铁 2 号线的 AFC 系统是韩国三星公司生产的 AFC 系统。

5. 天津地铁 1 号线的 AFC 系统

声、光提示功能可通过人机对话的方式“告诉”乘客车票分类、票价、总计应付车票金额等信息及操作步骤。乘客可根据机器的提示单击触摸屏购票和充值。操作完毕后，自动售票机会将车票和应找零钱一并“吐”出。整个购票过程只需 6s 便可轻松完成。此外，检票闸机上还安装了智能化的“非接触式”读卡机，用以识别非接触式 IC 卡。

如今支付宝、微信支付已改变了我们的生活方式，出门只需带上手机，使用扫一扫等功能，不带钱包，吃住玩完全不在话下。轨道交通系统也成功“嫁接”了这一科技产物。2017 年，北京地铁的 AFC 系统更换了新程序，同年年底，市民实现了在网上购地铁票或者刷手机乘坐地铁的愿望。如今，全国大部分城市的自动售检票系统均实现了这一功能，甚至自 2018 年广州地铁实现了自助补票功能后，地铁出站补票也实现了智能化。

## 三、任务实施

阐述自动售检票系统的构成与原理。

## 四、学习过程

制作 PPT，讲解自动售检票系统的构成与原理。

## 五、任务评价

自动售检票系统的构成与原理评价表如表 2-3 所示。

**表 2-3　自动售检票系统的构成与原理评价表**

<table>
<tr><td>项目任务</td><td colspan="5">自动售检票系统的构成与原理</td></tr>
<tr><td>班级</td><td></td><td>姓名</td><td></td><td>评价时间</td><td></td></tr>
<tr><td colspan="6">【考核内容】</td></tr>
<tr><td>考核项目</td><td colspan="3">考核标准</td><td>分值</td><td>得分</td></tr>
<tr><td>自动售检票系统的构成</td><td colspan="3">分析城市轨道交通车站设备配置原则</td><td>15</td><td></td></tr>
<tr><td>自动售检票系统的原理</td><td colspan="3">分析自动售检票系统的原理</td><td>15</td><td></td></tr>
<tr><td rowspan="3">汇报 PPT 及工作报告</td><td colspan="3">PPT 制作图文并茂</td><td>15</td><td></td></tr>
<tr><td colspan="3">自动售检票系统的层级结构图清晰</td><td>20</td><td></td></tr>
<tr><td colspan="3">讲述中语言表达流畅、仪态大方</td><td>20</td><td></td></tr>
<tr><td>小组合作</td><td colspan="3">小组成员分工清晰合理、团队成员相互配合</td><td>15</td><td></td></tr>
<tr><td colspan="6">指导教师意见：</td></tr>
<tr><td colspan="6">说明：1. 建议采用四级评分制（如 90%～100%、80%～90%、60%～80%、<60%）。<br>2. 主要采用小组互评的方式进行评价，教师最后进行参考评分。</td></tr>
</table>

# 任务二　自动售票机的操作与维护

## 一、任务导入

乘客使用城市轨道交通时，第一个接触的设备往往是自动售票机，它不需要工作人员的操作，乘客投入纸币或硬币，然后选择相应的到站点，就可以方便地购买到一张车票。

## 二、知识准备

自动售票机简称 TVM（Ticket Vending Machine），车站自动收费系统设备主要包括人工售票机、自动售票机、自动检票机、自动充值机、半自动售/补票机和兑币机等。

车站的终端设备均可独立控制。车站 AFC 设备均设置在车站的站厅层，其中，自动售票机、自动验票机、自动充值机、兑币机设置在车站的出入口处，便于乘客进站购票、验票和自动充值等。

### （一）自动售票机的功能

自动售票机设置于车站的非付费区，用于发售单程车票。主要实现售票、充值、硬币找零、纸币找零、日常运营管理及维护、审计、联机等功能。

1. 售票功能

（1）乘客可以选择用现金（纸币、硬币）或有足够余值的储值票（一卡通）或者使用支付宝、微信、银行卡支付功能在自动售票机上购买不同票价的单程车票。目前，乘客大多是通过支付宝或者微信进行扫码支付购票。

2. 充值功能

乘客可以使用现金、支付宝与微信二维码扫码、银行卡等支付方式进行充值，充值时不设找零。

3. 硬币找零功能

设备内配置两个找零器 1 元和 5 角，在使用纸币购票时，可实现硬币找零功能；硬币循环找零功能。

4. 纸币找零功能

设备内部集成富士通 KD0323X-系列纸币找零模块，可根据参数实现多种面额纸币的找零功能。

5. 日常运营管理及维护功能

维修面板可实现对设备的日常运营管理，如添加硬币、添加单程票等操作，同时可帮助维修人员进行设备维护、故障诊断及模式设置等操作。

6. 审计功能

根据整日运营数据和管理记录产生整日补充硬币数量与金额、整日补充车票数量、整日回收现金数量与金额、整日回收车票数量、整日发售车票数量等一系列审计记录。并提供下列单据以备审计。

（1）更换硬币钱箱单据。

（2）更换纸币钱箱单据。

（3）结算单据。

（4）补充硬币单据。

（5）补充纸币单据。

（6）补充单程票单据。

（7）乘客事务单据。

7. 联机功能

（1）设备通过网络与 SC 连接，从 SC 下载设备运营需要的轨道交通网络图、系统运行参数、运营模式及黑名单等，并上传原始交易记录及当前设备运营状态。

(2) 网络发生故障或断开时，设备能正常工作，并保存至少 30 天的交易数据；网络重新连接后，会自动将脱机运行下保存的数据上传至 SC。

## (二) 自动售票机的结构

### 1. 专用术语

车站自动售检票系统专用词汇表如表 2-4 所示。

**表 2-4 车站自动售检票系统专用词汇表**

| 名称/缩写 | 英文含义 | 中文含义 |
|---|---|---|
| AFC | Automatic Fare Collection | 自动售检票 |
| AGM | AUTOMATIC GATE MACHINE | 自动检票机 |
| BOM | Booking Office Machine | 半自动售票机 |
| LC | Line Central Computer | 线路中央计算机 |
| ES | Encoder and Sorter | 编码分拣机 |
| ACC | Account Clearing Center | 清分中心 |
| CSC | Contactless Smart Card | 非接触式 IC 卡 |
| CT | Commemorative Ticket | 纪念票 |
| DES | Data Encryption Standard | 数据加密标准 |
| PCA | Portable Card Analyzer | 便携式验票机 |
| EMC | Electro Magnetic Compatibility | 电磁兼容性 |
| SC | Station Computer | 车站计算机 |
| SCR | Station Control Room | 车站控制室 |
| ET | Employee Ticket | 员工票 |
| SAM | Secure Access Module | 安全存取模块 |
| FCSW | Fiber Channel Switch | 光纤通道交换机 |
| ISCS | Integrate Supervision Control System | 综合监控系统 |
| KMS | Key Management System | 密钥管理系统 |
| LAN | Local Area Network | 局域网 |
| MaxTTR | Max Time To Repair | 完成一项维修作业允许的最长时间 |
| MCBF | Mean-Cycles Between Failure | 平均无故障次数 |
| MTBF | Mean-Time Between Failure | 平均无故障时间 |
| MTBSF | Mean-Time Between Serve Failure | 运营中故障平均间隔时间 |
| MTT | Mass Transit Ticket | 轨道交通专用车票 |
| MTTR | Mean Time To Repair | 平均故障恢复维修时间 |
| OCC | Operating Control Center | 控制中心 |
| IBP | Integrate Backup Panel | 综合后备盘 |
| AVM | Auto Add Value Machine | 自动充值验票机 |
| RG | Reversible AGM | 双向自动检票机 |
| SG | Sliding AGM | 门式自动检票机 |

续表

| 名称/缩写 | 英文含义 | 中文含义 |
|---|---|---|
| SJT | Single Journey Ticket | 单程票 |
| SVT | Store Value Ticket | 储值票 |
| TOKEN | Simplified CSC SJT | 圆形筹码式单程票 |
| TST | Test Ticket | 测试票 |
| TVM | Ticket VendingMachine | 自动售票机 |
| UPS | Uninterrupted Power Source | 不间断电源 |
| R/W | Reader/Writer | 读写器 |

2. 自动售票机的组成

自动售票机由以下基本结构组成：纸币处理单元、硬币处理单元、单程票出票机构、乘客操作屏幕、整机状态显示单元、主控单元和维护单元。

自动售票机接收硬币，发售单程票。乘客选择单程票的票价，然后按下相应的按钮，灯就发亮。当投入硬币后，车票由票箱中发售。目前国外也有触摸式自动售票机的应用，乘客只要在该自动售票机的轨道交通运行路线图上触摸一下想要到达的车站，就会显示相应的单程票票价，投入硬币后，车票由票箱自动发售。有的自动售票机不仅可接受硬币，还可接收纸币或银行发行的电子货币。自动售票机一般也有找零功能。

3. 自动售票机的结构认知

（1）自动售票机的外观及前面板结构。

自动售票机的外观结构及前面板结构如图 2-3 所示。

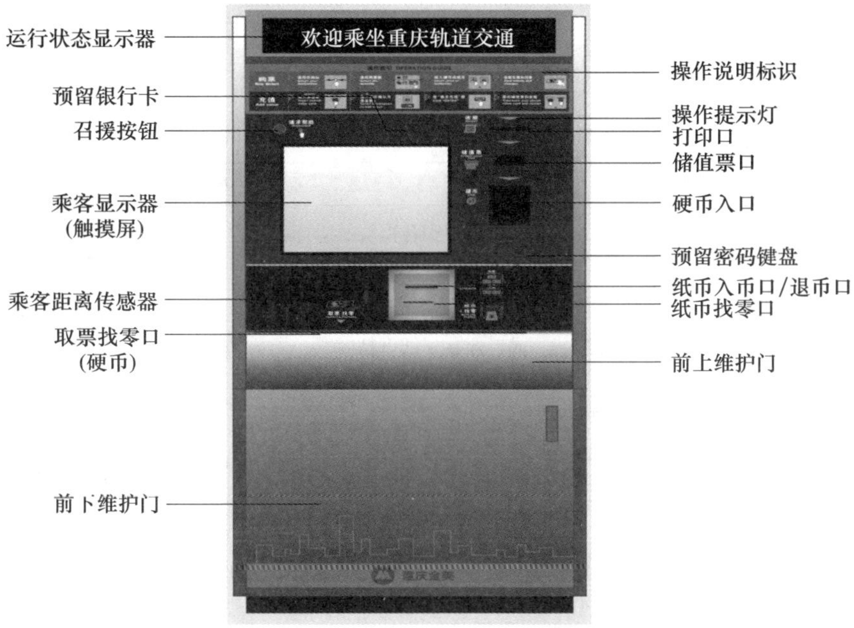


图 2-3　自动售票机的外观结构及前面板结构

(2) 自动售票机的内部结构认知。

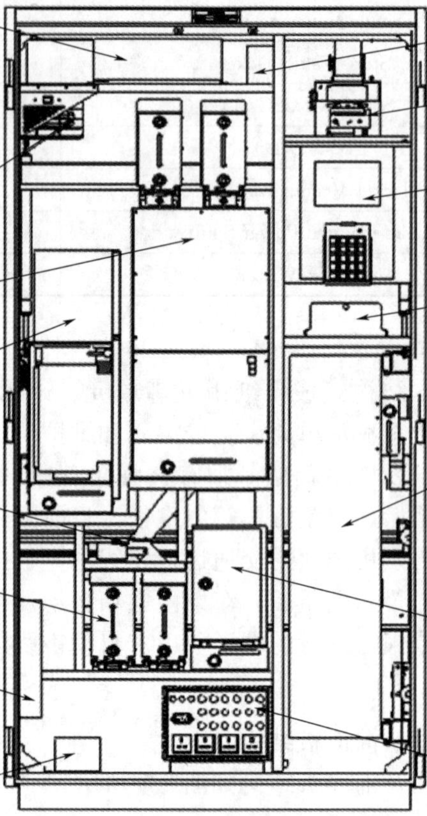


图 2-4　自动售票机的内部结构图

(3) 自动售票机设备内部各部件功能如表 2-5 所示。

**表 2-5　自动售票机设备内部各部件功能**

| 序号 | 部件名称 | 功能 |
|---|---|---|
| 1 | 主控器 | 对设备中各模块的运行进行控制，保存各种数据，并通过与 SC 之间通信负责处理数据 |
| 2 | 纸币模块 | 接收纸币，鉴别假币，对通过鉴别的纸币进行临时保存、退币，或者保存到纸币箱内 |
| 3 | 硬币模块/硬币图像识别器 | 具有接收硬币、鉴别假币、在 ESCROW 中临时保存，用硬币找零等功能/图像识别真假硬币 |
| 4 | token 发送模块 | 具有在单程票中记录发行信息，将单程票排放到退币口的功能 |
| 5 | 打印机 | 可以输出和阅读清算之后的与发售业务相关资料 |
| 6 | 配电箱<br>(AC input Box) | 与外部 AC 电源直接连接，为 power supply 安全供应 AC 电源，或者进行切断 |
| 7 | 硬币回收箱 | 乘客为购买车票而使用硬币时，在正常发行车票之后，对硬币模块接收的硬币进行安全保管 |

续表

| 序号 | 部件名称 | 功能 |
|---|---|---|
| 8 | 废票箱 | 对因发行错误而发生的车票进行保管 |
| 9 | 回收箱 | 为清空 token 进行保管 |
| 10 | UPS | 针对无法预测的停电、不稳定电源供应，起到预备电源的作用 |
| 11 | 电源箱 | 供应 TVM 内所需稳定的 AC 及 DC 电力 |
| 12 | 维修灯 | 进行维修操作时点亮使用 |
| 13 | 扬声器 | 显示车票购买步骤和储值票充值步骤 |
| 14 | 维修面板 | 执行各模块的维修相关业务 |

(4) 自动售票机功能方框图。

自动售票机功能方框图如图 2-5 所示。

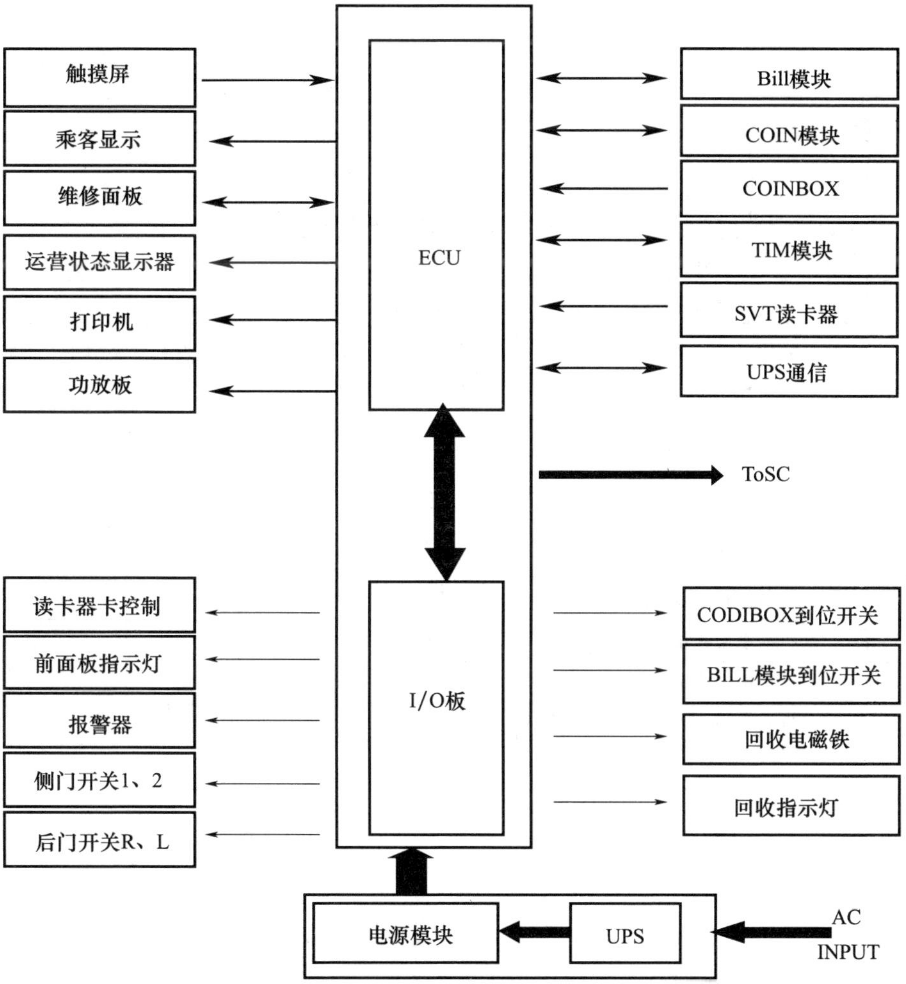


图 2-5　自动售票机功能方框图

(5) 自动售票机整机参数。

自动售票机设置在非付费区，其功能主要是发售单程票和充值储值卡。

为此安装了触摸屏及乘客监控，支持硬币、纸币、充值卡等多种支付方式，并可通过一次交易发售多张车票。

自动售票机整机参数如表 2-6 所示。

**表 2-6　自动售票机整机参数表**

| 序号 | 项目 | 性能指标 |
| --- | --- | --- |
| 1 | 整机外形尺寸（宽×高×深） | 900×850×1800（mm） |
| 2 | 整机质量 | 490kg |
| 3 | 整机输入电源 | AC 220V+10%～−15%，50Hz±4% |
| 4 | 可靠性 | MCBF≥50000 次<br>MTTR≤30min |
| 5 | 整机电气安全特性 | 具有漏电、过流、过压、短路保护功能，可防雷击、防浪涌，符合现行 GB 4943 标准 |
| 6 | 整机环境条件 | 工作温度：0℃～40℃<br>存储温度：−20℃～60℃<br>工作湿度：10%～95%（相对湿度、无结露）<br>存储湿度：0%～95%（相对湿度、无结露） |
| 7 | 整机功耗 | 待机功率≤350W<br>工作功率≤500W |
| 8 | 采用单个硬币的发售速度 | ≤3s/张（识币到出票） |
| 9 | 采用单张纸币的发售速度 | ≤6s/张（识币到出票） |
| 10 | 车票处理速度 | ≤0.3s/张 |
| 11 | 数据存储量 | 储存不少于 7 天的交易数据和设备状态信息，保存 30 000 条以上黑名单 |
| 12 | 纸币接受种类 | ≥13 种（4 方向） |
| 13 | 纸币识别速度 | <2.5s/张 |
| 14 | 真钞接受率 | ≥96%（首次插入的真币接收率） |
| 15 | 纸币检测准确率 | ≥99.99% |
| 16 | 纸币暂存箱容量 | 15 张，可“原币奉还” |
| 17 | 纸币钱箱容量 | 1000 张 |
| 18 | 纸币钱箱安全 | 双锁，电子 ID |
| 19 | 硬币识别、接受种类 | 至少 16 种 |
| 20 | 硬币检测准确率 | ≥99.9% |
| 21 | 硬币找零箱容量 | 1000 枚，共 2 箱 |
| 22 | 硬币暂存箱容量 | 25 枚，共 2 个；可“原币奉还” |
| 23 | 硬币补充箱 | 1000 枚/箱，共 2 箱，带锁，电子 ID |
| 24 | 硬币回收箱 | 3000 枚/箱，共 1 箱，带锁，电子 ID |
| 25 | 单程票票箱 | 1000 枚/箱，共 2 箱，带锁，电子 ID |
| 26 | 单程票废票箱 | 300 枚/箱，1 箱 |
| 27 | 单程票回收箱 | 1000 枚/箱，共 2 箱，电子 ID |
| 28 | 通信接口 | 标准以太网接口 |

续表

| 序号 | 项目 | 性能指标 |
| --- | --- | --- |
| 29 | 通信协议 | TCP/IP |
| 30 | 与 SC 的通信速率 | 100Mbps |
| 31 | 外壳防护等级 | IP51 |

## (三) 自动售票机主要模块简介

### 1. 设备整机配置

自动售票机整机配置清单如表 2-7 所示。

**表 2-7　自动售票机整机配置清单表**

| 序号 | 模块名称 | 零部件名称 | 单位 | 数量 | 备注 |
| --- | --- | --- | --- | --- | --- |
| 1 | 主控单元 | 工控机 | 台 | 1 | |
| 1.1 | | CF 卡 | 个 | 1 | |
| 1.2 | | DOM | 个 | 1 | |
| 2 | 硬币处理模块 | 硬币处理模块 | 台 | 1 | |
| 2.1 | | 加币箱 | 个 | 2 | |
| 2.2 | | 硬币钱箱 | 个 | 2 | |
| 2.3 | | 硬币闸门 | 个 | 1 | |
| 2.4 | | 硬币识别器 | 个 | 1 | |
| 2.5 | | 找零 HOPPER | 个 | 2 | |
| 3 | 纸币处理模块 | 纸币接收机芯 | 台 | 1 | |
| 3.1 | | 纸币接收钱箱 | 个 | 1 | |
| 4 | 纸币找零模块 | 纸币找零机芯 | 台 | 1 | |
| 4.1 | | 纸币找零钱箱 | 个 | 2 | |
| 5 | 单程票处理模块 | 币式车票发售模块 | 台 | 1 | |
| 5.1 | | 单程票补票箱 | 个 | 2 | |
| 5.2 | | 单程票废票箱 | 个 | 1 | |
| 5.3 | | 单程票回收箱 | 个 | 2 | |
| 5.4 | | 单程票出票器 | 个 | 2 | |
| 5.5 | | 单程票读写器 | 套 | 1 | |
| 6 | 乘客显示模块 | 乘客显示器 | 台 | 1 | |
| 6.1 | | 触摸屏 | 台 | 1 | |
| 6.2 | | 运营状态显示器 | 台 | 1 | |
| 7 | 储值票处理模块 | 结构塑料主体 | 个 | 1 | |
| 7.1 | | 车票读写器 | 套 | 1 | |
| 8 | 电源模块 | 电源板 | 个 | 1 | |
| 8.1 | | 配电箱 | 个 | 1 | |
| 8.2 | | 接线盒 | 个 | 1 | |

续表

| 序号 | 模块名称 | 零部件名称 | 单位 | 数量 | 备注 |
|---|---|---|---|---|---|
| 9 | 维修面板 | 7 寸 LCD 显示屏 | 个 | 1 | |
| 9.1 | | 24 键功能键盘 | 个 | 1 | |
| 9.2 | | 电源开关 | 个 | 1 | |
| 9.3 | | 状态指示灯 | 个 | 1 | |
| 10 | 打印设备 | 热敏嵌入式打印机 | 个 | 1 | |
| 11 | 机柜 | 整机结构及线束 | 套 | 1 | |
| 12 | 其他 | DIO 板 | 个 | 1 | |
| 13 | | 功放盒及喇叭 | 套 | 1 | |
| 14 | | 大门锁 | 个 | 1 | |
| 15 | | 维护门到位开关 | 个 | 1 | |
| 16 | | 维修门照明开关 | 个 | 1 | |

2. 主要模块

(1) 主控单元

主控单元（工控机 ECU）是控制设备所有功能的中心控制器。该模块中包含中央处理器，以及对设备所有子系统进行监督控制的程序，这使设备可以作为一个独立的系统工作，或者通过局域网连接到（SC）检测中心系统。

工控机内安装设备控制软件，负责控制各模块运行，完成车票处理、显示，数据通信，状态监控等，工控机外观如图 2-6 所示。

自动售票机主控单元（也称工控机），主要负责控制软件，完成车票处理、现金处理显示、数据通信、状态监控等功能。

主控单元的主要构成包括：

① 接口：串口（RS232）、USB、VGA、LVDS、LAN、AUDIO、Power。

② CF 卡：用于数据备份。

③ 硬盘：用于存放操作系统、应用程序、交易数据等。

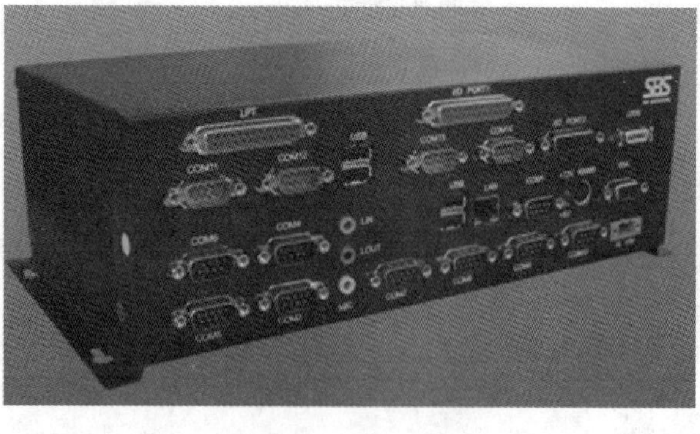

图 2-6　工控机外观

(2) 硬币处理模块

硬币处理模块安装在设备内，由硬币识别器、暂存器、找零器及换向器等构成，主要实现硬币的识别、接收、原币返还、找零、循环找零（5 角和 1 元）、加币、清币、模块故障自诊断等功能。硬币模块由加币箱、循环箱、备用箱、回收箱等组成。

硬币模块内部结构如图 2-7 所示。

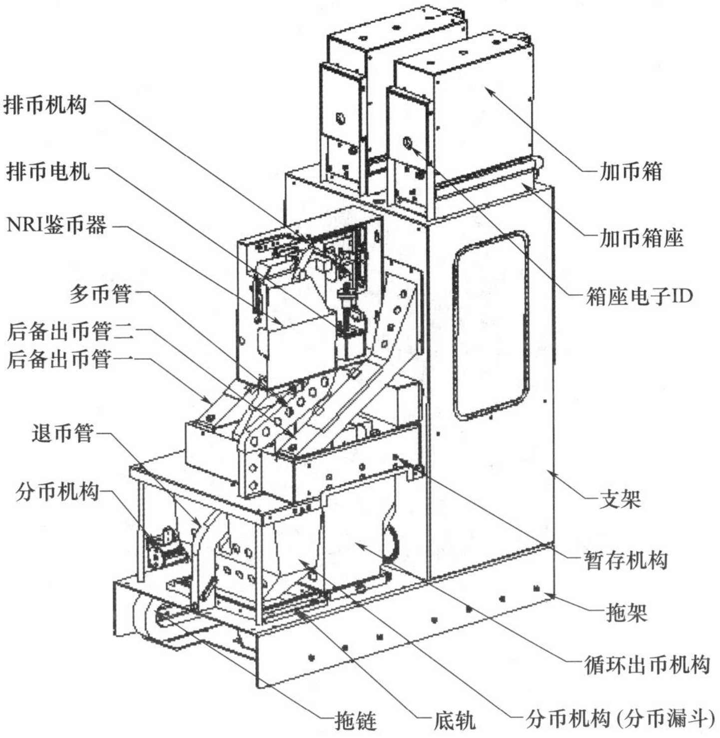


图 2-7　硬币模块内部结构

（3）纸币处理模块

纸币处理模块用于实现乘客纸币的接收及找零功能，由入币口、传输装置、识别模块、暂存器和钱箱等部分组成。纸币处理模块结构外观如图 2-8 所示，由入币口、传输装置、识别模块、暂存器和钱箱等部分组成。

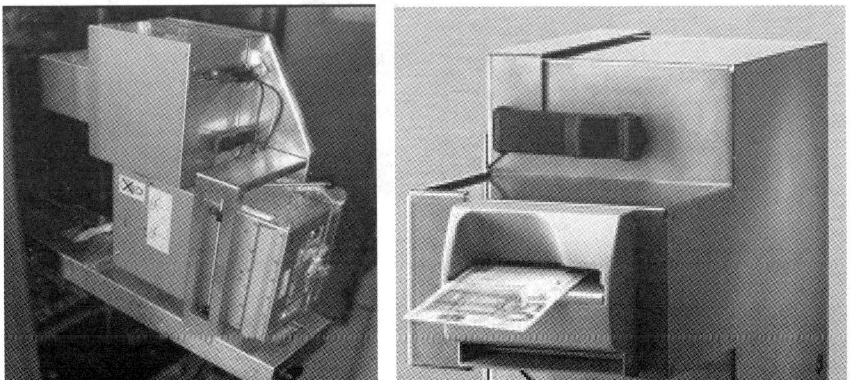

图 2-8　纸币处理模块结构外观

（4）单程票处理模块

单程票处理模块由控制板、单程票补票箱、单程票回收票箱、废票箱、独立的车票读卡器、车票传送机构、传感器、电磁阀等构成。单程票处理模块能自动完成供票、读写、校验及出票的处理等业务操作，车票处理模块结构如图 2-9 所示。

图 2-9　车票处理模块结构

（5）储值票处理模块

储值票处理模块用于对储值票的充值，使用独立的车票读卡器完成对储值票的读写。由储值票装置和读写器构成。

储值卡卡座是当乘客插入储值票时，能完全锁闭在模块内，设备对储值票进行读写操作时，乘客不会接触已插入的储值票，车票处理完成（或取消）后，储值票自动解锁弹出，储值结构实物图如图 2-10 所示。

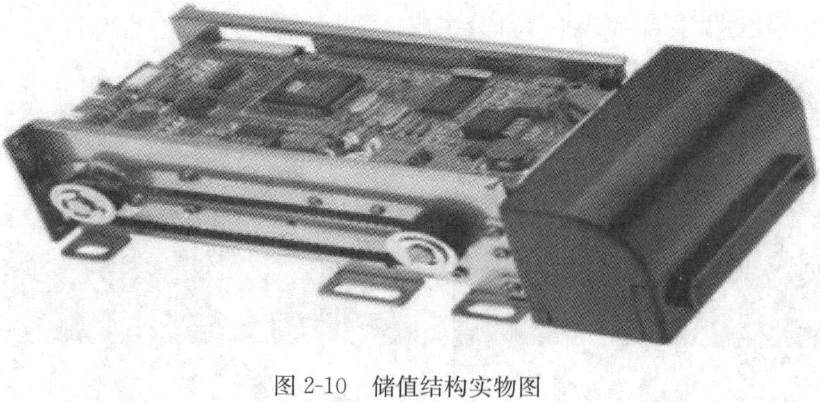

图 2-10　储值结构实物图

（6）银行卡处理模块（预留）

设备预留银行卡处理模块安装位置和相关接口，银行卡处理模块包括 EPP 密码键盘和银行卡读卡器，预留符合要求的银行卡装置。

（7）乘客显示器

乘客显示器安装在TVM前面板乘客操作范围内，位于触摸屏后，用于显示轨道交通线路、车站分布图和购票操作相关提示信息，不会出现误选、重选现象。21.5英寸工业级TFT高亮度液晶显示屏，具有抗磨耐用、防冲击、防腐蚀、防水、抗光干扰等特点。

（8）触摸屏

设备的触摸屏覆盖于乘客显示器表面，与乘客显示器一起为乘客提供购票服务，采用21.5英寸红外触摸屏。触摸屏具有抗磨耐用、防冲击、防爆、防腐蚀、防水、抗光干扰、带静电保护等功能，触摸屏组合如图2-11所示。

图2-11　触摸屏组合

（9）运营状态显示器

运营状态显示器安装在TVM前面板上端的显著位置，用于显示当前设备的运行模式和操作模式。显示器可采用中英文交替显示的模式，并能显示简单的图形和动画，运营状态显示器如图2-12所示。

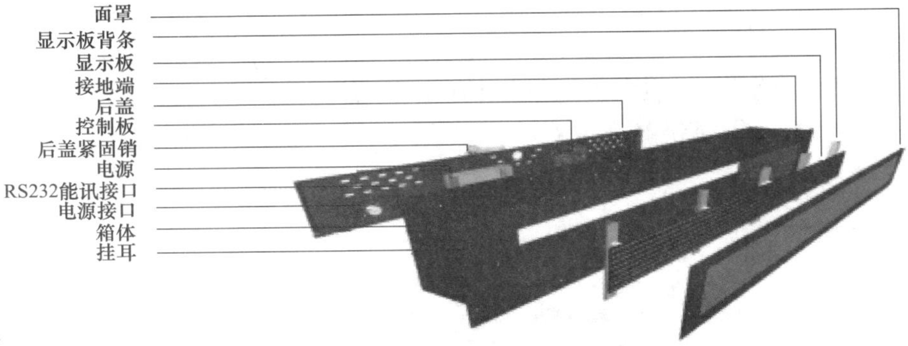


图2-12　运营状态显示器

（10）热敏凭条打印机

型号为CS-PPrt-T00热敏嵌入式单据打印机具备打印多层票据功能。便于维护及安装，能打印地铁线网及轨道交通工程所有要求打印内容及线网站点名称。打印机外观如图2-13所示。

(11) 电源模块

电源模块为设备提供电力，其组成包括主模块，接线端子排（带保险）及相应附件。电源模块对主要功能模块的电源输出通过独立的保险进行保护，在过压及短路情况下可以保护模块不受影响。TVM电源箱如图2-14所示。

图2-13　打印机外观

图2-14　TVM电源箱

自动售票机电源模块具备较好的节能设计，能实现对设备各主要模块供电的单独控制，在收到远程关机和唤醒命令时，能有选择地对特定模块的供电进行关闭和开启。

电源模块能至少提供交流220V输入电压，输出直流5V、12V、24V。

(12) 维修面板

维修面板安装在设备内部，操作/维修人员通过维修面板完成对设备的操作、维修和诊断工作。维修面板包括7英寸彩色显示器及24键功能键盘。

维修面板显示器应采用彩色TFT显示，16BIT颜色，显示面积不小于6.4英寸，分辨率不小于640×320。维修面板显示器切换下一屏内容显示时，切换时间不超过0.5s。维修面板的功能显示菜单化，能帮助操作员快速操作。维修面板键盘具有0～9数字输入键及至少10个功能键，各功能键能通过软件定义其含义，维修操作面板外观如图2-15所示。

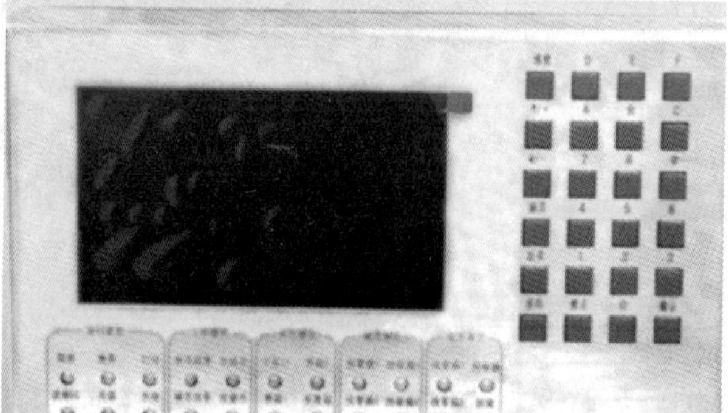

图2-15　维修操作面板外观

(13) 后维护门

后部维修门最大角度为 200°，这样维修时不会影响其他自动售票机正常工作，且设备内部所有部件均可方便进行维修。双开的后维修门也进一步节省了自动售票机的布置空间，相比单开维修门可节省约 0.5m 的距离。

开启的维修门能够承受任何远离铰链边角上在平面施加的至少 90kg 外力，而不会导致铰链及其他设备的弯曲或任何损坏。TVM 维修门示意图如图 2-16 所示。

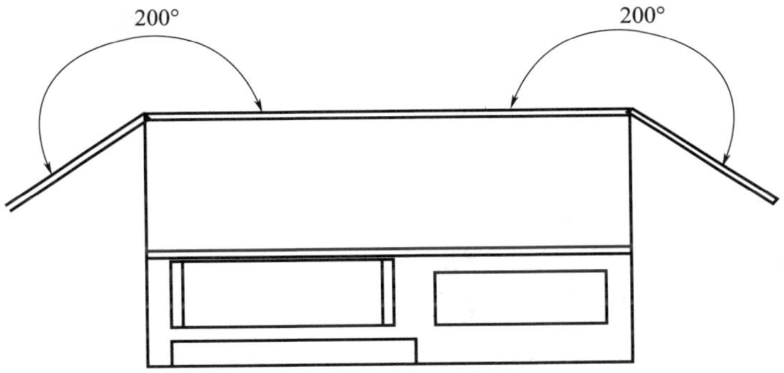


图 2-16　TVM 维修门示意图

### (四) 自动售票机的工作模式

自动售票机可运行于多种模式下。这些模式的设置可以通过 SC 下达参数设置，也可以由 TVM 根据模块的状态自动调整运行。

自动售票机运行模式分为正常服务模式、停止服务模式和限制服务模式 3 种。

1. 正常服务模式

正常服务模式是指 TVM 运行时能提供所有设计要求的服务。

2. 停止服务模式

停止服务模式是指 TVM 在模块运行发生错误后，可屏蔽其提供的功能，并尝试自动切换至限制服务模式，如没有与之匹配的限制服务功能，TVM 将进入停止服务模式。

限制服务模式类包含以下模式。

(1) 仅售票模式：储值票不可用或发生故障。

(2) 仅硬币购票模式：纸币接收器不可用或发生故障。

(3) 仅纸币购票模式：硬币接收器不可用或发生故障。

(4) 无找零模式：找零模块不可用或发生故障。

(5) 仅充值模式：单程票发售模块不可用或发生故障（预留）。

以下条件将导致 TVM 切换至停止服务模式。

(1) 储值票和单程票售票模块同时不可用或发生故障。

(2) 硬币接收器和纸币接收器同时不可用或发生故障。

### (五) 自动售检票系统设备的巡视

AFC 系统车站级设备的巡视由 AFC 车站检修工完成，目的是了解车站自动售检票系统设备当前的现场运行状况，以便及时进行相应的维护工作。

1. 巡视的一般要求

巡视过程中发现故障时，如故障设备量少且对车站运营没有太大的影响，AFC车站检修工可继续巡视，暂不处理故障；如故障设备多或对车站运营造成影响，则必须立即处理，具体按照相应的自动售检票故障管理规则处理。

车站巡检工班至少巡视各自管辖的车站两次。早班在到达指定车站后即开始对站内设备状况进行巡视，巡视结果必须进行记录。巡视结束后与日班的同事一起对发现的故障进行处理；晚班运营结束之前也要对站内的设备进行巡视，并统计上报所有当日遗留未处理的故障数量。

2. 巡视内容

(1) 车站计算机的运行情况。

查看车站计算机应用程序的运行状况。

检查车站计算机与中央计算机的通信。

检查车站计算机与车站级设备的通信。

检查车站计算机数据备份完成情况。

通过车站计算机查看车站级设备的当前状况。

(2) 进/出站闸机的运行情况。

查看进/出站闸机的当前运行状况，包括故障设备数量、性质、分布等。

查看进/出站闸机的外部状况，包括乘客显示屏、指示灯的工作状况。

询问车站相关人员设备的使用情况。

随机选择1～2台进/出站闸机，用员工票进行过闸测试。

(3) 自动售票机的运行情况。

查看自动售票机的当前运行状况，包括故障设备的数量、性质、分布等。

询问车站相关人员设备的使用情况。

查看自动售票机的乘客显示模块和触摸屏模块。

(4) 半自动售票机的运行情况。

查看半自动售票机的当前运行状况，包括故障设备的数量、性质、分布等。

询问车站相关人员设备的使用情况。

查看各售票员操作显示模块和乘客显示模块。

## 三、任务实施

### 工作任务一　TVM的操作

TVM的操作分为日常运营内部操作和乘客购票外部操作两种，日常运营内部操作是指车站票务人员根据运营开始、运营中及运营结束三个阶段的工作流程，完成加票操作、加币操作、清币操作、钱币箱操作。

### (一) 日常运营内部操作

1. 日常运营操作流程如2-17所示。

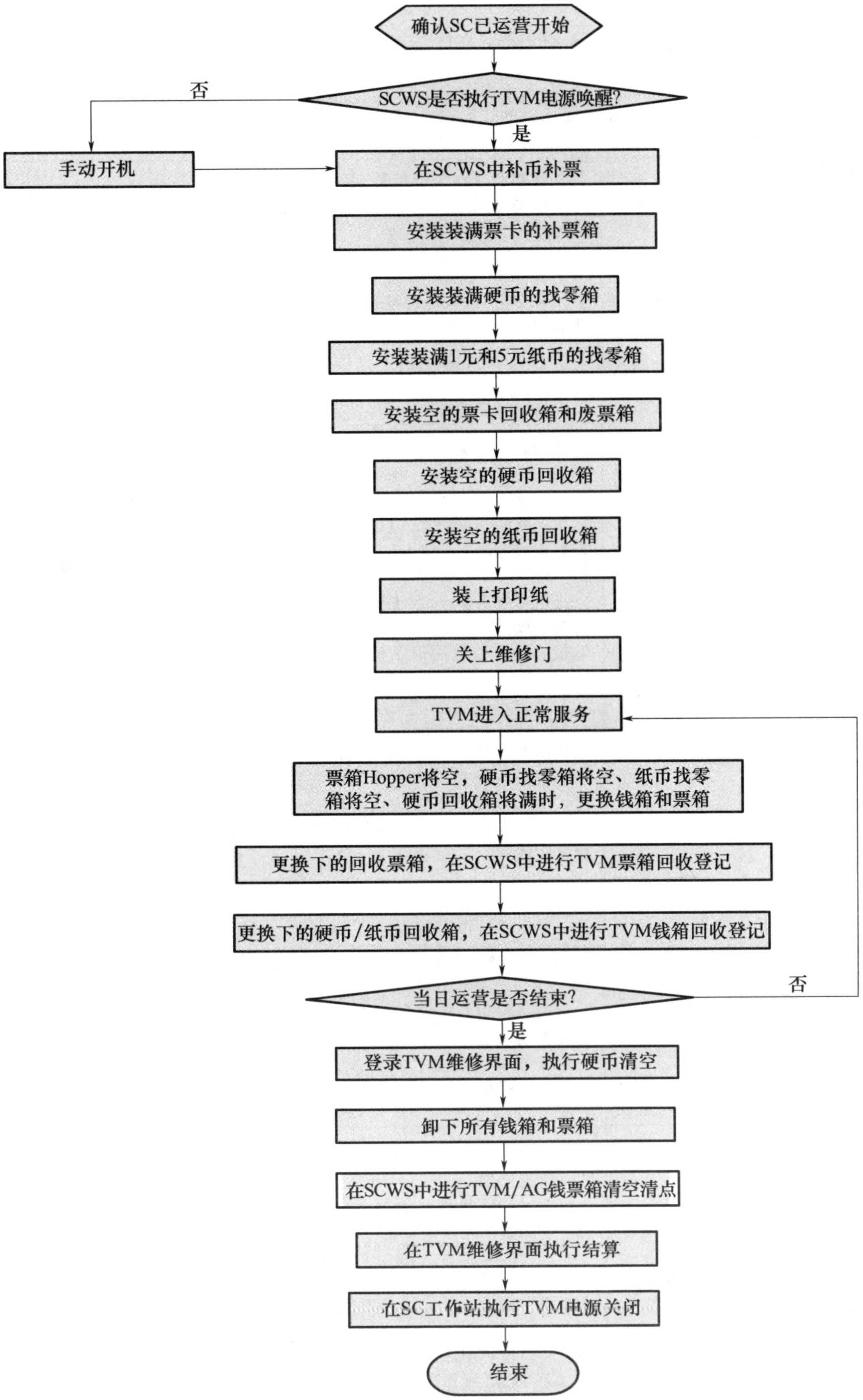


图 2-17　日常运营操作流程

## 2. 日常运营操作流程

日常运营操作流程如表 2-8 所示。

**表 2-8　日常运营操作流程**

| 运营 | 设备 | 步骤 | 操作名称 | 操作流程 | 备注 |
|---|---|---|---|---|---|
| 运营开始 | SCWS | 1 | 车票入库 | 选择菜单【票卡管理】，再选择【配票入库】中的【新增】，对 LCC 配发的票卡进行入库 | 车票配送到站，进行入库 |
| | | 2 | TVM 补币补票 | 选择菜单【票款管理】，先选择【TVM 补币补票】，输入每台设备需要领用的总金额和票卡 | 设备运营前对钱箱进行补币并对票箱进行补票操作 |
| | | 3 | 售票员配票款 | BOM 售票员领用票款 | |
| | | 4 | 运营开始 | 设备默认已经运营开始 | |
| | TVM | 5 | 补充纸币 | 【运营服务】－＞【补充纸币】－＞更换两个纸币补充箱，补充纸币时需要输入数量，输入数量后点击确认，弹出“是否完成更换?”对话框，【返回】继续，【确定】更换完成 | 上面为纸币补充箱 1 位置。如果设备上有回收箱，用钥匙解锁纸币回收箱，再取下，然后将新的纸币回收箱安装到纸币回收箱位置 |
| | | 6 | 补充硬币 | 【运营服务】－＞【补充硬币】－＞更换两个硬币补充箱，补充硬币时需要输入数量，输入数量后点击确认，弹出“是否完成更换?”对话框，【返回】继续，【确定】更换完成 | 硬币单元上面为补充钱箱位置，左边为硬币补充箱 1 位置 |
| | | 7 | 补充票卡 | 【运营服务】－＞【补充票卡】，更换两个单程票补充箱，补充票卡时需要输入数量，输入数量后点击确认，弹出“是否完成更换?”对话框，【返回】继续，【确定】更换完成 | 发行单元上面为补充票卡位置，左边为票卡补充箱 1 位置 |
| | AG | 8 | 票箱更换 | 【票箱更换】－＞装上新票箱后点击确认，弹出“是否完成更换?”对话框，【返回】继续，【确定】更换完成 | |
| 运营中 | SCWS | 9 | 设备监控 | 运营过程中，可以在 SCWS“设备监控”界面查看设备状态、部件状态、网络状态及服务模式等信息。如果发现设备票箱、钱箱已满或已空，则及时更换钱、票箱 | |
| | BOM<br>SCWS | 10 | BOM 操作员班次结束（售票员上交票款） | （1）BOM 操作员在交接班或运营结束时，清点票款<br>（2）BOM 操作员通过 SCWS 归还备用金，备用金归还数额必须与领用金额一致<br>（3）BOM 操作员通过 SCWS 归还现金收益，如果“应还金额”与“实还金额”有差异，则归还时应在系统中输入实际清点的金额。系统自动算出差额，并在车站现金收益报表中体现<br>（4）BOM 操作员归还领用的散票 | |

续表

| 运营 | 设备 | 步骤 | 操作名称 | 操作流程 | 备注 |
| --- | --- | --- | --- | --- | --- |
| 运营中 | TVM | 11 | 硬币钱箱更换 | （1）当Hopper及补充箱将空或已空时，必须更换硬币补充箱补充硬币，否则TVM将降级服务<br>（2）当硬币回收箱将满或已满时，必须进行更换，否则将降级服务，切换至只收纸币模式 | |
| | TVM | 12 | 纸币钱箱更换 | （1）当纸币找零箱将空或已空时，必须更换纸币补充箱补充纸币，否则TVM将降级服务<br>（2）当纸币回收箱将满或已满时，必须进行更换，否则将降级服务，切换至只收硬币模式 | |
| | TVM | 13 | 票箱更换 | 当票箱将空或已空时，必须更换票卡补充箱补充票卡，否则TVM将降级服务，切换至只充值模式 | |
| | AG | 14 | 票箱更换 | 当AG票箱将满或已满时，须更换票箱，否则AG将降级服务，不再回收单程票 | |
| 运营结束 | TVM<br>SCWS | 15 | 设置暂停服务 | （1）TVM：打开维修门<br>（2）TVM：在【服务控制】—>【服务模式设置】中设置“暂停服务”<br>（3）SCWS：选择菜单【设备监控】，再选择【车站设备】—>右侧的服务控制点取暂停服务 | 确保无乘客交易后进行 |
| | TVM | 16 | 钱票箱清空 | （1）清空硬币钱箱<br>（2）清空票箱 | |
| | | 17 | 结算处理 | 在【运营服务】—>【结算处理】中选择一种结算模式，待设置动作完成后，按照界面上的提示进行操作 | 查看结算凭据，含有钱箱票箱的数据 |
| | BOM | 18 | 结算处理 | 操作员退出登录 | |
| | SCWS | 19 | 运营结束 | 车站下发运营结束命令 | |
| | | 20 | 售票员上交票款 | 在SCWS的【售票员上交票款】功能模块下执行票款的归还操作 | |
| | | 21 | TVM清空清点 | 按设备将TVM钱票箱清点出的数量进行归还入库 | |
| | | 22 | TVM钱箱回收 | TVM钱箱回收入库 | |
| | | 23 | TVM、AG票箱回收 | TVM、AG票箱回收入库 | 所有设备的票箱、废票箱 |
| | | 24 | 报表打印 | SC运营结束后，在SCWS中打印相关报表 | |

### 3. 日常运营操作

(1) TVM加币加票

① 准备所需票卡及备用金（纸币、硬币），使用票务手推车运至TVM处，打开TVM后门。

② 输入票务员（或值班站长）工号及密码登录。

③ 拉出 TVM 票卡发售机构，装入票箱并固定后推回复位。

④ 使用硬币补币箱钥匙（FA2041）向外拉出补币箱，如图 2-18 所示。

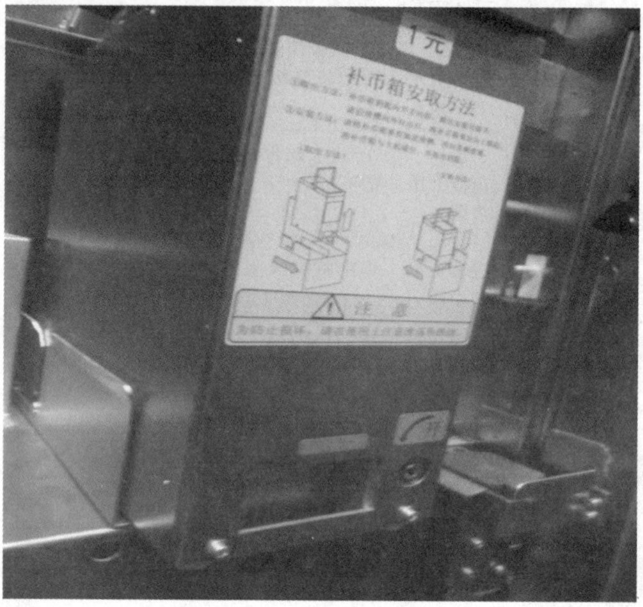


图 2-18　补币箱

⑤ 打开补币箱盖，加入硬币。

⑥ 拉出 TVM 纸币模块并翻转，使用 TVM 纸币补币箱钥匙，并在向上抬起卡扣的情况下取出 TVM 补币箱。使用 TVM 纸币补币箱钥匙打开补币箱，装入纸币。同样在向上抬起卡扣的情况下，装回补币箱，如图 2-19 所示（安装时注意补币箱安装位置底部的锁扣保持直立状态）。

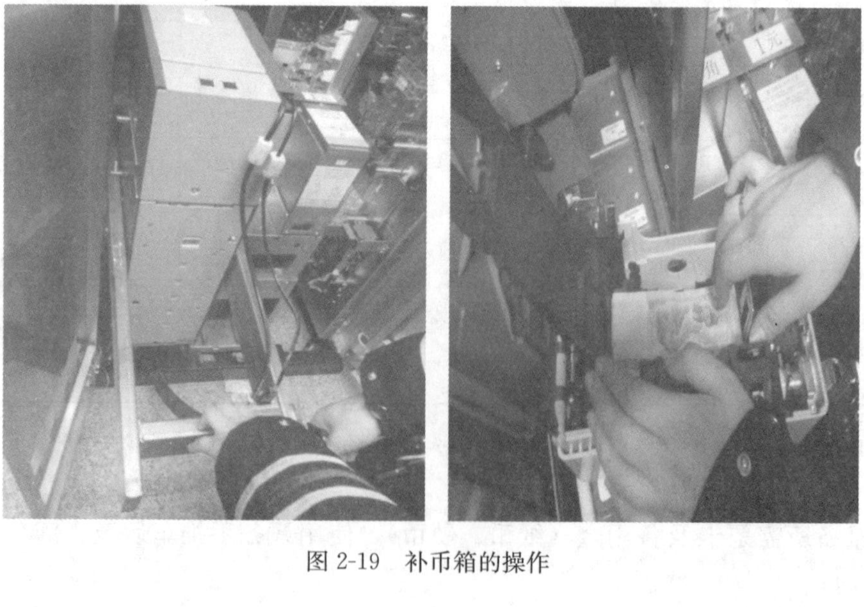


图 2-19　补币箱的操作

⑦ 补币数据录入。选择控制盘主界面“运营管理”项，分别输入添加的纸币、硬币及车票数量。添加完成后，使用“查询”功能，查询录入的 TVM 各项数据是否正确，如图 2-20 所示。

图 2-20　补币数据录入

⑧ 加币完成后，选择主界面“异常恢复”，如图 2-21 所示，系统将完成对设备各部件的自检，就绪后锁闭 TVM 后门，完成 TVM 加币加票工作。

图 2-21　补币主界面异常恢复

（2）自动售票机的清空清点

① 打开 TVM 后门，使用票务员（或值班站长）工号密码登录。

② 选择“查询”，查询 TVM 内纸币钱箱、硬币钱箱、票箱数据并记录（打印小票上也有相应记录），如图 2-22 所示。

图 2-22　自动售票机登录步骤-查询

③ 打开 TVM 后门，使用票务员（或值班站长）工号密码登录。

④ 选择“盘点”——“一键盘点”，等待盘点完成，如图 2-23 所示。

图 2-23　自动售票机登录步骤-盘点

⑤ 盘点完成后查询确认各钱箱及票箱数据是否均已清零，如图 2-24 所示。

图 2-24　自动售票机登录步骤-确认

⑥ 取出票箱、硬币回收箱（实际操作详见附图 1～4）及纸币回收箱（方法与取出纸币补币箱相同）。

⑦ 将回收的票箱、硬币回收箱及纸币回收箱放入手推车，运回票务室清点，如图 2-25 所示。

图 2-25　票箱、硬币回收箱及纸币回收箱

## （二）乘客购票外部操作

1. 乘客操作界面

自动售票机正面操作界面分为 4 个部分（分别为选定票价界面、选定线路车站界面、支付界面、出票界面）及 3 个区域（分别为选定票价区域、付费区域、取票区域）。自动售票机乘客操作界面如图 2-26 所示。

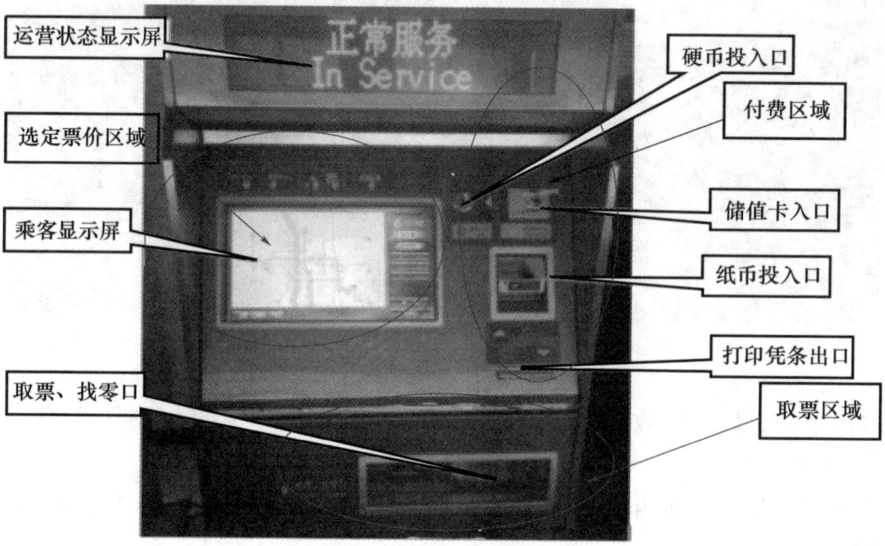


图 2-26　自动售票机乘客操作界面

2. 购票操作

（1）选定票价操作。

选定票价界面属于选定票价区域，也是乘客显示器及触摸屏区域，位于前面板中部，乘客按触摸屏目的车站线路的价格，直接在选票界面按选票价方式购买车票，乘客购票选定票价界面如图 2-27-A 所示，乘客选定票价后，界面由上述界面主界面跳转到支付界面。

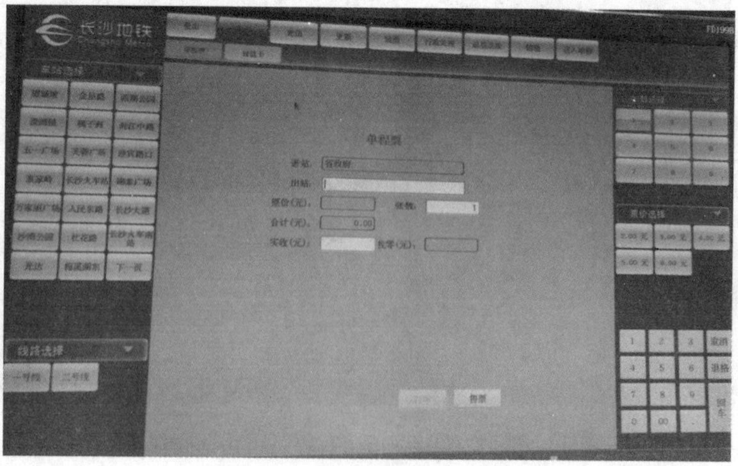

图 2-27-A　乘客购票选定票价界面

（2）选线路车站操作。

选定线路车站界面也属于选定票价区域，乘客在主界面选择界面下方的线路按钮，将跳转到线路车站界面，乘客通过触摸屏选取线路和目的车站及购票数量，乘客购票选定线路车站界面如图 2-27-B 所示，乘客选定线路车站后，界面由线路车站界面跳转到支付界面。

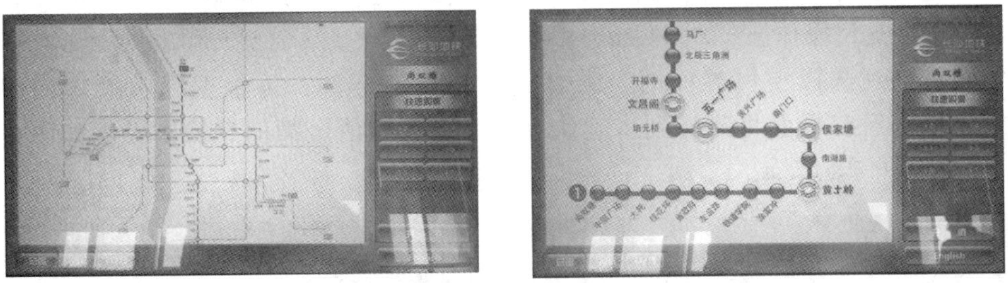

图 2-27-B　乘客购票选定线路车站界面

（3）支付操作。

跳转到支付界面后，在付费区域的乘客支付界面，可以投入相应金额的纸币、硬币或插入储值卡，当投入的纸币和硬币总金额大于等于应付票款金额时，界面由支付界面跳转到出票界面。乘客购票付费显示界面如图 2-28-A 所示。

（4）出票操作。

出票界面执行完成后，如果执行正常，设备将跳转到取票界面，同时显示“售票中耐心等待……”界面如图 2-28-B 图所示。乘客在自动售票机下部取票区域的取票口取票，整个购票过程完成，显示购票成功界面，乘客购票成功界面如图 2-29-A 所示。在取票界面停留一定时间后，设备将跳转到主界面。

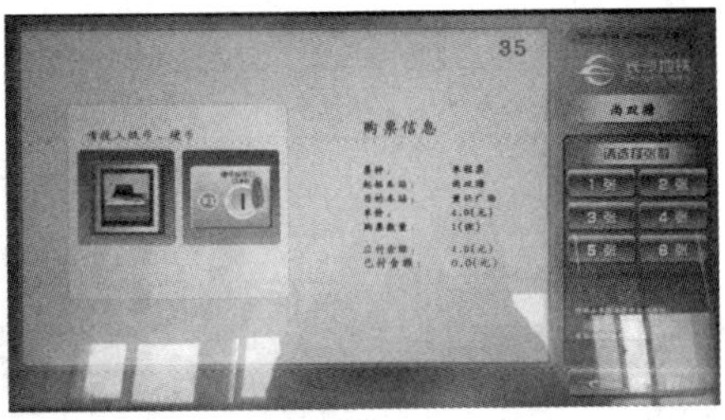

图 2-28-A　乘客购票付费显示界面

图 2-28-B　乘客购票中等待界面

如果执行中设备发生故障（如卡票、找零失败等），或交易过程中设备出现故障，将由乘客界面跳转到故障界面，如图 2-29-B 所示。

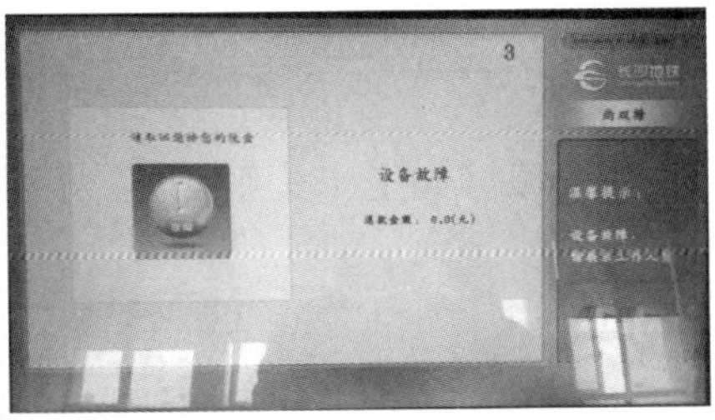

图 2-29-A　乘客成功购票面

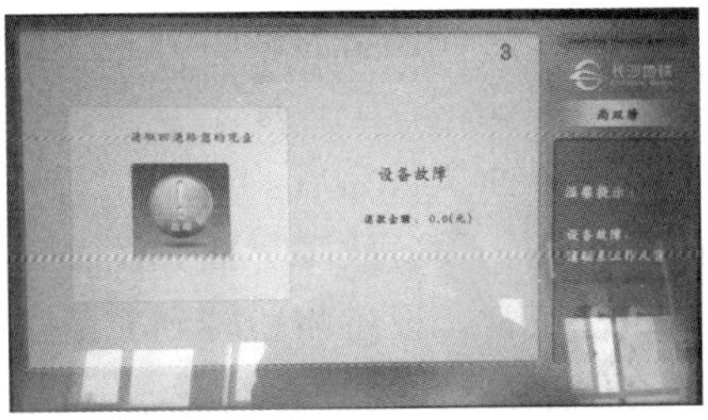

图 2-29-B　设备发生故障界面

3. 充值操作

(1) 插卡操作。

乘客按显示屏提示进行充值操作，将储值卡插入插卡界面，如图 2-30-A 所示。

乘客按照上述界面插入储值卡后，界面将跳转到选择支付界面。

(2) 选择支付操作。

界面跳转到选择支付界面时，乘客先选择充值金额，再根据提示投入相应的纸币，投入纸币后，界面将跳转到待确认界面，乘客充值金额信息操作界面如图 2-30-B 所示。

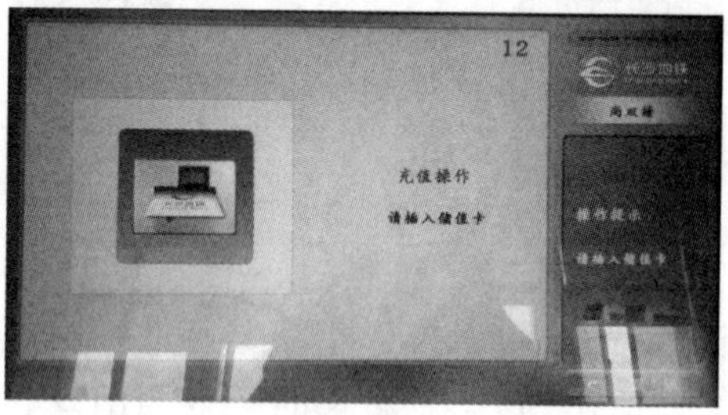


图 2-30-A 乘客储值卡插卡操作界面

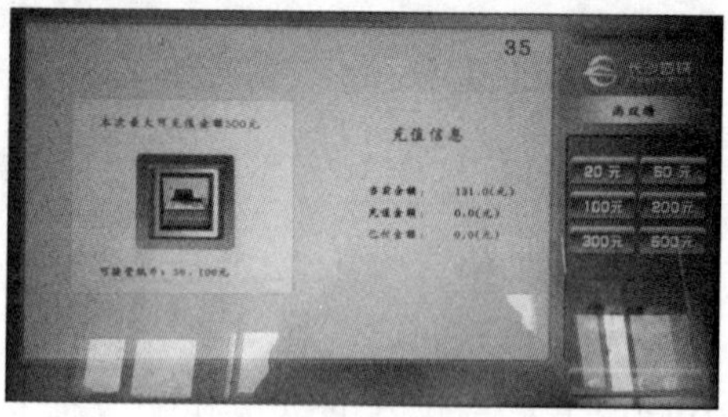


图 2-30-B 乘客充值金额信息操作界面

(3) 待确认操作。

待确认界面下，乘客可取消操作，界面将跳转到取消界面。若乘客按确认按钮，界面将跳转到充值中界面，乘客充值信息确认操作界面如图 2-31-A 所示。

(4) 取消操作。

若取消界面执行时设备发生故障（如退纸币等），界面将跳转到设备故障界面。乘客显示屏显示交易取消界面如图 2-31-B 所示。

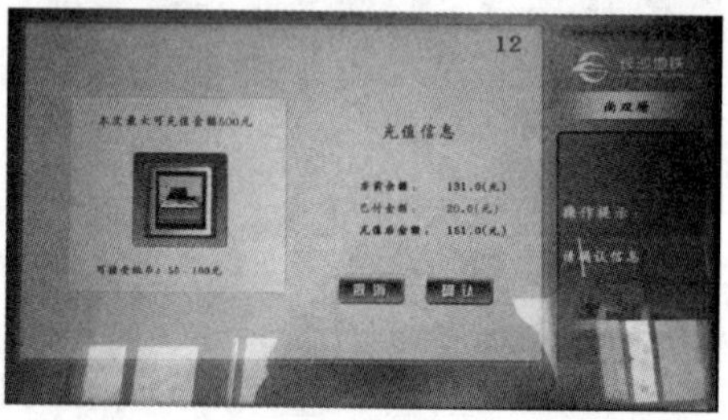


图 2-31-A 乘客充值信息确认操作界面

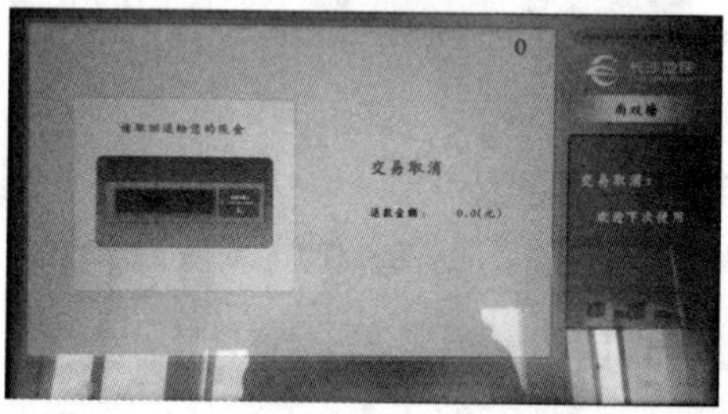


图 2-31-B 乘客显示屏显示交易取消界面

如果执行正常，设备将跳转到主界面。

(5) 充值中操作。

在充值中界面执行完后，如果执行中设备发生故障（如退卡失败等），界面将跳转到设备故障界面，设备故障界面如图 2-32-A 所示。

如果执行正常，设备将跳转到充值选择打印界面。

(6) 充值选择打印界面。

充值成功后，乘客显示屏显示充值成功界面，充值成功界面如图 2-32-B 所示。

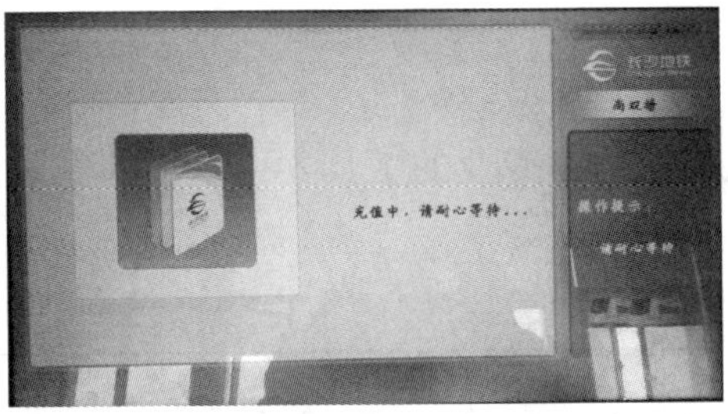


图 2-32-A　设备故障界面

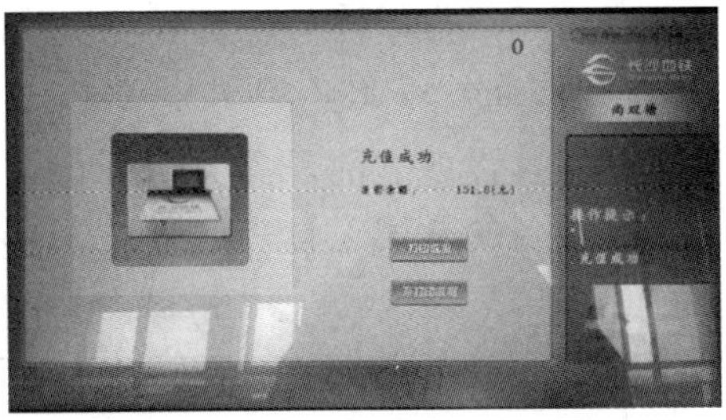


图 2-32-B　充值成功界面

同时，将提示是否打印收据，选择打印后设备将跳转到取充值单据界面。

(7) 取充值单据界面。

乘客选择打印后设备将跳转到取充值单据界面，显示“充值完成，请拿好储值卡和收据”，充值完成界面如图 2-33 所示，在取收据界面停留一定时间后，设备将跳转到主界面。

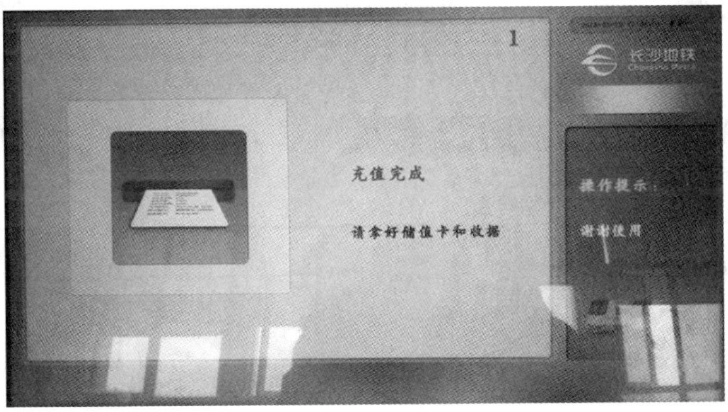


图 2-33　充值完成界面

## 工作任务二　自动售票机（TVM）日常维护

对自动售票机日常维护、定期维护是确保 AFC 设备运营稳定可靠的基础，城市轨道交通车站站务员必须正确进行售票机维护，力争将故障消灭在萌芽状态，加强预防性维护保养力度，以保证 AFC 设备处于良好的运行状态。TVM 设备的维护分为例行维护和日常维护，所谓例行维护是指 AFC 设备的专业维修人员，遵循对应线路车站的 AFC 设备维修手册进行专业软件更新升级与维护、设备定期维护、故障维修等工作；TVM 设备的日常维护是指对设备按日作业、周作业和月作业进行定期维护。

### (一) 安全注意事项及常用工具

1. 安全注意事项

在使用和维护操作车站 AFC 设备时，操作人员须注意以下安全事项。

(1) 需严格按本标准规定的程序进行操作，不得触动、移动设备的其他部件。

(2) 需爱护设备，做到轻推、轻拉、轻放，避免损坏设备。

(3) 注意设备可移动部件，避免头、手撞伤、夹伤。

(4) 严禁接触裸露线头、电路板，以防触电。

2. 拆卸设备的常用工具

在拆卸安装设备之前，需关闭所有运作电源，准备专业的工具才可以拆卸安装设备部件。拆卸设备的常用工具表如表 2-9 所示。

**表 2-9　拆卸设备的常用工具表**

| 工具 | 图片 | 工具 | 图片 |
| --- | --- | --- | --- |
| 一字螺丝刀 |  | 公制内六角扳手（M5. M6. M10） |  |
| 十字螺丝刀 |  | 老虎钳 |  |
| 扳手 |  | 公制套管（M3-M16） |  |
| 可反转组合扳手 |  | 尖嘴钳 |  |

3. 清洁工具包

清洁工具包括以下用具（也可以使用等效清洁工具）。

(1) 普通表面清洁剂。

(2) 无棉绒布。

## (二) TVM 设备的日常维护

车站操作员对 TVM 设备的日常维护内容和步骤如下。

1. TVM 设备的日作业

TVM 设备的日常维护作业包括：检查自动售票机的耗材是否充足、清洁设备表面灰尘、检查设备内/外部固定螺钉是否松动、检查设备内/外部接线是否松动、按要求补充打印机纸等易耗品、清空硬币模块、清空单程票发售模箱、废票箱数据清零和结账 9 个方面。

2. TVM 设备的周作业

(1) 清洁外面板。

TVM 使用过程中外面难免会被弄脏，因此需定期对其外面板进行清洁。

请使用普通表面清洁剂（参考“清洁工具包”）或者稀释的清洗剂溶液（清洗液和温水）按照如下说明清洁外面板表面。

① 使用湿润的无棉绒布清洁外面板的表面。

② 使用干的无棉绒布擦干净外面板的表面。

③ 油漆、油脂或尘埃可用棉布蘸取少量普通酒精清除。

当清洁外表面时：禁止使用腐蚀性、酸性、碱性或氯化清洁剂；禁止使用擦洗钢丝、刀片或类似工具擦伤表面。

清洁时禁止使用的清洁剂：苯、汽油、丙酮、四氯化碳、任何类型的脱漆剂。

（2）清洁触摸屏。

触摸屏使用过程中难免会有灰尘、水渍等粘在表面，因此需定期对触摸屏进行清洁。

请按照如下说明清洁触摸屏。

① 用柔软的毛巾和水性的玻璃清洁剂清洁触摸屏表面，尤其注意清洁触摸屏四边的声波反射条纹。注意不要碰坏触摸屏上面固定的换能器及其连线，清洁后重新启动计算机主机并重新校准。

② 表面声波屏局部触摸无反应：可能是触摸屏反射条纹局部被除数覆盖，请用一块干的软布进行擦拭。

③ 触摸屏表面有水滴或其他软的东西粘在表面，将用一块干的软布进行擦拭，将其清除即可；

清洁时禁止使用的清洁剂包括苯、汽油、丙酮、四氯化碳及任何类型的脱漆剂。

（3）清洁硬币接收器。

硬币接收器识别头在使用过程中由于不断跟硬币接触，难免会被弄脏，因此需定期对硬币接收器进行清洁。

请使用普通表面清洁剂（参考“清洁工具包”）或者稀释的清洗剂溶液（清洗液和温水）按照如下说明清洁硬币接收器。

① 取下硬币接收器。

②使用湿润的无棉绒布清洁接收器的表面。

③ 使用干的无棉绒布擦干净接收器的表面。

清洁接收器时，禁止使用腐蚀性、酸性、碱性或氯化清洁剂；禁止使用擦洗钢丝、刀片或类似工具擦伤表面。

清洁时禁止使用的清洁剂包括苯、汽油、丙酮和四氯化碳。

（4）清洁接收器的识别模块。

① 使用湿润的无棉绒布清洁接收器识别模块内部的两面。

② 使用干的无棉绒布擦干净接收器识别模块内部的两面。

清洁接收器识别模块时，禁止使用腐蚀性、酸性、碱性或氯化清洁剂；禁止使用擦洗钢丝、刀片或类似工具擦伤表面。

清洁时禁止使用的清洁剂包括苯、汽油、丙酮和四氯化碳。清洁完后关闭接收器的识别模块，将硬币接收器放回售票机。

3. TVM 设备的月作业

（1）清洁机柜的内部。

自动售票机使用过程中难免有灰尘或风沙进入机柜内部，因此定期对自动售票机进行内部清洁。

请按照如下说明清洁售票机内部。

① 使用干的无棉绒面清洁机柜内部表面的风沙与灰尘。

② 如果机柜内部喷粉件表面带有油漆或油脂等污垢，可使用湿润的带有清洁剂的

无棉绒布清除。

③ 如果机柜内部电镀件表面有油漆或油脂告示污垢，可使用蘸有普通酒精的湿润无棉绒布清除。

（2）清洁注意事项。

①不能使用磨蚀性、酸性、碱性或氯化清洁剂。

②清洁时要谨慎，避免水滴入模块的电路板上。

（3）打印机介质的存储。

为了获得最佳打印效果，请将备用纸供应品保存在凉爽、干燥且无尘的环境中，在需要使用之前，将其保存在原始包装材料中。

### （三）TVM 设备的维护与故障处理

1. 自动售检票系统设备的维护

（1）系统设备维护管理的任务

系统设备的维护主要是对设备、部件、线路板进行故障性维护和计划性维护；对自动售检票系统网络及设备软件进行必要的监控；对所有维护工作进行监控，对修复的部件进行测试和质量检测。

（2）系统设备维护的原则

① 对于车站现场发生的一般设备故障，故障响应时间不超过 5min，从故障接报到故障处理完毕平均时间不大于 60min。

② 处理一般的设备故障要满足运营服务质量要求，实现 AFC 系统设备安全、稳定、高效、良好运行，实现 AFC 系统设备故障停用时间最小化、运营服务时间最大化。

③ 对现场无法修复或者根据设备修程的规定已达到大修年限的机械、电子零部件，应进行工厂级维护。

（3）对没有资源、能力维护的项目进行委外维护。

2. TVM 的维护规程

TVM 的维护规程如表 2-10 所示。

**表 2-10　TVM 的维护规程**

| 序号 | 设备名称 | 维护内容及处理方法 |
| --- | --- | --- |
| 1 | 补票箱 | 如补票箱门不能关闭，请将该箱送回厂家修理 |
| 2 | 换向器 | 维护时需在各轴承处加润滑油；如果各部件有螺钉等松脱现象，要上紧螺钉 |
| 3 | 暂存模块 | 维护时需在各轴承处加润滑油；如果各部件有螺钉等松脱现象，要上紧螺钉 |
| 4 | 闸门 | 维护时需在通心边处加润滑油；如果各部件有螺钉等松脱现象，要上紧螺钉 |
| 5 | 凸轮 | 维护时连杆处有松脱的螺钉需要上紧 |
| 6 | 管道部分 | 管道内腔需要定期清洁，每隔 3 个月清洁一次，用长试管刷、清洁布、洗洁精等除去内腔内残留的污渍、口香糖、胶体等物质。定期清洁退币管道、凸轮架等处对射传感器的发射与接收管上灰尘 |
| 7 | 代币模块 | 需要清洁的有代币通道，工具硬毛刷和软毛刷，清洁周期 3 个月，工作时间 20min，现场维护 |

续表

| 序号 | 设备名称 | 维护内容及处理方法 |
|---|---|---|
| 8 | 代币出票器的零部件 | 1. 维护时各轴承处需要加润滑油；如果各部件有螺钉等松脱现象，要上紧螺钉<br>2. 转盘和通道内腔需要定期清洁，每隔 3 个月清洁一次，除去内腔内残留的污渍、口香糖、胶体等物质 |
| 9 | 触摸屏与 LCD | 1. 光电传感器每隔一个月清洁一次；清理触摸屏与 LCD 之间的灰尘、毛屑与手印<br>2. 用纸巾或镜头纸，蘸适量的酒精或玻璃清洁剂，擦除触摸屏与 LCD 屏表面上的灰尘、毛屑与手印<br>3. 注意：酒精或玻璃清洁剂不可喷滴在触摸屏的金属边框上，以免影响外观质量，如意外将酒精或玻璃清洁剂喷滴在金属边框上，应立即擦除。擦布最好不要用毛巾，清洁剂不要用碧丽珠或含有水性蜡物质的清洁剂。建议该模块一般情况下不需拆下清洁，日常维护时检查触摸屏与 LCD 屏之间是否有灰尘、毛屑与手印等污迹，如果有，才拆下清洁 |
| 10 | 单张存款机芯模块（现场维护） | 1. 发生卡钞时，需要打开后盖并旋转操作手柄，将通道内的所有钞票清理出来，如有钞票存留于钱箱入口处未被压入钱箱内，也应取出钱箱并清理出存留在支架内的钞票<br>2. 每天结账时应检查模块的锁扣是否运动自如，能否卡住并定位整个单张存款机芯模块，如运动不顺畅，需要加润滑油并调整至能够正常锁定模块<br>3. 机芯的传感器每 3 个月清洁一次灰尘，使用工具为长试管刷、清洁布。如果有的机芯因灰尘而工作不正常，则需要缩短清洁周期<br>4. 如果钱箱及钱箱支架上的金手指因肮脏而工作不正常，可用柔软的清洁布轻轻地清理，注意不能划伤其表面 |
| 11 | 单张存款机芯模块（工厂维护） | 机芯的皮带使用寿命为 5 年，根据不同的交易量、不同的使用环境、维护操作时因失误受到的损伤等情况，使用寿命会有波动，皮带老化出现裂痕或发生断裂，需要立即送工厂维修 |

### 3. TVM 常见故障及排除

TVM 常见故障及排除如表 2-11 所示。

**表 2-11　TVM 的常见故障及处理方法**

| 序号 | 故障现象 | 可能的故障原因 | 解决方法 |
|---|---|---|---|
| 1 | 开机无显示 | 1. 无电源输入<br>2. 部件连接异常 | 检查电源及显示器、部件连接或联系专业维护人员 |
| 2 | 提示暂停服务（非上级系统控制） | 1. 单程票处理单元异常<br>2. 硬币单元和纸币单元同时异常<br>3. 后维护门处于开启状态或后维护门状态<br>4. 检测传感器异常；连续出废票 | 1. 检查部件电源及通信连接或联系专业维护人员<br>2. 关闭后维护门或联系专业维护人员<br>3. 首先登录后维护再退出或联系专业维护人员 |
| 3 | 提示只接收硬币方式 | 1. 纸币识别单元异常或找零硬币不足<br>2. 纸币钱箱满或离位 | 维持此方式运行并联系专业维护人员或站务人员 |
| 4 | 维护界面显示器没有画面信息 | 主控程序未启动 | 启动主控程序 |
| 5 | 登录不成功 | 1. 维护单元与主机的连接线故障<br>2. 维护单元硬件故障<br>3. 输入密码错误 | 1. 检查连接或联系专业维护人员<br>2. 检查连接或联系专业维护人员<br>3. 重新输入 |

续表

| 序号 | 故障现象 | 可能的故障原因 | 解决方法 |
|---|---|---|---|
| 6 | 设备报警 | 1. 未在限定时间内登录<br>2. 三次登录均失败<br>3. 未进行更换钱箱登录而直接挪走钱箱<br>4. 更换钱箱后未归位 | 1. 重新登录<br>2. 人工重新验证用户信息，再输入操作密码重新登录<br>3. 人工重新验证用户信息，输入操作密码<br>4. 重新登录，再按正规流程进行更换钱箱操作，重新归位并确认完成 |
| 7 | 未完成购票操作而钱币被退出 | 操作超时 | 重新进行购票操作 |
| 8 | 卡票 | 1. 出票漏斗（也称歪嘴）处卡票<br>2. 电磁铁闸口处<br>3. 出票通道和金属通道衔接处 | 1. 拧开出票漏斗（也称歪觜）滚花螺丝，打开漏斗取出被夹的票<br>2. 用非金属物体拨动通道或电磁铁闸门，使票进废票箱或出票口<br>3. 轻轻向后拉开 TDU 模块，取出被夹的票，再将 TDU 推到位 |
| 9 | 卡币 | 1. 出票找零口处<br>2. 漏斗内<br>3. 鉴币器入口处<br>4. 鉴币器内<br>5. 其他位置 | 1. 直接取出<br>2. 上报专业维护人员处理<br>3. 通过维护命令使硬币退到出票找零口<br>4. 上报专业维护人员处理<br>5. 上报专业维护人员处理 |
| 10 | 纸币被夹币回收箱不能推到位纸币钱箱不能上锁 | 1. 纸币可能被夹在纸币单元内<br>2. 箱盖内的复位销未拨到上位<br>3. 推进时纸币钱箱指示灯为红色 | 1. 上报专业维护人员处理<br>2. 将箱盖内的复位销拨到上位再装入<br>3. 打开纸币钱箱侧盖再锁上，此时应指示绿灯，轻轻将纸币钱箱推到位，锁紧纸币钱箱，此时应指示红灯，完毕 |

## 四、任务评价

### （一）TVM 的操作评价

TVM 的操作评价表如表 2-12 所示。

**表 2-12　TVM 的操作评价表**

| 项目任务 | TVM 的操作 | | | | |
|---|---|---|---|---|---|
| 班级 | | 姓名 | | 评价时间 | |
| 【考核内容】 | | | | | |
| 考核项目 | 考核标准 | | | 分值 | 得分 |
| 日常运营内部操作 | 熟练掌握日常运营操作流程图各操作步骤 | | | 10 | |
| | 熟练掌握日常运营内部操作流程 | | | 10 | |
| | 能够进行运营开始、运营中、运营结束操作 | | | 15 | |
| 乘客购票外部操作 | 熟练掌握乘客购票外部操作界面的功能 | | | 10 | |
| | 能够正确进行购票操作演示和指导乘客购票 | | | 10 | |
| | 能够准确地进行储值卡充值操作演示和指导乘客储值卡充值 | | | 10 | |

续表

| 项目任务 | TVM 的操作 | | |
|---|---|---|---|
| 制作内容 | 能反映本地自动售检票系统发展现状，分析应具有一定的前瞻性 | 10 | |
| | 展示本地自动售检票系统的特点 | 15 | |
| | 撰写工作任务报告根据要求工作描述具体、工作内容清晰完整 | 10 | |
| 指导教师意见： | | | |
| 说明：1. 建议采用四级评分制（如 90%～100%、80%～90%、60%～80%、<60%）。<br>2. 主要采用小组互评的方式进行评价，教师最后进行参考评分。 | | | |

### （二）TVM 的日常维护评价

TVM 的日常维护评价表如表 2-13 所示。

**表 2-13　TVM 的日常维护评价表**

| 项目任务 | TVM 日常维护 | | | | |
|---|---|---|---|---|---|
| 班级 | | 姓名 | | 评价时间 | |
| 【考核内容】 | | | | | |
| 考核项目 | 考核标准 | | | 分值 | 得分 |
| 安全及工具 | 叙述日常维护操作时的安全注意事项 | | | 10 | |
| | 熟悉日常维护操作时的常用工具名称 | | | 5 | |
| PPT 制作（TVM 设备日常维护） | TVM 设备日作业、周作业、月作业三个阶段的作业实施 | | | 20 | |
| | 图文并茂，图片能说明主题 | | | 15 | |
| | 配有生动的动画、文字说明 | | | 10 | |
| 制作内容 | 能反映本地 TVM 设备的日常维护特点及操作规程 | | | 15 | |
| | 展示本地车站 TVM 设备的布置、内外部设备图片 | | | 15 | |
| | 报告具有一定的前瞻性、科学性和实用性 | | | 10 | |
| 指导教师意见： | | | | | |
| 说明：1. 建议采用四级评分制（如 90%～100%、80%～90%、60%～80%、<60%）。<br>2. 主要采用小组互评的方式进行评价，教师最后进行参考评分。 | | | | | |

# 任务三　自动检票机的操作与维护

## 一、任务导入

自动检票机（AGM）又称闸机，安装在车站付费区与非付费区的分界处，用于乘客自助检票通行，能自动计算乘车费用并扣费。国内闸机的设计符合乘客右手持票的习惯。通过该任务的学习，掌握城市轨道交通车站自动检票机的结构、功能、工作原理和工作方式，能够实施 AGM 的操作与维护。AGM 的安装位置如图 2-34 所示。

图 2-34　AGM 安装位置图

## 二、知识准备

### （一）AGM 的种类

自动检票机可细分为 A 型、B 型、D 型、E 型、F 型、G 型、H 型、I 型、J 型、K 型、L 型 11 种类型。

AGM 按阻拦方式分，主要有三杆式闸机和门式检票机；按安装位置和功能分，有入站闸机、出站检票机、双向闸机和特殊通道检票机；按方向分，有单向闸机和双向检票机。

入站闸机：乘客从非付费区验票进闸到付费区的通道，简称为进闸机。

出站闸机：乘客从付费区验票出闸到非付费区的通道，简称为出闸机。

双向闸机：乘客既可以从非付费区验票进闸到付费区，也可以从付费区验票出闸到非付费区的通道，简称为双向闸机。

进、出口检票机主要有垂直开启扇形检票机和三杆式检票机两种。三杆式检票机如图 2-35 所示，是最早也是广泛应用的自动检票闸机，目前在国内地铁 AFC 系统中几乎都有应用，如香港、上海、武汉和重庆等城市地铁。三杆式检票机技术成熟，阻挡效果较好，可靠性及性价比高，但三杆式检票机的三杆转动是靠乘客的身体接触推动的，因此人机友好性不足。三杆之间通行的空隙较小，带行李的乘客通行会深感不便，但它具有防逃票及造价低的优点。

门式检票机如图 2-36 所示，是目前比较先进的检票闸机，只有一对隐藏门。它的通行速度较三杆式闸机快。门式闸机采用多对光电传感器识别乘客的通行行为和行李情况，自动开关隐藏门，方便行人和行李同时通行。门式闸机目前已被认为是闸机的发展趋势，在国外地铁 AFC 系统中也得到了广泛的应用。

图 2-35　三杆式检票机

图 2-36　门式检票机

### （二）AGM 的用途与功能

1. AGM 的用途

闸机安装在付费区与非付费区的分界处，用于分隔付费区和非付费区并实现以下功能。

（1）乘客自助检票，判断乘客所持票卡的真伪。

（2）监控乘客通行，给乘客提供指导，对不规范的乘客通行行为报警提示。

闸机是联网的，可接受车站计算机和中心计算机的控制，并实时上传工作状态和交易数据。

2. AGM 的功能

按乘客业务处理是完成与乘客相关的业务处理；按维护维修处理是面向维护维修人员的业务功能；按实时监控处理是面向整体设备实现实时监控功能；按内部部件控制是面向设备各部件实现综合控制功能；按通信处理是面向 SC/LCC，实现与上位的数据交换和控制处理。自动检票机（AGM）的应用功能如下。

（1）自动对车票进行有效性检验，对有效车票进行相应处理后放行乘客，对无效车票拒绝放行。

（2）对车票处理结果给出明确的提示信息。

（3）对通道的通行状态给出明确的指示。

（4）对特殊车票的使用给出明确的提示。

（5）对需要回收的车票执行回收操作。

（6）对各部件的工作状态进行自动监测，并向车站计算机系统上报工作状态。

（7）接受车站计算机系统下发的参数和控制命令，并执行相应的操作。

（8）存储并上传交易信息。

（9）接受紧急按钮信号并控制设备的操作。

### （三）AGM 的组成与结构

自动检票机以主控单元为核心，辅以阻挡装置、车票处理装置、声光提示装置等模块组成。

1. AGM 设备外观结构认知

AGM 设备外观如图 2-37 所示。

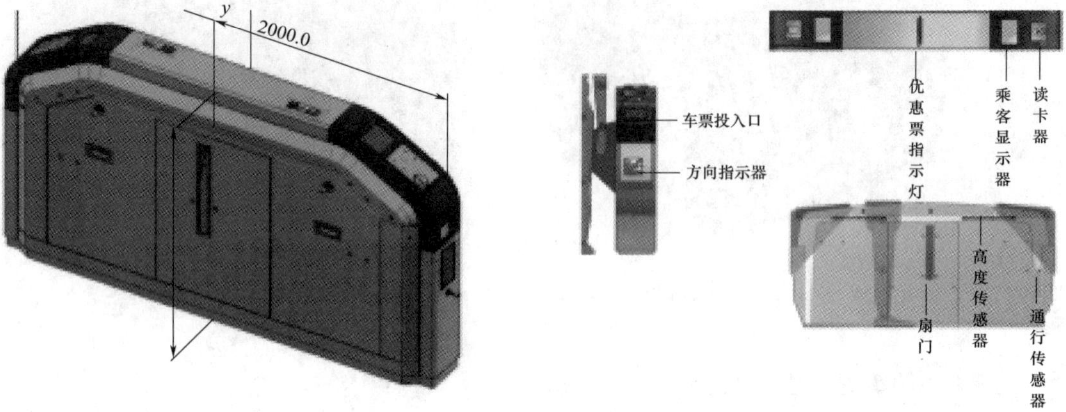


图 2-37　AGM 设备外观

认知 AGM 上部结构、立面结构和侧面结构。

（1）上部结构

① 读卡器

票卡读写器的安装位置符合乘客右手持票习惯，在检票机安装读卡器的位置有醒目的标识指示乘客刷卡位置。

乘客使用储值卡或 IC 单程票进站检票或者使用储值卡出站检票时，将车票靠近进站检票机读写器天线，读写器可读取车票的相关信息，读写器电路板和面板如图 2-38 所示。

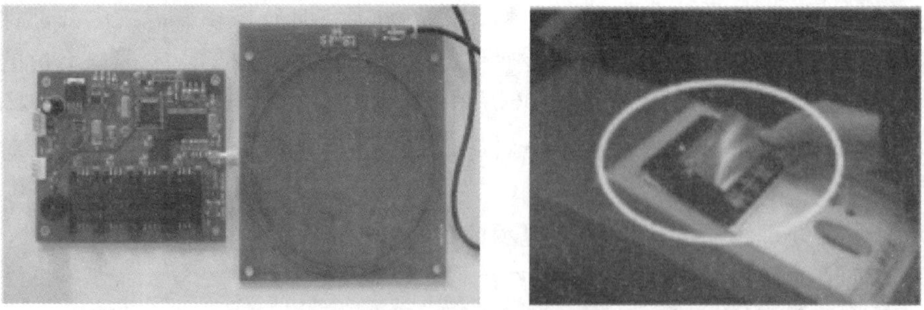

图 2-38　读写器电路板和面板

② 乘客显示器

乘客显示器向乘客显示车票处理结果，显示设备运行模式、状态等提示信息，且为可变显示，能够显示中文、英文、数字及图形，以引导乘客正确使用检票机，AGM 乘客显示器如图 2-39 所示。

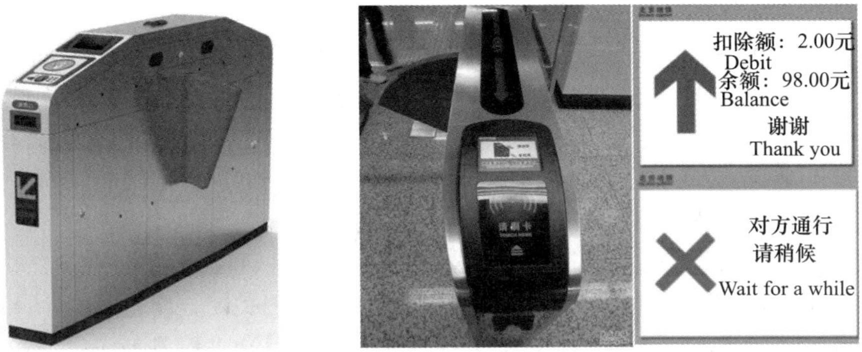


图 2-39　AGM 乘客显示器

③ 指示灯

根据乘客使用的车票类型及车票是否有效，按系统设置的参数亮相应的颜色。

（2）立面结构。

① 车票投入口

车票投入口又称车票处理装置，是乘客使用 IC 单程票出站检票时将车票投入的回收口；是 AGM 的另一个关键部件，车票处理装置负责完成车票读写、传送及回收处理。车票处理装置主要包括两大部分：车票读写设备和车票传送装置。

② 方向指示器

方向指示器位于检票机面向乘客的前面板上，显示通道的通行方向，远距离指示乘客通道的通行状态，方向指示器的设计确保乘客在 30m 外的距离可以明辨标志的内容和含义，AGM 方向指示器如图 2-40 所示。

（3）侧面结构。

① 扇门

扇形门装置是一种得到广泛应用的检票机阻挡装置。扇形门装置由扇形门、机械控制结构和控制板组成。AGM 扇门外观如图 2-41 所示。

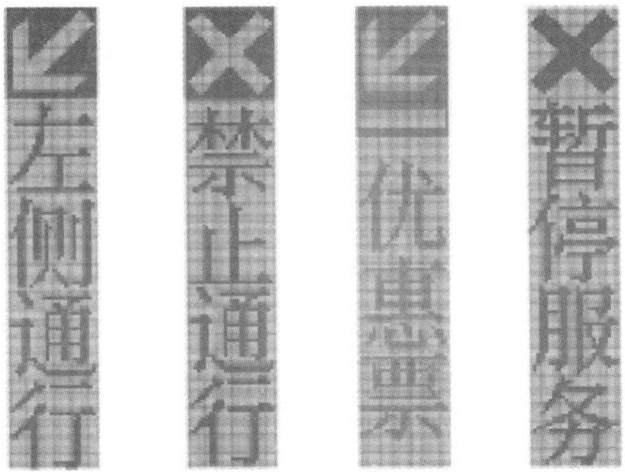


图 2-40　AGM 方向指示器

图 2-41　AGM 扇门外观

② 通行传感器

通行传感器能够监控乘客通过 AGM 的整个过程并监测通过自动检票机的人数。AGM 传感器布置如图 2-42 所示。

通行传感器各区域功能描述如下。

A 区（进站区域 1）采用透过型传感器，主要监测是否有乘客进入通道。

B 区（进站区域 2）采用透过型传感器和反射型传感器的组合，判断无票乘客的通行行为。

C 区（安全区）采用透过型传感器，安装于不同的高度，监测通行情况，反馈信号控制闸门，保护已进入通道的乘客，防止闸门夹住乘客。

D 区（出站区域 1）采用透过型传感器，检测乘客是否已经通过闸门，如果发现乘客已经通过闸门，有跟随通行行为时，反馈信号控制闸门关闭，防止第二个乘客通过。

E 区（出站区域 2）采用透过型和反射型传感器的组合，检测与 AGM 设定方向相反进入通道的乘客，如有逆行通行行为，检票机将关闭闸门并报警。

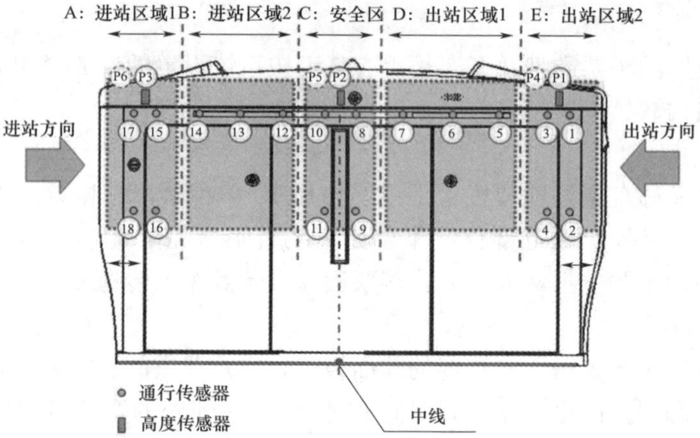


图 2-42　AGM 传感器布置

③ 高度传感器

AGM 上装有检测身高的反射型传感器，用于检测通过的乘客是否身高为 1.2～1.4m（高度可调）以下的儿童。红外线儿童测高度示意图如 2-43 所示。

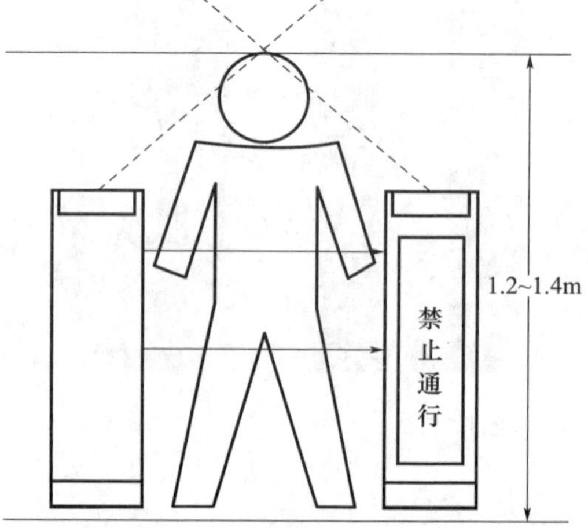


图 2-43　红外线儿童测高度示意

2. AGM 设备内部结构认知

AGM 设备内部结构如图 2-44 所示。

图 2-44　AGM 设备内部结构

AGM 设备内部结构示意图如图 2-45 所示。

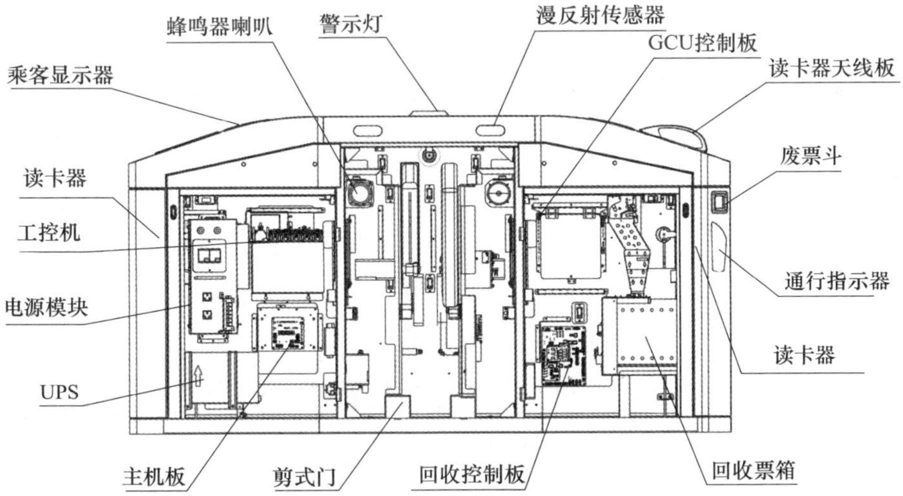


图 2-45　AGM 设备内部结构示意图

AGM 设备内部部件名称如表 2-14 所示。

**表 2-14　AGM 设备内部部件名称**

| 序号 | 部件名称 | 序号 | 部件名称 |
|---|---|---|---|
| 1 | 机壳 | 13 | 金属标识牌 |
| 2 | 通行控制传感器 | 14 | 工控机 |
| 3 | 警示灯 | 15 | 通行逻辑控制 PCM 板 |
| 4 | 通道方向指示器 | 16 | 闸机顶棚导向设备 |

续表

| 序号 | 部件名称 | 序号 | 部件名称 |
|---|---|---|---|
| 5 | 回收车票退票口 | 17 | 电源模块 |
| 6 | 扇门机构 | 18 | 维修面板 |
| 7 | 进站车票读写器 | 19 | 车票回收机构 |
| 8 | 进站乘客显示器 | 20 | 出站回收车票读写器 |
| 9 | 乘客通行指示器 | 21 | 票箱座 |
| 10 | 出站乘客显示器 | 22 | 回收单元票箱 |
| 11 | 出站非回收车票读写器 | 23 | 扬声器 |
| 12 | 单程票回收模块 | | |

扇门式 AGM 的内部包括机芯、主控单元、维护单元、电源模块、单程票回收箱和单程票回收机构等部件。AGM 设备内部各部件的功能如表 2-15 所示。

**表 2-15　AGM 设备内部各部件的功能**

| 序号 | 模块名称 | 功能 |
|---|---|---|
| 1 | 机壳 | 由壳体和支撑支架组成，外壳由有纹理的防腐不锈钢构成。底座通过螺栓固定在地面上，并有足够的强度保证在受到正常冲击时不发生移位。维护门装有传感器，有机械锁定装置，须使用钥匙开启；维护时闸机自动进入暂停工作状态 |
| 2 | 通行控制传感器 | 12 对通行传感器分布于闸门两侧通道内，用于监控乘客的通行过程；4 对安全传感器分布于闸门两旁，可以防止闸门夹伤乘客；4 对漫反射传感器分布于闸门中间上方位置，为儿童检测传感器。 |
| 3 | 警示灯 | 优惠/报警指示灯安装于闸机上盖的中部位置，内有 3 种颜色。警示灯能在使用优惠车票、车票无效或无票通过时给乘客以提示，同时能帮助管理人员确认 |
| 4 | 通道方向指示器 | 通道方向指示器安装在闸机两端的前面板上，方向指示器由一个指向通行通道的绿色箭头“↙”、一个禁行标志红色“╳”及两个彩色灯条组成，乘客可以在远处依据该指示器选择通道 |
| 5 | 回收车票退票口 | 回收车票退票口安装在双向闸机和出站闸机的付费区端，当乘客投入无效的车票或其他类似车票的物体时，将从退票口退出；退出时有灯光提示，乘客取出后提示灯光熄灭 |
| 6 | 扇门机构 | 闸机机芯安装在闸机的中间位置。连接通行控制 PCM 板，由 PCM 板控制打开和关闭 |
| 7 | 进站车票读写器 | 进站车票读写器安装于双向闸机和进站闸机的非付费区端，用于处理进站乘客的车票 |
| 8 | 进站乘客显示器 | 进站乘客显示器安装于双向闸机和进站闸机的非付费区端，用于显示乘客操作提示信息及乘客车票的相关信息 |
| 9 | 乘客通行指示器 | 乘客通行指示器安装于闸机上盖，以红/绿色箭头显示，用于提示乘客车票的无效/有效使用及通行方向 |
| 10 | 出站乘客显示器 | 出站乘客显示器安装于双向闸机和出站闸机的付费区端，用于显示出站乘客的车票信息和消费相关信息，并给予乘客相应的操作提示 |

续表

| 序号 | 模块名称 | 功能 |
|---|---|---|
| 11 | 出站非回收车票读写器 | 出站非回收车票读写器安装于双向闸机和出站闸机的付费区端，用于处理出站乘客的车票，该读写器不处理需要回收的车票 |
| 12 | 单程票回收模块 | 出闸机简易非接触式IC卡单程票（token）回收模块的进票口设置在出闸机进入端，以显著位置面向乘客，同时设置醒目的彩色标志引导乘客插入需回收的车票 |
| 13 | 金属标识牌 | 金属标识牌的内容包括厂商名称、型号或部件号、序列号、生产日期等信息 |
| 14 | 工控机 | 工控机控制闸机部件的工作行为，根据部件的工作状态确定闸机的整机状态，并记录闸机的工作数据实时上传 |
| 15 | 通行逻辑控制PCM板 | 通行控制PCM板通过接收通行控制传感器的信号识别乘客的通行行为，并控制闸门的打开和关闭 |
| 16 | 闸机顶棚导向设备 | 在每个闸机通道的上方安装闸机顶棚导向设备，用于指示乘客闸机的通行通道方向，并对远距离乘客指示闸机是否可以使用起引导、疏散客流，提醒、警示乘客和车站工作人员的作用 |
| 17 | 电源模块 | 电源模块为设备提供电力，其组成包括主模块、接线端子排（带保险）及相应附件。电源模块对主要功能模块的电源输出带有独立的保险，在过压及短路情况下可以保护模块不受影响 |
| 18 | 维修面板 | 闸机内安装有维修面板，帮助维修人员进行设备维护、故障诊断及模式设置等操作。维修面板包括显示器及输入设备，通过维修面板能实现闸机自诊断的各种功能 |
| 19 | 车票回收机构 | 车票回收机构安装在闸机内部付费区端。乘客投入的有效车票被送入票箱，而乘客投入的无效车票及其他物体（如硬币等）被退回至退票口 |
| 20 | 出站回收车票读写器 | 出站回收车票读写器用于处理出站回收的车票 |
| 21 | 票箱座 | 票箱座用于放置票箱，并对票箱进行锁定 |
| 22 | 回收单元票箱 | 票箱安装在票箱座中，票箱最多可容纳1000张车票，票箱带有唯一电子ID的存储器，以便使系统内的所有设备可以直接获取票箱的电子ID和内部存储的票数 |
| 23 | 扬声器 | 自动检票具有出现异常或旅客通过时，发出警报声、蜂鸣响的功能。在测试环境下，进/出闸机每分钟可处理60（无回收情况下）/40（有回收情况下）张车票；在实际运行中，若乘客熟练度较高，这一数字会有所下降 |

AGM功能方框图如图2-46所示。

AGM的主要参数指标有：外形尺寸、质量、工作温度、电源、功率消耗、读写车票响应时间、车票使用条件、票箱容量、网络接口和最大通行量等。其中，最重要的性能指标是最大通行量指标（分钟通过率），它是用于评价自动检票机的综合业务处理性能的最直观指标，是指正常操作的情况下检票机通道1min内通过的最大人数。

AGM的整机参数如表2-16所示。

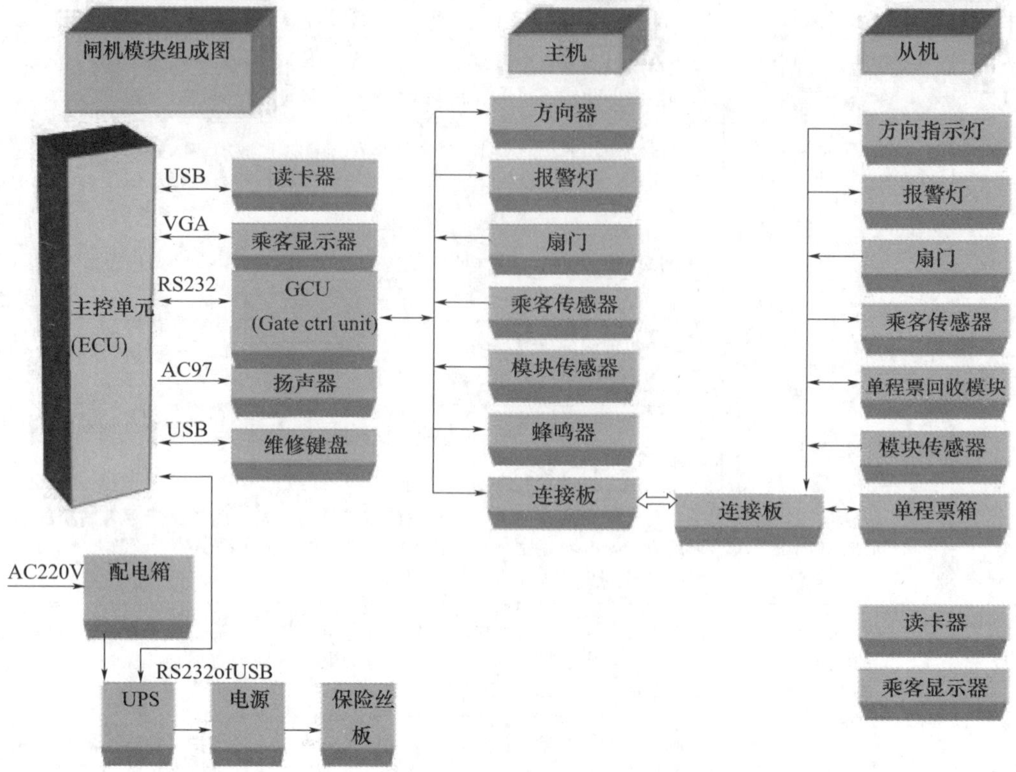


图 2-46　自动检票机（AGM）功能方框图

**表 2-16　AGM 的整机参数**

| 序号 | 项目 | 性能指标 |
|---|---|---|
| 1 | 设备尺寸 | 2000mm（长）×280mm（宽）×1100mm（高），通道宽度 520mm |
| 2 | 输入电源 | AC220V＋10％～AC220V－15％，50Hz±4％ |
| 3 | 车票处理速度 | ≤0.5s/储值票，≤0.45s/单程票 |
| 4 | 车票读写高度 | 储值票：0～100mm；单程票：0～50mm |
| 5 | 通行能力 | 不回收车票：≥45 名/min　　全部回收车票：≥28 名/min |
| 6 | 与 SC 的通信速率 | 100Mbps |
| 7 | 工作环境 | 0～45℃，10％～95％ |

3. AGM 的运行模式

AGM 的运行模式按控制方式分为：设备开始运营及结束、乘客服务模式、停止服务模式、故障模式、闸机运行模式、扇门模式、控制模式 7 种形式。

（1）设备开始运营及结束。

① 运营开始及结束是闸机根据运营时间开始提供服务及停止服务。

② 开始运营之后，系统启动并初始化。

③ 设备启动完毕后，方向指示器显示［↙］图标，并开始处理车票。

④ 运营结束后，设备停止对外服务，乘客显示器显示“Out of Service”，方向指示器显示［×］图标。

（2）乘客服务模式。

进入乘客服务模式后，闸机根据实现定义的进闸机、出闸机、双向闸机运行模式处理车票并打开、关闭扇门。

（3）停止服务模式。

① 闸机进入停止服务模式时，不再处理车票。

② 方向指示器显示［×］图标。

③ 扇门处于关闭状态，乘客显示器显示“暂停服务”。

（4）故障模式。

① 闸机出现故障时，自动进入故障模式。

② 闸机进入故障模式后不再处理车票，乘客显示器显示“暂停服务”并在右下角显示故障代码。

③ 闸机方向指示器显示［×］，扇门处于关闭状态。

（5）闸机运行模式。

① 进闸机

乘客从非付费区到付费区的通道。

付费区端乘客显示器显示“禁止通行”及［×］图标，非付费区端显示等待处理车票画面及［↙］图标。

② 出闸机

乘客从付费区到非付费区的通道。

非付费区端乘客显示器显示“禁止通行”及［×］图标，付费区端显示等待处理车票画面及［↙］图标。

③ 双向闸机

进闸、出闸双向通行。

左右两侧都显示［↙］图标，乘客显示器显示等待处理车票画面。

当乘客在一端正常处理车票后，另一端显示“请等候”及［×］图标。

（6）扇门模式。

① 常开模式（normal open mode）

进闸机及出闸机扇门在正常运营状态下处于打开状态。

持无效车票或无票乘客进入通道时，扇门关闭。

② 常闭模式（normal close mode）

进闸机及出闸机扇门在正常运营状态下处于关闭状态。

持有效车票乘客进入通道时，扇门打开。

（7）控制模式。

① 远程控制

当设备被设置为远程控制时，可以接收并执行 SC 下发的命令。

② 本地控制

当设备被设置为本地控制时，屏蔽 SC 下发的命令，只按照本地 MTP 的设置运行。

③ 方向指示器及报警灯

所有车票在进行处理后，方向指示器根据处理结果显示相应图标，并且特殊类型车票有对应的报警灯及方向指示器的显示方式。方向指示器及报警灯亮显示示例如表 2-17 所示。

**表 2-17 方向指示器及报警灯亮显示（以广州地铁为例）**

| 车票类型 | 报警灯 | | | 方向指示灯 | |
|---|---|---|---|---|---|
| | 红灯 | 黄灯 | 绿灯 | 黄条 | 绿条 |
| 成人储值票（SVT） | | | 亮 | | |
| 学生储值票（SVT） | | 亮 | | | 亮 |
| 老人储值票（SVT） | | 亮 | | | 亮 |
| 老人免费票（SVT） | | 亮 | | 亮 | |
| 单程票（SJT） | | | 亮 | | |
| 员工票（EP） | | 亮 | | 亮 | |
| 羊城通（OCT） | | | 亮 | | |
| 黑名单 | 亮 | | | 亮 | |
| 按车票类型的报警灯及方向指示灯显示 | | | | | |

AGM 的运营模式按功能模式分为正常运营模式、降级运营模式和紧急放行模式三种。通常情况下，自动售检票系统在正常运营模式下自动运行；若运营过程中出现特殊情况，为保证客运安全和运营收益，根据实际情况系统进入相应的降级运行模式；在运营过程中，当车站或列车发生火灾、爆炸等危及乘客和工作人员安全的紧急情况，需要乘客紧急撤离车站时，启用紧急放行模式。

## 三、任务实施

### 工作任务一　AGM 的操作

AGM 的操作分为日常运营常规开机、进站和出站 3 种，通过工作任务的学习，使学生掌握自动检票机的操作技能。

### （一）日常运营开机操作

1．开机操作准备

（1）日常运营开机操作流程如图 2-47 所示。

（2）开机操作界面认知

① 正常工作模式界面

正常模式下乘客显示器显示内容如图 2-48 所示。

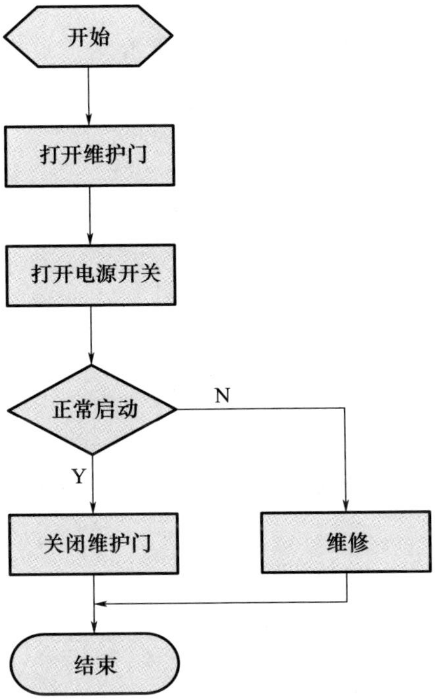


图 2-47　日常运营开机操作流程

图 2-48　正常模式下乘客显示器显示内容

② 暂停服务模式工作界面

暂停服务模式下乘客显示器显示内容如图 2-49 所示。

③ 拒收单程票模式界面

拒收单程票模式下乘客显示器显示内容如图 2-50 所示。

图 2-49　暂停服务模式下乘客显示器显示内容

图 2-50　拒收单程票模式下乘客显示器显示内容

④ 维修模式界面

维修模式下乘客显示器显示内容如图 2-51 所示。

⑤ 故障模式界面

故障模式下乘客显示器显示内容如图 2-52 所示。

图 2-51　维修模式下乘客显示器显示内容

图 2-52　故障模式下乘客显示器显示内容

2. 开机操作

（1）开机。

在 SCWS 执行运营开始，同时选择发送设备唤醒指令，如果 GATE 未被唤醒，则手动开机。GATE 未被唤醒原因如下。

① 上一次非法关机。

② 检查 SC Basi _ dev _ info 数据库表、设备的 Mac 地址配置是否有误。

③ 设备处于离线状态。

④ 在运营开始界面，未勾选是否发送唤醒命令（如果是此原因，可以到设备监控或者群组控制界面，执行设备唤醒）。

（2）票箱安装。

① 打开维修门，界面切换至维修登录界面，登录界面显示内容为“操作员 ID、登录口令”，如图 2-53 所示。

② 输入正确的操作员 ID 和登录口令。进入后台管理菜单，界面显示内容为在“主菜单”下，选取“运营服务”，即主菜单→运营服务，后台管理菜单界面如图 2-54 所示。

图 2-53　登录界面

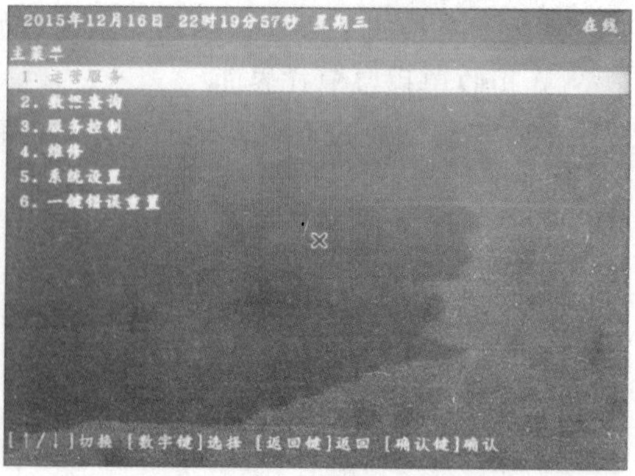


图 2-54　后台管理菜单界面

③ 选择运营服务选项，在运营服务选项下选择“票箱管理”，即主菜单→运营服务→票箱管理，运营服务菜单界面如图 2-55 所示。

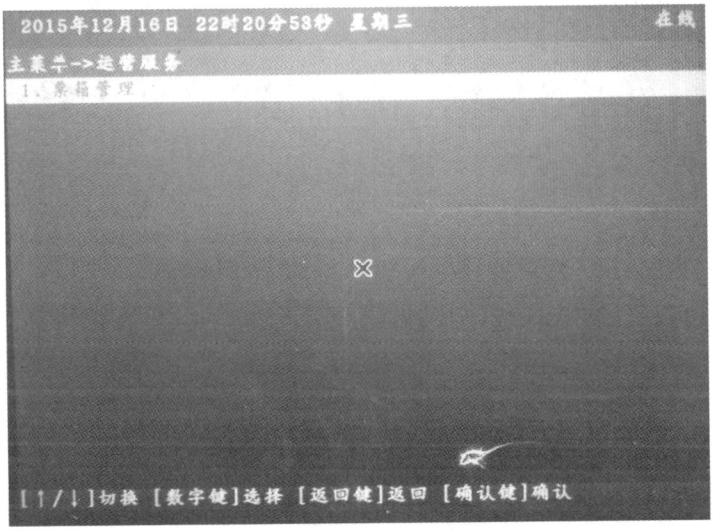


图 2-55　运营服务菜单界面

④ 点击“票箱管理”，进入票箱管理界面，界面中显示当前的回收箱安装状态及箱内车票数值信息，未装票箱的状态如图 2-56 所示。

⑤ 装上空的回收箱，如图 2-55 所示，并检查界面上读出的回收箱信息，按确认键返回，安装回收票箱如图 2-57 所示，装上空的回收箱后，回收票箱信息界面如图 2-58 所示。

图 2-56　未装票箱

图 2-57　安装回收票箱

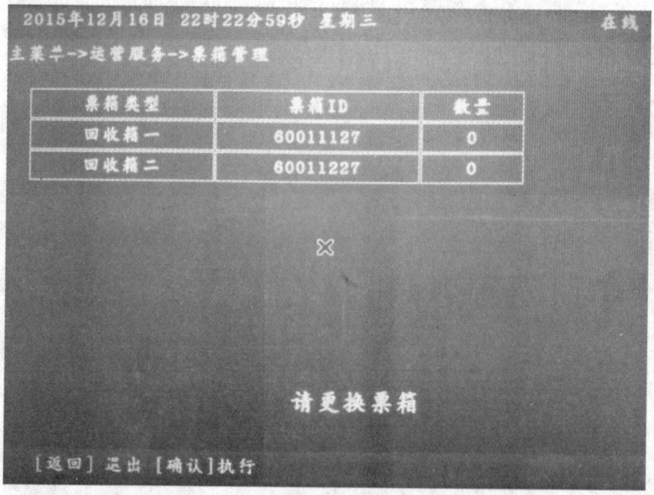


图 2-58　回收箱信息界面

（3）退出登录，关闭维修门。界面切换至待机界面，闸机正常待机界面（进站）如图 2-59 所示，闸机正常待机界面（出站）如图 2-60 所示。

（4）需要维护。

（5）运营结束，回收票箱（参照票箱安装）。

（6）在 SCWS 执行 GATE 运营结束，设备处于暂停服务。

（7）在设备监控或者群组控制中，执行 GATE 关机。

图 2-59　闸机正常待机界面（进站）

图 2-60　闸机正常待机界面（出站）

## （二）进站操作

1. 进站操作流程如图 2-61 所示。

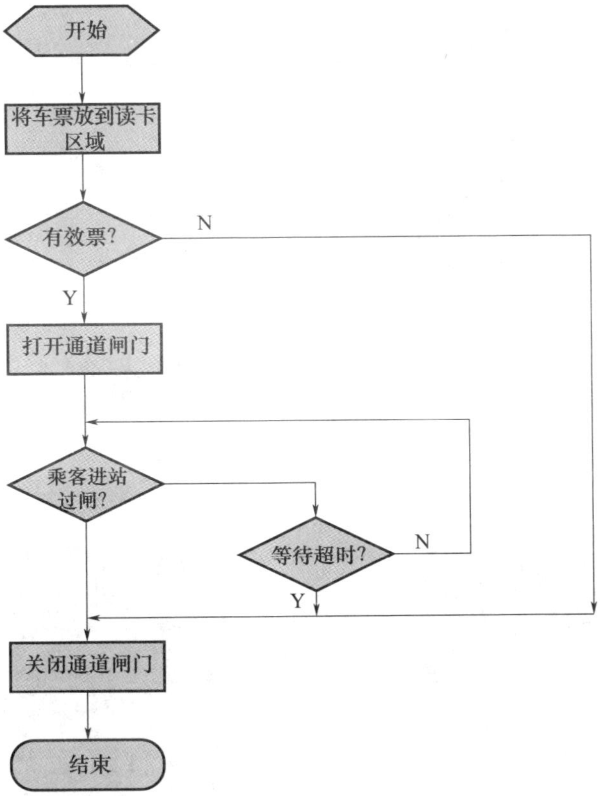


图 2-61　进站操作流程

2. 进闸待机界面

正常运营状态下，没有乘客处理车票时显示该画面，单程票和储值票图示交替显示，进闸待机界面如图 2-62 所示。

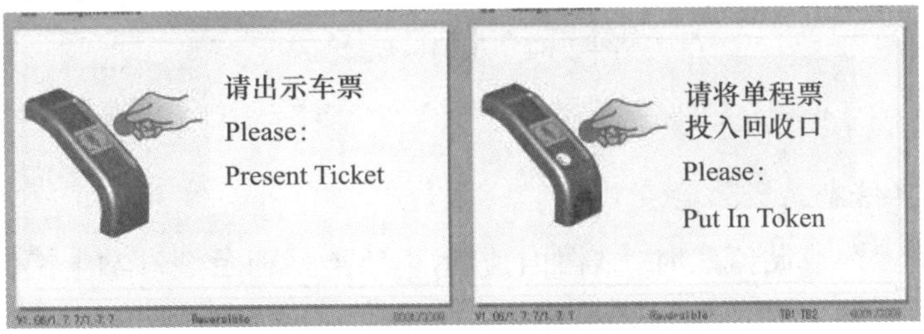


图 2-62　进闸待机界面

界面顶部显示内容为地铁标志、日期；界面底部显示内容为主控器版本号、读卡器版本号、闸机类型、通信状态、车站 ID 及设备 ID，待机界面定义如图 2-63 所示。

3. 进闸正确验票

进闸机上所有类型的车票放置在车票处理区域，正确验票界面如图 2-64 所示。

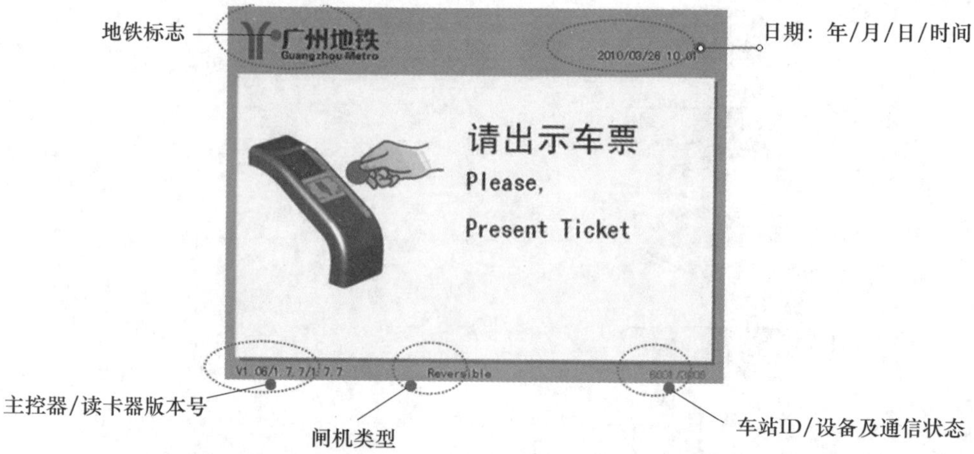


图 2-63　进闸待机界面定义

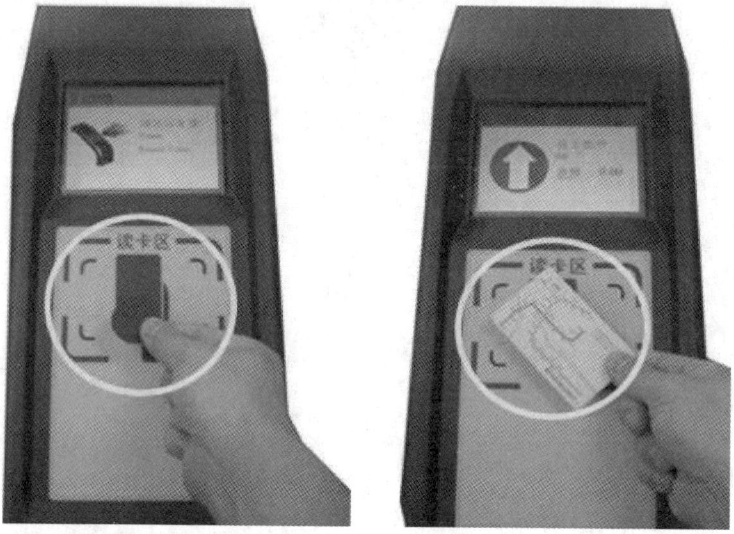


图 2-64　正确验票界面

4. 进闸车票信息

正确读取单程票或储值票时，画面上显示车票类型和余额；学生持储值卡进闸，界面显示车票类型为学生储值票，并显示余额，储值学生票验票进闸显示信息如图 2-65 所示。成年人持单程票界面显示车票类型为单程票，并显示余额，单程票验票进闸显示信息如图 2-66 所示。

5. 打开扇门

车票处理完毕后，闸机打开扇门，扇门打开如图 2-67 所示。

6. 关闭扇门

乘客通过通道后，闸机关闭扇门，扇门关闭如图 2-68 所示。

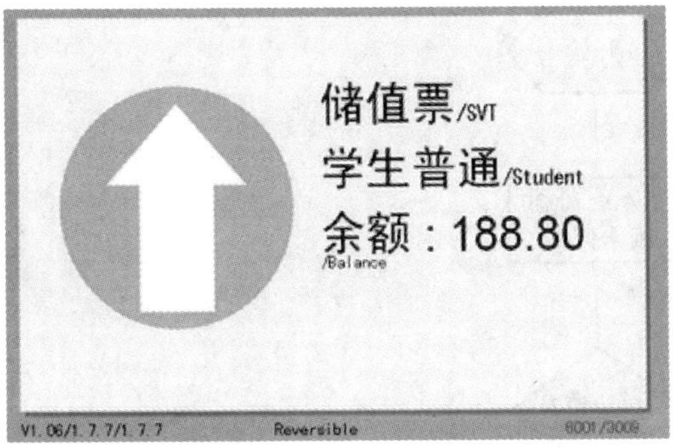


图 2-65　储值学生票验票进闸

图 2-66　单程票验票进闸

图 2-67　扇门打开

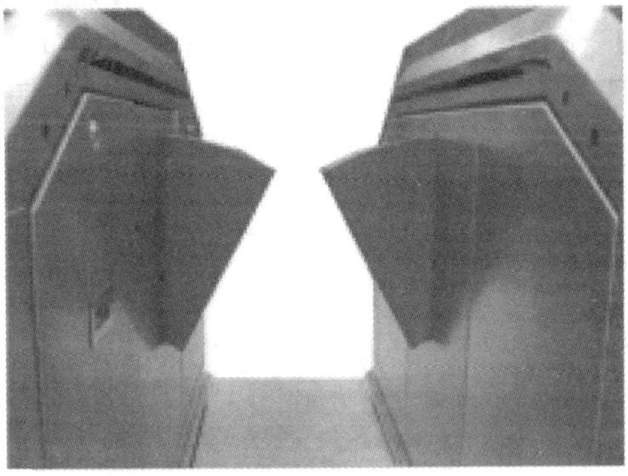

图 2-68　扇门关闭

## （三）出站操作

1. 出站操作流程图如 2-69 所示。

2. 出闸待机界面

正常运营状态下，在没有车票被读取时，显示的是待机界面。单程票和储值票界面交替显示，出闸待机界面如图 2-70 所示。

界面顶部显示内容为地铁标志、日期；界面底部显示内容为主控器版本号、读卡器版本号、闸机类型、票箱状态、通信状态、车站 ID 及设备 ID，出闸待机界面定义如图 2-71 所示。

3. 出闸正确验票

出闸时储值票放到验卡区域验票出闸，单程票投入闸机的回收口，通过扫描电子二维码出闸，正确验票出闸界面如图 2-72 所示。

4. 出闸车票处理

处理单程票或储值票时，出闸机显示扣费信息，界面显示车票类型和当次扣除的车费及车票余额。例如，显示车票类型为学生票出闸扣费，扣除车票金额为 1.40 元，余额为 187.40 元。出闸车票信息车票处理异常界面如图 2-73 所示。遇到异常车票，乘客显示器显示“请持票到票务处”进行处理，界面右侧下方显示车票处理故障代码：32。

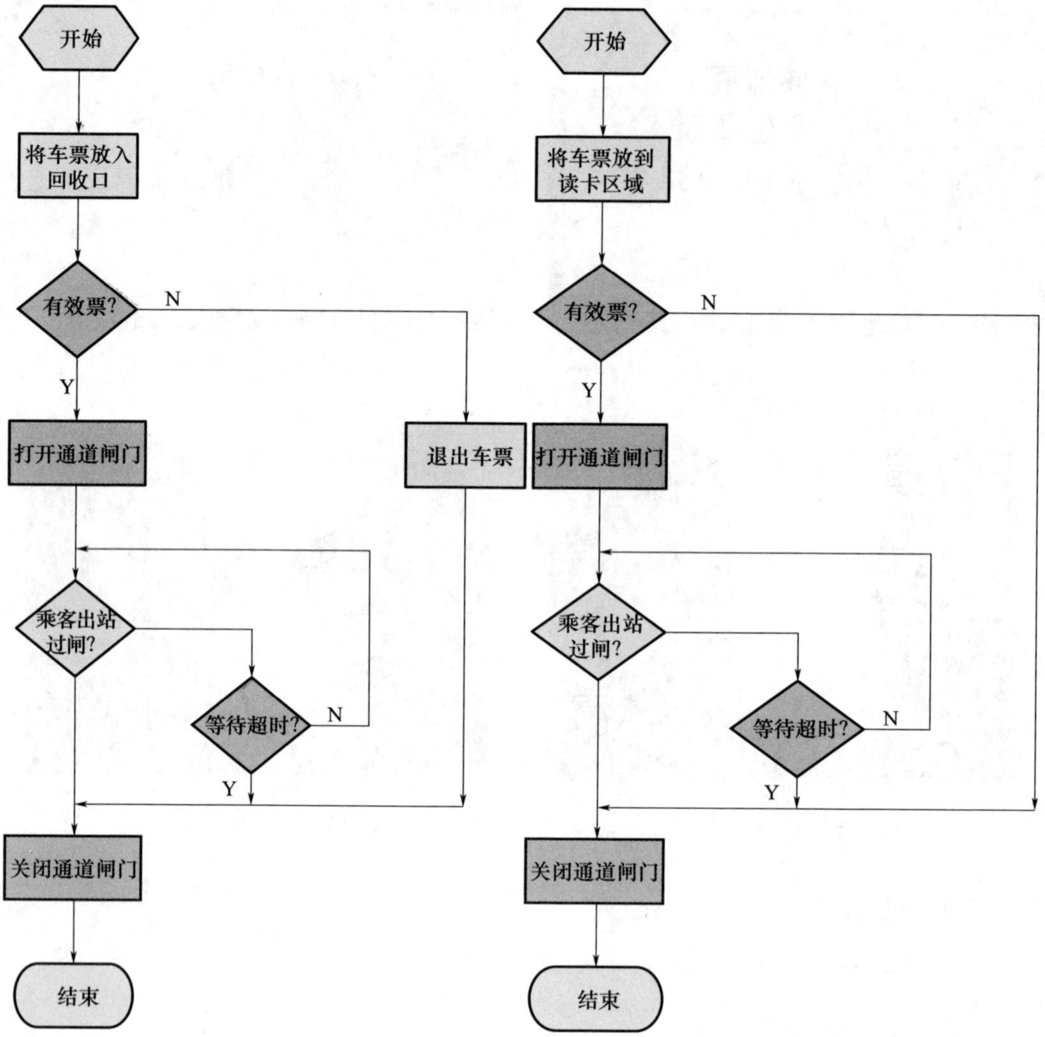


图 2-69　出站操作流程

图 2-70　出闸待机界面

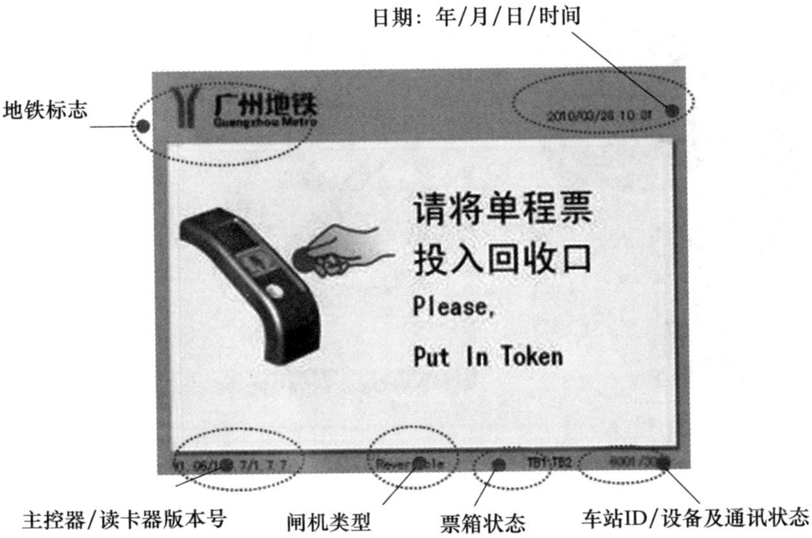


图 2-71　出闸待机界面定义

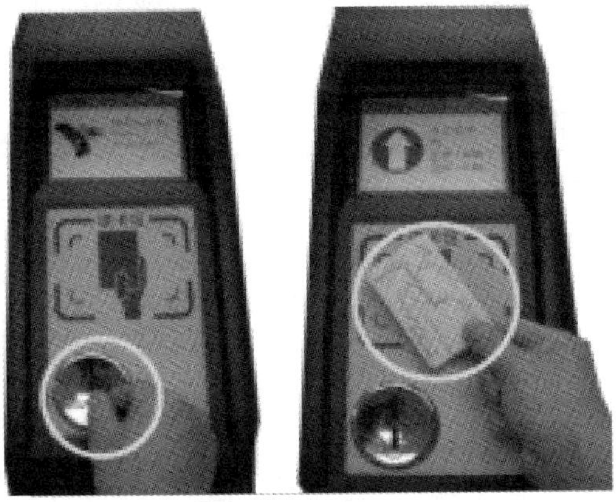

图 2-72　正确验票出闸界面

图 2-73　出闸车票信息车票处理异常界面

5. 返还单程票

遇到无效车票需要退还单程票时，闸机会将该车票退还给乘客，并在乘客显示器显示相应的操作指引及无效票代码，返还的单程票如图 2-74 所示。

6. 暂停服务界面

结束运营、设备故障或定期维护时，闸机乘客显示器上显示的界面即暂停服务界面，如图 2-75 所示。

## 工作任务二　AGM 的日常维护

进行日常操作或维护操作时，打开维护门后会出现登录界面，输入正确的用户名和登录口令进入维护界面，即可执行日常和定期维护操作。定期维护是延长 AGM 的寿命、增强实用性的有效方法。这种维护方法主要是清洁所有小部件，维持其不被污染。定期维护时检查和更换易损耗的部件。

图 2-74　返还的单程票

图 2-75　暂停服务界面

## （一）AGM 设备部件

AFC 设备专业人员应掌握 AGM 部件损坏、使用寿命到限时间及更换配件需要的维护时间，适时巡视检查，才能保证 AGM 设备处于良好的运行状态，AGM 部件使用寿命及内部磨损部件的说明如表 2-18 所示。

**表 2-18　AGM 部件的使用寿命及内部磨损部件的说明**

| 序号 | 项目 | 更换周期 | 更换所需时间 | 参考图 | 备注 |
|---|---|---|---|---|---|
| 1 | CPU 板 | 100000h | 1min | | |
| 2 | DC Power 板 | 100000h | 5min | | |
| 3 | 电源 | 100000h | 10min | | |
| 4 | 出闸控制板 | 100000h | 5min | | |
| 5 | 进闸控制板 | 100000h | 5min | | |
| 6 | 扇门 | 1000000 次 | 15min | | |
| 7 | GCU 板 | 100000h | 5min | | |
| 8 | LILNK 板 | 100000h | 5min | | |
| 9 | 液晶显示模块 | 20000h | 15min | | |

## （二）定期维护操作

按照推荐的时间间隔，定期进行维护可以减少维修次数，提高 AGM 的可靠性。定期维护时间间隔包括 1 个月和 6 个月。

1. AGM 设备间隔 1 个月定期维护操作

AGM 设备间隔 1 个月定期维护事项如表 2-19 所示。

**表 2-19　AGM 设备间隔 1 个月定期维护事项**

| 序号 | 事项 | 周期 | 所需时间 | 备注 |
|---|---|---|---|---|
| 1 | 清除乘客检测传感器 | 1 个月 | 30min | |

续表

| 序号 | 事项 | 周期 | 所需时间 | 备注 |
|---|---|---|---|---|
| 2 | 乘客监控前面 | 1个月 | 5min | |
| 3 | 主控器风扇 | 1个月 | 5min | |
| 4 | 出闸模块 | 1个月 | 10min | |

2. AGM设备间隔6个月定期维护操作

AGM设备间隔6个月定期维护事项如表2-20所示。

**表2-20　AGM设备间隔6个月定期维护事项**

| 序号 | 事项 | 周期 | 所需时间 | 备注 |
|---|---|---|---|---|
| 1 | CPU板CPU风扇清洁 | 6个月 | 10min | |

## （三）扇门模块检查操作

站务员要严格按照检查规程作业，扇门模块检查项目与内容的周期表如表2-21所示。

**表2-21　扇门模块检查项目与内容的周期表**

| 序号 | 事项 | 内容 | 周期 | 所需时间 |
|---|---|---|---|---|
| 1 | 扇门外形检查 | 检查扇门的损坏、变形及固定状态 | 每天 | 1min |
| 2 | 检查扇门动作状态 | 检查是否正确动作 | 每天 | 3min |
| 3 | 检查扇门弹簧及关联轴承 | 检查变形及损坏，变形机损坏及轴的状态 | 1个月 | 3min |
| 4 | 检查CAM组件及微动开关 | 检查CAM、微动开关状态，接触状态，清除异物 | 1个月 | 3min |
| 5 | 检查微动开关 | 检查滚子的磨损状态 | 1个月 | 3min |
| 6 | 润滑 | 润滑个轴 | 1个月 | 5min |
| 7 | 检查链接组件的状态 | 检查是否转动正常，是否变形或损坏，清除异物 | 1个月 | 5min |
| 8 | 检查扇门铰链轴承 | 检查SHAFT状态 | 5个月 | 5min |
| 9 | 检查门支架 | 检查是否变形或者损坏 | 5个月 | 5min |
| 10 | 检查传动齿轮 | 检查传动装置的齿轮磨损状态 | 5个月 | 5min |
| 11 | 检查是否腐蚀 | 全面检查是否腐蚀并采取措施 | 3个月 | 5min |

## （四）AGM设备外部清洁

AGM设备的外部清洁一个月一次；模块的清洁周期参照定期维护。

## （五）登录操作

1. 功能描述

进行日常操作或维护操作时，打开维护门后会出现登录界面，输入正确的用户名和登录口令，进入维护界面，即执行日常和维护操作。

2. 操作流程

（1）打开后维护门，此时乘客显示屏器显示“操作员 ID、登录口令”，登录界面如图 2-76 所示。

（2）进入后台管理菜单界面，如图 2-77 所示。

图 2-76　登录界面

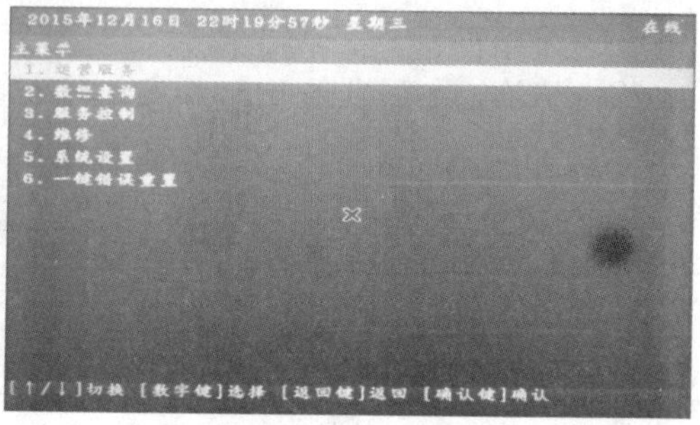


图 2-77　后台管理菜单界面

3. 注意事项

（1）如果用户名或登录口令输入错误，设备维护登录界面会显示“用户名或登录口令错误，请重新输入”。

（2）如果密码三次输入错误，设备会警示“非法入侵”且报警（长鸣），并上报车站系统。

（3）如果登录时间超过设定的“登录超时时间”，系统会弹出登录超时界面，并报警。

（4）当设备三次登录失败或者登录超时报警，关闭所有维护门再打开，即可重新登录。

## （六）更换票箱操作

1. 功能描述

当需要更换票箱时，可用空的票箱更换设备内的当前票箱。

2. 票箱操作的总流程

票箱操作的总流程是首先登录后维护；其次进入主菜单界面；再次运营服务中的票箱管理；最后取出和装入票箱。

3. 操作流程

（1）登录。

（2）根据“选择菜单界面”提示的快捷键，在维护键盘上按键“1”，进入运营服务中的票箱管理操作界面，如图 2-78 所示。

（3）将单程票箱插入回收单元。

（4）等待程序读取票箱 ID 信息，票箱 ID 界面如图 2-79 所示。

（5）完成读取后，按【确认】键，返回主界面。

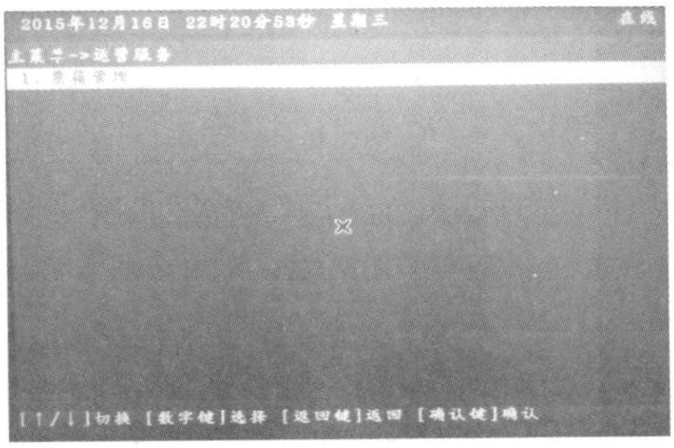


图 2-78　票箱操作界面

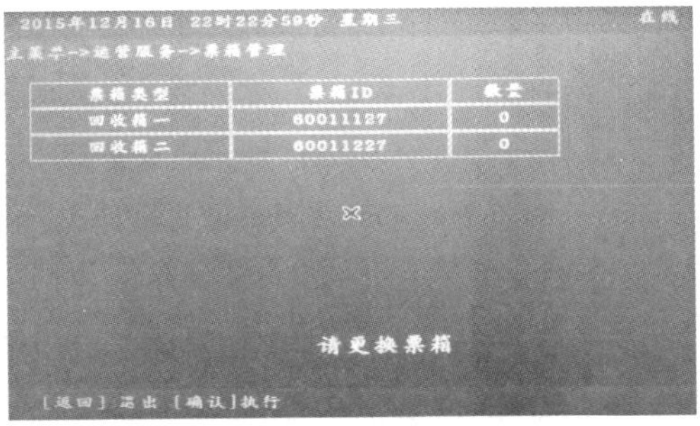


图 2-79　票箱 ID 界面

## （七）查询票箱操作

1. 功能描述

当需要知道两个票箱有多少单程票时可进行查询。

2. 操作流程

（1）登录。

（2）进入主菜单界面按数字键 2，即可进入数据查询中的票箱状态查询界面。

（3）在票箱状态查询界面可查看当前 GATE 票箱的安装数目和情况，如图 2-80 所示。

（4）进入主菜单界面按数字键 2，即可进入数据查询中的票箱更换记录查询，票箱更换记录如图 2-81 所示。

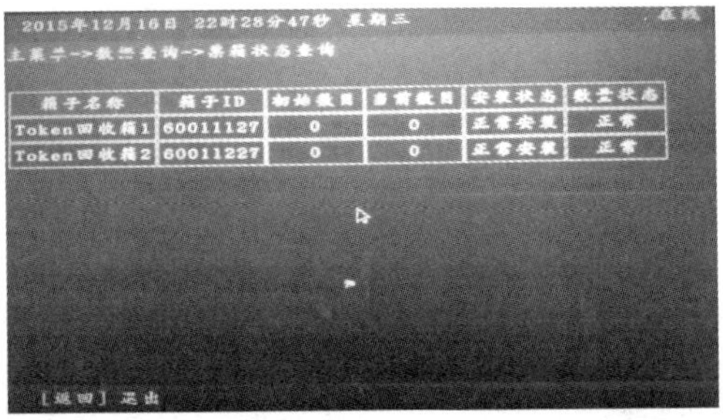


图 2-80　票箱安装数目和情况

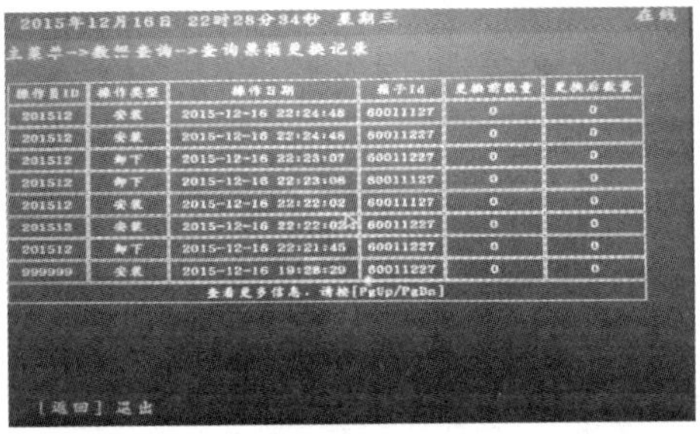


图 2-81　票箱更换记录

## （八）简单的故障处理

1. 车票处理异常代码

车票处理异常 API 返回值代码为 10 进制，车票处理异常代码如表 2-22 所示。

**表 2-22　车票处理异常代码**

| API 返回值代码 | 说明 | 适用设备 | | | | 说明 |
|---|---|---|---|---|---|---|
| | | 闸机 | TVM | BOM | TCM | |
| 01 | 未发售的车票 | √ | √ | √ | √ | |
| 02 | 未初始化的车票 | √ | √ | √ | √ | |

续表

| API 返回值代码 | 说明 | 适用设备 | | | | 说明 |
|---|---|---|---|---|---|---|
| | | 闸机 | TVM | BOM | TCM | |
| 04 | 车票停止使用 | √ | √ | √ | √ | |
| 05 | SAM 卡响应错误 | √ | √ | √ | √ | |
| 06 | 票卡验证错误 | √ | √ | √ | | CTC、CIC、CRC 正副本错误，无法恢复 |
| 09 | 单程票出闸时放在验票区 | √ | | | | |
| 20 | 密钥错误 | √ | √ | √ | √ | |
| 21 | 黑名单 | √ | √ | √ | √ | |
| 22 | 车票类型未定义 | √ | √ | √ | √ | |
| 24 | 其他站更新，本站不能出 | √ | | √ | | |
| 25 | 余额不足 | √ | | √ | | 入闸或 BOM 非付费区时判断为余额低于最低票价；出闸或在 BOM 付费区时判断为超乘 |
| 26 | 列车故障模式紧急出站 | √ | | | | 该代码只对闸机有效，表示成功交易，但需要退出单程票 |
| 31 | 物理有效期到期 | √ | √ | √ | | |
| 32 | 进出站次序错误 | √ | | √ | | |
| 33 | 进站码在系统中没有定义 | √ | | √ | | |
| 34 | 超时 | √ | | √ | | |
| 38 | 车票正本未写完 | √ | | | | |
| 82 | 票卡超出逻辑起始日期 | √ | √ | √ | √ | |
| 83 | 票卡超出逻辑截止日期 | √ | √ | √ | √ | |
| 93 | 只允许同站进出 | | | | | |
| 94 | 非本站使用的车票（员工票） | √ | | √ | | |
| 95 | 单程票非本站发售 | √ | | √ | | |
| 1041 | 黑名单卡，由本设备锁定 | √ | √ | √ | | |
| 1042 | 黑名单卡，已被其他设备锁定 | √ | √ | √ | | |

2. 简单故障处理

（1）基本故障排除。

① 卡票

故障现象：闸机不接收单程票。

处理方法：查看投票口及单程票通道，将卡住的单程票取出。卡票的原因多为单程票边缘变形、变厚。若仍不正常，请与维修人员联系。

② 进出闸模块异常

故障现象：有两种情况，一种是验票，不能显示票价、余额等信息；另一种是进出闸机不能验票。

处理方法：重启闸机。登录维修面板，选择“4. 维护”，然后选择“5. 重新启动”。

③ 死机

故障现象：不能分析任何车票。

处理方法：重启闸机。登录维修面板，选择“4. 维护”，然后选择“5. 重新启动”。若仍不正常，请与维修人员联系。

④ 暂停服务

故障现象：乘客显示器提示暂停服务。

处理方法：首先检查单程票储票箱是否有票，如无请补票；其次用维修面板检查当前服务模式，若为停止状态，则将其设置为开始。若仍不正常，请报故障系统或联系AFC维修人员。

（2）注意事项。

① 其他故障处理

处理故障关/送电时，必须按照前面所述的规范进行操作。无法排除的故障需及时上报相应负责人，尽快安排专业维修人员进行处理。

② 防水

必须提醒保洁，清洁设备时，若用湿毛巾擦拭，须禁止水流入闸机内部。

## 四、任务评价

### （一）自动检票机（AGM）的操作评价

自动检票机的操作评价表如表2-23所示。

**表2-23　自动检票机的操作评价表**

| 项目任务 | 自动检票机的操作 | | | | |
|---|---|---|---|---|---|
| 班级 | | 姓名 | | 评价时间 | |
| 【考核内容】 | | | | | |
| 考核项目 | 考核标准 | | | 分值 | 得分 |
| 日常运营应知 | 熟练掌握AGM设备日常运营开机操作流程及各种状态的工作界面 | | | 10 | |
| | 熟练掌握AGM设备日常运营进闸操作流程及各种状态的工作界面 | | | 10 | |
| | 熟练掌握AGM设备日常运营出闸操作流程及各种状态的工作界面 | | | 10 | |
| 日常运营应会 | 能够进行AGM设备日常运营的开机操作 | | | 10 | |
| | 能够进行AGM设备日常运营的进闸操作 | | | 15 | |
| | 能够进行AGM设备日常运营的出闸操作 | | | 15 | |
| 制作内容 | 能反映本地自动检票机不同类型、不同型号的特点 | | | 10 | |
| | 展示本地自动检票应用、图片清晰、内容新颖丰富 | | | 10 | |
| | 撰写工作任务报告，要求工作描述具体、工作内容清晰完整 | | | 10 | |

续表

| 项目任务 | 自动检票机的操作 |
| --- | --- |
| 指导教师意见： | |
| 说明：1. 建议采用四级评分制（如 90%～100%、80%～90%、60%～80%、<60%）。<br>2. 主要采用小组互评的方式进行评价，教师最后进行参考评分。 | |

## （二）自动检票机（AGM）的日常维护评价

自动检票机的日常维护评价表如表 2-24 所示。

**表 2-24　自动检票机的日常维护评价表**

| 项目任务 | 自动检票机日常维护 | | | | |
| --- | --- | --- | --- | --- | --- |
| 班级 | | 姓名 | | 评价时间 | |
| 【考核内容】 | | | | | |
| 考核项目 | 考核标准 | | | 分值 | 得分 |
| 日常维护应知 | 熟记 AGM 部件的更换周期、更换所需要的时间 | | | 10 | |
| | 掌握车票处理异常代码 | | | 10 | |
| 日常维护应会 | 能够对 AGM 设备进行日常定期维护 | | | 10 | |
| | 能够实施 AGM 设备外部清洁操作 | | | 10 | |
| | 能够实施登录操作、更换和查询票箱操作、简单故障处理 | | | 20 | |
| 报告内容 | 反映本地自动检票机（AGM）设备的日常维护特点及操作规程 | | | 15 | |
| | 展示本地车站自动检票机（AGM）设备的布置、内外部设备图片 | | | 15 | |
| | 报告具有一定的前瞻性、科学性和实用性 | | | 10 | |
| 指导教师意见： | | | | | |
| 说明：1. 建议采用四级评分制（如 90%～100%、80%～90%、60%～80%、<60%）。<br>2. 主要采用小组互评的方式进行评价，教师最后进行参考评分。 | | | | | |

# 任务四　半自动售票机的操作与维护

## 一、任务导入

半自动售票机简称 BOM（Booking Office Machine，BOM），在自动售检票系统（以下称 AFC 系统）中属于车站级终端设备，BOM 通常安装在售/补票房或车站服务中心内。在票务终端设备中，BOM 具有最全面的票务功能，虽然不像自动售票机一样可以完全由乘客自行操作，但是可以满足乘客购票、充值、退票、查询等诸多需要，是 AFC 系统终端的核心设备。

通过该任务的学习，掌握城市轨道交通车站半自动售票机的结构、功能、工作原理、操作模式，能够实施 BOM 操作与维护。BOM 安装客服中心如图 2-82 所示。

图 2-82 BOM 安装客服中心

## 二、知识准备

### (一) BOM 简述

BOM 位于车站的售票处，又称票房售票机，由站务员操作，可以发售单程车票和储值车票，同时可以实现车票的有效性分析、补票和给储值车票（一卡通）充值等功能。根据应用需求，可将功能分离设置为单独的带自动发票机构的 BOM 或补票机，也可设置为同时具有人工售票和补票功能的设备。

BOM 可以同时为付费区和非付费区服务，兼顾售票及补票功能，适应处理不同区域乘客的票务，在大部分实行无人售票的车站中票务处理通常是设置在服务中心内的。BOM 如图 2-83 所示。

图 2-83 BOM

### (二) BOM 的功能

1. BOM 的用途

车站操作员采用人工方式操作 BOM，为乘客提供车票处理服务。

2. BOM的主要功能

(1) 对票卡进行分析、发售、充值、更新、激活、延期、退款、交易查询、解锁等处理。

(2) 向乘客发售单程票和储值票。

(3) 处理非即时退款。

(4) 处理车站乘客投诉，对行政处理进行记录。

(5) 为车站运营部门提供相关信息服务，BOM将自动按照系统设置要求定时将相关资料上传到车站计算机，以便车站管理部门进行统计、分析，提高地铁运营的整体服务品质和效率。

## (三) BOM的组成与结构

1. BOM的组成

BOM由主机1台、操作员显示器1台、乘客显示器2台、打印机1台、读卡器3台、不间断电源1台等部件组成。各部分名称如图2-84所示。

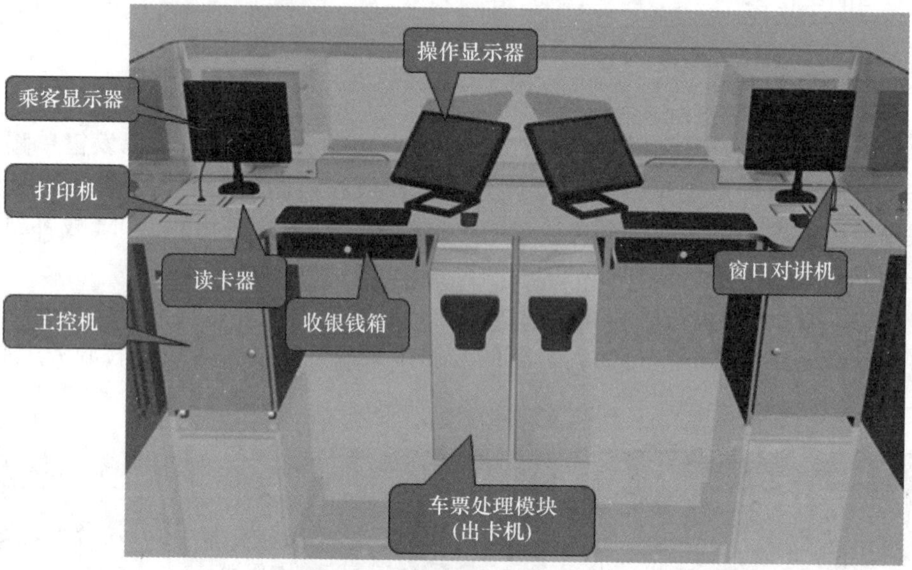


图2-84　BOM各部分名称

2. BOM的结构

(1) 主控单元(MCU主机)，采用标准工控机、模块化设计，内部配有多个USB接口和串口，用于连接打印机、乘客显示器等外设，以满足物理和功能上的互换性要求，便于维护半自动售票机的运行控制软件，实现车票处理、数据通信、状态监控及故障检测等功能。BOM主机如图2-85所示。

(2) 操作员触摸屏显示器

操作员触摸屏显示器为操作员提供人机对话的界面显示，带有红外触摸屏，操作员触摸屏显器及乘客显示器如图2-86所示。

图 2-85　BOM 主机

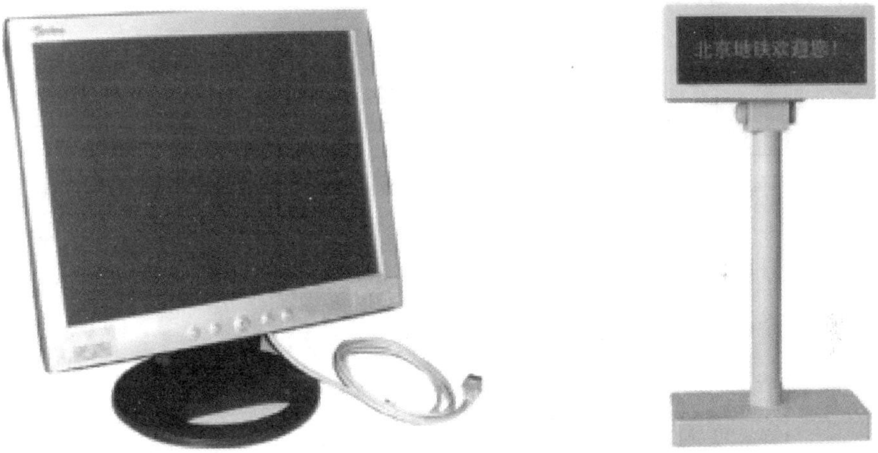

图 2-86　操作员触摸屏显示器及乘客显示器

（3）乘客显示器

乘客显示器使用液晶显示器，每套半自动售票机配置 2 个乘客显示器，安放在付费区、非付费区靠近窗口、方便乘客阅读的位置，为乘客提供相关信息的显示（显示中文或英文信息可由操作员设置实现），并且带有一定的语音提示。

（4）IC 读卡器

IC 读卡器提供高级应用程序编程接口，支持标准卡片的读写操作，可对乘客持有的单张车票进行分析、充值、更新、激活、延期、退款、交易查询、解锁等处理，IC 读卡器及票据打印机如图 2-87 所示。

（5）票据打印机

票据打印机为乘客提供票据打印服务。打印内容包括相关交易的单据，班次报告，行政处理单据及其他有关信息。可以设定每完成一次交易，打印机打印一次，给出运行

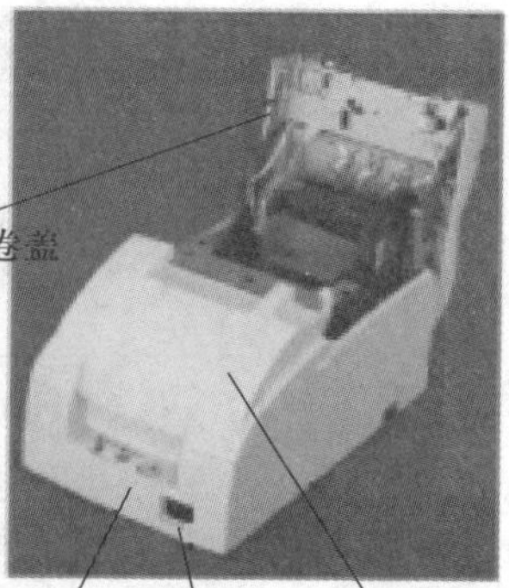


图 2-87　IC 读卡器

号、系列号、截止日期等。

BOM 通过票据打印机为乘客提供充值交易凭据，支持打印中、英文。票据打印机采用针式打印机，具有多联打印功能。

打印机组成及设备型号如表 2-25 所示。

**表 2-25　打印机的组成及设备型号**

| 序号 | 组成部件 | 数量 | 型号 | 备注 |
|---|---|---|---|---|
| 1 | 打印机机体 | 1 | CS-PPrt-B00 | 串口 |
| 2 | 纸卷 | 1 | | 76±0.5（宽）×80mm（直径） |
| 3 | 专用色带盒 | 1 | RC-700（B/R） | |

打印机接口及接口类型如表 2-26 所示。

**表 2-26　打印机的组成及设备型号**

| 序号 | 接口名称 | 接口类型 | 说明 |
|---|---|---|---|
| 1 | 通信 | RS-232. USB 口 | |
| 2 | 电源 | 电源适配器输入电压：AC220V<br>输出电压：DC24V/2.5A | |

BOM 一般采用小型针式打印机，也可采用小型热敏打印机。热敏打印机具有使用寿命长、故障率低的优点，但打印后的单据不能长期保留。

（6）不间断电源

不间断电源在主电源断电时提供备用电，使操作员完成当前操作，并安全地退出系统。

3. 各部件的连接

（1）打开主机机箱，将多串口卡插到主机中主板的插槽上，拧上螺丝，然后关上主机机箱。

（2）分别将操作员显示器的数据线、键盘、鼠标、网线接到主机的显卡接口、键盘接口、USB 口和网口。

(3) 将 UPS 的输入端接到电源插座上，然后将主机电源、操作员显示器电源、乘客显示器电源、打印机电源及读卡器电源接到 UPS 的输出端。

### (四) BOM 的操作模式

BOM 有两种操作模式：售票模式（BOM）和补票模式（EFO）。

1. BOM 模式

这种模式是为非付费区的乘客处理车票。该模式下可对车票进行进出码更新、发售和加值。

2. EFO 模式

这种模式是为付费区的乘客处理车票。该模式下可对车票进行进出码更新、超乘更新、超时更新、发售免费/付费出站票和充值。操作员必须通过键盘（或其他数据输入设备）输入员工号和密码进行登录。只有登录有效，操作员才被允许进行后续操作。

## 三、任务实施

### 工作任务一　BOM 的操作

通过该工作任务的学习，能够独立完成车票发售、充值、补票及查询等工作。

### (一) 系统登录操作

BOM 设备上电后，自动启动操作系统并运行应用程序，而无须人工干涉。系统确保授权人员之外的其他用户仅能使用系统应用程序，而无法访问操作系统、文件系统及其他应用程序。

BOM 的操作员都有自己唯一的操作员编号及操作密码。该编号由 LCC 设置。对于每个操作员，可设置不同的操作等级及权限，对应允许操作的功能。

在进行操作前，操作员必须在 BOM 输入编号和密码登录，BOM 将验证操作员的权限是否有效。可通过参数设置操作员登录后无操作而自动注销的时限。所有操作员的登录及注销信息记入操作日志并向 SC 发送相应的信息。操作员系统登录界面如图 2-83 所示。

1. 初始化启动

系统开机后自动进行自检，系统自检过程中，将对所有硬件设备和系统软件等进行检测，操作员可根据系统自检界面了解当前系统设备运行使用情况，如图 2-88 所示。

2. 系统登录

BOM 登录界面对操作员进行认证，合法的操作员将进入主功能界面，进行相应的普通业务或维护业务操作，如图 2-89 所示。

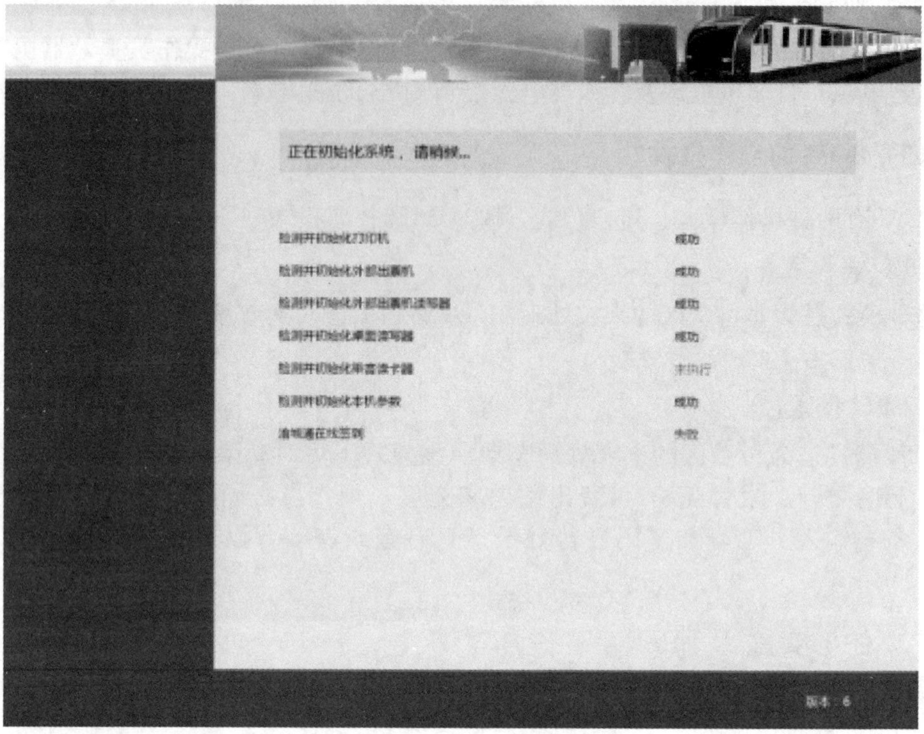


图 2-88　初始化界面

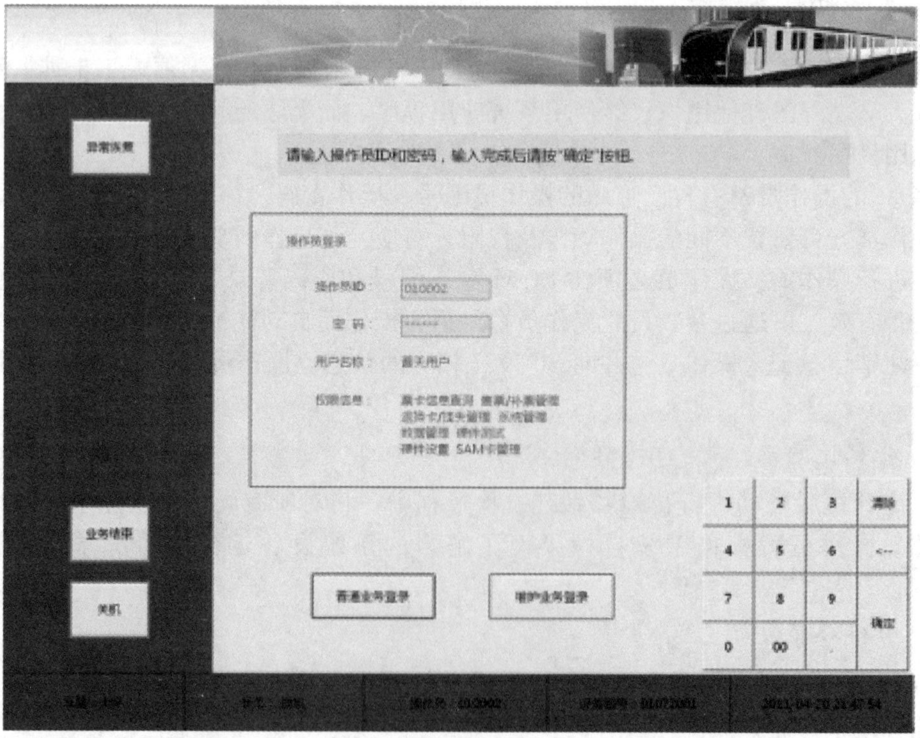


图 2-89　登录界面

## （二）售票操作

BOM 具有售票功能，能够发行系统允许发行的各类车票，包括地铁公司发行的各类 IC 票卡。IC 票卡的种类包括：单程票、储值票、优惠票、乘次票、纪念票、员工票、测试票、出站票、限时车票、备用车票及将来可能发行的各类 IC 票卡。BOM 只能将新初始化或回收处理的卡出售给乘客。

1. 单程票售票

点击“售票”-“单程票”按钮，在单程票选项中选择相应的乘坐线路、出站车站及购票张数。如图 2-90 所示。

如果选择了出站车站，系统会自动选择票价。

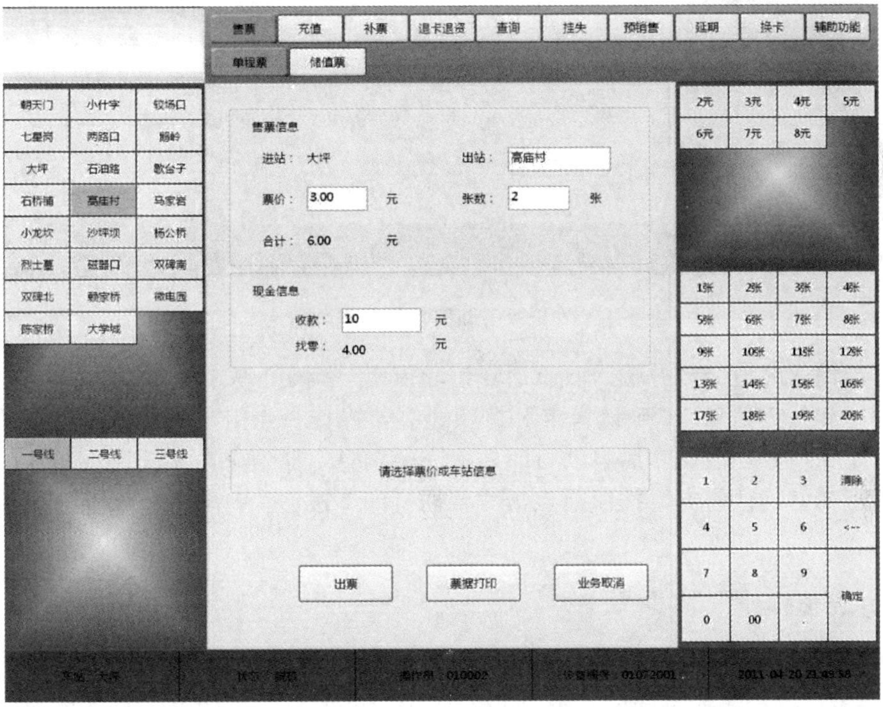


图 2-90　单程票售票界面

选择票价等信息并输入收款后点击软键盘“确定”按钮，乘客显示器显示相应的售票信息和找零信息。“出票”按钮显亮，操作员点击“出票”按钮，发卡机开始发售车票，单程票、出站票由发卡机发售。点击“票据打印”按钮，打印本次发售信息。

在未点击“出票”按钮前点击“票据打印”按钮，打印系统保存的最后一次发售信息。

2. 储值票售票

售储值票需要先将票卡放在车票感应区内，然后点击“售票”-“储值票”按钮。如图 2-91 所示。

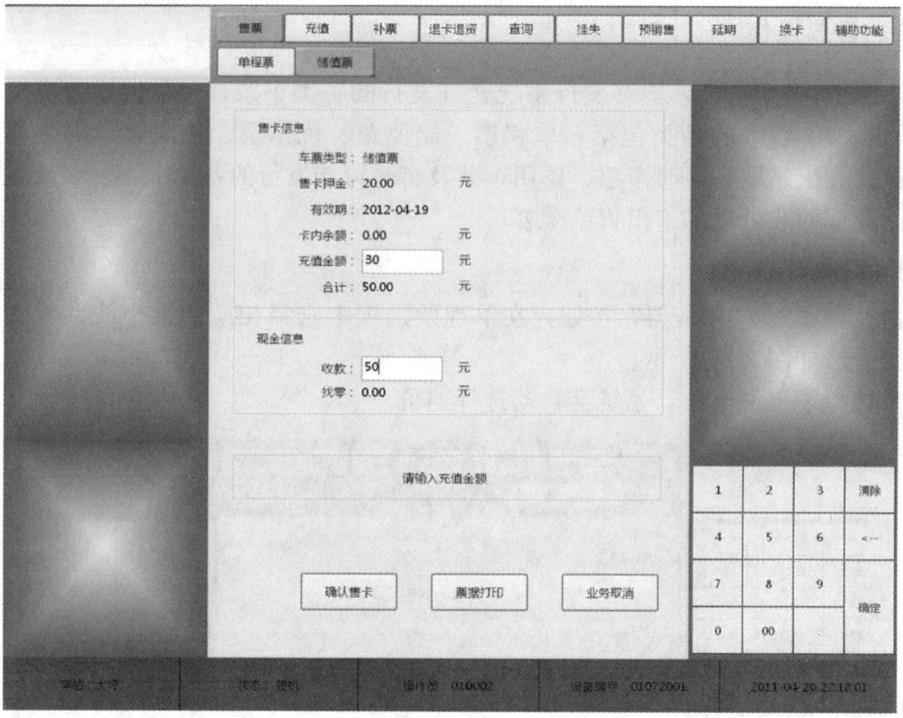


图 2-91　储值票售票界面

操作员输入充值金额并输入收款后点击软键盘“确定”按钮，乘客显示器显示相应的售票信息和找零信息。“确认售卡”按钮显亮，操作员点击“确认售卡”按钮，桌面读写器开始充值，充值成功后自动打印本次充值信息，储值票由桌面读写器发售。

在未点击“确认售卡”按钮前点击“票据打印”按钮，打印系统保存的最后一次发售信息。

## （三）充值操作

BOM 具有充值功能，可以对地铁公司发行的储值票和计次类车票进行充值（次）。BOM 进行储值卡的操作是联网充值。与充值相关的参数有充值票种、充值次数、充值上/下限等，所有参数必须由中心下发到 BOM，并与中心保持一致。对于可透支的储值票，充值时必须从充值额中扣除透支的金额。对于计次类车票只可选择由系统参数设定的金额。BOM 可从 LCC 下载充值金额列表信息，并对储值票及计次票充值分别进行设定。

充值时需要先将票卡放在桌面读写器车票感应区内，然后点击“充值”-“充值”按钮。输入充值金额和现金收款，输入完成后点击软键盘“确定”按钮，乘客显示器显示相应的充值信息和找零信息。充值界面中的“确认充值”按钮显亮，操作员点击“确认充值”按钮，桌面读写器开始充值，充值成功后自动打印本次充值信息，如图 2-92 所示。

在未点击本界面“确认充值”按钮前点击“票据打印”按钮，打印系统保存的最后一次充值信息。

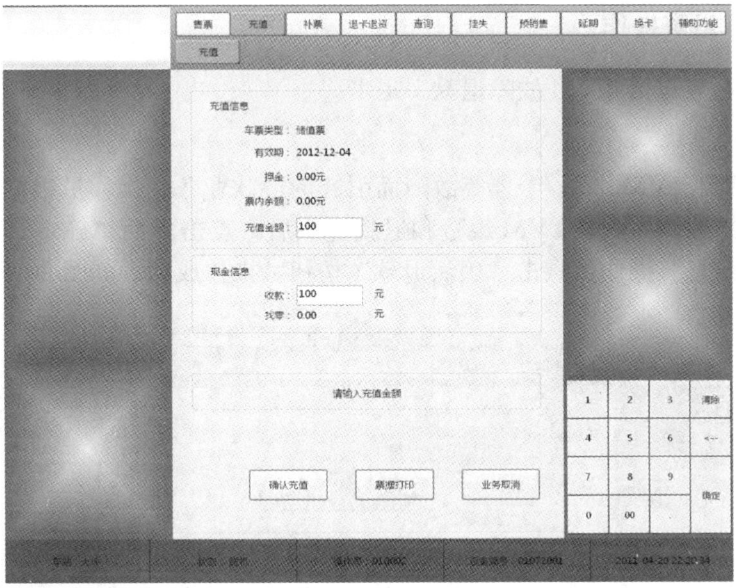


图 2-92　充值界面

## （四）补票操作

补票业务包括出站票发售、付费区内补票和付费区外补票。

若乘客无票补票，则需要发售出站票。出站票由发卡机发售。

选择票价等信息并输入收款后点击软键盘“确定”按钮，乘客显示器显示相应的售票信息和找零信息。“出票”按钮显亮，操作员点击“出票”按钮，发卡机开始发售车票。点击“票据打印”按钮，打印本次发售信息。如图 2-93 所示。

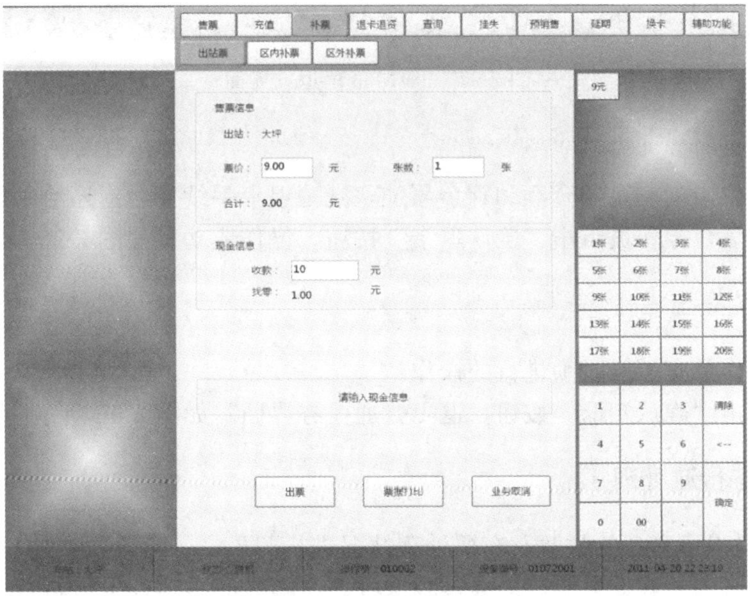


图 2-93　补票界面

## （五）退卡退资操作

退卡退资业务包括 TVM 故障退款、退卡。

1. TVM 故障退款

BOM 处理因 TVM 卡币/卡票等故障而引起的退款业务。操作员根据 TVM 故障单上的内容，输入故障原因、TVM 编号和退款金额后，点击界面“确定”按钮，乘客显示器显示退款信息。操作员点击“确认退款”按钮，操作成功。如图 2-94 所示。

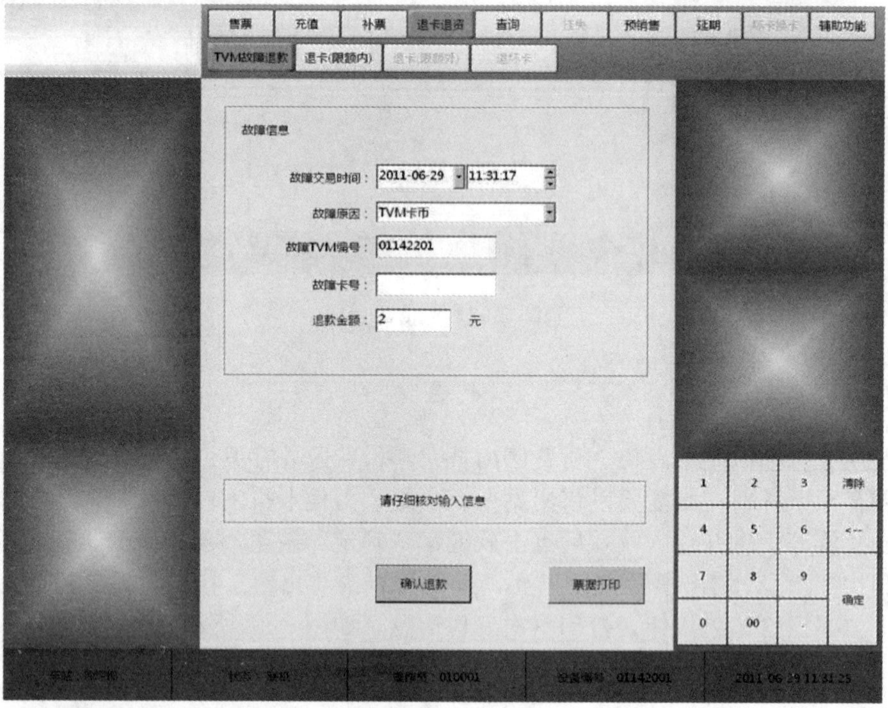


图 2-94　TVM 故障退款界面

2. 退卡

退卡是将票卡内剩余的金额和押金累加，减去退卡手续费后退还给乘客。在确认乘客的退卡信息后，操作员点击“确认退卡”按钮，操作成功。如图 2-95 所示。

## （六）系统登出操作

登出是操作员交接班时须进行的操作。

操作员点击“确认签退”按钮，退出普通业务界面。如图 2-96 所示。

## （七）票务行政处理

BOM 将对以下事务的收益及车票处理情况进行记录。

（1）付费区内乘客遗失票，向乘客收取补票金额并向乘客补发出站票。

（2）在乘客投诉卡币及卡票时，向乘客退还现金或发出免费车票。

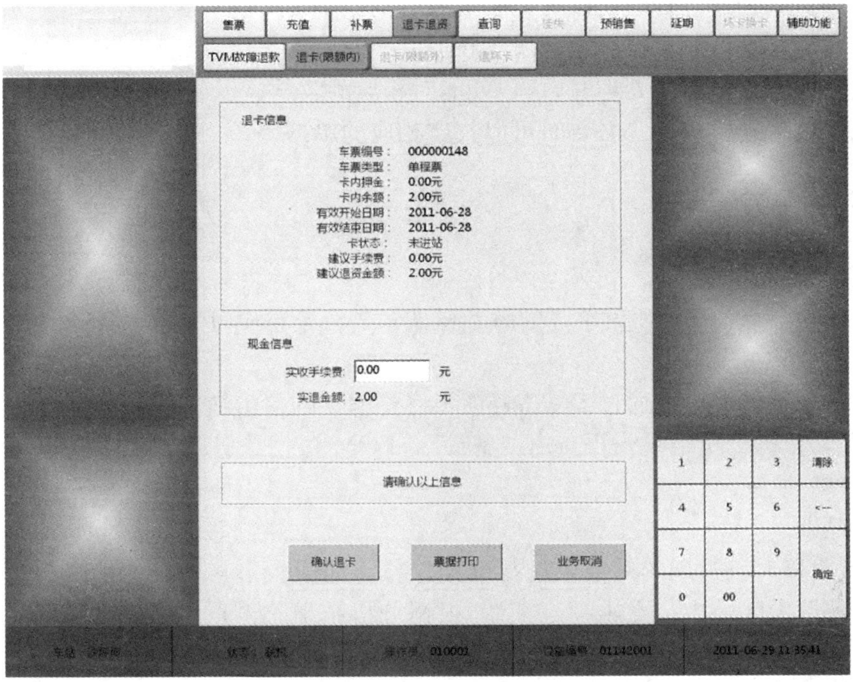


图 2-95　退卡界面

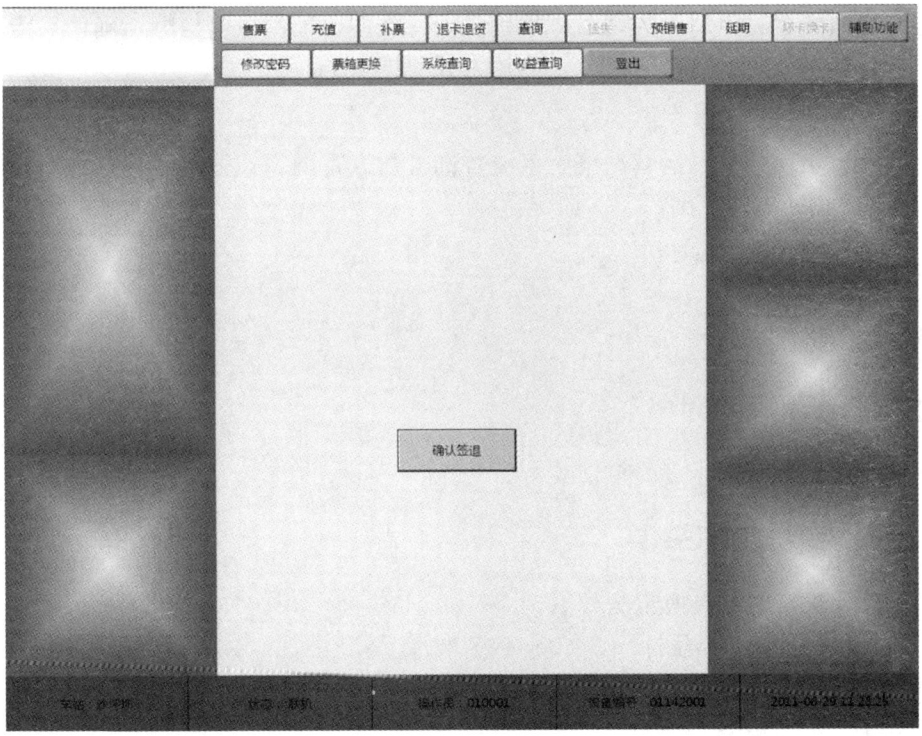


图 2-96　确认签退界面

（3）在对乘客进行行政罚款时，收取乘客的罚金。

（4）在优惠政策下，根据乘客优惠积分发放或发售车票或礼品。

（5）在进行乘客事务处理时，BOM能对相应的收款、退款、发出车票、回收车票、乘客信息等数据进行记录。必要时可以打印相应的单据。

### （八）其他

1. 解锁延期

操作步骤：点击BOM菜单区的解锁延期，二级菜单中可以选“解锁”和“延期”。

（1）解锁。

黑名单车票票卡可以通过BOM解锁。将要解锁的票卡放在读卡器读卡区域内，点击“解锁”，根据分析结果，再点击“解锁”，BOM根据票务规则自动对已解锁票卡进行解锁操作。

（2）延期。

BOM可以对已过期的储值票进行延期操作，如学生卡、老人优惠票等。将储值票放在读卡器读卡区域内，点击“延期”，根据分析结果，再点击“延期”，BOM根据票务规则自动对过期票卡进行延期。

2. 记名卡申请

BOM可以申请学生普通储值票、老人优惠储值票和老人免费储值票等记名卡。

操作员需要填写申请人的姓名、性别、证件类型、证件号等信息，确认后点击“申请”，申请成功后点击“打印单据”，申请人凭单据取卡。

3. 辅助

辅助中可实现登出、运营结束、系统查询、数据查询、数据上传、日志查询和寄存器查询等功能。

### （九）关机操作

点击“关机”按钮。

### （十）重启操作

点击“重启”按钮。

### （十一）票据打印机操作

票据打印机打印纸更换步骤如下。

步骤1：将打印机机盖打开，如图2-97所示。

步骤2：将双层打印纸放入打印机中，装入打印纸的打印机图如图2-98所示。

步骤3：将打印纸拉到机头位置，合上打印机盖。

步骤4：打印机右侧有一个进纸按钮，如果装入的打印纸口不均匀，可以按住进纸按钮让打印纸出来，手动均匀撕下。

图 2-97　打印机机盖打开

图 2-98　装入打印纸的打印机

## （十二）操作注意事项

（1）卡片在处理或发售等过程中，请勿移动。

（2）当 BOM 设备出现只能验票不能进行异常处理或其他任何操作时，请勿将导致问题的卡片转至其他设备进行操作，避免其他设备读卡器被锁导致不能使用。

（3）BOM 所有的交易都以打印机打印单据标志其完成。

## 工作任务二　BOM 的日常维护

定期的维护保养可有效延长 BOM 设备的使用寿命，提高其工作效率，并针对设备的运行情况，有计划地实施日保养、月保养和大保养。日保养主要是保持设备每日运行的稳定性和票卡处理的准确性；月保养主要是保持设备组件及内部的清洁和各组件运转的稳定性；大保养主要是对设备进行性能检测和更新旧损部件。

### （一）BOM 设备外部清洁

设备清洁包括工控机主机、读写器、打印机、操作显示屏、乘客显示器、键盘和鼠标等，清洁时禁止使用的清洁剂包括苯、汽油、丙酮、四氯化碳和脱漆剂，表面不得残留灰尘、污物和纸屑等。

乘客显示屏和操作显示屏应使用柔软的干布清洁。

### （二）BOM 设备状态检查

检查设备和部件的指示灯应正常显示，如发现无指示或指示异常，及时检查或处理。

操作显示屏、乘客显示器的屏幕显示均应亮度适中，无笔画缺损，无漂移、抖晃、色差和功能缺失等现象。如发现异常，及时进行调节或更换

### （三）BOM 的故障维修

BOM 的主机采用标准的工控机，各种外设采用比较成熟的通用产品，因此没有多少维护内容。日常可能发生的常见故障现象和解决办法如表 2-27 所示。

**表 2-27　常见故障现象和解决办法**

| 故障现象 | 解决办法 |
|---|---|
| BOM 主界面上显示读卡器故障 | 1. 检查读卡器是否开启。<br>2. 检查读卡器的串口线是否接在多串口卡的 USB 上，并检查连接是否松开。 |
| 打印机不能打印票据 | 1. 检查打印机是否开启。<br>2. 检查是否缺纸、卡纸，色带是否用完。<br>3. 检查打印机的串口线是否接在多串口卡的第 1 个串口上，并检查连接是否松开。 |
| 乘客显示器不能正常显示内容 | 检查乘客显示器的电源是否接好。 |

## 四、任务评价

### （一）BOM 的操作评价

BOM 的操作评价表如表 2-28 所示。

**表 2-28　BOM 的操作评价表**

| 项目任务 | BOM 的操作 | | | | |
|---|---|---|---|---|---|
| 班级 | | 姓名 | | 评价时间 | |
| 【考核内容】 | | | | | |
| 考核项目 | 考核标准 | | | 分值 | 得分 |
| 操作应知 | 熟练掌握 BOM 售票的行政处理和操作注意事项 | | | 10 | |
| | 熟悉 BOM 系统登录操作、售票操作、充值操作的操作界面 | | | 10 | |
| | 熟悉 BOM 更新处理操作、交易查询操作、退款操作、关机操作、重启操作、票据打印机操作等操作界面 | | | 10 | |

续表

| 项目任务 | BOM 的操作 | | |
|---|---|---|---|
| 操作应会 | 能够进行 BOM 系统登录操作、关机操作、重启操作 | 10 | |
| | 能够进行 BOM 售票操作、充值操作、更新处理操作 | 15 | |
| | 能够进行 BOM 交易查询操作、退款操作、票据打印机操作 | 15 | |
| 制作内容 | 能够反映不同厂家 BOM 的配置、功能及特点 | 10 | |
| | 展示本地 BOM 外观、图片清晰、内容新颖丰富 | 10 | |
| | 撰写工作任务报告要求工作描述具体、工作内容清晰完整 | 10 | |

指导教师意见：

说明：1. 建议采用四级评分制（如 90％～100％、80％～90％、60％～80％、<60％）。
2. 主要采用小组互评的方式进行评价，教师最后进行参考评分。

## （二）BOM 的日常维护评价

BOM 的日常维护评价表如表 2-29 所示。

**表 2-29　BOM 的日常维护评价表**

<table>
<tr><td>项目任务</td><td colspan="5">BOM 的日常维护</td></tr>
<tr><td>班级</td><td></td><td>姓名</td><td></td><td>评价时间</td><td></td></tr>
<tr><td colspan="6">【考核内容】</td></tr>
<tr><td>考核项目</td><td colspan="3">考核标准</td><td>分值</td><td>得分</td></tr>
<tr><td rowspan="2">日常维护应知</td><td colspan="3">了解 BOM 的定期维护保养常识</td><td>10</td><td></td></tr>
<tr><td colspan="3">掌握 BOM 的组成、各部件的功能</td><td>10</td><td></td></tr>
<tr><td rowspan="3">日常维护应会</td><td colspan="3">能够对 BOM 设备进行外部清洁</td><td>10</td><td></td></tr>
<tr><td colspan="3">能够实施 BOM 设备状态检查</td><td>10</td><td></td></tr>
<tr><td colspan="3">能够对常见故障现象进行处理</td><td>20</td><td></td></tr>
<tr><td rowspan="3">制作内容</td><td colspan="3">能够制作 BOM 设备日常维护 PPT</td><td>15</td><td></td></tr>
<tr><td colspan="3">展示本地车站 BOM 设备的布置及各配件的清洁维护</td><td>15</td><td></td></tr>
<tr><td colspan="3">汇报内容具有一定的前瞻性、科学性和实用性</td><td>10</td><td></td></tr>
</table>

指导教师意见：

说明：1. 建议采用四级评分制（如 90％～100％、80％～90％、60％～80％、<60％）。
2. 主要采用小组互评的方式进行评价，教师最后进行参考评分。

## 五、思维拓展（思考题）

1. 简述自动售检票系统的构成及其功能。
2. 简述自动售票机、半自动售票机、自动检票机的定义、缩写代号和安装位置。
3. AFC 车站设备主要包括哪些？
4. 简述自动检票机的构成及其运行模式。

# 项目三　车站消防系统的操作与维护

## 项目背景

作为城市中最重要的一种交通工具，城市轨道交通车站客流量大、人员集中，一旦发生火灾，极易造成群死群伤的严重后果，特别地铁车站。例如 2003 年 2 月 18 日，韩国大邱市中央路地铁车站内一名乘客不顾阻拦将塑料罐内的易燃物洒到座椅上，点着火并跑出车站，导致车站断电燃烧，火引燃对向站台的列车，导致两列列车上的人员不同程度的伤亡。地铁车站的火灾危害最大，其原因如下。

（1）地铁列车内的车座、顶棚及其他装饰材料，大多是易燃的塑料、橡胶等新型材料，一旦起火，火势迅速蔓延扩大，由于地下供氧不足，往往处于不完全燃烧状态，产生大量有毒浓烟。

（2）地铁的出入口少，大量烟雾只能从一两个洞口向外涌，与地面空气对流速度缓慢，并且地下洞口固有的“吸风”效应导致向外洞口扩散的烟雾，部分又从洞口被卷吸回去，特别是火灾的初期阶段火势不甚猛烈时，这种现象尤为显著。

（3）地铁内空间过大，火灾报警和自动喷淋等消防设施无法实现全覆盖，很难快速消除火情。

（4）一旦起火，地铁车站的电源可能自动被切断，通风空调系统失效，失去通风排烟作用。

（5）大量有毒烟雾和黑暗为疏散和救援工作造成困难。

因此，为有效保证乘客的生命和财产安全，除对地铁内的火灾进行早期报警外，应实时对地铁的消防设备进行联动，保证火灾发生前进行人员的疏散和提示，火灾发生时进行灭火和防排烟。

地铁车站火灾报警及消防联动系统是以车站控制为基本单位。车站火灾报警控制器负责站内和相邻区间火灾报警设备、消防设备的监控和管理。车站消防联动控制系统的作用是，确认火灾发生后，联动启动各种消防设备，以达到报警及扑灭火灾的作用。

上一级控制中心负责全线设备的统一管理和监控。车站火灾报警控制器与上一级控制中心的火灾报警控制器通过专用网络进行联网通信。重庆地铁车站火灾报警系统（Fire Alarm System，FAS）如图 3-1 所示。

根据国家标准《火灾自动报警系统设计规范》和《消防联动控制设备通用技术条件》的要求，并结合地铁应用的实际情况，当地铁车站或区间发生火灾时，由火灾报警系统确定火灾发生的位置和范围，向车站和上一级控制中心报警，同时向车站消防联动系统发出联动控制信号，按照联动程序自动启动有关消防设备，也可根据需要手动直接联动设备。

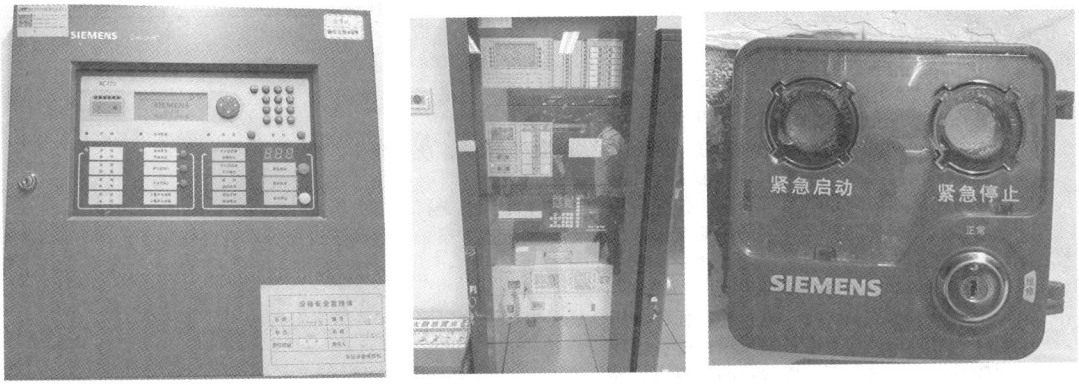


图 3-1 重庆地铁车站 FAS 系统

作为车站工作人员，掌握车站火灾报警及消防联动系统的监控与操作极为重要，这是站内人员与设施安全的重要保证。本项目以地铁车站为例，介绍车站火灾报警及消防联动系统的监控与操作。

## 项目任务书

车站消防系统项目任务书如表 3-1 所示。

**表 3-1 车站消防系统项目任务书**

| 名称 | 车站消防系统 | |
|---|---|---|
| 学习目标 | 知识目标 | 1. 掌握火灾的分类、灭火的原理。<br>2. 熟悉 FAS 外围器件及使用。<br>3. 掌握车站火灾报警控制器的操作。<br>4. 了解消防联动的类型。<br>5. 掌握消防联动的内容。<br>6. 掌握气体灭火系统及其操作。 |
| | 技能目标 | 1. 掌握地铁车站 FAS 系统的操作。<br>2. 掌握气体灭火系统及其操作。<br>3. 掌握干粉灭火器及消火栓的操作。 |
| | 素质目标 | 1. 具有良好的社会公德、职业道德和专业基本素质。<br>2. 具有强烈的法律意识、安全环境保护意识、安全与自我保护意识。<br>3. 具有沟通协调能力、语言表达能力、班组管理能力。<br>4. 培养团结协作、热情有礼、认真细心、沉着冷静、遇乱不惊的职业素养。 |
| 学习内容 | 任务一 消防基础知识<br>任务二 火灾自动报警系统<br>工作任务 FAS 的操作<br>任务三 消防联动系统及其工作<br>工作任务 气体灭火系统的操作<br>任务四 常见消防设备的使用 | |

一、任务描述

作为城市轨道车站站务员，应该熟悉车站火灾报警和消防联动系统的整体组成，掌握其工作过程，熟悉各种装置的操作，在火灾发生时，能正确地操作，并做好旅客疏散引导。

续表

| |
|---|
| 任务完成时要求做到：<br>1. 掌握地铁车站 FAS 的连接与工作过程。<br>2. 掌握车站 FAS 的操作。<br>3. 熟悉火灾的应急处理，掌握消防电话、手动报警按钮的使用。<br>4. 了解消防联动的类型，熟悉消防联动的内容，掌握气体灭火系统的操作。<br>5. 掌握常见消防设备干粉灭火器及消火栓的操作。<br>6. 学生以团队组织讨论学习，每项工作任务可由一名学生代表进行讲解分析。<br>7. 学习团队和教师对每名学生的说明文件、优化方案和改进方案，以及阐述过程等，进行任务评价。<br>二、任务实施说明<br>1. 将授课班级学生分组，每小组 5～8 人为一个学习团队。<br>2. 每个学习团队组织学习，进行项目任务分析、任务分配、制定团队工作任务分配表。<br>3. 资料学习、相关知识准备完成项目的资讯环节。<br>4. 现场教学、资源利用完成项目的实施演练环节。<br>5. 学习团队按任务分配表制作相关 PPT 汇报演讲稿，团队派代表上台演讲。 |
| 任务下发人：<br>日期：　　年　　月　　日 |
| 任务执行人：<br>日期：　　年　　月　　日 |

# 任务一　消防基础知识

## 一、任务导入

人们通常所说的“火”，其实是物质燃烧的一种现场。燃烧是指可燃物与氧化剂作用发生的放热反应，通常伴有火焰、发光或发烟现象。

## 二、知识准备

燃烧需要可燃物、助燃物和引火源，称为燃烧的三要素。这三要素同时存在才能发生燃烧。缺少其中的任何一个，均不能燃烧。

1. 可燃物

可燃物是指能与空气中的氧或其他氧化剂起燃烧化学反应的物质，如汽油、木材等。

2. 助燃物

助燃物主要是指能帮助和支持燃烧的物质，如空气、氧气。此外，氧化剂等易释放自我氧的物质也是助燃物。

3. 引火源

引火源指可燃物与助燃物发生燃烧反应的能量来源。除烟火外，电火花、摩擦、撞击产生的火花机发热，造成自然起火的氧化热等许多物理或化学现场都能成为引火源。

火灾是指在时间和空间上失去控制的燃烧所造成的灾害。

### （一）火灾的分类

1. 按燃烧物分类

国家标准《火灾分类》（GB/T 4968—2008）将火灾分为 A、B、C、D、E、F 6 类。

（1）A类火灾：指固体物质火灾。固体物质往往具有有机物性质，一般燃烧时产生灼热的余烬，如木材、棉、毛、麻、纸张等。

（2）B类火灾：指液体火灾和可熔化的固体物质火灾，如汽油、煤油、乙醇、沥青、石蜡等。

（3）C类火灾：指气体火灾，如煤气、天然气、液化气、石油气等。

（4）D类火灾：指金属火灾，如钾、镁、钛、镁、铝合金等。

（5）E类火灾：指带电火灾，如物体带电燃烧的火灾。

（6）F类火灾：指烹饪器具内的烹饪物火灾，如动植物油脂等。

2. 按火灾损失分类：

分为特大、重大、一般火灾3类。

（1）特大火灾：死亡10人以上（含10人），重伤20人以上；受灾户50户以上，烧毁财务损失100万元以上。

（2）重大火灾：死亡3人以上，受伤10人以上；受灾户30户以上，烧毁财物损失30万元以上。

（3）一般火灾：不具备以上条件的火灾。

### （二）灭火原理

根据燃烧的基本条件要求，任何可燃物燃烧或持续燃烧必须具备燃烧三要素。因此，所谓灭火就是破坏燃烧条件，使燃烧反应终止的过程。

灭火的基本原理可以归纳为4个方面，即冷却、窒息、隔离和化学抑制。

1. 冷却灭火

对于一般可燃物而言，其之所以能够燃烧是因为其在火焰或热的作用下，达到了各自的着火点。因此，将温度降低到着火点以下，燃烧就会终止。用水扑灭一般固体物质火灾正是利用了这一特点。水能够大量吸收热量，使燃烧物温度迅速降低，从而终止燃烧。

2. 窒息灭火

各种可燃物的燃烧都需要在其最低氧浓度以上进行，低于此浓度时，燃烧不能持续。一般碳氢化合物的气体或蒸汽通常在氧浓度低于15%时不能持续燃烧。用于降低氧浓度的气体有二氧化碳、氮气、水蒸气等。通过稀释氧浓度灭火的方法多用于密闭或半密闭空间。

3. 隔离灭火

可燃物是燃烧条件中的主要因素，若将可燃物与引火源及氧隔离，燃烧反应就会终止。火灾中，关闭相关阀门，切断流向着火区的可燃气体和液体通道；打开相关阀门，将已经发生燃烧的容器或受到火势威胁的容器中的液体可燃物通过管道引导至安全区域，都是隔离灭火的措施。这样，残余可燃物烧尽后，火也就熄灭了。此外，用喷洒灭火剂的方法，将可燃物同氧和热隔离开，也是通常采用的一种灭火方法。

4. 化学抑制灭火

物质在有焰燃烧中的氧化反应都是通过链式反应进行的。碳氢化合物的气体或蒸气在热和光的作用下，分子被活化，分裂出活泼自由基。自由基浓度和反应的压力决定了燃烧的速度。因此，如果能够有效抑制自由基的产生或者迅速降低火焰中自由基的浓度，燃烧就会终止。许多灭火剂都能起到这样的作用，如干粉灭火剂，能够使自由基浓度急剧下降，进而使燃烧终止。

# 任务二　火灾自动报警系统

## 一、任务导入

火灾报警系统（FAS）一般由火灾探测器、区域报警器和集中报警器组成，也可以根据工程的要求与各种灭火设施和通信装置联动，以形成中心控制系统。FAS具有自己的网络结构和布线系统，以便在任何情况下都可以独立操作、运行和管理。

## 二、知识准备

地铁FAS由主控（控制中心）和分控（车站、车场、车辆段）两级管理组成。在控制中心设防灾监控中心，负责监视全线防灾设备的运行状态、接收报警信号、发布救灾指令等。车站防灾监控负责接收车站的灾害报警，及时与指挥中心联络，并接收控制中心防灾指令，控制设备。

地铁防灾报警系统的功能也分为中央级（主控）功能和车站级（分控）功能。

1. FAS中央级功能

（1）FAS中央级监控功能主要是监视地铁全线各车站、区间隧道、控制中心大楼、车辆段、停车场、主变电站等下属所有区域的火灾报警、消防联动和故障情况，火灾发生时承担全线防灾指挥中心功能。

（2）自动采集、显示、记录、存储车站内的火灾信息，存储操作人员的各项记录，并进行历史档案的管理。

（3）根据火灾发生的实际情况，自动或手动选择预订方案，向车站级控制室发出消防救灾指令和安全疏散命令，指挥救灾工作的开展。

（4）设置火灾报警外线电话，并与119报警台通报有关车站的火灾灾情。

（5）接受主时钟的信息，使FAS时钟与主时钟同步。

（6）火灾报警时，中央级图形计算机自动弹出相应报警区域的平面图，并发出声光报警。火灾报警具有高优先级，当同时存在火灾及其他报警时，会优先报火警。

2. FAS车站级功能

FAS的车站级功能主要有监视、报警、控制及与其他系统的联动等。

（1）监视模式。

（2）报警模式。

（3）消防联动模式。

（4）防灾通信模式。

（5）防灾报警分机集成化功能。

（6）防灾报警分机之间网络通信功能。

### (一) 地铁车站 FAS 的连接与工作过程

地铁车站 FAS 的连接如图 3-2 所示。

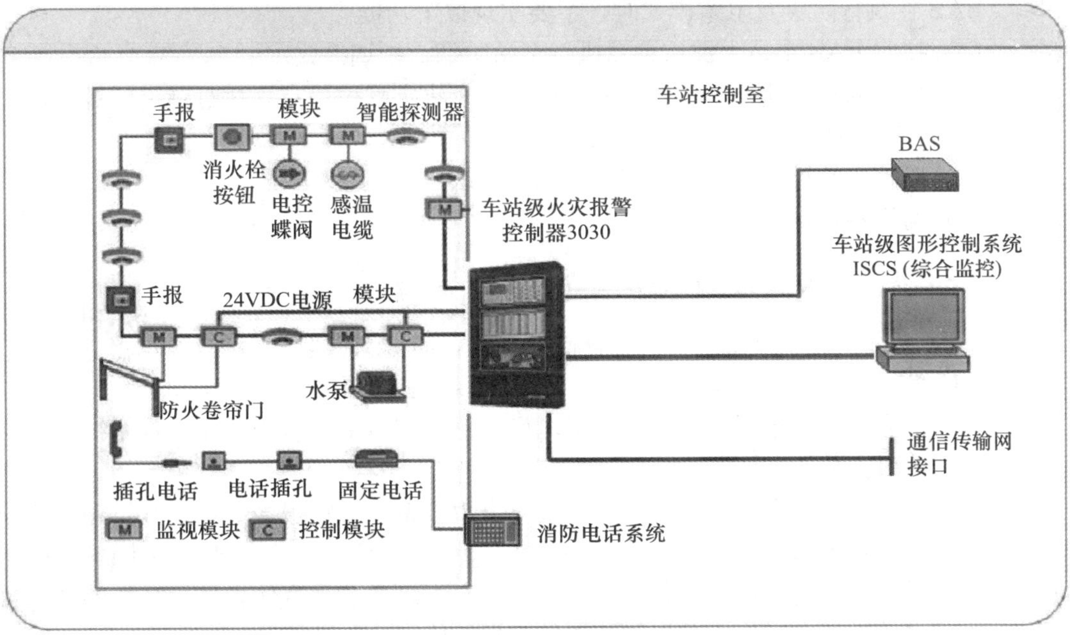


图 3-2 地铁车站 FAS 的连接

当火灾发生时，通过设置在保护现场的火灾探测器（如各种智能探测器、感温电缆等），FAS 感知火灾发生时燃烧产生的火焰、热量和烟雾等特性，并通过控制盘的通信接口，直接向 BAS（环境与设备监控系统）发出火灾命令，由 BAS 自动启动相关模式，从而控制防排烟及其他消防设备进入救灾状态，同时将模式指令发送给 ISCS，ISCS 收到模式指令后，由正常运行模式转为火灾运行模式，监视设备的状态，并根据现场报警、列车位置等有关信息，使行车指挥、防灾和安全等子系统协调工作。

FAS 通过通信传输网接口，与中央级的防灾控制中心交换火灾状态信息，接受防灾控制中心指令信息。

### (二) 环境与设备监控系统 (BAS) 简介

2013 年 8 月，国家质量监督检验检疫总局和住房城乡建设部联合发布了国家标准——GB 50157—2013《地铁设计规范》，标准中正式命名“环境与设备监控系统，Building Automatic System（BAS）”，并将其定义为“对地铁建筑物内的环境与空气条件、通风、给排水、照明、乘客导向、自动扶梯及电梯、站台门、防淹门等建筑设备和系统进行集中监视、控制和管理的系统”。

BAS 采用计算机网络、自动控制、通信及分布智能等技术，对地铁车站及区间隧道内的空调通风、给排水、照明、电/扶梯、安全门等机电设备进行全面的运行管理与控制。通过最优化组合，确保机电设备处于安全、高效、节能和最佳运行状态，从而提供一个舒适的乘车环境。

同时BAS还能在地铁车站发生火灾事故的情况下，执行相应的防灾和阻塞模式，使有关救灾设施按照设计工况及时有效地运行，充分发挥各种设备应有的作用，保证乘客的安全和设备的正常运行。

BAS在执行防灾及阻塞模式时，主要实现以下功能。

（1）接收FAS车站火灾信息，执行车站防烟、排烟模式。

（2）接收列车区间停车位置信号，根据列车火灾部位信息，执行隧道防排烟模式。

（3）接收列车区间阻塞信息，执行阻塞通风模式。

（4）监控车站逃生指示系统和应急照明系统。

（5）监视各排水泵房危险水位。

### （三）综合监控系统（ISCS）简介

ISCS系统全称城市轨道交通综合监控系统，简称综合监控系统（Integrated Supervisory Control System，ISCS）。

地铁综合监控的主要功能包括对机电设备进行实时集中监控功能、各系统之间协调联动功能两大部分。

一方面，通过综合监控系统，可实现对电力设备、火灾报警信息及其设备、车站环控设备、区间环控设备、环境参数、站台门设备、防淹门设备、电扶梯设备、照明设备、门禁设备、自动售检票设备、广播和闭路电视设备、乘客信息显示系统的播出信息和时钟信息等进行实时集中监视和控制的基本功能。

另一方面，通过综合监控系统，还可实现晚间非运营情况下、日间正常运营情况下、紧急突发情况下和重要设备故障情况下各相关系统设备之间的协调互动等高级功能。

如出现异常情况，由正常运行模式转为灾害运行模式时，综合监控系统应能迅速转变为应急模式，为防灾、救援和事故处理指挥提供便利。

### （四）FAS外围器件及其使用

FAS外围器件是指布置在现场的各种火灾探测设备和功能模块等，按其功能可分为火灾监测设备、状态监视设备、控制设备、消防通话和消防广播设备及接口设备。各种外围设备都有各自独立的地址，并通过数据总线与控制盘通信。它们可提供各种火灾监测手段，并进行消防设备的监控。

1. 火灾监测设备

火灾监测设备可分为两大类，一类是自动报警设备，另一类是手动报警设备。自动报警设备是根据火灾发生的特性，对火灾发生时产生的烟雾、温度、光等物理特性进行监测的设备，主要有智能烟感、智能温感、普通烟感、普通温感、感温电缆和对射式烟雾探测器等。

（1）光电感烟智能探测器

光电感烟智能探测器外形如图3-3所示。

光电感烟智能探测器的状态指示如下。

正常：绿灯闪亮

火警：红灯常亮

状态读取：绿灯常亮

（2）手动报警按钮

手动报警按钮外形如图 3-4 所示。

图 3-3　光电感烟智能探测器外形

图 3-4　手动报警按钮外形

手动报警按钮安装在区间隧道、宽大车间、车站通道、站厅、站台等需要检测火灾处。当车站人员发现火灾，且火灾探测器没有探测到火灾时，手动压碎玻璃片，手动报警按钮上的 LED 灯恒亮，显示报警状态，车站火灾报警控制器接收报警信号，并显示报警地址。

如果其上玻璃片一直处于破碎状态，控制器主机会一直报火警。更换破碎的玻璃片并复位主机后，火警才会消除。

2. 状态监视设备

状态监视是指监测消防相关设备的状态，其主要设备是反馈模块，在系统中应用广泛，如监测消防水泵、水喷淋泵的运行及故障状态，防火阀、挡烟垂幕、防火卷帘门的关闭状态，排烟风机的运行状态，气体灭火系统的一级、二级报警，故障，喷气及手动/自动状态等。

3. 控制设备

控制设备用于控制消防联动设备，其主要设备是控制模块，控制对象包括防火阀、挡烟垂幕、防火卷帘门、消防水泵和水喷淋泵等。控制可以实现程序联动，也可以手动单点控制。

消火栓按钮外形如图 3-5 所示。

报警按钮的区别：有两个 LED 指示灯，只安装在消火栓箱中。报警时会启动消防泵。

当发现火灾情况时，手动压碎玻璃片使控制器发出报警，同时其上的左侧 LED 灯恒亮，显示报警状态。当右侧 LED 灯恒亮时，显示消防泵已启动。

如果其上玻璃片一直处于破碎状态，控制器主机会一直报火警。更换破碎的玻璃片并复位主机后，火警才会消除。

图 3-5　消火栓按钮外形

4．消防通话和消防广播设备

消防通话和消防广播设备由通信模块、消防广播、电话插孔及插孔电话和固定挂箱电话组成。火灾报警控制器或综合监控系统可以通过控制通信模块，接通某个消防电话或实现对特定区域进行广播。

消防电话系统是一种消防专用的通信系统，通过消防电话可及时了解火灾现场的情况，并及时通告消防人员救援。

消防应急广播系统是火灾疏散和灭火指挥的重要设备，在整个消防控制管理系统中起着极其重要的作用。

5．接口设备

接口设备可提供第三方产品的接入接口。普通烟感、普通温感、感温电缆等设备均为不带地址码的设备，通过接口设备（如探测模块），此类设备可以接入系统的回路总线。

### （五）车站火灾报警控制器的操作

火灾报警控制器也称火灾报警控制盘（Fire Alarm Control Panel，FACP）。FACP 的操作如下。

1．显示/键盘

FACP 的显示和键盘如图 3-6 所示。

（1）液晶显示屏

这个液晶显示屏每行有 20 个中文字符，共 8 行，可以显示所有的编程、事件、历史记录、器件等信息。用键盘可以输入或者改变信息，还可以执行命令。

（2）固定功能键

键盘/显示屏右边的 9 个红色按键为固定功能键。

【确认】：确认系统中发生的新事件。

【消声】：按下此键，可以关掉所有的可消声控制模块。

当禁止消声定时启动时，或者当一个水流指示类型的设备启动火警时，信号消声键不起作用；

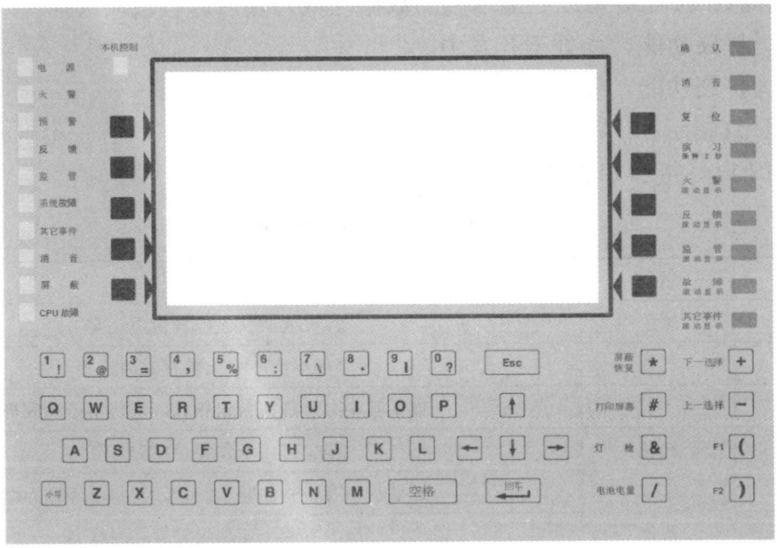

图 3-6　FACP 的显示和键盘

【复位】：按下此键，可以清除所有被锁定的火警和一些其他事件，同时关掉 LED 灯。系统复位之后，如果火警或非正常事件存在，将再次启动系统音响，重新点亮 LED 灯。未确认事件不能阻止复位。禁止消声定时器正在运行时，系统复位键将不起作用。系统复位键不能立即对动作的输出设备消声。如果系统复位后，输出设备的事件控制编程条件不适合了，这些输出将会取消（本地控制器典型为 30s，网络机为 60s）。

【演习】：按下此键并持续 2s，可以激活所有的可消声输出线路。

【火警】：滚动显示火警事件。

【反馈】：滚动显示反馈事件。

【监管】：滚动显示监管事件。

【故障】：滚动显示故障事件。

【其他事件】：滚动显示其他事件。

（3）特殊功能键

全键盘右边是特殊功能键。

【箭头】：按下这些箭头键，可以移动显示屏上的编程区域光标。

【回车】：按下此键，可以移动显示屏上的编程区域光标使其换行。

【Esc】：按下此键，可以退出当前区域，并且不保存输入。连续按两次可以取消显示屏上的任何改变，并返回上级菜单。

【空格】：在编辑状态下输入一个空格。

【屏蔽恢复】：为扩展功能，尚处于开发中。

【打印屏幕】：按下此键，打印显示屏上显示的内容。

【灯检】：按下此键，测试位于键盘左边的 LED 状态指示灯、控制器电路 LED 灯，持续按下此键的时间超过 5s，将在显示屏上显示软硬件的版本号。

【电池电量】：长按该键可显示电池电量。

【上一选择】：按此键可以在显示屏的数据区域列表内进行滚动选择。

【下一选择】：按此键可以在显示屏的数据区域列表内进行滚动选择。

【F1】：为扩展功能，尚处于开发中。

【F2】：为扩展功能，尚处于开发中。

（4）LED 灯指示

左侧的 LED 灯指示如表 3-2 所示。

**表 3-2　左侧的 LED 灯指示**

| LED 灯指示 | 颜色 | 功能 |
|---|---|---|
| 电源 | 绿色 | 点亮表明交流电源供电正常 |
| 火警 | 红色 | 当至少有一个火警存在时灯亮 |
| | | 如果其中有一些火警未确认，它将不停地闪烁 |
| 预警 | 红色 | 至少有一个预警存在时灯亮 |
| | | 如果其中有一些预警未确认，它将不停地闪烁 |
| 反馈 | 蓝色 | 至少有一个反馈报警存在时灯亮 |
| | | 如果其中有些反馈报警未确认，它将不停地闪烁 |
| 监视 | 黄色 | 至少有一个监管事件存在时灯亮 |
| | | 如果其中有些监管事件未确认，它将不停地闪烁 |
| 系统故障 | 黄色 | 至少有一个故障存在时灯亮 |
| | | 如果其中有些故障未确认，它将不停地闪烁 |
| 其他事件 | 黄色 | 除以上列出事件以外，还有其他事件存在时 |
| | | 如果事件未确认，它将不停地闪烁 |
| 信号消声 | 黄色 | 如果 NFS-3030 的告警设备已经消声，灯亮 |
| | | 如果仅有一些，并非所有的告警器消声，灯将不停地闪烁 |
| 点屏蔽 | 黄色 | 至少有一个设备被屏蔽时灯亮，它一直闪烁，直到所有的屏蔽点被确认 |
| CPU 故障 | 黄色 | 当硬件或软件工作状态非正常，影响到系统时灯亮 |
| | | 当 LED 灯亮或闪烁时，控制器不能正常工作 |

2. 点信息格式

点信息格式如图 3-7 所示。

图 3-7　点信息格式

当信号回路上或者控制器上连接的点器件的状态改变时，信息显示在LCD液晶显示屏的顶部，显示软键的功能，通过它可以处理事件。显示屏顶部4行显示事件和点器件信息。事件计数显示在下面三行，当前时间和软键功能信息显示在事件计数之后。第一行显示事件类型，如火警、故障、预警、确认和清除等；第二行显示用户位置标签和扩展标签；第三行显示主区标记和软件类型；第四行显示事件发生时间、日期和器件地址，事件计数显示重要事件发生的次数；第五行的数字是当前时间。软键可以处理这些事件，它们的功能在本手册的操作章节有叙述。

【确认】：按下此键确认一个事件。如果此事件是火警，这个命令显示为“火警确认”。如果是其他类型的事件，将显示“确认”。如果没有事件需要确认，此命令不显示。

【编程/改变状态】：按下此键进入编程/改变状态屏，也可以从主菜单进入。进入编程/改变状态需要一个密码。编程方法需要查看NFS-3030编程手册。

【更多信息】：按下此键进入图3-6界面。如果没有非正常事件存在，此按键不显示。

3. 系统信息格式

图3-8为系统接地故障的显示界面。

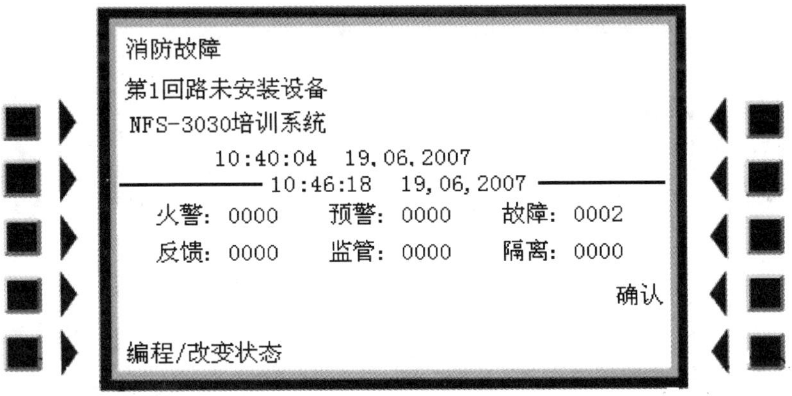


图3-8　系统接地故障的显示界面

当系统有故障发生时，在控制器的LCD显示屏顶部显示该故障信息和软键的功能描述，通过该软键能够对此事件进行处理。顶部四行显示事件信息，第一行显示故障、是否确认和清除，第二行显示故障类型，第三行显示用户信息，第四行显示事件发生的时间和日期。事件计数显示重要事件发生的次数。第五行的数字是当前时间。软键可以操作这些事件，它们的功能在本手册的操作章节有介绍。第六行和第七行显示6类非正常事件的当前计数值。这个数值包含已确认事件数和未确认事件数。

4. 操作菜单

主菜单引导出不同的子菜单项。通过键盘按键选择不同的功能和菜单。利用键盘和特殊的功能键可以添加和输入修改区域信息。可通过键盘上的方向键选择那些无软键对应的区域。

按屏幕上的“返回”键，将退回上一层菜单而不保存当前信息。

按“接受”键，将保存当前输入信息。可退至上一层菜单，也可根据屏幕上的相关说明执行其他操作。主菜单界面如图 3-9 所示。

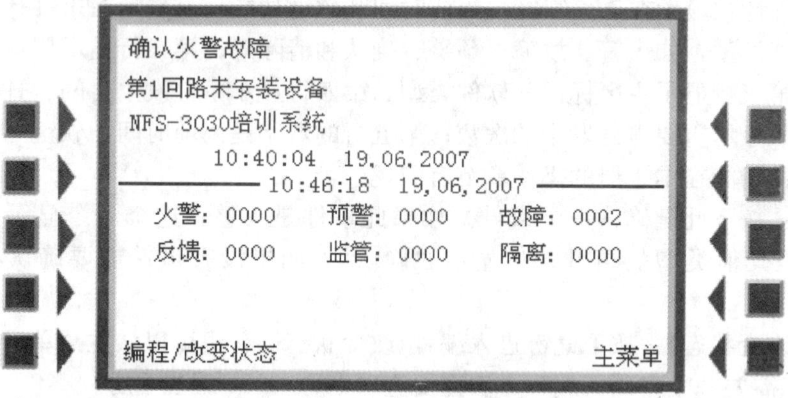


图 3-9 主菜单界面

可通过“主菜单”进入事件记录显示、记录显示、编程/改变状态、读取状态及其他等子菜单。

编程/改变状态界面如图 3-10 所示。

图 3-10 编程/改变状态界面

5. 软键

按对应的软键，可进入下述菜单。

(1) 事件记录显示

按下左边的“事件记录显示”键，返回图 3-8 界面。如果要求确认出现的非正常事件，屏幕将自动显示，除非控制器处于编程模式下。

当有火灾报警事件发生时，甚至是在编程模式下，显示屏也能正常显示火灾报警事件。

(2) 记录显示

按下“记录显示”及其下一界面中的“本机记录”，可进入多种事件列表界面，多种事件列表界面如图 3-11 所示。

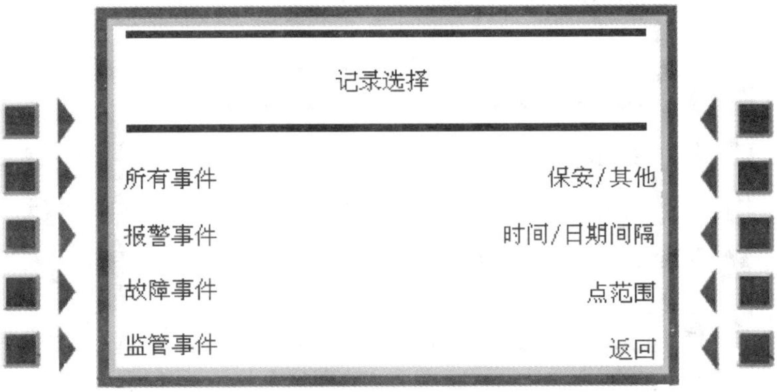


图 3-11　多种事件列表界面

① 故障事件：只显示故障事件，选择“故障事件”，将显示故障历史记录显示界面，如图 3-12 所示。

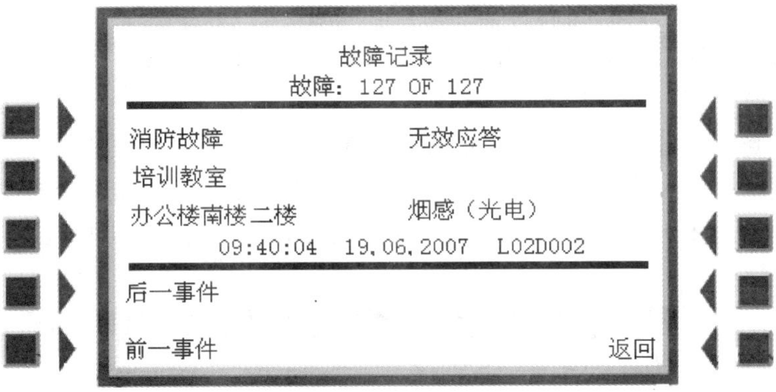


图 3-12　故障历史记录显示界面

界面上部显示系统正常信息或最新事件，中部显示事件的详细信息，底部为相应的菜单。

后一事件：显示下一个事件菜单。

前一事件：显示上一个事件。

返回：返回上一级界面。

② 所有事件：显示所有事件。界面类似图 3-11，只是界面中部显示所有事件。

③ 报警事件：只显示火灾报警事件。界面类似图 3-11，只是界面中部显示报警事件。

④ 监管事件：只显示监视事件。界面类似图 3-11，只是界面中部显示监管事件。

⑤ 保安/其他事件：显示安防及其他事件。界面类似图 3-11，只是界面中部显示保安及其他事件。

⑥ 时间/日期间隔：执行该命令后，用户需要输入一个时间范围及事件类型，时间段输入界面如图 3-13 所示。

图 3-13　时间段输入界面

历史记录将显示该时间段内的相应事件。如该时间段内无事件，则显示“历史记录空”的信息。

开始时间：输入开始时间和日期。

结束时间：输入结束时间和日期。

事件类型：选择事件类型，可以是“报警事件”“故障事件”“监管事件”“保安事件”“其他事件”“所有事件”等。

接受：接受输入参数，显示特定时间段内的事件。

返回：返回上一级界面。

⑦ 点范围：执行该命令后，用户需要输入点的地址范围，点的地址范围如图 3-14 所示。

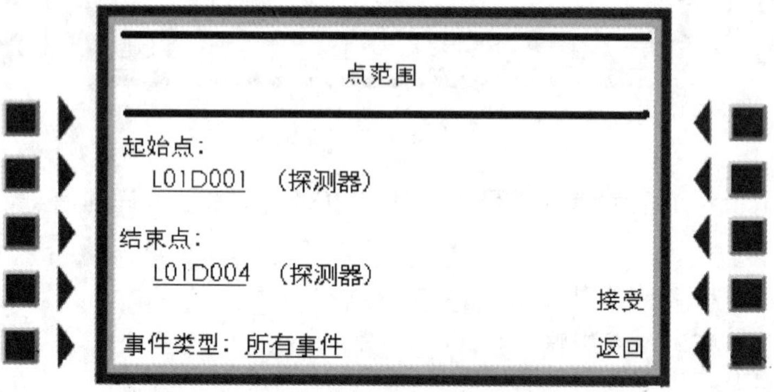


图 3-14　点的地址范围

历史记录将显示该地址段内的点的事件。点的类型包括探测器和模块。

起始点：选择起始点的类型，输入起始点的地址。

结束点：选择结束点的类型，输入结束点的地址。

事件类型：选择事件类型，可以是“报警事件”“故障事件”“监管事件”“保安事件”“其他事件”“所有事件”等。

接受：接受输入参数，显示特定地址内的事件。

返回：返回上一级界面。

⑧ 返回：返回上一级界面。

（3）读取状态

按读取状态软键，屏幕显示当前点状态、区和其他系统信息。

（4）编程/改变状态

按编程/改变状态软键，可以进行控制器编程、点编程、自动编程、清除程序、改变点状态、步行测试和其他信息。进入此界面需要密码。

## 三、任务实施

### 工作任务　FAS 的操作

**FAS 的操作**

FAS 的操作如表 3-3 所示。

**表 3-3　FAS 的操作**

| 序号 | 任务内容 | 详细内容 | 备注 |
| --- | --- | --- | --- |
| 1 | FAS<br>主机操作 | 1. 左侧 LED 指示灯分别表示的设备状态<br>（相应指示灯亮，代表相应事件产生，正常情况下只有电源灯是常亮绿灯的） | |
| 2 | | 2. 简述右侧按键功能<br>（消声键可消除通道警铃的报警声，火警键可查询相应火警报警信息，监管、故障键可查询监管和故障报警信息） | |
| 3 | | 3. 简述显示屏上的表示内容<br>（最上面为最近报警信息，跟踪监视下面一排时间为报警信息发生的时间、地址码，分割线中间为现在时间，再下面为火警、监管、故障等数量，可按右边相应的红色功能键显示火警、反馈、监管、故障、其他事件） | |
| 4 | | 4. 查找所有报警/监管事件<br>（主菜单-记录显示-本机记录-选择报警事件/监管事件） | |
| 5 | | 5. 查找特定时间段的报警/监管事件<br>（主菜单-记录显示-本机记录-选择时间/日期间隔-报警/监管事件） | |
| 6 | | 6. 熟悉车站房间布置（失格）<br>（根据消防疏散图提问） | |
| 7 | FAS 系统图形<br>工作站操作 | 1. 放大/缩小平面图<br>（鼠标定位相应平面图点，中间滚轮可放大/缩小平面图） | |
| 8 | | 2. 查看所有设备历史事件记录<br>（菜单栏-视图-历史记录） | |
| 9 | | 3. 查看单个设备历史事件记录<br>（菜单栏-视图-查找设备-输入地址码） | |
| 10 | | 4. 查看/确认新事件<br>（左边显示，鼠标确认） | |
| 11 | | 5. 发生火警时的报警显示<br>（烟感：红色-报警，绿闪-正常，绿色常亮-故障，手报：红色-报警，绿闪-正常，绿色常亮-故障，相应报火警信息图形确认） | |

续表

| 序号 | 任务内容 | 详细内容 | 备注 |
|---|---|---|---|
| 12 | FAS系统故障处理流程 | 1. 确认故障后如何进行消声<br>（右边黑色从上往下第四个键为确认键，操作可对 FAS 盘消声。日常操作时，先现场确认，如为误报，可进行确认并消除 FAS 盘声音，再按压红色消声键，可消除通道警铃声音，再报通号调度） | |
| 13 | | 2. FAS 故障报修的接口部门及汇报流程<br>（通号部） | |
| 14 | | 3. 得到操作指示后如何复位设备<br>（按压 FAS 控制盘右边复位按钮） | |
| 15 | 消防电话使用 | 1. 消防电话基本操作（接听、录音）<br>（拿出电话，按压左下角“通”键，如需录音按压右上角“录”键，打完电话可按右下角“断”键） | |
| 16 | | 2. 指定房间拨打 | |
| 17 | 手动报警按钮使用操作 | 1. 报警按钮使用办法<br>（压碎玻璃） | |
| 18 | | 2. 发生报警的处理办法<br>（可按压手动报警按钮报警，并组织人员疏散及灭火工作） | |
| 19 | 应急处理 | 设定一个火灾场景，说明处理流程 | |

## 四、任务评价

FAS 的操作评价表如表 3-4 所示。

**表 3-4　FAS 的操作评价表**

| 项目任务 | 城市轨道交通车站的分类 | | | | |
|---|---|---|---|---|---|
| 班级 | | 姓名 | | 评价时间 | |
| 【考核内容】 | | | | | |
| 考核项目 | 考核标准 | | | 分值 | 得分 |
| FAS 主机操作 | 能说明左侧 LED 指示灯分别表示的设备状态 | | | 15 | |
| | 简述右侧按键功能 | | | 9 | |
| | 简述显示屏上的显示内容 | | | 14 | |
| | 查找所有报警/监管事件 | | | 5 | |
| | 查找特定时间段的报警/监管事件 | | | 5 | |
| | 熟悉车站房间布置（根据消防疏散图提问） | | | 6 | |
| FAS 图形工作站操作 | 放大/缩小平面图 | | | 2 | |
| | 查看所有设备历史事件记录 | | | 3 | |
| | 查看单个设备历史事件记录 | | | 3 | |
| | 查看/确认新事件 | | | 2 | |
| | 发生火警时的报警显示 | | | 5 | |

续表

| 项目任务 | 城市轨道交通车站的分类 | | |
|---|---|---|---|
| FAS故障处理流程 | 确认故障后如何进行消声 | 4 | |
| | FAS故障报修的接口部门及汇报流程 | 5 | |
| | 得到操作指示后如何复位设备 | 2 | |
| 消防电话使用 | 消防电话基本操作（接听、录音） | 3 | |
| | 指定房间拨打 | 2 | |
| 手动报警按钮使用操作 | 报警按钮使用方法 | 2 | |
| | 发生报警的处理方法 | 3 | |
| 应急处理 | 设定一个火灾场景，说明处理流程 | 10 | |

指导教师意见：

说明：1. 建议采用四级评分制（如90%～100%、80%～90%、60%～80%、<60%）。
　　2. 主要采用小组互评的方式进行评价，教师最后进行参考评分。

# 任务三　消防联动系统及其工作

## 一、任务导入

消防联动系统是火灾自动报警系统中的一个重要组成部分。通常包括消防联动控制器、消防控制室显示装置、传输设备、消防电气控制装置、消防设备应急电源。消防电动装置、消防联动模块、消防栓按钮、消防应急广播设备、消防电话等设备和组件。GB 50116—2013《火灾自动报警系统设计规范》对消防联动控制的内容、功能和方式有明确的规定。

## 二、知识准备

### （一）消防联动类型

地铁火灾自动报警系统的联动有多种类型，可按如下进行分类。

1. 按联动方式分类

总线模块联动：通过火灾报警控制器回路总线中的控制模块对相关消防设备进行的联动控制。

直接手动控制：对重要消防设备（如消防泵、喷淋泵、排烟专用风机等）采用硬接点方式进行直接手动控制。

2. 按联动对象分类

灭火设备联动：消火栓系统、水喷淋系统、水喷雾系统、泡沫灭火系统、气体灭火系统（如IG541、FM200）等设备或系统的联动。

防排烟设备联动：防烟风机、排烟风机、防火阀、排烟阀、防火卷帘、防火门、挡烟垂壁等设备的联动。

疏散设备联动：站台门、检票闸机、门禁、站台信息显示系统、列车信息显示系统、紧急广播、声光警报装置、防火卷帘、应急照明与疏散指示等设备的联动。

非消防设备联动：非消防电源、扶梯、电梯等设备的联动。

其他设备联动：闭路电视监控系统联动、信号系统联动。

3. 按联动地址分类

控制中心级联动：由控制中心主机发出的联动，包括对外界（如公安消防、交通、医疗等城市应急指挥中心）的联动。

车站级联动：由车站控制室发出的联动，地铁消防设备的联动以这种类型为主。

就地级联动：由设备现场的配电、控制盘处实施的联动，主要以手动控制为主。

### （二）消防联动内容

地铁消防设备的联动是以车站级联动控制为主，以下主要对这方面的联动控制进行详细阐述。

1. 车站级联动控制

（1）灭火设备

水灭火系统：通过火灾报警控制器可以实现水灭火系统的自动联动控制，也可通过水灭火设备的现场配电盘实现设备的就地控制。

消火栓系统：消火栓按钮动作时，系统可自动/手动启、停消火栓泵，并监控其运行状态。

水喷淋系统：水喷淋干管上压力开关动作，系统可自动启动喷淋泵，并监控其运行状态。

水喷雾系统：在地下燃气锅炉房设水喷雾灭火系统，水喷头采用开式喷头，房间内设几组感烟、感温探测器。当感烟、感温探测器同时报警时，系统可通过自动、手动和应急操作三种方式开启雨淋电磁阀。压力开关动作后系统启动喷淋泵，并监控其运行状态。

气体灭火系统：气体灭火系统和水灭火系统有所不同，因为气体灭火系统有气体灭火控制盘，通过控制盘和火灾报警控制器的通信实现气体灭火系统的联动控制，另外也可通过气体控制盘进行本地控制。

气体灭火系统用于重要设备用房和办公用房在火灾情况下的惰性气体方式灭火，每个系统包括智能烟感/温感探测器、气体灭火药剂储存装置、气体分布管道，自动释放装置及其管道等设备设施，分别连接到火灾报警系统的车站控制主机上。当接收到火灾报警系统发来的火灾报警信息后，相关区域的气体灭火系统自动按照预设模式控制气体灭火装置进行灭火操作。所有设备的状态信息都发送给火灾报警系统的车站级控制主机，并通过地铁通信主干网将所有报警信息和设备运行状态信息发送至控制中心，由控制中心统一显示并管理。

（2）防排烟设备

火灾报警系统在车站级通过通信接口和环境监控系统（EMCS）进行数据通信。当出现火情时，火灾报警系统向环境监控系统（EMCS）发送火灾报警信息。环境监控系统由控制中心级根据实际情况，在预设的若干火灾模式中进行合理选择，统一调度着火区域及前后相邻车站的通风设备，用以通风和排烟的气流组织，并接受反馈信号。

车站发生火灾时，EMCS系统响应火灾报警控制器的联动控制信号，自动强制执行相应的模式控制程序（联动相应的排烟风机启动，自动打开相关区域常闭防火排烟阀；当排烟风机前的防火排烟口温度达到280℃时，阀门关闭，联动排风机亦同时关闭），并联动执行紧急疏散程序。

区间发生火灾时，EMCS系统执行控制中心的调度指令，调用相应的模式控制程序，配合采取送风、排烟、疏散等救援措施。

（3）疏散设备

当系统确认发生火灾后，可自动或手动切断背景音乐广播，进行紧急广播，指导楼内人员疏散。同时启动相应的声光报警装置，提醒人员及时疏散。

当系统确认发生火灾后，火灾报警系统通过相应的接口，将火灾信号发送给站台门系统（PSD）、自动售检票系统（AFC）、门禁系统（ACS）、站台信息显示系统（PIS）和列车信息显示系统（TIS）等，打开所有的站台门、检票闸机，解锁所有门禁，以保证给人员疏散通道的畅通，同时将PIS、TIS切换到火灾模式，引导人员进行疏散。

当疏散通道卷帘门两边的感烟探测器报警时，系统控制卷帘门下降至距地面1.8m处，挡烟并让人员疏散。当卷帘门两边的感温探测器报警时，则系统控制卷帘门下降至地面，以完成防火区的分隔。卷帘门两边还设有控制卷帘门升降的按钮，并具有延时（1～30s可调）后卷帘门自动放下的功能。

（4）非消防设备：电梯、扶梯、非消防电源

当确认发生火灾后，系统立即迫降所有电梯至底层，并自动切断扶梯、电梯的电源，仅保留消防电梯供消防人员使用。系统也根据需要切断相应区域的非消防电源，以保证消防电源的正常使用和人员疏散的安全。

（5）其他：CCTV、ATS

为了保证行车安全，火灾报警时，火灾报警控制器应向ATS发送报警信号，以便切换至火灾模式（如对准备进入该站的列车进行扣车，使反方向列车尽快离开等）。

当火灾报警时，火灾报警控制器向CCTV系统发送火灾信息，以驱动摄像机自动定位，自动切换显示图像。

2. 控制中心级联动控制

控制中心的消防联动主要包括两方面内容，一是车站控制器将联动处理权交给控制中心，控制中心根据火灾情况对着火区域进行消防设备的联动；二是控制中心将着火车站的情况上传至城市应急指挥中心，以调动消防、交通、医疗等力量，进行救火、救援、疏散等工作。

3. 就地级联动控制

就地控制主要是指车站控制室因现场设备故障等原因而不能实现自动远程控制时，如消防泵配电盘对消防泵进行的启、停控制，通过现场气体灭火控制盘对气体灭火系统进行灭火控制。

### （三）联动方式

1. 无综合监控系统的联动方式

无综合监控系统时，火灾报警时，需要联动 EMCS、ATS、SCADA、AFC、PSD、ACS、PA、CCTV、PIS、TIS 等系统，主要是通过火灾报警控制器提供的接口向以上各系统提供火灾报警的相关信息，由各系统根据内部设置进行联动，这种方式要求火灾报警系统提供的通信接口数较多。

2. 有综合监控系统的联动方式

地铁如有综合监控系统，则联动系统包括以下三类。

专用消防设备的联动，如消防泵、喷淋泵、排烟风机、防火排烟阀、气体灭火系统等，这类设备由火灾报警控制器自行完成联动。

EMCS 设备的联动，如与通风系统共用的防排烟风机、正常照明等，这类设备由火灾报警控制器与 EMCS 车站模式控制器间的通信接口完成联动。

其他弱电系统的联动，如 PSD、AFC、PA、ACS、CCTV、ATS、PIS 等，这类设备是中央监控系统接收到火灾报警系统的火灾信号，然后通过专用接口向各系统或设备发送联动命令。

### （四）气体灭火系统及其工作

1. 气体灭火系统构成

某车站气体灭火系统（2 个灭火区）示意图如图 3-15 所示。

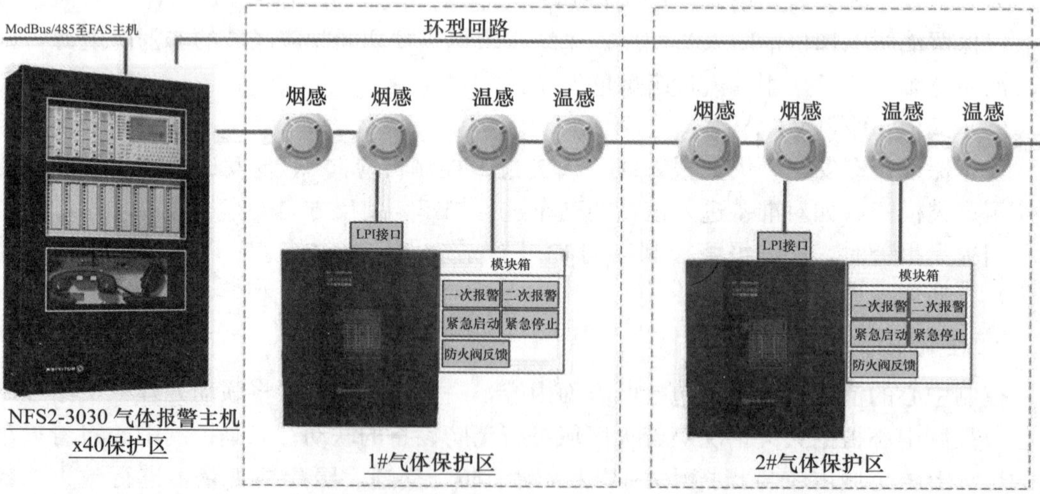


图 3-15　某车站气体灭火系统示意图

其中一个灭火区气体灭火系统工作原理图如图 3-16 所示。

气体灭火报警控制系统包括以下部件。

① 气体灭火集中监控主机 NFS2-3030。

② 气体灭火现场控制盘 RP-1002PLUS。

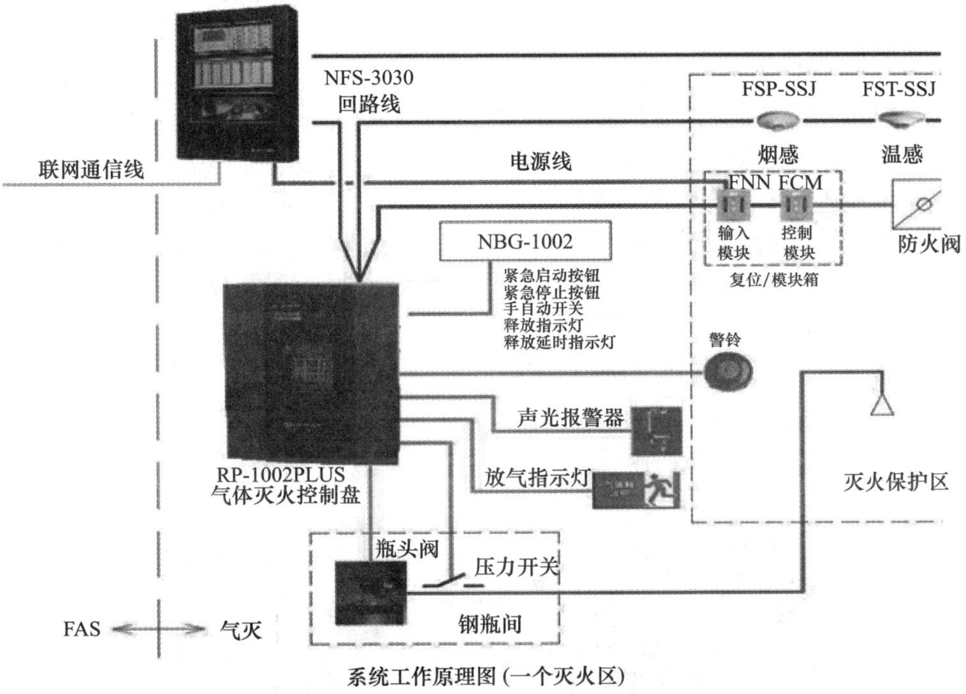


图 3-16　灭火区气体灭火系统工作原理图

③ 探测器（感烟 FSP-851、感温 FST-851、VIEW 或普通探测器）。

④ 警铃（SSL24-6）。

⑤ 蜂鸣器及闪灯（SYS-HSR）。

⑥ 释放指示灯。

⑦ 紧急启动/停止按钮。

⑧ 手动/自动转换开关。

⑨ 24VDC 辅助电源箱（含蓄电池）等。

## 2. 气体灭火系统的接口

气体灭火系统与 FAS 接口示意图如图 3-17 所示。

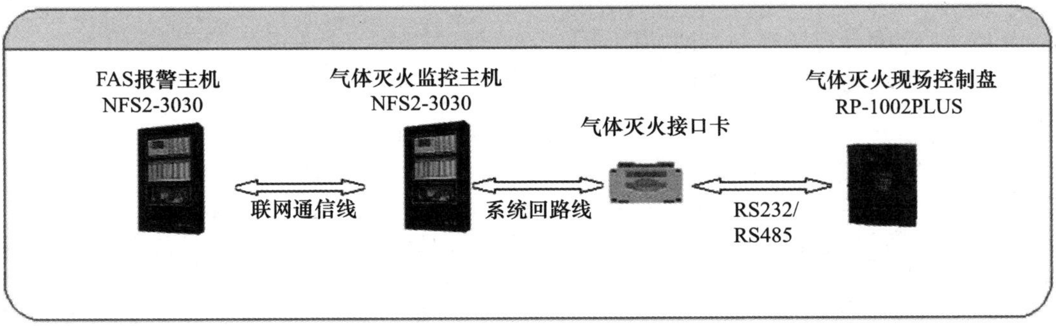


图 3-17　气体灭火系统与 FAS 接口示意图

FAS 与气体灭火系统的接口位于车站车控室气体灭火监控主机 NFS2-3030 的通信数据接口上。

FAS 与气体灭火系统的接口为通信数据接口；FAS 接收气体灭火系统各气体灭火保护区的主机故障信号、火灾预警信号、火灾确认信号、灭火喷气信号、防火阀关闭信号、手/自动状态信号。

气体灭火系统与防火阀的接口如图 3-17 所示。

气体灭火系统与防火阀等受控设备的接口位于防火阀的接线端子上；气体灭火保护区发生火警时，气体灭火集中监控主机 NFS2-3030 按既定的程序控制模块联动防区内的防火阀；同时监视模块接收阀门动作反馈状态。

3. 气体灭火现场控制盘 RP-1002PLUS

(1) 气体灭火现场控制盘 RP-1002PLUS 的状态指示灯

气体灭火现场控制盘 RP-1002PLUS 的主板如图 3-18 所示。

图 3-18　气体灭火现场控制盘 RP-1002PLUS 的主板

(2) 气体灭火现场控制盘的功能键及操作

气体灭火现场控制盘的功能键及操作如表 3-5 所示。

**表 3-5　气体灭火现场控制盘的功能键及操作**

| 按键<br>功能<br>模式 | 复位 | 警铃<br>启/停 | 声光<br>启/停 | 手动<br>自动 | 消音<br>设置 | 自检<br>+/- |
|---|---|---|---|---|---|---|
| 运行模式 | 系统复位 | 警铃控制 | 声光控制 | 手自动状态切换 | 消音 | 自检 |
| 配置模式 | 退出设置 | ↑ | ↓ | ← | →<br>选项确认 | 选项切换 |

气体灭火控制器的功能如下。

① 显示系统手动、自动工作状态。

② 显示气体报警、喷放等状态。

③ 在报警、喷射各阶段，保护房间应有声、光警报信号，并能手动切除。

④ 在延时阶段，能自动关闭防火阀等。

(3) 气体远程灭火控制装置

气体远程灭火控制装置如图 3-19 所示。

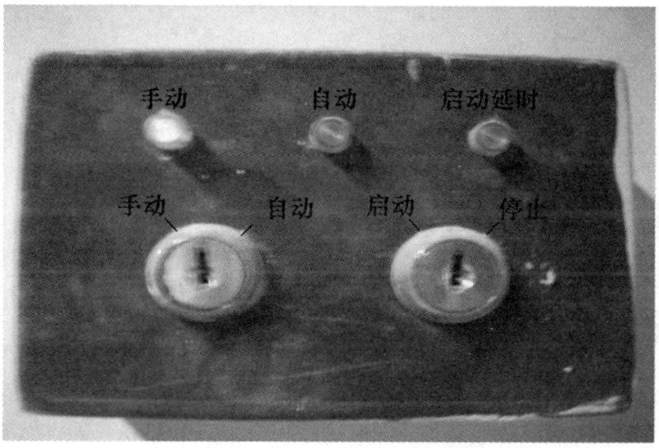


图 3-19　气体远程灭火控制装置

气体远程灭火装置的手动状态灯亮，表示主机处于手动状态；自动状态灯亮，表示主机处于自动状态；延时状态灯亮，表示主机处于气体喷洒延时状态；气体远程灭火装置的“手动/自动”切换锁，需用专用钥匙操作。居中为正常位；向左转，控制主机进入手动状态；向右转，控制主机进入自动状态。“启动/停止”切换锁，需用专用钥匙操作。居中为正常位；向左转，控制主机手动启动；向右转，控制主机手动停止。

(4) 气体灭火现场控制盘 RP-1002PLUS 的手动操作

气体灭火现场控制盘 RP-1002PLUS 有手动和自动两种操作模式，由功能键【手动/自动】切换，工作模式的相应状态指示灯亮。上电时默认为手动模式。

① 手动模式下，控制盘具有以下功能：监视火灾报警状态，并点亮面板上的相应指示灯，鸣响蜂鸣器；探测 A 区或 B 区报警时，启动警铃；探测 A 区和 B 区同时报警时，启动警铃。

② 自动模式下，控制盘的功能如下：监视火灾报警状态，并点亮面板上的相应指示灯，鸣响蜂鸣器；探测 A 区或 B 区报警时，启动警铃；探测 A 区和 B 区同时报警时，开始延时，启动警铃、声光，显示延时倒计时界面，点亮延时指示灯；延时时间到时，启动控制设备和瓶头阀；延时期间，紧急停止按钮可中止延时并停止所有输出。如再有手动启动信号，将重新开始手动启动过程。

③ 气灭手动启动：手动启动信号输入具有最高的启动优先级，即当系统收到手动启动信号输入时，无论系统当前处于何种状态，都将进入延时待喷放状态。

点亮手动启动指示灯并锁定，直到控制器复位或有手动停止输入；启动蜂鸣器发出火警声，蜂鸣器声可消声；启动声光报警器，声光报警器可单独停止或启动，延时阶段或手动停止所有输出；控制输出选择阀，点亮相应指示灯；进入延时阶段，点亮延时指示灯；延时结束时，点亮启动喷洒指示灯并锁定，直至控制器复位，启动控制输出，瓶头阀并点亮相应指示灯；等待气体喷洒反馈信号，当收到反馈信号时，点亮气体喷洒指示灯，蜂鸣器发出气体喷洒声。

④ 气灭手动停止。在气体喷洒延时中，当有手动停止输入时：点亮手动停止指示灯并锁定，直至控制器复位或由手动启动输入；中止控制盘的延时倒计时；停止所有输出，相应输出状态灯熄灭。

## 三、任务实施

### 工作任务　气体灭火系统的操作

### 气体灭火系统的操作

气体灭火系统的操作如表 3-6 所示。

**表 3-6　气体灭火系统的操作**

| 序号 | 项目 | 详细内容 | 备注 |
|---|---|---|---|
| 1 | 气体灭火系统就地盘使用操作 | 1. 简述气灭就地控制盘各个指示灯的意义<br>（“探测区 A”代表烟感，“探测区 B”灯亮代表温感，烟感和温感动作同时存在时会响声光报警，“声光报警器”指示灯也会亮，如只有烟感或温感动作时只会启动警铃，“警铃”指示灯亮，“手/自动状态”代表房间现所属系统状态，“气体喷洒”代表气体在喷洒） | |
| 2 | | 2. 简述各按钮的作用<br>（“复位”代表就地盘复位，一般不涉及车务操作。“警铃启/停”控制房间内警铃启动或停止。“声光启/停”控制房间门头声光报警器的启停，如发现误报，可操作“警铃启/停”和“声光启/停”。“手/自动”：进房间时选择手动，出房间时打自动，“消声”是消气灭就地盘的音，“自检”是自检气灭就地盘的指示灯。启动延时喷气：如在延时过程中按压绿色的手动停止，会停止延时喷气，如需按压手动启动，会进入 30s 延时喷气） | |
| 3 | 气体灭火系统机械应急操作 | 1. 发生报警的处理办法（若未说明远程停止操作，失格）<br>一确认、二开闸、三环控、四广播、五汇报 | |
| 4 | | 2. 保护房间喷气判断方法（失格）<br>气灭控制盘气体喷洒灯亮、放气勿入灯亮、延时结束、车控室确认已喷气、门把手很烫、声光报警器也报警等 | |
| 5 | | 3. 清楚车站气瓶室位置及进入气瓶室的有关规定<br>（进去前看门是否有气体喷出，是否有一层薄雾，进去时一人将通道门保持常开，另一人携带空气呼吸器进入房间） | |
| 6 | | 4. 人工停止、启动喷气操作<br>操作手动启动按钮启动喷气、操作手动停止按钮停止喷气 | |
| 7 | | 5. 现场人员应急处置流程 | |
| 8 | | 6. 如何使用小气瓶进行喷气操作（先开启对应区域，选择阀的手动启动器，再开启对应区域主动钢瓶的手动启动器） | |
| 9 | | 7. 小气瓶进行喷气操作失败后如何操作<br>（进行人工灭火器灭火及疏散工作，按车务部应急处理程序执行） | |
| 10 | | 8. 说出车站气灭房间有哪些（本站人员需说明位置） | |

## 四、任务评价

气体灭火系统的操作评价如表 3-7 所示。

**表 3-7　气体灭火系统的操作评价**

<table>
<tr><td>项目任务</td><td colspan="5">城市轨道交通车站的分类</td></tr>
<tr><td>班级</td><td></td><td>姓名</td><td></td><td>评价时间</td><td></td></tr>
<tr><td colspan="6">【考核内容】</td></tr>
<tr><td>考核项目</td><td colspan="3">考核标准</td><td>分值</td><td>得分</td></tr>
<tr><td rowspan="2">气体灭火系统就地盘使用操作</td><td colspan="3">简述气灭就地控制盘各个指示灯的意义</td><td>10</td><td></td></tr>
<tr><td colspan="3">简述各按钮的作用</td><td>10</td><td></td></tr>
<tr><td rowspan="8">气体灭火系统机械应急操作</td><td colspan="3">发生报警的处理办法</td><td>10</td><td></td></tr>
<tr><td colspan="3">保护房间喷气判断方法</td><td>10</td><td></td></tr>
<tr><td colspan="3">清楚车站气瓶室位置及进入气瓶室的有关规定</td><td>10</td><td></td></tr>
<tr><td colspan="3">人工停止、启动喷气操作</td><td>10</td><td></td></tr>
<tr><td colspan="3">现场人员应急处置流程</td><td>10</td><td></td></tr>
<tr><td colspan="3">使用小气瓶进行喷气操作</td><td>10</td><td></td></tr>
<tr><td colspan="3">小气瓶进行喷气操作失败后的操作</td><td>10</td><td></td></tr>
<tr><td colspan="3">了解车站气灭房间</td><td>10</td><td></td></tr>
<tr><td colspan="6">指导教师意见：</td></tr>
<tr><td colspan="6">说明：1. 建议采用四级评分制（如 90%～100%、80%～90%、60%～80%、<60%）。<br>2. 主要采用小组互评的方式进行评价，教师最后进行参考评分。</td></tr>
</table>

# 任务四　常见消防设备的使用

## 一、任务导入

常见的消防设备有灭火器、消火栓系统、破拆工具、火灾探测器、报警按钮、报警器、火灾报警控制器等。

## 二、知识准备

灭火器的分类

1. 按充装的灭火剂分类

（1）干粉类灭火器。充装的灭火剂主要有两种，即碳酸氢钠和磷酸铵盐灭火剂。

（2）二氧化碳灭火器。

（3）泡沫型灭火器。

（4）水型灭火器。

（5）卤代烷型灭火器（俗称“1211”灭火器和“1301”灭火器）。

2. 按驱动灭火器的压力型式分类

(1) 储气式灭火器。灭火剂由灭火器上的储气瓶释放的压缩气体或液化气体的压力驱动的灭火器。

(2) 储气式灭火器。灭火剂由灭火器同一容器内的压缩气体或灭火蒸气的压力驱动的灭火器。

(3) 化学反应式灭火器。灭火剂由灭火器内化学反应产生的气体压力驱动的灭火器。

## (一) 灭火器的使用方法

常见灭火器的使用方法基本相同，这里只作简要介绍，具体操作应遵照灭火器的说明书进行。

1. 检查压力表

先检查灭火器的压力表，压力表指针指向绿色区域，代表可以正常使用。如图 3-20 所示。

图 3-20 检查压力表

2. 旋转插销

找到灭火器顶部的插销，捏住这个插销稍微用力旋转。如图 3-21 所示。

图 3-21 旋转插销

3. 拔出插销

将插销旋转开后全部拔出。如图 3-22 所示。

图 3-22　拔出插销

4. 拉出皮管

再捏住灭火器瓶身上的皮管，稍微用力拉出皮管。如图 3-23 所示。

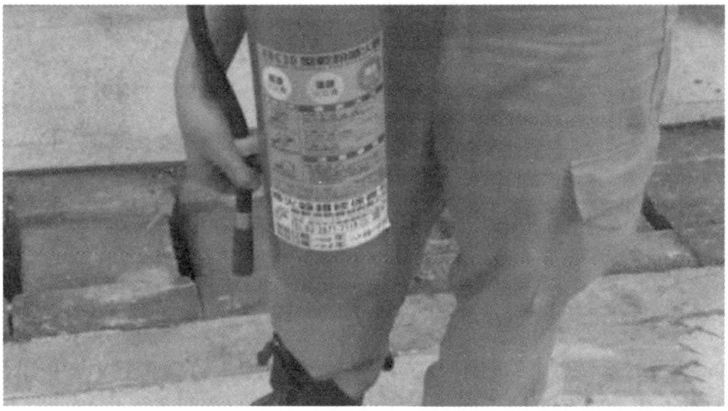

图 3-23　拉出皮管

5. 将皮管对准火源

将灭火器皮管的出口对准要熄灭的火源。如图 3-24 所示。

图 3-24　将皮管对准电源

6. 按压握把

再捏住灭火器的握把，稍微用力按压握把，这样就可以熄灭火源了。如图 3-25 所示。

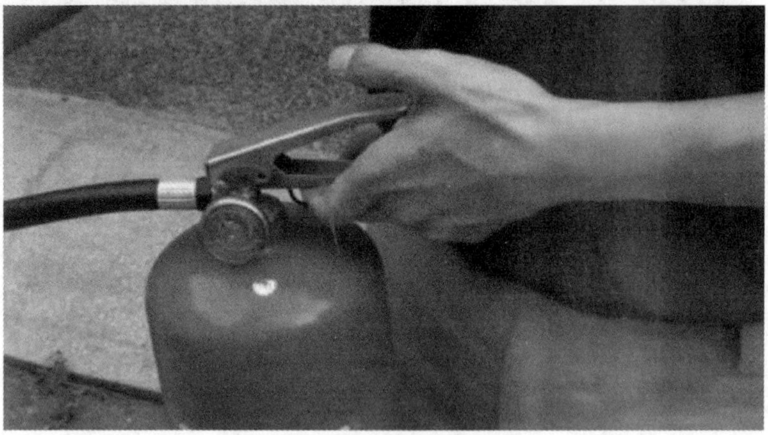

图 3-25　按压握把

**（二）消火栓的使用方法**

（1）打开消火栓门，按下内部启泵报警按钮，启动消防泵报警。
（2）消火栓最好两人同时操作，展开水带，一人接好枪头和水带奔向起火点。
（3）另一人将水带的另一端接在栓头铝口上。
（4）水带与水枪连接后，逆时针打开阀门喷出水，即可开始扑火行动。

## 五、思维拓展（思考题）

1. 简述 FAS 系统的主要设备组成及其主要功能。
2. 简述气体灭火现场控制盘的功能键及操作。
3. 简述常见灭火器的使用步骤及方法。

# 项目四　环控系统与给排水系统的操作与维护

## 项目背景

1863 年 1 月 10 日，世界上首条地铁——伦敦地铁开放的首日，当天乘客发送量就达到 4 万人次，由于当时尚未发明电力机车，使用蒸汽机车作为牵引，再加上排风不畅，乘客常常感到烟熏气闷，有的人甚至晕倒在地铁里。伦敦地铁线路是一座狭长的地下建筑，除各车站出入口和通风道口与大气相通外，可以认为地下铁道基本是与大气隔离的。如今城市轨道交通地下车站均采用站台门系统，在车站两端分别设置区间隧道活塞/机械通风系统和车行区排热系统。地铁车站仅有车站的出入口、通风亭及隧道口与大气相通，城市轨道交通投入运营后，随着客流量的上升和行车密度的加大，将在地下空间产生大量的热及有害气体，如不采取有效措施及时排除，必将造成地铁内环境不断恶化。因此，需要对地铁内的温度、湿度和空气流速等进行控制，为乘客提供适宜的乘车环境，并在紧急情况下保证乘客安全，这就是车站环境控制系统（Environment Control System，ECS，以下简称环控系统）的任务。重庆地铁车站安装空调的机房及通风管道系统如图 4-1 所示。

图 4-1　重庆地铁车站安装空调的机房及通风管道系统

地铁环境包括以下 4 个要求不同的环境：区间隧道；车厢内；地铁车站内的管理用房和设备用房；地铁车站的站厅和站台。这 4 个环境所要控制的温度和湿度也不一样。通常车厢和管理用房可作为舒适区，而站厅和站台作为过渡区。区间隧道可通过事故风机（TVF）在夜间抽压风解决排热问题。因此，建立一个能满足乘客、工作人员生理和心理要求的人工环境，是一项复杂的系统工程，它包括环境中的空气质量和环境照度、温度和湿度、空气流动速度、色调、装饰、布置、噪声控制及安全措施等诸多因素。

通风空调任务是采用人工方法创造和维持满足一定要求的空气环境。包括空气的温度、湿度、流动速度和品质。当地铁发生火灾事故时，能提供有效的排烟手段和通风功能，为乘客和消防人员输送足够的新鲜空气，形成一定的风速，引导乘客迅速撤离现场；当列车阻塞在区间隧道内时，应保证阻塞处的有效通风，维持车厢内乘客短时间能接受的环境条件。

## 项目任务书

环控系统与给排水系统的运行与维护任务书如表 4-1 所示。

**表 4-1　环控系统与给排水系统的运行与维护任务书**

<table>
<tr><td>任务名称</td><td colspan="2">环控系统与给排水系统的运行与维护</td></tr>
<tr><td rowspan="3">任务目标</td><td>知识目标</td><td>1. 重点掌握环控系统中风系统的组成及相关设备的结构和功能。<br>2. 掌握水系统的组成及相关设备的结构和功能。<br>3. 掌握环控系统的水系统与风系统的监控模式。<br>4. 了解集中供冷系统及其组成。<br>5. 了解风系统涉及的基本知识。<br>6. 了解车站给水系统的组成及功能。<br>7. 了解车站给排水系统的组成及功能。</td></tr>
<tr><td>技能目标</td><td>1. 运用水系统与风系统系统理论知识的能力。<br>2. 辨识水系统与风系统系统设备的能力。<br>3. 应急使用水系统与风系统设备的基本能力。<br>4. 选用、配置水系统与风系统设备的初步能力。</td></tr>
<tr><td>素质目标</td><td>1. 具有良好的社会公德、职业道德和专业基本素质。<br>2. 具有强烈的法律意识、安全环境保护意识、安全与自我保护意识。<br>3. 具有沟通协调能力、语言表达能力、班组管理能力。<br>4. 培养团结协作、热情有礼、认真细心、沉着冷静、遇乱不惊的职业素养。</td></tr>
<tr><td>任务内容</td><td colspan="2">任务一　环控系统的运行与操作<br>　　工作任务一　风系统设备认知<br>　　工作任务二　地铁车站通风及排烟系统认知<br>　　工作任务三　水系统设备认知<br>任务二　给排水系统使用与维护<br>　　工作任务一　给排水系统管理<br>　　工作任务二　给排水系统维护</td></tr>
<tr><td>任务实施要求</td><td colspan="2">1. 将授课班级学生分组，每小组 5～8 人为一个学习团队。<br>2. 每个学习团队组织学习，进行项目任务分析、任务分配、制定团队工作任务分配表。<br>3. 资料学习、相关知识准备完成项目的资讯环节。<br>4. 现场教学、资源利用完成项目的实施演练环节。<br>5. 学习团队讨论，编制项目任务知识点学习计划书。<br>6. 学习团队现场实践，制订现场实践的实施方案。<br>7. 学习团队按任务分配表制作项目任务的汇报演讲稿，团队派代表上台演讲。<br>8. 制定该项目任务的评价表，考核要素，进行小组互评。</td></tr>
<tr><td>任务实施要点</td><td colspan="2">1. 教学资源收集与整理。<br>2. 确认任务学习的重点与难点。<br>3. 制订任务学习计划，小组任务分工，制作汇报 PPT，小组交流演讲。<br>4. 学习团队进行讨论，可让老师参与讨论，通过团队合作解决问题。<br>5. 能够识别安全标识，注意安全与环保意识的培养。</td></tr>
<tr><td>任务拓展</td><td colspan="2">1. 会收集具有国内外领先水平的车站环控系统的运行与操作相关技术资料。<br>2. 按“准员工”的要求学习车站环控系统的运行与操作手册。<br>3. 能够进行车站环控系统运行与操作的应急处理。<br>4. 会制作车站环控系统运行与操作的多媒体课件。</td></tr>
</table>

续表

| 任务名称 | 环控系统与给排水系统的运行与维护 |
| --- | --- |
| 任务下发人 | 日期：　　年　　月　　日 |
| 任务执行人 | 日期：　　年　　月　　日 |

# 任务一　环控系统的运行与操作

## 一、任务导入

城市轨道交通内部空气环控系统是指在车站站厅、站台、隧道、设备及管理用房等处进行空气处理的系统。其功能主要是调节指定区域内的空气温度和湿度，并控制二氧化碳和粉尘等有害物质的浓度，以满足人体健康及相关设备正常运行的要求。

知识准备

### （一）环控系统的组成及功能

1．环控系统的组成

环控系统采用通风或空调系统进行控制，分为通风系统和空调系统。通风系统按控制区域可分为隧道通风系统（含防排烟系统）和车站通风空调系统（含防排烟系统）两大部分。隧道通风系统又分为区间隧道通风系统和车站隧道通风系统；车站通风空调系统又分为车站公共区通风空调系统（含防排烟系统，简称空调大系统）、车站设备管理用房通风空调系统（含防排烟系统，简称空调小系统）和空调水系统（简称水系统）。

1）风系统

风系统是指空调和通风系统，包括空调机、风机、风阀与风管路（风道）设备，包含隧道通风系统、空调大系统和空调小系统三大部分。

（1）隧道通风系统

隧道通风系统分为区间隧道机械通风系统（兼排烟，如图 4-2 所示）和车站隧道通风系统（如图 4-3 所示）两部分。区间隧道机械通风系统的主要设备有隧道风机、推力

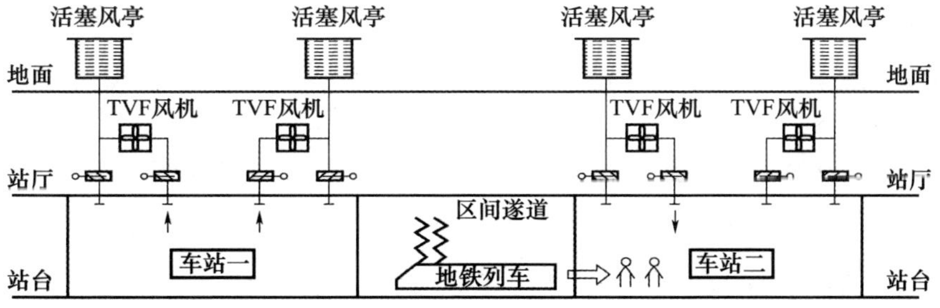


图 4-2　区间隧道机械通风系统示意图

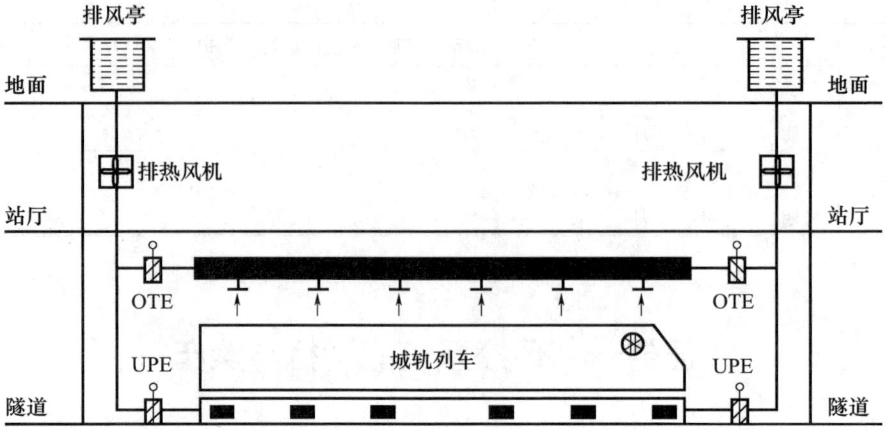


图 4-3　车站隧道通风系统示意图

风机、射流风机及相关电动风阀；车站隧道通风系统的主要设备有轨道排风机、电动风阀和防火阀。活塞风是列车在隧道内运行过程中强迫气流形成的阵风，通过隧道和隧道活塞风道进出。例如，深圳地铁除国贸站和会展站外，各站均在站台层两端排热风机房内设 1 台排热风机，负责轨顶结构风管及站台下排风道内 1/2 的热量。

（2）空调大系统

车站站厅、站台公共区的制冷空调及通风（兼排烟）系统，简称空调大系统，如图 4-4 所示，由组合式空调器、回/排风机、新风机、排烟风机、各种风阀和防火阀等组成。空调大系统的主要设备一般集中、对称地分布于车站站厅层两端的环控通风机房，机房内一般分别设置 1 台或 2 台组合式空调机组，每台机组对应一台回/排风机；车站每端设置一台小新风机空调，提供车站公共区域的新风量。各站大系统设备的配置基本一致，如深圳地铁 1 号线除国贸站和老街站外，各站大系统均配置了组合空调机、新风机、回/排风机（兼排烟机），分别设于站厅两端的环控机房内，通过风阀、风管向站厅、站台中心方向均匀送、排风，各担负半个车站的空调负荷。

大系统运行具有小新风空调、全新风空调和全通风 3 种模式。

① 小新风空调模式。当外界空气焓值大于车站空调大系统回风空气焓值时，采用小新风空调运行模式，此时关闭集风阀，全开新风阀，调节联动站台、站厅回集风阀，使一部分排风排出车站，另一部分回风循环使用。

② 全新风空调模式。当外界空气焓值小于或等于车站空调大系统回风空气焓值时，采用全新风空调运行模式，此时关闭站台与站厅回风阀，全开风阀三个新风进气阀，组合式空调器处理室外新风后送至车站公共区域，排风则全部排至车站外。

③ 全通风空调模式。当外界空气温度小于空调送风温度时，停止水系统的冷水机组运行，采用全通风运行，此时关闭站台与站厅回风阀，全开风阀三个新风进气阀，室外空气经过组合式空调器送至车站公共区域，排风则全部排至车站外。

当城市轨道交通车站站台层和站厅层发生火灾时，最重要的是及时排烟，此时空调大系统要进入排烟模式，具体操作及原理如下。

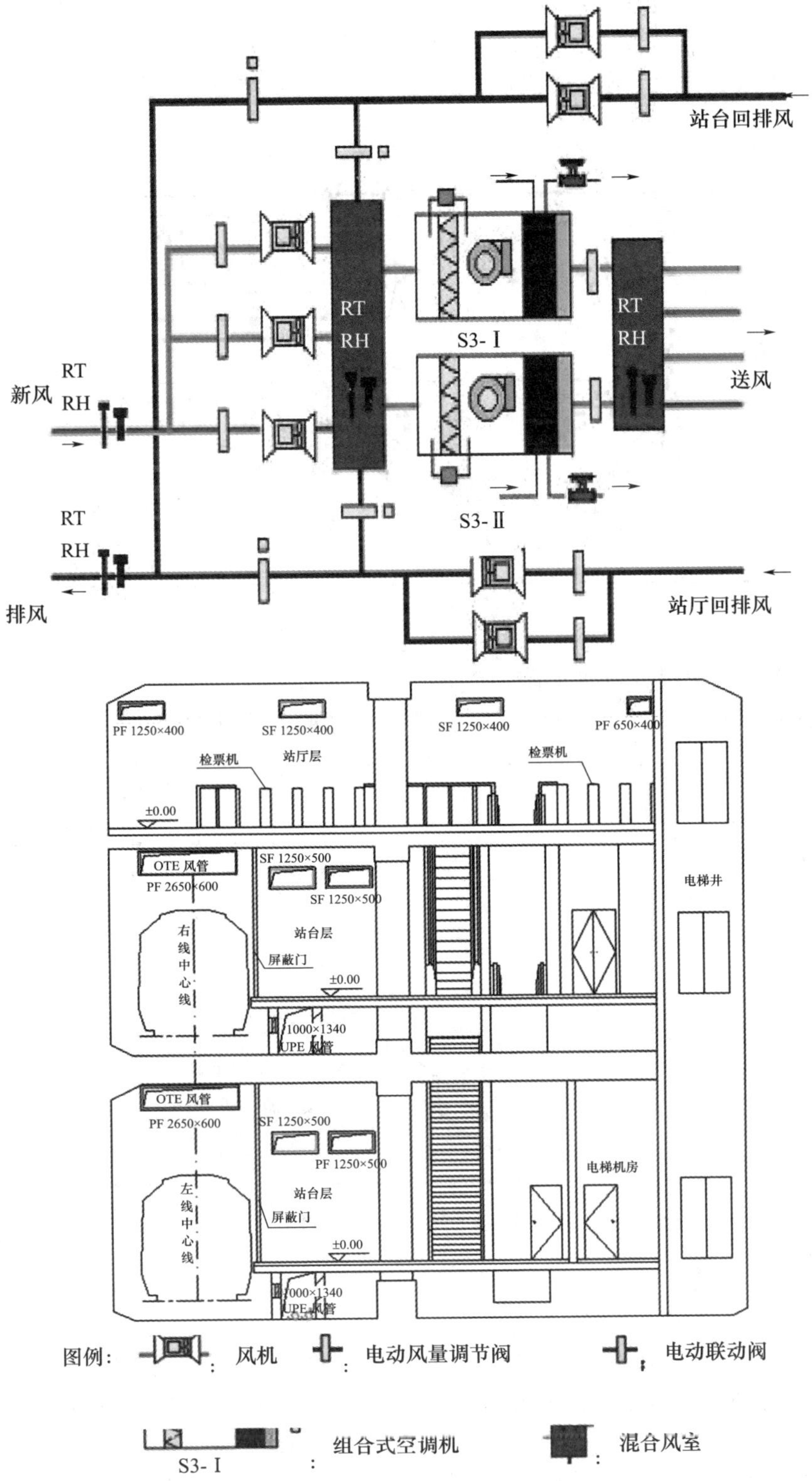


图 4-4　车站通风空调大系统示意图

站台层发生火灾时的排烟如图 4-5 所示：停止车站冷水系统；控制风管相关风阀的开/闭，向站厅层送风，停止向站台层送风，站台层进入排烟状态（高速排烟），使站台层对站厅层形成负气压，阻止烟雾向站厅层蔓延，并形成楼梯（扶梯）通道的逃生气流通道。

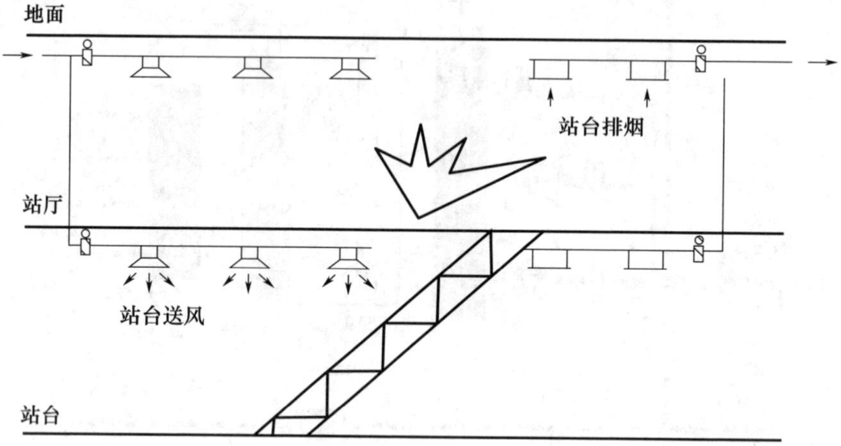


图 4-5　站台火灾排烟图

站厅层发生火灾时的排烟如图 4-6 所示：停止车站冷水系统；控制风管的相关风阀开/闭，向站台层送风，停止向站厅层送风，站厅层进入排烟状态，使站厅层对地面、站台层形成负气压，阻止烟雾向站台层蔓延，并形成地面楼梯通道的逃生气流通道。

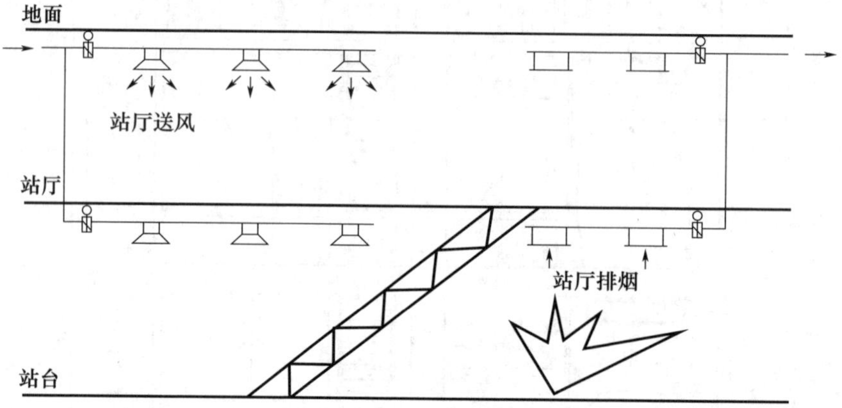


图 4-6　站厅火灾排烟图

(3) 空调小系统

车站管理及设备用房的空调通风（兼排烟）系统，简称空调小系统，如图 4-7 所示。空调小系统由空气处理机、送风机、回/排风机、排风机、消声器（耐高温）、多叶调节阀、防/排烟防火阀和风管等组成。空调小系统设备一般位于车站站厅层两端的环控机房和小系统通风机房内。根据设备管理用房的功能要求不同，空调小系统分为空调、非空调、机械排风 3 种类型若干个小系统。空调小系统配有空气处理机、新风机、回/排风机（兼排烟）；通道或小管理用房设风机盘管；非空调小系统配置机房送/排风机；不甚重要或面积较小的机房仅设排风机或排气扇。

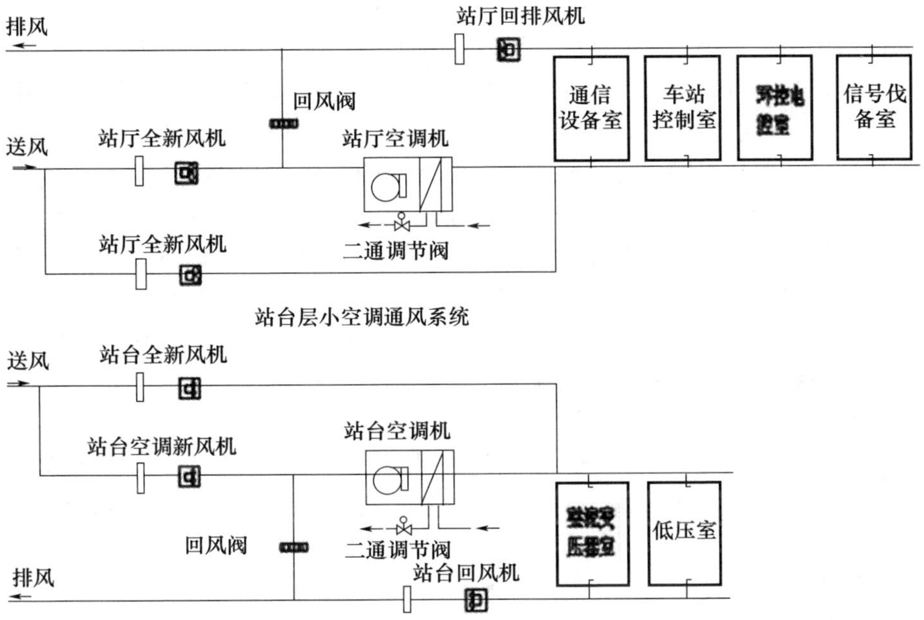


图 4-7　车站管理及设备用房空调通风系统示意图

空调小系统有正常运行、火灾事故运行两种运行方式。正常运行时，设有通风空调系统的设备管理用房的空调系统采用大系统正常运行情况的小新风空调、全新风空调、全通风方式进行控制；对只设通风系统的设备和管理用房，全年按设定的通风模式进行控制；当车站设备管理用房发生火灾时，车站大系统全部停止运行，小系统转入设定的火灾模式运行，即根据小系统的既定模式立即排除烟气或隔断火源和烟气与着火区相邻的内通道，设有排烟系统的立即进行排烟，着火区所在车站端设有加压送风的疏散梯及车站控制室，立即进行加压送风。

2）水系统

水系统是为空调大系统和空调小系统提供冷源的系统，其原理图如图 4-8 所示。水

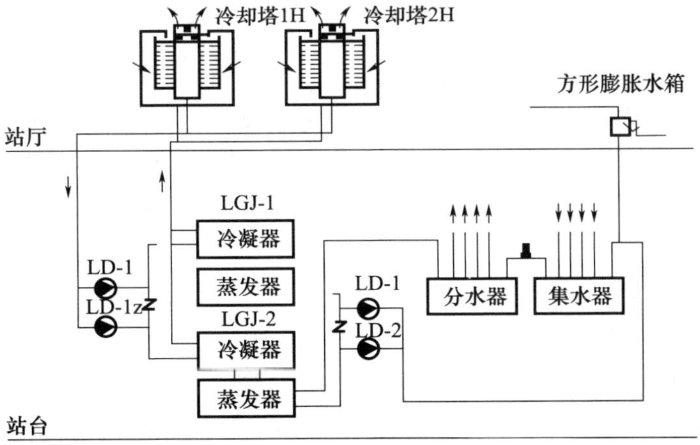


图 4-8　水系统原理图

系统为车站公共区及车站设备管理用房空调器提供冷源，冷源即冷冻水。空调水系统是指各站为供给车站大、小系统空调用水而设置的制冷系统，由冷水机组、水泵、冷却塔、水阀与管路等设备组成。冷水机组、冷冻水泵、冷却水泵位于站厅层制冷机房。

制冷剂在冷水机组中循环，经过压缩机时温度升高，这时用水将温度降下来，这部分水称为冷却水。冷却水通过冷水机组带走制冷剂的热量，再经过冷却塔将热量释放到空气中，然后回到冷水机组，这样构成了一个冷却水循环系统。这个系统中的泵是冷却水泵。制冷剂被降到冷却水的温度后，经过节流阀，温度变得更低，这时用水将冷量带走，这部分水称为冷冻水。冷冻水带走制冷剂的冷量后，再到空调系统末端（如风机盘管、空调机组）与空气换热，温度升高后再回到冷水机组内带走制冷剂的冷量，这样构成了冷冻水循环系统。这个系统中的泵称为冷冻水泵。

3）集中供冷系统

集中供冷是指将相邻 3～5 个车站的空调用冷冻水汇集到某一处，进行集中处理。冷冻水再由二次冷冻水泵和管路长距离输送到各车站，以满足车站所需的冷量。集中供冷系统可分为以下 3 部分。

（1）自制冷系统环路

自制冷系统环路主要由冷水机组、冷冻水一次泵、冷却水系统及其附属设备组成，其主要功能是根据运营要求编制的时间表和各车站负荷的变化，启动或停止冷水机组的运行，为各车站提供满足空调用水要求的冷冻水。正常运营时，根据二次环路的实际冷负荷值，分析二次环路上的温度测点值及末端比例积分二通阀的开度，确定一次环路中冷水机组的开启台数，并进行相应的连锁控制。冷水机组的主控制器可实现冷水机组与一次冷冻水泵联动，一次冷冻水泵与冷水机形成唯一对应关系。

（2）冷冻水二次环路

冷冻水二次环路由二次冷冻泵、变频器和管网等组成，其主要功能是实现冷冻水的远距离输送，并通过监视末端阀门的开度和压力差计算出末端的冷负荷，进而改变二次泵的供电频率（变频），以满足车站实际冷负荷的需求。二次泵的变频由末端差压控制。

由于管路长、水网稳定性差，各站的分流管上要加装水力平衡阀进行水力平衡和减压。

（3）末端设备

末端设备主要由各车站的组合空调器、风机盘管及前后的控制阀门组成。组合空调器（或落地式风机盘管）的过水量受其出水管上的比例积分二通阀控制。

而控制比例积分二通阀开度的信号是由设置在站台和站厅的温度探头经车站可编程逻辑控制器（Programmable Logic Controller，PLC）计算后发出的。车站 PLC 可将站台、站厅及进、出水温度通过网络传给冷站控制室。

### 2. 环控系统的功能

城市轨道交通地下环境因封闭、湿度大、发热源多（如人体散热、车站设备散热、列车散热、外界空气带入热等），空气质量与地面其他场所相差较大，在这里降温、除湿和排热是主要空气处理手段，同时，对新、回风中的粉尘、有害物质及人员呼出的二氧化碳进行过滤和处理，借此为乘客和工作人员创造一个舒适的环境，保证设备持续、正常运行。当车站发生火灾、毒气等事故时，环控系统还能及时排出有害气体。显然环控系统的重要性是不言而喻的。其具体功能如下。

（1）正常运行时可为乘客提供舒适的乘车环境，为城轨工作人员提供舒适的工作环境，为设备系统提供良好的运行环境。

（2）阻塞运行时能保证列车空调的正常运行，为疏散乘客提供足够的新风并引导乘客安全疏散。

（3）火灾运行时能迅速排除烟气，引导乘客安全撤离火灾区。

城市轨道交通车站（地下车站）的环境条件与地面大气条件相比具有局部性和多变性。具体表现如下：地铁车站比较封闭、空气较混浊、湿度较大；地铁车站进出乘客、工作人员不断散发出的热量、湿量或地热、矿岩化热使地下空气温度升高；夏季地表的热空气进入地下而凝结成露；因无风而感到闷热；因列车的活塞风造成气流的波动等，都将造成车站内空气的温度、湿度和风流速度不断发生变化。据统计，地铁内各种发热源产生的热量比例为：人员15%、列车74%、设备及外界带入11%。为了更好地保证车站各类人员的安全舒适，同时防止车站各类机械、电气设施因腐蚀而损坏，必须掌握空气的温度、湿度、风流速度等环境气象条件的基本知识。

## （二）基本概念

### 1. 空气的温度、湿度和舒适度

1）空气的温度

城市轨道交通系统车站一般设在离地表不深的地带（距离地表面7～20m），所以，车站内空气的温度受地面气温的影响较大，如北京早期修建的地铁，由于建设年代较早，车站内没有空调系统，车站内空气的温度基本上与地面温度的变化同步。另外，地下车站内空气的温度还受下列因素影响。

（1）压缩或膨胀

一般每垂直高度上下100m，气温变化值为1℃左右，但这一因素对于地下车站影响不大。

（2）地下岩石的温度

一般地深0～15m内为地层温度变化带，夏天岩石由空气吸热而增温，冬天岩石向空气放热而降低岩石本身的温度。根据地表构造可将地下岩石的温度变化分为3带，即温度变化带（地深0～15m）、恒温带（地深20～30m）和增温带（地深大于30m）。

（3）地下水的温度

地下车站具有相对封闭性，故这一因素的影响可忽略不计。

（4）地下机电设备发热

大量的车站工作设备，尤其是动力设备和照明设备会产生大量的热量，从而使车站内空气升温。

2）空气的湿度

自然界中的空气都含有水蒸气，称为湿空气。湿空气由数量基本稳定的干空气（不含水蒸气的空气）和水蒸气两部分组成，其中水蒸气的含量较少，并且经常随外界环境的变化而变化。湿空气中水蒸气含量的变化，会对人体的舒适感、产品质量、工艺过程和设备的维护产生直接影响。例如，夏天气温高，在我国的南方地区，由于水蒸气含量较高，人体会因闷热而感觉不舒服；而在北方地区，由于水蒸气含量不太高，人体就不会感到闷热。因此，在描述空气状态时，除了压力、温度等参数外，还要描述空气中水蒸气的含量和空气的含热量。

（1）湿度

空气中水蒸气的含量称为湿度。湿度有以下几种表示方法。

① 绝对湿度。单位容积湿空气中含有的水蒸气质量。

② 含湿量。单位质量干空气中含有的水蒸气质量。

③ 饱和绝对湿度。空气在一定的温度下只能容纳一定的水蒸气量，容纳的水蒸气量达到最大值时的空气称为饱和空气；反之，水蒸气含量未达到最大值时的空气称为未饱和空气。空气达到饱和状态时，水分就不会再向空气中蒸发，这时人们就会感到潮湿。饱和空气的绝对湿度称为饱和绝对湿度，它反映一定温度下单位容积（$1m^3$）湿空气所能容纳的水蒸气含量的最大值。饱和绝对湿度与温度有关：温度下降时，饱和绝对湿度（空气中所能容纳的水蒸气量）减小；温度上升时，饱和绝对湿度增加。如果将饱和空气的温度降低，由于饱和绝对湿度减小，多余的水蒸气将凝结成水，这一现象称为结露。

④ 相对湿度。空气的绝对湿度与同温度下饱和空气的绝对湿度之比称为相对湿度。相对湿度表明空气中水蒸气的含量接近饱和状态的程度，即表示空气的干湿程度。显然，其值越小，表明空气越干燥，吸收水分的能力越强；其值越大，表明空气越潮湿，吸收水分的能力越弱。

（2）影响空气湿度的因素

影响地下车站空气湿度的因素较多，如季节、气温、雨季、地下含水层和地下水位等。

3）空气的舒适度

地下车站的空气舒适度主要是指地下车站的气象条件是否使车站工作人员和大量乘客感到舒适。它取决于车站内空气的温度、湿度和流速及其间的相应关系。一般在相同气温下，空气湿度越大越使人感到闷热；在相同温度和湿度条件下，风速越大越使人感到凉爽。所以，舒适度是空气温度、湿度和风速三者综合作用的结果，是人体感应周围空气环境的适应指标。

2. 空气调节系统

空气调节对国民经济的发展和人民物质文化生活水平的提高具有重要作用。其主要应用如下：创造合适的室内气候环境，以利于工业生产和科学研究，保证某些需要特定气候的工业生产和科学试验的进行；创造舒适的“人工气候”，以利于人们生活、学习和休息；改善火车、汽车、飞机等的内部气候条件，为人们提供舒适的旅途环境，保证健康旅行；提供适应特殊医疗的气候条件，以利于病患的有效医治及手术、医疗过程的安全。良好的空气调节可为珍贵物品、图书和字画等的收藏创造条件，以便长久保存。一些公用建筑设置空气调节系统后，为文娱活动、艺术表演和体育比赛等提供了良好条件。

为了对空气环境进行调节和控制，需对空气进行加热、冷却、加湿、减湿、过滤和输送等各种处理，空调系统就是完成这一工作的设备装置。图 4-9 所示为空调系统的基本组成，它由冷热源系统、空气处理与能量输送分配系统和自动控制系统等子系统组成。

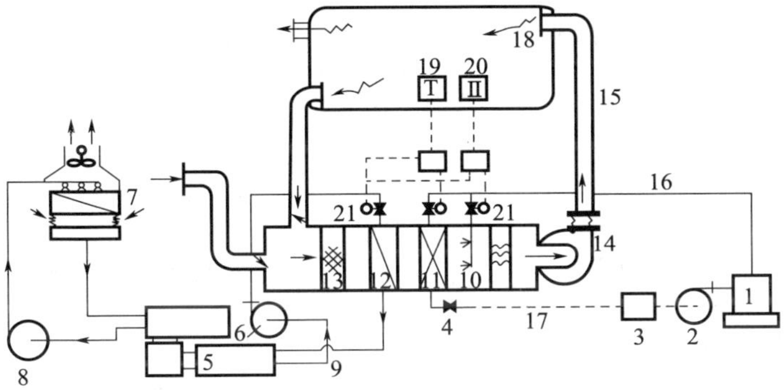


图 4-9　空调系统的基本组成

冷热源系统：1—锅炉；2—给水泵；3—回水滤器；4—疏水器；5—制冷机组；
6—冷冻水循环泵；7—冷却水塔；8—冷却水循环泵；9—冷冻水管空气处理系统：
10—空气加湿器；11—空气加热器；12—空气冷却器；13—空气过滤器
空气处理与能量输送分配系统：6—冷水循环泵；14—风机；15—送风管道；16—蒸汽管；
17—凝水管；18—空气分配器自动控制系统：19—温度控制器；
20—湿度控制器；21—冷、热能量自动调节阀

空气处理系统与能量输送分配系统负责对空气的各种处理和输送，是空调系统的主要环节。从图 4-8 中可见，在风机 14 产生的风压作用下，室外空气从新风管进入系统，与从回风管引入的部分室内空气混合，经空气过滤器（13）进行过滤处理，再经空气冷却器（12）。

3. 地下车站环境通风系统

地下车站环境通风系统是依照风流流动的路线，从进风口到排风口，以通风机为动力，包括管道网络、三防设施、消声装置等组成的空气流动系统。

1）轨道交通系统车站通风的基本任务

（1）在正常情况下向车站各工作地点供给足够数量的新鲜空气，稀释和排除有害物质；降温、除湿，调节车站内部的气象条件，为乘客提供一个舒适的乘车环境。

（2）对设备用房及管理用房提供正常所需的温、湿条件。

（3）列车堵塞在区间时，向其提供一定的送风量和冷量。

（4）发生火灾时，提供迅速、有效的排烟手段，为乘客提供逃生环境。

2）通风方式

常见的通风方式有机械送风、自然排风，机械送风、排风，自然送排风 3 种。其中机械送风、排风（如图 4-10 所示）一般用于对通风要求较高的地下设施。地下车站是各类人员密集聚集的地方，一般应采用此方式。按照通风机所在的位置不同又可分为压入式送风、抽出式排风和抽压混合式通风。具体采用哪种通风方式由地下车站的实际通

风量和通风要求决定。为保证地下车站内有一定的超压，抽出的风量必须小于压入的风量。

3）网路连接

为减少通风距离，降低通风阻力，要尽量减少串联风路，广泛利用并联风路，如采用中间进风、两翼排风的方式，如图 4-11 所示。

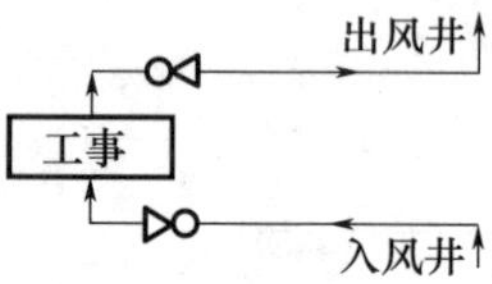


图 4-10　机械送风、排风示意

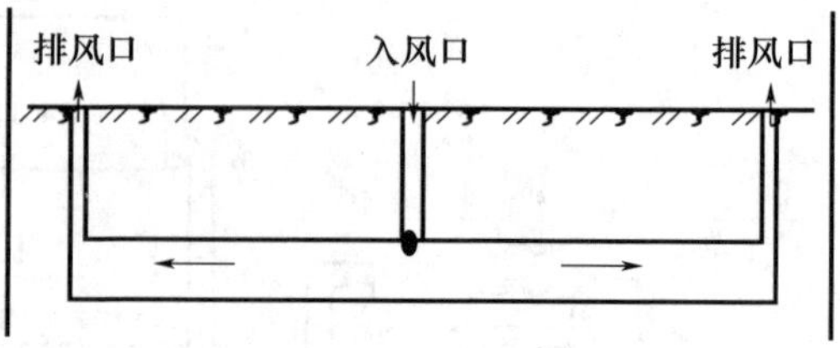


图 4-11　中间进风两翼排风的方式

4）通风系统的组成

通风系统主要由空调机、空调新风机、全新风机、调节阀、回/排风机、隧道风机、推力风机、射流风机和防火阀等组成。

图 4-12 所示为一般地下工程通风系统组成示意图。在通风系统中，通风动力设备工作性能的好坏将起决定性作用。

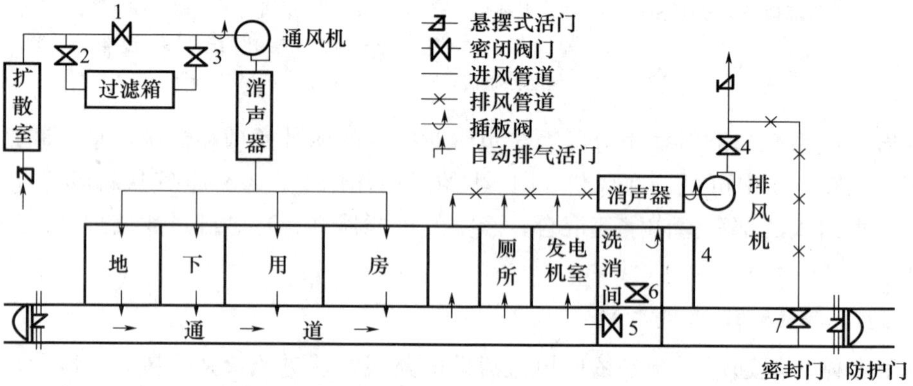


图 4-12　地下工程通风系统组成示意图

## 二、任务实施

### 工作任务一　风系统设备认知

【情境描述】

通风系统主要由空调机、空调新风机、全新风机、调节阀、回/排风机、隧道风机、推力风机、射流风机和防火阀等组成。

地铁通风系统是由多系统构成的一个复合系统，各系统之间相互配合、协调运作，维持地铁内舒适的环境。在有站台门的地铁车站中，通风系统主要包括车站通风系统和隧道通风系统。车站通风系统包括公共区通风系统和设备管理房通风系统；隧道通风系统包括区间隧道通风系统和车站隧道通风系统。

【学习过程】

## (一) 组合风柜

1. 组成及功能

组合风柜（如图 4-13 所示）的主要组成部分包括过滤段、表冷段、风机段和消声段。组合式空调箱属于中央空调系统的末端设备，主要实现空气的冷却、加热、加湿、除湿、净化、消声及输送等功能。

图 4-13　组合风柜

2. 工作原理

组合风柜的工作原理如图 4-14 所示。过滤段由滤网组成，对空气起过滤和净化作用；表冷段里冷冻水循环流动，对空气起冷却作用；风机段对空气进行加压，为输送冷空气提供动力；消声段用于消除风机产生的振动和噪声。

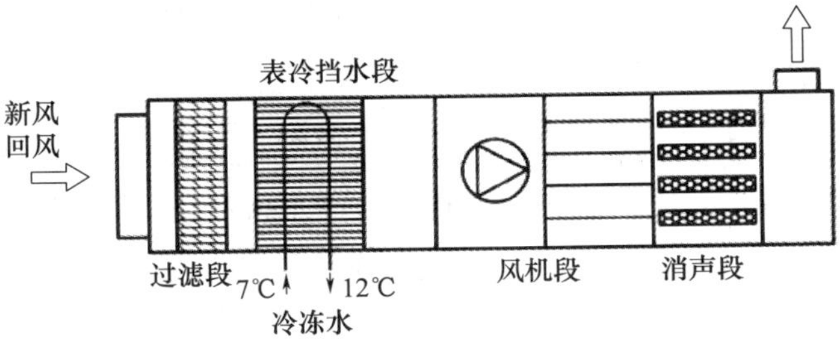


图 4-14　组合风柜的工作原理

3. 组合式空调机的正常使用要求

(1) 机组外观无变形，支座弹簧平衡，风机和各部件紧固。

(2) 空调机各功能段内部清洁、干净、无杂物。

(3) 空调机检修门无漏风、无变形。

(4) 空调机尘网干净，每 15 日清洗一次，无压差报警。

(5) 风机叶轮运转灵活，无碰撞蜗壳。

(6) 皮带无过松、过紧或打滑现象。

(7) 机组的进出风风阀处于开启状态，空调季节空调机冷冻水进、出管路上阀门处在开启状态，且二通阀状态正常。

(8) 设备运行时无异常响声或振动，如有异常，应立即停车检查，严禁机组“带病”运行。

(9) 风机运行时电流在正常范围之内，不应超过额定电流。

(10) 空调季节接水盘冷凝水排水顺畅、无积水，风机段无飞水现象。

(11) 空调季节进出水压力、压差和进出水温差在正常范围值之内。

## (二) 风机

地下车站采用的风机形式应由车站环控系统的特性和地下工程的特定条件决定。地下车站环控系统一般具有通风量大、风压低的特点，同时，风机长年累月地运转，负荷大，加上地下工程的特点决定了地下车站空间小，所以要求采用结构紧凑、效率高、安装检修方便的风机。

环控系统中的风机主要有 5 种：隧道风机（如图 4-15 所示）、排热风机、射流风机、空调新风机（全新风机）、回/排风机和其他小轴流风机（设备管理房）。

图 4-15　隧道风机

### 1. 风机的构成

隧道轴流风机主要由风筒、叶轮、电动机、防喘振装置、耐高温软接、钟形管、静叶支撑和整流罩等构成。UPE/OTE 风机也由以上部件构成。

小系统风机由机壳、叶轮、软接、电动机和静叶支撑等组成。

### 2. 风机的功能

隧道轴流风机主要用于地铁隧道的区间通风、列车阻塞、火灾时高温通风和排烟。

排热风机主要用于抑制车站站台门外区温度的升高，以利于列车空调系统的运行和隧道导线设备的防护。

空调新风机用于在最小新风空调季节向车站乘客提供必要的新风量。

回/排风机用于在最小新风空调季节与空调箱联合运作，保证车站的温、湿度条件。

设备管理用房轴流逆/排风机能全年为车站设备管理用户提供工作人员必需的新风量，满足设备用房的换气要求。排风机兼具管理用房的排烟功能。

地下车站一般采用轴流风机。轴流风机具有以下特点：一是风量大、风压低；二是工作效率高，可节省能耗和车站运营成本；三是能十分方便地实现双向转动，必要时可实现排烟、排热功能。

### 3. 各种风机的使用要求

(1) 风机外观完好，表面无损伤或变形。

（2）供给电源正常，风机就地控制箱和环控室控制箱电源指示灯指示一致。

（3）风机联动风阀和相关调节阀动作灵活，开关到位并处于正确位置，相连的防火阀要全开。

（4）风机叶轮与机壳不发生碰撞，机壳内无杂物。

（5）风机地脚螺栓或减振器无松脱、无变形异常。

（6）风机运行时无异响、碰撞或金属摩擦声，无异常振动，以防止不规则振动。

（7）风机叶轮的旋向与标识一致，隧道风机、射流风机和推力风机的运转方向符合设计功能的要求。

（8）风机运行电流处于正常范围内，且无异常波动，仪表指示正常。

（9）与风机连接的风管无破损或漏风，送、排风口顺畅。

### （三）组合风阀

组合风阀（如图 4-17 所示）是由几个小单元体组成一个大流通面积的风阀，通过连杆的机械传动使其各单元体同步运动。

1. 组合风阀的组成

联动组合式风阀（组合风阀）如图 4-16、图 4-17 所示，由底框、若干单体风阀、传动机构及电动执行器等部分组成。底框部分由两个或两个以上单元框架连接而成。底框是组合风阀的骨架，由槽钢、工字钢焊接而成，它的作用是加强组合式风阀的刚度和强度。单个风阀用螺栓连接在底框上。

图 4-16　组合风阀

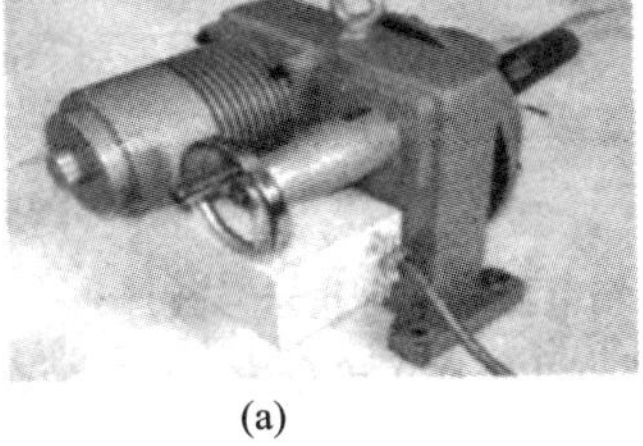

(a)

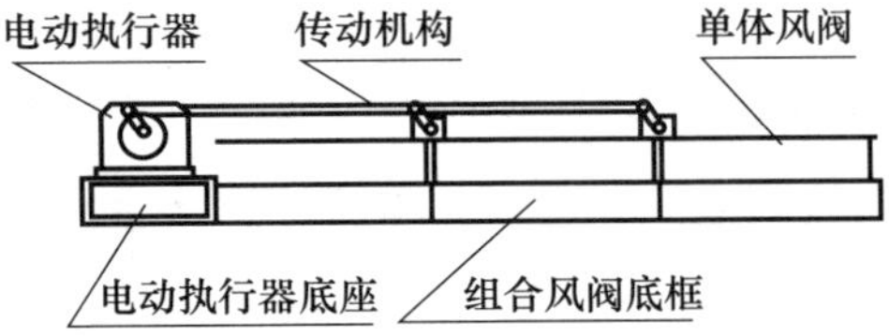


(b)

(a)电动执行器 (b)组合阀的结构

图 4-17　组合风阀结构示意图

2. 风阀的使用要求

（1）风阀框架无变形，与风管连接紧密，无漏风。

（2）风阀执行器与连杆连接紧密，转动灵活，无松脱或打滑。

（3）风阀执行器动作与环控电控柜指示动作一致。

（4）风阀叶片无松脱、无变形，密封胶完好。

3. 运营维护

（1）负载运行前，应仔细检查框架的固定是否牢固、可靠。

（2）仔细检查运动件及支撑件是否安装牢固。

（3）仔细检查风阀与框架连接是否可靠。

（4）仔细检查组合阀周围有无影响运动的障碍物。

（5）检查指示灯信号是否与组合阀启闭一致。

（6）组合阀执行机构采用全密封结构，内部结构使用高级润滑脂润滑，无需运营前的维护。

## （四）防火阀

1. 防火阀的种类及功能

防火阀的种类及功能如表 4-2 所示。

**表 4-2　防火阀的种类及功能**

| | | |
|---|---|---|
| 电动防火阀 | 电动防烟防火阀 DF（气消无关） | 用于大系统送风管路，熔断片动作温度为 70℃，关闭时间小于 16s |
| | 电动排烟防火阀 DP（气消无关） | 用于大系统回/排风管路，熔断片动作温度为 80℃，关闭时间小于 16s |
| | 全电动防烟防火阀 AF（气消相关） | 用于气体灭火房间的送风支管，熔断片动作温度为 70℃，能满足 2s 内快速关断的要求 |
| | 全电动排烟防火阀 AP（气消相关） | 用于气体灭火房间的回/排风支管，熔断片动作温度为 280℃，能满足 2s 内快速关断的要求 |
| 自动防火阀 | 自动防烟防火阀 ZF | 用于风管穿越防火分隔处，熔断片动作温度为 70℃ |
| | 自动排烟防火阀 ZP | 用于风管穿越防火分隔处，熔断片动作温度为 280℃ |
| | 手动防火调节阀 STZP | 多用于隧道通风系统轨顶风道，熔断片动作温度为 280℃，同时具备调节风量、防烟和防火功能 |

2. 防火阀的使用要求

（1）防火阀框架无变形，与风管连接紧密，无漏风。

（2）防火阀阀片无松脱、无变形。

（3）当电信号或手动拉绳使其关闭时，可逆时针转动阀片主轴上的复位手柄，使其复位。

（4）当易熔断片熔断使其关闭时，须更换新的易熔断片并使其复位。

（5）可通过自动控制系统（消防报警系统）控制显示器检查防火阀的开关状态。

（6）发现防火阀关闭应立即进行复位，遇到重要位置（如主风管、风机出入口等）的防火阀意外关闭时，应立即关闭相应的正在运行的风机或空调机，并对防火阀进行复位。

## 工作任务二　地铁车站通风及排烟系统认知

【情境描述】

地铁车站通风及排烟是行车与旅客安全的保障之一。

【学习过程】

地铁通风及排烟系统组成：

地铁通风系统是多系统构成的一个复合系统，各系统之间相互配合、协调运作，维持地铁内舒适的环境。在有站台门的地铁车站中通风系统主要包括车站通风系统和隧道通风系统。车站通风系统包括公共区通风系统和设备管理房通风系统；隧道通风系统包括区间隧道通风系统和车站隧道通风系统。各系统同时兼防排烟系统。如图 4-18 所示。

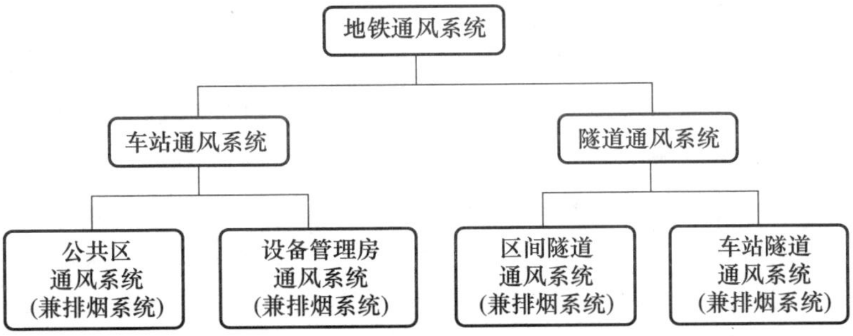


图 4-18　地铁通风排烟系统系统构成

### 1. 车站公共区排烟系统

地铁车站公共区域由站厅层公共区和站台层公共区组成，其防排烟系统一般与正常的通风空调系统合设，火灾发生时正常的通风系统转为排烟系统：关闭空调风机，打开相应的排烟风机进行排烟。

（1）站厅层防排烟系统

站厅层公共区是地铁乘车的中转站，是连接地面与站台的枢纽，也是上下车乘客的必经之地，其安全性对整个车站安全的重要性不言而喻。按照现行《地铁设计规范》的规定：地下车站站厅、站台的防火分区应划分防烟分区，每个防烟分区的建筑面积不宜超过 $2000m^2$，且防烟分区不得跨越防火分区，站厅、站台公共区的排烟量按 $60m^3/h \cdot m^2$ 计算，当排烟设备负担两个防烟分区时，其设备能力应按同时排除两个防烟分区的烟量配置；按照规定应将站厅层公共区用挡烟垂壁划分成多个防烟分区，当站厅公共区发生火灾时，停止车站空调系统的运行，关闭厅、站台送风系统及站台层回/排风系统，将站厅层回/排风系统切换到排烟模式，烟气经过排烟风管（道）到风井排出，因此造成站厅层的负压使烟气得以控制而不致扩散至站台层，站厅的新风由地铁的出入口补入。

（2）站台层防排烟系统

站台公共区域是乘客候车及上、下车的地方，人员密度也最大，另外站台空间窄而狭长，蓄烟能力较弱，离出入口楼梯距离较远，火灾模式下烟气蔓延的方向又与乘客疏散的方向相同，增加了站台火灾的危险性，比站厅层发生火灾时的疏散和防排烟困难。地下车站站台公共区域与站厅层公共区域应划分一个防火分区，根据《地铁设计规范》应用挡烟垂壁划分为多个防烟分区，风量的要求与站厅层类似，当站台层公共区域发生火灾时，停止空调水系统运行，关闭站台层送风系统和站厅层的回/排风系统，将站台层的回/排风系统切换到排烟工况，由于站厅层面积较大，站厅层送风的效果也不明显，可以采用出入口自然补风的模式，烟气途经风管（道）经风井排至地面，造成站台层负压，楼梯口形成向下气流，便于人员安全疏散。在确认上、下行线列车已经越行本站后，打开站台门，开启车站两端的轨道排热风机、隧道风机，以辅助站台层公共区排烟系统进行排烟，从而保证楼梯口有不小于 1.5m/s 的向下气流，使站台层烟气不致蔓延到站厅。

2. 车站设备管理用房排烟系统

地铁车站的设备管理用房是车站正常运营的心脏部位，发生火灾时若不能迅速有效排烟，会影响其他房间的安全，造成设备区混乱和人员恐慌。因此，设备管理用房区的防排烟系统也是地铁安全运营的关键。

但是，由于设备管理用房小而凌乱，不同房间的使用功能和火灾荷载性质相差很大，加上地下车站空间有限、综合管线繁多，给设备管理用房的防排烟系统设置带来了很大困难。实际设计中一般将设备管理用房平时的通风空调系统和火灾时的防排烟系统合设，选择耐高温双速风机或并联单独排烟风机的方法满足火灾时的排烟要求。对于一些重要的电气设备房间（如信号设备室、通信设备室、环控电控室、开关柜室等），为了提高灭火系统的时效性和可靠性，一般采用气体灭火系统，气体灭火后的排风由该房间通风空调系统的排风系统完成。

3. 区间隧道排烟系统

隧道区间的通风及防排烟设备一般位于车站的两端，系统由隧道风机、电动组合风阀等组成，通过风机、风阀的转换，隧道区间通风系统应满足正常、阻塞和火灾工况的使用要求，区间隧道火灾按单洞区间隧道断面的排烟风速 2～11m/s 计算排烟量，站台发生火灾也可借助隧道区间排烟系统进行辅助排烟。

列车在隧道区间内发生火灾时，只要未完全丧失动力，应尽量将列车开行至前方车站，按车行区火灾的模式进行排烟和疏散。若列车丧失动力滞留在区间隧道内，则需要根据列车的着火部位，采用纵向通风的防排烟模式保证绝大多数乘客的疏散路径处于新风区，根据着火的位置不同，分为以下两种防排烟模式。

（1）列车前部火灾。列车前部发生火灾时，为保证大多数乘客的安全，应组织乘客向列车尾部侧车站疏散。同时，隧道区间通风系统迅速动作，列车尾部侧车站的隧道风机送风，列车头部侧车站的隧道风机排风，使区间形成 2～11m/s 的气流速度，乘客迎着新风方向疏散。

（2）列车尾部火灾。列车尾部火灾时乘客的疏散方向、防排烟系统的运作模式等与列车前部火灾反向。

4. 车站隧道排烟系统

车站站台公共区设有站台门，站台门外隧道区域为“车站隧道”。为保证列车停车时车载空调器的正常运行及排除列车的制动发热量，车站隧道内设轨顶及站台板下排风道，对应列车各发热点设置排风口，通过区间隧道风机或专用车站隧道排热风机排风。根据隧道通风系统的要求，在车站隧道内设置排风系统，每条隧道排风量为 $50m^3/s$。车站隧道通风系统分别负担车站半边的轨顶和轨底排风，在车站的排热风道内设置车站隧道排热风机，车站两端各设置一台排热风机，每台风机的排风量为 50m³/s。轨顶、站台板下排风道均采用土建式风道，通过集中风室连接轨底与轨顶的排风道，通过风阀的开度调节轨顶排风为 60%，轨底排风为 40%。当站台公共区或列车发生火灾时，开启车站车行区送风排烟系统，通过风阀的调节关闭轨底的排风，从而将车站隧道通风排烟系统全部用于轨顶排烟。

## 工作任务三　水系统设备认知

【情境描述】

水系统是环控系统中的一个重要组成部分。

【学习过程】

环控系统中水系统主要由冷水机组、冷冻水泵、冷却水泵、冷却塔、集水器和分水器等组成，如图 4-19 所示。

### （一）冷水机组

1. 组成

冷水机组主要由压缩机、冷凝器、膨胀阀和蒸发器 4 部分组成，如图 4-20 所示。

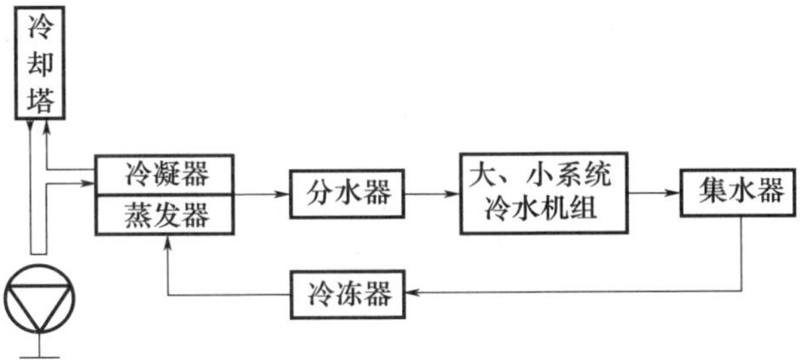


图 4-19　水系统的组成

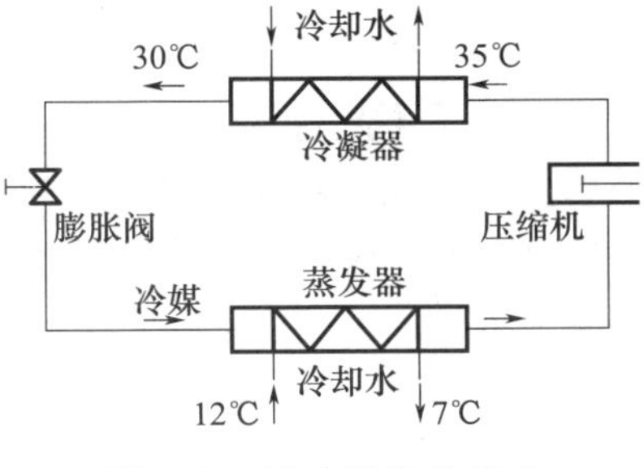


图 4-20　冷水机组的组成

2. 工作原理

（1）压缩机是制冷系统的动力装置，起压缩和输送制冷剂蒸气的作用，促使制冷剂沿箭头方向不断循环流动。经过压缩机的压缩作用，蒸发器中的制冷剂蒸气压力下降，冷凝器中的制冷剂蒸气压力上升。

（2）在冷凝器中，制冷剂由气态变为液态，需要释放大量热量被冷却水吸收，使冷却水温度由 30℃上升至 35℃。

(3) 膨胀阀对制冷剂起节流降压作用，并调节进入蒸发器的制冷剂的流量。

(4) 在蒸发器中，制冷剂由液态变为气态，需要从冷冻水中吸收大量热量，使冷冻水温度由12℃下降至7℃。

3. 冷水机组系统设备

冷水机组系统设备（以双螺杆冷水机组为例）如图4-21所示，正常运行时的要求如下。

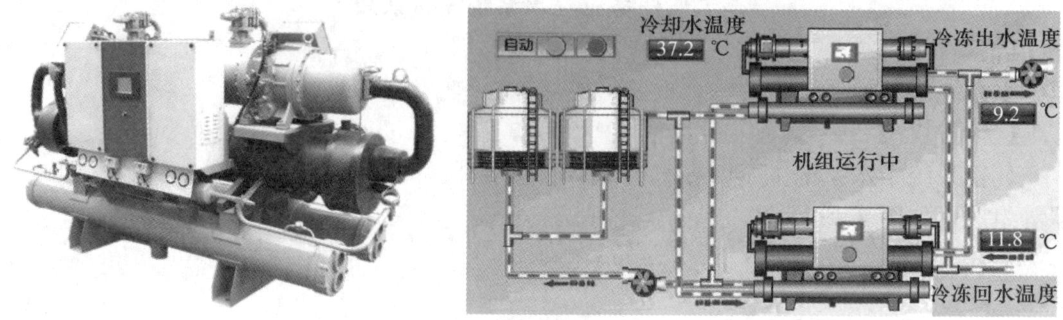


图4-21 螺杆式冷水机组

(1) 冷水机组各部分完好，无损伤或变形。

(2) 冷水机组控制柜、供液阀调节马达、油加热继电器、带状发热丝、主机、冷冻水泵、冷却水泵、水塔风扇电动机等都处于可送电状态。

(3) 长时间停机时要通电加热24h，检查油温是否为38℃以上或比冷媒蒸发温度高18℃（如果电阻低于200MΩ，则要对机组继续加热，达到电阻值要求才能开机）。

(4) 压缩机视窗冷冻油的油位，停机时应位于视液镜的1/2～3/4处，运行时视液镜应看不到油位，冷媒阀及冷冻油回路电磁阀应处于正常工作位置。

(5) 机组控制柜电源正常，电压在360～440V的允许值内，并且三相平衡。

(6) 蒸发器和冷凝器水管管路上的控制阀门动作灵活、开关到位，并处于可正常运转状态。

(7) 系统内冷却水和冷冻水足够（风冷机组风道畅通），浮球和浮球阀能正常补水。

(8) 冷却塔电源正常，冷却水水温不超过38℃。

(9) 补水用供水正常，补水箱、膨胀水箱水位合适，补水泵完好，电源正常。

(10) 开机后压缩机表面温度应为60～74℃，若油温超过95℃报警，应立即停机并查明造成高温的原因，且未查明未处理前不得开机。

(11) 开机后，高、低压油压差以不小于207kPa为正常。

(12) 开机后，冷凝器的冷媒压力为690～1450kPa，冷媒温度为15～41℃，冷却水的进水温度为14～32℃，冷凝温度与冷冻水出水温度差值为2～5℃。

(13) 开机后，蒸发器的冷媒压力为420～550kPa，冷媒蒸发温度为1～6℃，冷媒蒸发温度与冷却水出水温度差值为1～4℃。

## （二）冷却塔

1. 横流式冷却塔的组成及特点

横流式冷却塔如图4-22所示，主要由玻璃钢外壳、洒水盆、集水盆、填料、电动机、风扇、进水管和排水管组成。地铁站内所用的冷却塔均为方形横流式冷却塔，其特点为水自上而下，空气从水平方向流入。

2. 横流式冷却塔的工作原理

横流式冷却塔的工作原理如图 4-23 所示。冷却水的流动方向为进水管（35℃）→洒水盆→两边填料→集水盆（30℃）→排水管。冷空气的流动方向为冷却塔外部→两边填料→冷却塔内→风扇排出。

图 4-22　横流式冷却塔

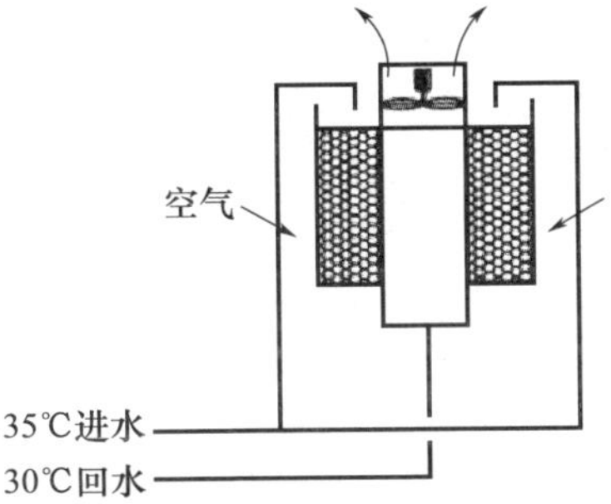


图 4-23　横流式冷却塔的工作原理

高温的循环水进入冷却塔，在“热交换器”——填料处与外界进入的冷空气发生水汽热交换（主要为蒸发散热和接触散热，辐射散热可忽略），从而使高温的循环水降温，以达到冷却散热的目的。其中，填料的作用是扩大水汽热交换面积，延缓水汽热交换时间，使循环水温下降接近环境空气的湿球温度。

3. 冷却塔补水

冷却塔补水主要用于补充蒸发散热损失、飞水溅水损失并保证水质稳定而补充的放空损耗量。由冷却塔的散热原理可知，在一定设计或运行状况下，冷却塔水蒸发损失率基本上是一定且必不可少的（在通常设计工况下，降低 5℃，冷却塔的水量蒸发损失率为 8.33‰，一般小于等于 9‰）。

4. 冷却塔的正常使用要求

（1）管路进、出水蝶阀及冷却水泵能正常开启，水塔水位正常。

（2）风扇叶片平衡、无松动。

（3）风扇皮带松紧度合适，无破损。

（4）布水槽无积垢、无堵塞，布水均匀。

（5）支架及电动机等紧固。

（6）风扇电动机电流稳定在正常范围之内。

（7）冷却水进、出水温差不超过正常范围。

## （三）水泵

1. 水泵的构造及主要参数

水泵的构造如图 4-24 所示，主要由泵体、叶轮、轴和轴承等组成。泵体为蜗壳形，以确保流体在蜗壳内流速均匀；泵体须以 1.5 倍工作压力的试验压力进行水压试验。叶轮对整个泵的转子进行动平衡，以确保泵的运行平稳。轴径在两轴套螺母之间的名义尺寸须相同，以减少由尺寸差造成的应力集中。轴承可使用开放式轴承也可使用封闭轴承，可使用深沟球轴承，也可使用推力轴承。水泵的参数如下。

（1）流量 $Q$。泵在单位时间内由泵出口排出液体的体积量，以 $Q$ 表示，单位为 $m^3/h$ 或 L/s。

（2）扬程 $H$。单位质量的液体通过泵后获得的能量，以 $H$ 表示，单位为 m，即排出液体的液注高度。

（3）转速 $n$。泵轴单位时间内的转数，以 $n$ 表示，单位为 r/min。

（4）有效功率 $Pu$。单位时间内泵输送出的液体获得的有效能量，也称输出功率。

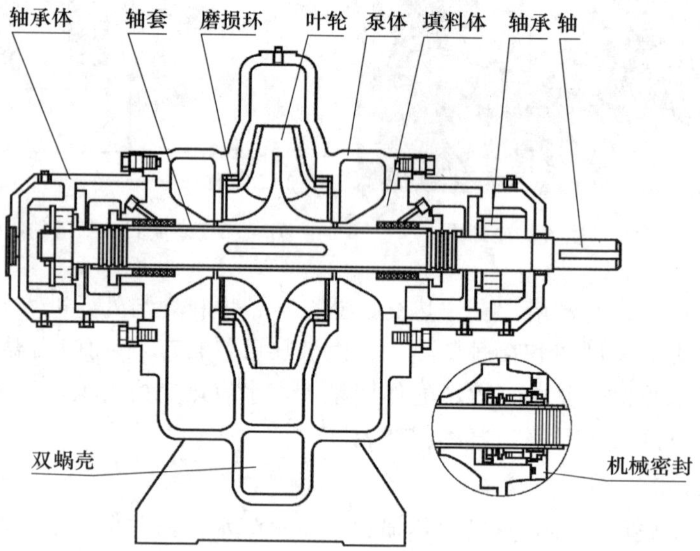


图 4-24　水泵的构造

2. 离心泵的工作原理

离心泵启动前一般泵壳内要灌满液体，当原动机带动泵轴和叶轮旋转时，液体一方面随叶轮做圆周运动，另一方面在离心力的作用下自叶轮中心向外周抛出，液体从叶轮获得了压力能和速度能。当液体流经蜗壳到排液口时，部分速度能将变为静压力能。在液体自叶轮抛出时，叶轮中心部分形成低压区，与吸入液面的压力形成压力差，于是液体不断被吸入，并以一定的压力排出。图 4-25 所示为用于冷冻和冷却的离心式水泵。

图 4-25　用于冷冻和冷却的离心式水泵

3. 冷却和冷冻水泵的正常使用要求

（1）水泵结构完好，水泵各部分无损伤或变形。

（2）水泵的润滑油足够。

（3）电源正常，环控室、就地控制箱、变频柜等指示灯指示正确。

（4）管路上控制阀门动作灵活，开关到位，并处于正确位置。

（5）水泵运行时电流处于正常范围内，且无异常波动。

（6）水泵进、出水压压差处于正常范围内，压力波动幅度小。

（7）水泵无发生异响、无异常振动，无漏油、漏水现象。

（8）水泵电动机工作温度正常。

## 三、任务评价

**表 4-3　风系统与水系统的运行与操作项目实施评价表**

| 项目任务 | 风系统与水系统的运行与操作 | | | | |
|---|---|---|---|---|---|
| 班级 | | 姓名 | | 评价时间 | |
| 【考核内容】 | | | | | |
| 考核项目 | 考核标准 | | | 分值 | 得分 |
| 风系统与水系统应知 | 环控系统的组成及功能 | | | 10 | |
| | 空气调节系统 | | | 10 | |
| 风系统与水系统应会 | 熟悉地铁车站站台的形式、通风及排烟系统 | | | 10 | |
| | 熟悉地铁车站水系统设备 | | | 10 | |
| | 明确风系统与水系统设备及使用操作 | | | 20 | |
| 报告内容 | 能反映风系统与水系统设备运行及操作 | | | 15 | |
| | 展示风系统与水系统设备的布置、内外部设备图片 | | | 15 | |
| | 报告具有一定的前瞻性、科学性和实用性 | | | 10 | |
| | 合计 | | | | |
| 指导教师意见： | | | | | |
| 说明：1. 建议采用四级评分制（如 90%～100%、80%～90%、60%～80%、<60%）。<br>2. 主要采用小组互评的方式进行评价，教师最后进行参考评分。 | | | | | |

# 任务二　给排水系统使用与维护

## 一、任务导入

城市轨道交通车站给排水系统的功能是满足车站的生产、生活和消防用水对水量、水质和水压的要求，保证车站和车辆段排水通畅，为城市轨道交通安全运营提供服务，同时对生活污水和生产污水进行收集和处理，达到排放标准。

车站给排水系统由给水系统和排水系统两部分组成。其中，给水系统包括生产生活给水系统和消防给水系统，排水系统包括污水系统、废水系统、雨水系统。

生产、生活给水系统对水系统的状态、参数进行监测与控制，保证系统的运行参数满足建筑的供水要求，以及供水系统的安全。

由于消防给水系统与火灾自动报警系统及自动灭火系统密切联系，国家技术规范规定消防给水应由消防系统统一控制管理。因此，消防给水系统由消防联动控制系统控制。

## 二、知识准备

### （一）车站给水系统

1. 生产、生活给水系统

车辆段一般采取高低水箱、水泵液位自控装置等组成的供水系统，车站给水系统则大部分采用市政自来水管网作为供水水源，从城市不同自来水管网的千管引入两系管径为DNI50或DN200的主进水管，进站前设置水表井和水表，每条进水管水表前设置室外消火栓。茶水间、卫生间、冷水机组、冷却塔、污水和废水泵房冲洗等生产、生活用水均由引入管接出的给水管直接供给，在站内采用枝状管网直接给水方式。

从结构上看，地下车站的生产、生活给水管道一般沿车站风井、出入口等处与消防供水管道一起进入地下车站。车站设有站内总阀门，一路管道沿站厅层顶部两侧延伸至车站两端；另一路管道由车站一端向下穿入站台层站台板下，给水管道沿站台板下向车站另一端延伸。

车站除卫生设备用水、空调设备用水、生活用水外，在车站站厅层两侧和站台层自动扶梯旁等处均设有冲洗栓，供车站冲洗用。另外，在水泵房环控机房等处也设有水龙头。

穿越站厅层、站台层上方部位的管道均采取保温措施，以防管道外露。保温材料为超细玻璃棉毡，保温层厚度为20mm。

枝状布置的给水管道，一般每隔4m左右设支架或支墩固定。生产、生活给水管道按设计均采用镀锌钢管道，用丝扣连接。车站地面部分给水管道采用承插式连接。

2. 消防给水系统

消防给水系统由水源（城市市政自来水管网）、消防泵、稳压泵、稳压罐、管道、各类阀门、消火栓箱、水带、灭火器、喷淋头等组成。

保证消防用水压力，车站内设置消防泵房，直接由市政自来水管网抽水加压，不设水池。消防给水引入管在消防泵房处设置倒流防止器，并设超越管与车站消防环网连接。消防给水在站内采用环状管网给水方式。

（1）消火栓灭火系统

消火栓灭火系统是消防系统中为专业消防人员或非专业消防人员扑灭初期火灾提供水源的设备及工具的组合。

消火栓灭火系统由消防管道、消防增压泵、消防稳压泵、消防水池、消火栓、消火栓接合器、消火栓按钮（报警按钮）等组成。

消火栓按空间布置分为室内消火栓和室外消火栓。其中，室内消火栓箱内配消防水带、消防卷盘、消防水枪、蜂鸣器及消火栓闸阀；室外消火栓按照安装形式又分为地上式、地下式和直埋伸缩式，按消火栓出水口个数可分为单口式、双口式和三出水口式等。

（2）消火栓系统结构

消火栓给水系统在站厅层形成环状管网，并在车站两端分别用DN150或DN200的立管和站台层站台板下消防管网相连，形成水平成环、斜向成环的车站消防环状供水管网，并在站厅层的端部环管上分别设置2根竖管，接至两端区间。室内消火栓的布置保证每个防火分区同层有两支水枪的充实水柱同时到达任何部位，每股水柱流量不小于5L/s，水枪的充实水柱长度不小于10m；车站消火栓间距按国家现行规范进行计算，单口单阀消火栓不大于30m，双口双阀消火栓不大于50m。站厅层、设备区及出入口的消火栓主要采用单口单阀消火栓，在站台层设备区出入口端部局部采用双口双阀消火栓，在站台公共区设双口双阀消火栓。长度超过20m的通道通风空调机房内设置消火栓，不超过5个消火栓布置一个检修蝶阀，系统在高处设置排气阀，最低处设置泄水网。车站采用薄型单栓或双栓带灭火器做合适大型消火栓箱，箱内上部设口径为DN65的单口单阀或双口双阀消火栓，消火栓采用减压稳压旋转式，水枪喷嘴直径为19mm，每根水龙带长度为25m，箱内设自救式软管卷盘1套，公共区下部设4具干粉灭火器，设备区下部设3具灭火器。

在车站便于消防车使用的风亭口合适位置设置1座DN150消防水泵接合器井，距水泵接合器井15～40m范围内市政给水管网上设置1个室外消火栓，一般采用地下式，消火栓设DN100和DN65的栓口各1个，并有防冻措施，主要功能是保障消防管道内水源设计压力，使救援人员能在火灾第一时间通过消防器材实施灭火，最大限度地保障人员和设备的安全。

（3）消火栓的使用

发现火灾后，按动火灾报警按钮，向消防控制中心发出火灾报警信号，远程启动消防水泵，然后打开消火栓箱门，迅速拉出水带、水枪（或消防水喉），将水带一头与消火栓出口接好，另一头水枪接好，展（甩）开水带，开启消火栓手轮，握紧水枪（最好两人配合），将喷射的水流指向着火点实施灭火。

（4）自动喷水灭火系统

自动喷水灭火系统是装有喷头或喷嘴的管网系统，一般安装在车站办公用房和设备用房的上方。

自动喷水灭火系统由水源、加压送水设备（水泵）、湿式报警阀、管网、喷头、水流指示器、压力开关、末端试验装置及火灾探测系统等组成。在火灾联动模式下会自动启动，将水或以水为主的灭火剂喷向着火区域，扑灭火灾或控制火灾蔓延。

自动喷水灭火系统结合火灾自动报警系统，能够随时警惕火灾，安全可靠，是体现“预防为主、防消结合”方针的最好措施，水利用率高，水溅损失小。

车站消防给水系统均应保持良好的状态，以备随时投入使用。平时车站运营工作人员应定期巡视或检查设备，若发现故障，及时、准确地汇报故障情况。任何人不得随意改变消防供水管网的状态，全部消防供水管网的网门均应处于开启状态，并开启至最大位置。为此操作人员应熟悉消防供水管道的网门位置、管道走向、设备现状，定期进行消火栓系统设备的联动喷放检查和自动喷水灭火系统设备的联动喷放检查，做好设备检查记录。以上设备检查均应在保证城市轨道交通正常运营的前提下进行。

### （二）车站排水系统

城市轨道交通车站的排水系统除了重力排水外，机械排水主要包括以下 5 种独立排水方式。车控室通过环境与设备监控系统对设备运行状态进行监控。

1. 车站废水排水

车站废水主要包括结构渗漏水、冲洗废水、消防废水及敞开部位的雨水等。车站站厅层和站台层的冲洗废水、消防废水等由地漏引入轨道两侧的线路明线和站台板下的排水线内，线路明线以 3‰的坡度将废水汇集至车站废水泵房的集水池。站台下排水采用两边的小明沟，并依靠底板 2‰纵坡将废水汇集到废水泵集水池。

一般车站内设 1～2 座废水泵站，位置均设在车站的端头，集水池设在废水泵层下部。每座废水泵站内设 2～3 台潜水泵。平时 2 台水泵互为备用，消防时 2 台并联使用，排除消防废水。集水池容积按大于 5min 水泵出水量计。废水由排水泵提升后排入市政下水管道。排水泵站的排水管道一般沿车站风井处穿出车站后与市政下水道连通。废水排水管道口径一般为 DN150 或 DN200，集水池下设有反冲洗管，用于冲搅集水池底部，减少池内杂物沉淀。在排水管道的止回阀两端设有一根连通管道，用于反冲洗水泵的叶轮及吸水口，防止泵吸水口叶轮堵塞。

排水泵站设有就地电气控制箱和液体浮球，根据集水池水位情况自动排水，当高水位时两排水泵均自动排水，一般集水池内设有停泵浮球、第一开泵水位浮球、第二开泵水位（高水位）浮球和低水位浮球、高水位报警浮球共 5 个。车控室计算机显示水泵运行中开泵、停泵、运行时间、低水位报警、高水位报警等情况。

2. 区间隧道排水

城市轨道交通的区间隧道内主要有结构渗漏水、消防废水、冲洗皮水等。在车站线路或两城市轨道交通车站之间中部的线路注处设置排水泵站，大部分排水泵站设置在上、下行线两路之间的联络通道中。废水由线路两侧明沟汇集到泵站集水池。集水池容积按 4h 隧道渗水量考虑。泵站一般设有 2 台潜水泵，2 台水泵平时一用一备，消防时 2 台水泵并联使用。

水泵配有自动耦合机构和自动反冲洗阀装置。泵体与出水管道无须螺栓连接，这样方便安装维修工作。水泵启动后反冲阀会自动打开，利用水泵抽出的水压对集水池底部冲搅约 30s 后阀门自行关闭，水泵出水。

泵站的一部分废水经水泵提升先排入车站废水泵站的集水池，再由车站排水泵将废水排出车站；另一部分泵站废水由水泵提升后直接排出车站。泵站运行控制方式同上述车站废水泵站。

在维护工况下，操作维修人员可由地面进入区间泵房。

泵站设备与车站的废水泵站设备布置相同。

3. 车站污水排水

车站内厕所等生活污水由排水管道汇集至污水池（主要是厕所污水），污水池设在污水泵站下部。每个车站一般设一个污水泵站。每个泵站设有 2 台 AS 型潜水泵，平时一用一备（互为备用)。该水泵配有自动耦合机构，水泵出水管道无须螺栓连接，便于安装维修。污水池的有效容积不大于 6h 的水泵排水量。水泵采用水位就地控制，自动排水运行，不设第二开泵水位浮球。同样，车控室内可显示水泵的运行情况。污水经水泵提升后一般排入设在地面的化粪池。

4. 车站出入口排水

车站敞开式出入口和自动扶梯下设有排水泵 2 台。其集水池主要汇集敞开出入口的雨水和车站结构的渗漏水。每个泵站设有 2 台潜水泵，平时一用一备（互为备用)。排水管道沿出入口穿出车站与市政排水管道连通。水泵采用水位就地控制，自动运行排水。运行方式与污水泵相似，但该处水泵不配自动耦合装置。

5. 风井部位排水

地下车站的风井等部位也设有泵站和集水池，主要汇集风井口雨水和车站结构渗漏水。每个泵站设有 2 台潜水泵，平时一用一备（互为备用)。水泵采用水位就地控制，自动运行排水。运行方式与车站出入口排水泵相似。但排水方式分为水泵提升后直接排水出车站，以及先经水泵提升后排入车站泵站，再排出车站两种情况。

### （三）水系统控制等级

正常条件下，水系统设备可通过就地级、车站级、中央级三级进行控制和自动控制系统进行监控，实现设备的集中监控和科学管理，提高综合自动化精度；并通过运行不同环控模式满足不同场合对设备运行的要求，做到安全、合理、先进。

1. 中央级控制

中央级控制装置设在控制中心，配有中央级工作站、全线隧道通风系统及车站环控系统中央模拟显示屏。控制中心工作站可对隧道通风系统进行监控，执行隧道通风系统预定的运行模式或向车站下达空调大系统、空调小系统和水系统的各种运行模式指令。中央级控制的主要功能如下。

（1）可实现对全线通风空调系统、冷水机系统、隧道通风系统的监视和控制。

（2）能自动显示并记录全线环控设备的运行状况和设备累积运行时间。

（3）能实时反映车站温、湿度等数据。

通过自动控制系统与火灾报警系统在中央级的接口，接收报警信息并触发环控系统的灾害模式，指令环控设备按灾害模式运行。

（5）通过自动控制系统与信号系统的接口接收区间堵车信息，并对相应区间运行强制通风模式。

2. 车站级控制

车站级控制装置设在各站车控室，配有车站级工作站和紧急控制盘，正常情况下，可监视本站的隧道通风系统、空调大系统、空调小系统及水系统，向中央级控制传达本站设备信息，并执行中央级控制下达的各项运行指令。在中央级控制工作站的授权下，车站级工作站可作为本车站的消防指挥中心，当车站工作站出现故障时，紧急控制盘可以执行中央级工作站下达的所有防灾模式指令。车站级控制的主要功能如下。

（1）可实现对本站通风空调系统、冷水机系统、隧道通风系统的监视和控制。

（2）能使本车站环控设备按给定的模式运行，根据负荷的变化自动确定优化和节能模式并运行。

（3）能满足环控工艺要求，对区间隧道通风系统设备进行正常和灾害模式控制。

（4）能接收本站火灾报警系统的报警信息并通过自动控制系统使本站进入灾害模式，控制环控设备按灾害模式运行。图 4-26 为北京地铁四号线车站级控制紧急控制盘。

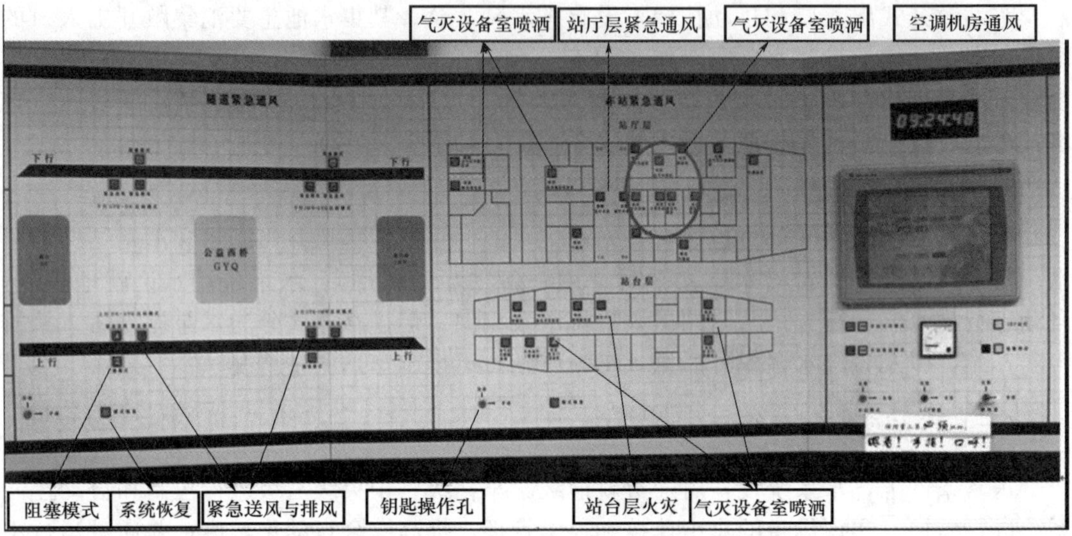


图 4-26　北京地铁四号线车站级控制紧急控制盘

3. 就地级控制

就地级控制装置设置在各车站的环控电控室，具有对单台环控设备进行就地控制的功能，便于各种设备调试、检查和维修。单台环控设备同时设有就地控制箱。在中央级、车站级和就地级三级控制中，就地级控制具有优先权。

## （四）高架车站风系统与水系统管理

1. 环控系统（风系统）

高架车站站厅公共区设置变频多联空调系统，站厅、站台公共区均采用自然通风排烟方式。

设备管理用房采用变频多联空调系统＋全热新风换气系统＋通风系统。空调季节采用变频多联空调系统＋全热新风换气系统，由变频多联机空调系统排出室内余热，由全热新风换气机保证室内新风量。非空调季节由通风系统排出室内余热，变频多联空调系统对房间进行辅助排热。

2. 车站给排水系统及消防系统

（1）车站给水系统

车站的给水与市政管网连接；其主要由室外水表阀组处的阀门及站内各分支回路的阀门控制；车站给水主要用于站内的生活、生产给水。

（2）车站排水系统

① 系统组成、位置

地上站排水系统主要由车站污水排水系统、车站雨水排水系统、局部排水系统组成。

车站污水排水系统主要是将车站生活污水直接排入城市污水排水系统。

车站雨水排水系统是将车站顶棚、站台、附属设备房屋顶收集的雨水排入城市雨水排水系统。

局部排水系统是将自动扶梯下机坑和电缆夹层内的积水通过排水泵排入城市雨水排水系统。

② 排水泵控制

泵房设有两台潜水排污泵，根据液位控制启停，可同时使用，一级负荷，由 BAS 进行监控。

集水池设浮球液位器。

由浮球阀液位器提供排水泵，设就地手动控制、就地液位自动控制及 BAS 远程监控。

（3）消防系统

以南京地铁为例，车站给水及消火栓系统采用生产生活分开的给水系统，由城市自来水管引入两根 DN150 给水管，另外引入一根生活给水管，另高新开发区到大厂、沈桥到金牛湖 7 个站由城市自来水管引入一根 DN150 给水管，设消防水池一座，为满足车站消防要求，增设车站消防增压泵房，内设 2 台消防泵，一用一备，当工作泵发生故障时，备用泵自动投入运行。消防增压泵设稳压装置，车站站厅及商业层公共区设大型消火栓箱，上部设 DN65 消火栓，并设自救式软管卷盘，下部设 4 个干粉灭火器，设备管理区域设标准型消火栓箱，均为单口单阀消火栓，间距不大于 30m。

消防泵房设置如下。

① 设有 2 台消防泵，2 台稳压泵，一用一备，一级负荷，消防时不得切断电源。消防泵由 FAS 进行监控。控制柜由厂家配套（自带）。

② 消防泵控制柜能对消防主泵进行定期自动巡检，采用低频启动巡检方式，巡检结果由电控柜反馈给车站控制室 FAS 和控制中心 FAS。

③ 消防泵可由消防按钮控制、车站控制室 FAS 远程控制、就地（消防泵控制柜）手动控制启停；紧急情况下可由车站控制室 IBP 盘手动控制启停。

④ 车站控制室显示消防泵的启停、故障、手自动状态信号。

### （五）地下站风系统与水系统管理

1. 环控系统（风系统、水系统）

（1）车站环控系统组成

地下车站环控系统主要由站内通风空调兼排烟系统及车站、区间的隧道通风兼排烟系统两大系统组成。站内的通风空调系统又分为公共区通风空调兼排烟系统（空调大系统）和设备、管理用房通风空调兼排烟系统（空调小系统）。

（2）制冷系统

地下车站的制冷系统由位于冷冻机房内的冷水机组、冷冻水泵、冷却水泵、1 台定压排气补水罐、1 台水处理设备及站外的 1 台冷却塔通过冷冻、冷却水管组成。其作用是在 5—10 月份的空调季节时，为站内的空调系统提供冷源（冷冻水）。

（3）空调大系统

地下车站空调大系统主要由位于站厅两端的大表冷器及送风机兼事故风机供风、回排风机、新风机、排烟风机通过风管连接而成。其作用是对站厅、站台等公共区域内的温度、湿度、空气洁净度进行控制，使之符合设计要求。

（4）空调小系统

地下车站空调小系统由位于站厅两端空调机房内的若干台小空调柜、小回排风机、送风机、排风/排烟风机通过风管连接而成。其作用是对办公区域和设备用房区域内的温度、湿度、空气洁净度进行控制，使之符合设计要求。局部区域内的温度控制由变频多联空调室内机进行补充调节。

（5）隧道通风

① 区间隧道：主要靠每个地下车站站厅两端的 TVF 送风兼事故风机及事故风机，或区间事故风井的 2 台事故风机通过组合风阀开闭方式满足区间正常工况、阻塞工况和火灾工况下的通风要求；区间内的射流风机起到辅助作用。

② 站台轨行区：列车产生的热量主要由站台两端的 2 台排热风机通过轨顶风口与轨底风口抽出。

（6）环控系统的操作

地下车站空调通风系统的控制包括以下三种操作方式。

① 中央级操作：属远程控制，以南京地铁为例，设置在大厂东车辆段控制中心，是以中央监控网络和车站设备监控网络为基础的网络系统，对全线的通风及空调系统主要设备进行监控，向车站下达各种运行模式指令或执行预定运行模式。

② 车站级操作：属远程控制，设置在车站控制室，对车站和所管辖区的各种通风及空调设备进行监视，向中央控制系统传送信息，并执行中央控制室下达的各项命令。若火灾发生在车站并在控制中心授权的条件下，车站控制室作为车站指挥中心，根据实际情况将有关通风空调系统转入事故模式运行。

③ 就地级操作：属就地控制，设置在各车站环控电控室，具有单台设备就地控制和模式控制功能，便于各设备及子系统调试、检查和维修。现场操作按钮设于设备旁便于操作处，满足单台设备的现场调试、检查和维修。就地控制具有优先权。

2. 车站给排水系统及消防系统

（1）车站给水系统

车站的给水与市政管网连接；其主要由室外水表阀组处的阀门以及站内各分支回路的阀门控制；车站给水主要用于站内的生活、生产给水。

（2）车站排水系统

① 系统组成与位置

地下车站主要由车站污水排水系统、车站废水排水系统、车站局部排水系统组成。

车站污水排水系统主要是将车站生活污水集中到污水泵房密闭污水提升系统中，排入城市污水排水系统。

车站废水排水系统主要是将车站结构渗漏水、冲洗水及消防废水集中到废水泵房，排入城市污水排水系统。

车站局部排水系统是将自动扶梯下集水池、风亭集水池、过轨通道集水池等局部集水池，通过排水泵排入城市雨水排水系统。

② 废水和局部排水装置

泵房设有两台潜水泵，根据液位控制启停，可同时使用，一级负荷，由 BAS 监控。

集水池设浮球液位器。

由浮球阀液位器提供排水泵设就地手动控制、就地液位自动控制及 BAS 远程监控。

车站控制室显示排水泵的启停、故障、手自动状态信号及集水池的水位信号（高报警水位、第一台开泵水位、第二台开泵水位、停泵水位、低报警水位）。

③ 密闭污水提升装置

设有一套污水密闭提升设备，内设两台提升泵，一用一备，可自动轮换使用，二级负荷，由 BAS 进行监控。

密闭水箱内设液位传感器。

污水密闭提升设备设就地手动控制、就地液位自动控制及 BAS 远程监控。

车站控制室 BAS 显示提升泵的启停、故障状态信号及密闭水箱的水位信号（高报警水位、开泵水位、停泵水位、低报警水位）。

（3）消防系统

车站给水及消火栓系统采用生产生活分开的给水系统，由城市自来水管引入两根 DN100 给水管，另外引入一根生活给水管，为满足车站消防要求，增设车站消防增压泵房，内设 2 台消防泵，一用一备，当工作泵发生故障时，备用泵自动投入运行。消防增压泵设稳压装置，车站站厅及商业层公共区设大型消火栓箱，上部设 DN65 消火栓，并设自救式软管卷盘，下部设 4 个干粉灭火器，设备管理区域设标准型消火栓箱，均为单口单阀消火栓，间距不大于 30m。

消防泵房设置如下。

① 设有 2 台消防泵，2 台稳压泵，一用一备，一级负荷，消防时不得切断电源。消防泵由 FAS 监控。控制柜由厂家配套（自带）。

② 消防泵控制柜能对消防主泵进行定期自动巡检，采用低频启动巡检方式，巡检结果由电控柜反馈给车站控制室 FAS 和控制中心 FAS。

③ 消防泵由消防按钮控制、车站控制室 FAS 远程控制、就地（消防泵控制柜）手动控制启停；紧急情况下可由车站控制室 IBP 盘手动控制启停。

④ 车站控制室显示消防泵的启停、故障、手自动状态信号。

## 三、任务实施

### 工作任务一 给排水系统管理

【情境描述】

城市轨道交通的车站和车辆段给排水系统分别由给水系统和排水系统两部分组成。给水系统包括生活给水系统、生产给水系统和水消防给水系统，其功能是满足生产、生活和消防用水对水量、水质和水压的要求；排水系统则包括污水系统、废水系统和雨水系统，其功能是保证车站和车辆段排水畅通，为轨道交通安全运营提供服务。

【学习过程】

## （一）车站给水系统的组成及功能

车站给水系统采用城市自来水作为供水水源，在车站两端的风亭处，分别用两条进水管将城市自来水引入车站，管径为DN150～DN200，与城市自来水接管点处的水压要求不低于0.2MPa。两条给水引入管上的电动蝶阀及隧道两端的消防电动蝶阀由车站控制室EMCS监控，两条引入管互为备用，进站前设置水表和水表井，每条进水管水表前设置室外消火栓和水泵结合器。生产、生活和消防采用分开的直接给水方式，由城市自来水引入水管接出生产、生活及消防水管。生活和生产给水在站内采用枝状或环状管网，消防给水在站内采用环状管网。

### 1. 生产、生活给水系统的组成及功能

生产、生活给水系统由水源（城市自来水）、水池、水泵、水塔（水箱）、气压罐、管道、阀门和水龙头等组成。其功能是满足车站生产、生活用水对水量、水质和水压的要求。

（1）生产用水主要为环控系统补充水。另外，在站厅、站台公共区的两端分别设置冲洗栓，箱内设有水龙头（供清洁用）。

（2）生活用水为洗漱、淋浴、饮用及厕所清洁用水，供水设备设在卫生间。

### 2. 消防给水系统的组成及功能

消防给水系统由水源（城市自来水）、消防地栓、水泵结合器、消防水泵、管道、阀门、消火栓（喷头）和水流指示器等组成。

设计消防用水量站厅、站台层为20L/s，人行道为10L/s，由城市给水管网供水。两条市政管引入车站站台后自成独立系统（互为备用），在站厅层布置为环状，站厅层和站台层的环状管网由两根立管连通。消防管道布置如下：站厅层的干管布置在顶棚内；站台层的干管布置在站台板下；进入区间隧道的消防干管布置在区间隧道线路前进方向的右侧，并固定在主体结构上。

车站站厅、站台、区间隧道和设备区域均按规范设置具有手动报警按钮和电话插孔的消火栓箱。站厅、站台及通道的消火栓箱内放置两个DN65单头单阀消火栓、两盘长25m的水龙带、两支DN19多功能水枪、一套DN25自救式软管卷盘；车站设备区域的消火栓箱内放置一个DN65单头单阀消火栓、一盘长25m的水龙带、一支DN19多功能水枪和一套DN25自救式软管卷盘。

区间隧道每隔50m设置一个消防箱，箱内放置两个DN65单头单阀消火栓、两盘长25m的水龙带、一支DN19多功能水枪，或每隔50m设一个消火栓头，隧道两端各设两个900mm×600mm×240mm的消防器材箱，里面装有长25m的水带及DN19多功能水枪等消防器材。

消防给水系统的管网压力应满足消防水压、水量要求时，不另设加压系统，否则需设消防水泵进行加压。车站的消防干管布置为环状，并与区间消防管网连接。根据消防

要求，车站两条与市政供水管网连接的引水管上应设闸阀，水表前应设室外消火栓，并且消火栓口中心距地面1.1m。区间消防管端头设有电动蝶阀和手动蝶阀旁路，平时电动蝶阀关闭，手动蝶阀开启2%，一旦区间发生火灾，EMCS就开启电动蝶阀，以保证区间消防水压和水量。

（1）消防地栓：为消防车提供水源，根据环境条件可分为地上式、地下式和墙壁式。

（2）水泵结合器：一端由室内消火栓给水管网引至室外，另一端井口可供消防车或移动水泵站加压向室内管网供水，以在断电或消防水泵故障时能保证车站消防给水。水泵结合器与室外消防地栓的距离为15～40m。

（3）消火箱操作：其一，火灾时按下手动报警或打开箱门后电话报警。其二，取出水带，连接消火栓及水枪，打开阀门，持枪喷水。其三，灭火结束后，关闭消火栓阀门，取下水枪和水带，冲净晾干，清洁箱体后将器材复位，并在转盘的摇臂、箱锁和阀门等处加些2号钙基脂。

### （二）车站排水系统的组成及功能

1. 雨水系统

雨水来自隧道入口处过渡段；雨水泵设在隧道入口处；雨水泵房直径6m，深10.5m，泵房内设10LP型雨水泵3台（其中1台备用），雨水经抽升至压力排水检查井后再排入排洪渠。

2. 污水排放系统的组成及功能

车站污水排放系统如图4-27所示，主要由集水井、压力井和化粪池等组成。大部分地下车站在站台层都设有污水泵房，污水泵房下设污水池（站台板下方），厕所位于站厅层，供工作人员使用。污水池容积不大于6h的污水量，内设污水泵2台，互为备用。用排水管道将车站内厕所、盥洗室、茶水间冲洗水等生活污水汇集到集水井，经潜水泵提升到压力井消能、地面化粪池简单处理后，排入城市污水管网。压力井是排水进入市政排水管网前的消能设施，其构造要求进、出水管道不得在同一高程上且侧壁要有防冲洗措施。车站化粪池采用国标4号化粪池。

图4-27　车站污水排放系统

3. 废水排放系统的组成及功能

（1）车站废水系统。用于排除车站内的废水。泵房设在车站端头线路下坡道的最低处。泵房下设废水池，废水池容积为30m$^3$，内设废水泵2台，平时互为备用，消防时同时使用。

（2）出入口废水。在人行通道自动扶梯底部和局部低洼处设集水坑，坑内设集水泵两台，互为备用。

（3）区间废水。用于排除区间内的废水。泵房设在区间隧道线路下坡道的最低处。明挖施工区段废水泵房设在隧道外侧边，盾构施工区段则利用联络通道作为废水泵房。废水泵房下设废水池，废水池容积为30m$^3$，内设废水泵2台，平时互为备用，消防时同时使用。

车站废水排放系统如图 4-28 所示，主要由集水井和压力井等组成。用排水管道或排水沟将车站内的生产和消防废水、结构渗漏水汇集到集水池，经潜水泵提升到压力井消能后排入城市污水管网。区间隧道设有独立的排水系统，其泵房设在区间隧道的最低处。明挖隧道的废水泵房设在隧道外侧或联络通道内，盾构隧道则利用联络通道作为废水泵房。压力井内进、出水管道要求与污水系统相同。雨水系统的组成和功能与废水系统基本相同。

图 4-28　车站废水排放系

4. 排水方式

车站原则上采用分流制排水方式。雨水、污水和废水就近集中，分别由水泵将水抽升至压力排水检查井消能后排入城市下水道或河涌。其中，生活污水是经污水泵抽升至压力排水检查井消能后流入化粪池再排入城市下水道；车辆段及其他基地的粪便污水经化粪池处理后与其他生活污水汇合，直接排入城市下水道。

## 工作任务二　给排水系统维护

【学习目标】

本小节内容拟总结出城市轨道交通给排水系统中应知应会的日常维护及一些相对简单的常见问题及其处理，教师可根据实际教学需要，选取部分或全部内容指导学生学习。

【情境描述】

本小节建议课时为四学时，其中两个学时为理论认知部分，另外两个学时教师可根据实际情况进行日常维护实操演练，或设置相应故障，由学生分析、处理、解决问题，若不具备实践教学的教学单位，建议进行视频录像教学或模拟演练，或组织学生参加所在城市地铁公司的跟班实习等。

【学习过程】

给排水系统是各大城市轨道交通体系中保障每日正常运营举足轻重的车站机电系统。站务员应按技规要求，巡检给排水设备，做到熟悉整套给排水系统设备设施，能够处理简单的常见故障，遇到确实无法处理或按规定禁止私自处理的故障时，应按要求填写故障汇报情况。

每一名合格的地铁员工应掌握给排水系统及设备的日常维护与简单故障的检修等相关内容，以保证城市轨道交通的正常运行，结合给排水系统及设备的认知与使用，学生应知应会给排水系统及设备的日常维护与常见故障处理。

### （一）给水系统分类

1. 生活给水系统

生活给水系统是设在工业建筑或民用建筑内，供应人们日常生活的饮用、烹饪、盥洗、洗涤、淋浴等用水的给水系统，满足水量、水压、饮用水水质要求，特别是对水质有较高的要求，划分为生活饮用水系统和生活杂用水系统（中水系统）。

2. 生产给水系统

生产给水系统是设在工矿企业生产车间内，供应生产过程用水的给水系统，生产给水按产品的种类及生产的工艺不同，其对水质、水量和水压的要求也有所不同，如冷却用水、锅炉用水，划分为循环给水系统、重复利用给水系统。

3. 消防给水系统

消防给水系统是设在多层或高层的工业与民用建筑内，供应消防用水的给水系统，消防给水对水质要求不高，但必须保证足够的水量和水压，符合建筑防火规范要求。可划分为消火栓灭火系统和自动喷水灭火系统。

以上三种给水系统可单独设置，也可相互组成不同的共用系统。地铁给排水（包括水消防）系统设备主要有以下作用。

（1）提供地铁运营必需的生产、生活，消防等用水。

（2）收集排出生产、生活、消防等产生的废水、污水、地下结构渗漏水和雨水等。

（3）提供完整的水消防系统，保证地铁的安全，正常运营地铁的生产、生活、消防水源来自城市自来水供水管网，消防用水为两路供水，地铁地下车站内不设消防蓄水池，消防增压水泵直接从供水管道抽水加压供消防使用，生活、生产用水为单路供水。

## （二）给排水系统主要设备

1. 阀门

地铁排水系统的阀门主要有闸阀、蝶阀、止回阀（单向阀）、排气阀、安全阀，以及卫生间的各种冲洗水阀。

2. 闸阀

闸阀，如图 4-29 所示，在介子通过阀体时流动方向不变。因此产生的流动阻力小，安装时没有方向性，开启缓慢，不会产生过大冲击。缺点是结构复杂，外形尺寸大，闭合面磨损快，维修不方便。

图 4-29　闸阀

3. 蝶阀

地铁采用的蝶阀按驱动方式分为手动蝶阀和电动蝶阀，如图 4-30 和 4-31 所示，蝶阀质量轻，体积小，与金属密封的闸阀和截止阀相比，采用软密封的蝶阀可以实现完全密封，气密性非常好。蝶阀操作简便，在 90°回转范围内即可实现启闭功能。

图 4-30　电动蝶阀

图 4-31　手动蝶阀

4. 止回阀

止回阀动作时利用阀前后的压力差使阀门完成自动启闭，从而控制管道中的介质只向指定的方向流动，当介质即将倒流时，能自动关闭，从而阻止介质逆向流动，如图 4-32 所示。

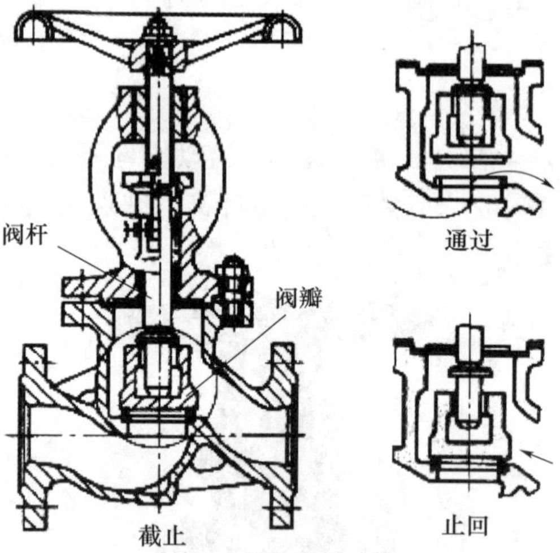


截止止回阀的结构型式

图 4-32　止回阀

5. 排气阀

一般情况下，水中含少量的溶解空气，在输水过程中，这些空气不断从水中释放出来，聚集在管线的高点处，形成空气袋，使输水变得困难，系统输水能力可因此下降约 5%～15%，排气阀的作用是排除管道中聚集的空气，如图 4-33 所示。

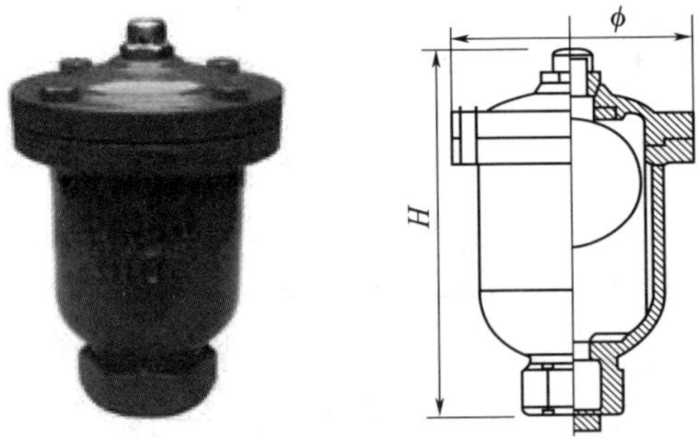


图 4-33　排气阀

6. 安全阀

安全阀的作用是当管路中的流体压力超过一定值时，安全阀打开，排放一定量的液体，释放部分压力，保护管道安全，如图 4-34 所示。

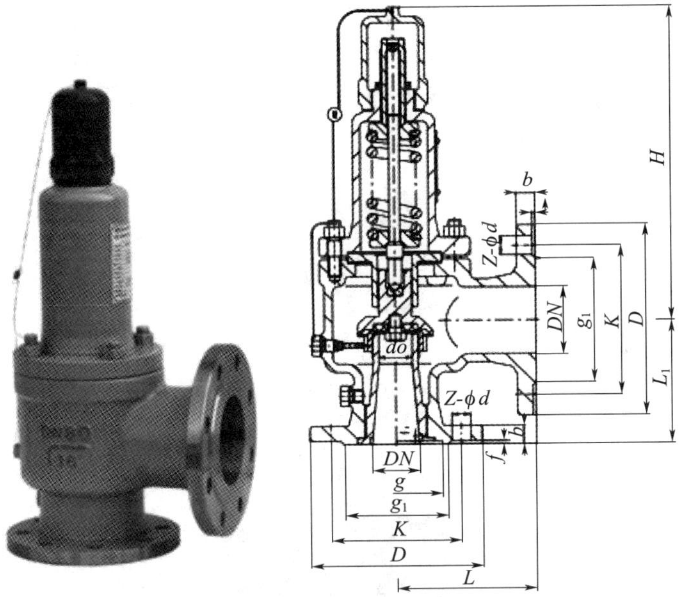


图 4-34　安全阀

7. 水泵

水泵最基本的分类方法是根据水泵的工作原理，将其分为叶片式泵、容积式泵和其他类型泵。

(1) 叶片式泵

叶片式泵是指利用泵内工作液体的高速旋较运动使液体的能量增加。由于其工作体是由若干弯曲状叶片组成的一个叶轮，所以称为叶片泵。根据不同叶片形状对液体产生的作用不同，以及液流流出叶轮的方向不同，又将叶片式泵分为离心泵（径流）、轴流泵（轴流）和混流泵（斜流）。

(2) 容积式泵

容积式泵是指通过泵内工作体对液体的挤压运动使液体的能量增加。由于它是通过工作体交换改变液体所占空间的容积实现挤压的，所以称为容积泵。根据挤压运动的方式不同，又将容积式泵分为往复泵（如活塞泵、柱塞泵等）和回转泵（如齿轮泵、螺杆泵等）。

（3）其他类型泵

其他类型泵是指除叶片泵和容积式泵以外的一些特殊泵，主要包括射流泵、气升泵、水锤泵等。这些泵的特点是其工作体为液体或气体，利用高速流动的流体实现能量的转换，使被抽送液体的能量增加。

除上述水泵分类外，还有其他不同的分类方法。例如，按被抽液体增加能量的性质进行分类，按水泵能量的传递方式进行分类，按水泵的用途进行分类，按所抽送液体的性质进行分类等。

水泵由许多零件组成，主要包括叶轮、泵壳、泵轴、泵座、轴封装置、捡漏环、轴承座、联轴器、轴向力平衡装置等。

地铁给排水系统采用的水泵有潜污泵和消防泵两种，两种水泵本来是离心泵，但因适用的环境不同，结构上也存在差异。潜水泵是水泵和电动机一体化的水泵，电动机可完全淹没于水面下运行，水泵和电动机中间有一个油腔，水泵与油腔之间采用机械密封进行隔离，油腔与电动机之间采用骨架油封进行隔离，也有一些产品采用机械密封进行隔离，如图 4-35 所示。

图 4-35　潜污泵

8. 湿式报警阀

湿式报警阀结构是一种单向阀，只允许水单方向流入喷水系统并在规定流量下报警，它在系统中的作用如下：接通或关断报警水流，喷头动作后报警水流将驱动水力警铃和压力开关报警，防止水倒流。如图 4-36 所示。

工作原理如下。

依靠管网系统侧水压的降低或升高启闭阀瓣，在伺应状态下，供水压力稍有波动时，旁路平衡管的作用使阀瓣上下水压平衡，而阀瓣上承压面大于下承压面，阀瓣不会

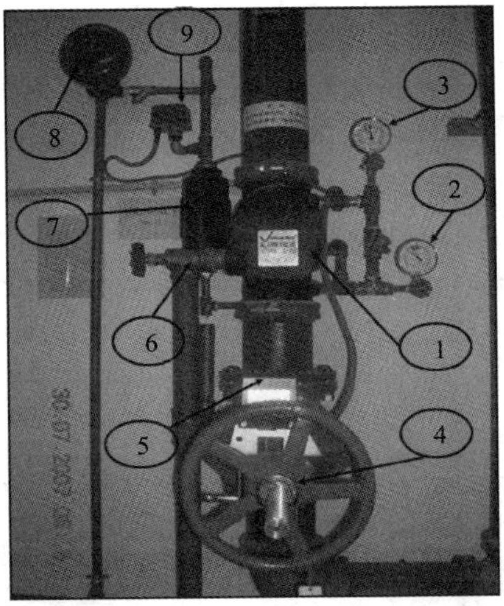


图 4-36　湿式报警阀组件

（1）阀体；（2）一次侧压力表；（3）二次侧压力表；（4）水源控制闸阀；（5）阀芯开关；（6）排水阀兼试验阀；（7）延迟器；（8）水力警铃；（9）压力开关

打开发生误报警，当发生火灾有喷头爆破造成管网系统侧水压下降时，供水侧和系统侧产生的压差就会将阀瓣打开，向打开的喷头连续供水灭火。

湿式报警阀报警口与延迟器之间的控制球阀伺应状态必须保持全开并锁紧，而试报警控制球阀必须关闭，需要进行试报警时，拆卸报警口与延迟器之间控制球阀的锁紧装置并将其关闭，此时打开试报警控制球阀即可进行报警试验，试验后立即将两个控制球阀恢复至原来状态。

9. 水力警铃

是一种靠水力驱动的机械警铃，直接安装于报警阀组的报警管路上。如图 4-37 所示。

作用原理如下。

当报警阀打开消防水源后，具有一定压力的报警水流形成一股高速射流冲击水轮，带动铃锤快速旋转，敲击铃盖发出的声响警报，水力警铃不得由电动报警装置取代水流指示器。

如图 4-38 所示，水流指示器是用于自动喷水灭火系统中将水流信号转换为电信号的一种报警装置，安装在消防喷淋管路的主供水管或横杆水管上，靠管内压力水流动的推力而动作，从而推动微动开关发出报警信号，起到检测和指示报警区域的作用。

图 4-37　水力警铃

图 4-38　水流指示器

10. 压力开关

压力开关是一种压力传感器（压力型水流探测开关），安装在延迟器和水力警铃之间的报警管路上（图 4-39）。

作用原理如下。

报警阀开启后，在水力警铃报警的同时，依靠警铃管内水压的升高自动接通电触点，向消防控制室传送电接点信号，启动消防水泵，并传送火警信号，完成电动警铃报警，报警阀关闭时电触点断开。

11. 延迟器

延迟器是一种罐式容器，安装于报警阀与水力警铃（或压力开关）之间，延迟器入口前安装过滤器（图 4-40）。

图 4-39　压力开关

图 4-40　延迟器

用途：防止因水压波动引起报警阀短时开启而导致的误报，当配水管道发生渗漏时，可能引起湿式报警阀阀瓣的微小开启，使水进入延迟器，但由于水流量小，进入延迟器的水量会从延迟器底部的节流孔排出，延迟器无法充满水，不能从出口流向压力开关和水力警铃。只有当湿式报警阀开启，经报警通道进入延迟器水流约 30s，左右充满延迟器并由出口溢出后，方可冲打水力警铃和压力开关。

12. 末端试水装置

安装在系统末端，用于测试系统各组件是否正常的装置。末端试水装置由试水阀、压力表及试水接头组成，试水接头出水口的流量系数，应等同于同楼层或防火分区内的最小流量系数喷头。如图 4-41 所示。

13. 信号蝶阀

信号蝶阀是消防供水系统截流及实现截流监控的专用阀门，用于湿式报警阀和水流指示器前，具有明显开闭标志，在关闭时能输出关闭的电信号。如图 4-42 所示。

14. 消火栓

消火栓是城市轨道交通消防供水的重要设备和消防安全的重要保障，一般可分为室内消火栓和室外消火栓两种。消火栓箱是由箱体、室内消火栓、水龙带、水枪及电气设备等消防器材组成的箱状固定消防装置。

城市自来水管内供水压力为 1～2kPa，而地下车站和区间隧道位于 6～30m 深处，经计算自来水管内压力能满足消火栓出口压力，但考虑到有些车站从一路城市自来水管放水的可靠性，每座地下车站均应设一间消防增压泵房，内有 2 台消火栓泵，一用一备。

图 4-41 末端试水装置

图 4-42 信号蝶阀

每座车站及相邻区间隧道的消火栓系统由消火栓乘、管道、若干消火栓箱组成。车站内每隔 45m 设置一只消火栓箱，箱高 1.8m、宽 1.2m。箱内配有双头双阀消火栓 1 只、水带 1～2 盘、多功能水栓 1 只、消防电话插孔和水泵启动按钮，箱门面板上还装有手拉报警装置。另外，箱内还放置 2 只干粉灭火器。车站站厅公共区消火栓箱主要嵌设在两侧离壁式隔水墙预留孔内，个别嵌设在公共区两端分隔墙预留孔内。

站台层主要交叉嵌设在楼梯间隔墙预留孔内区间隧道内，消火栓水源来自相邻两座车站，其消防水管与相邻车站管道贯通。隧道内每隔 45m 设置 1 只消火栓箱，箱高 0.9m、宽 1.2m。箱内配有双头阀消火栓、水、水枪、消防电话插孔和水泵启动按钮。车站与区间隧道防火区域内任何一点着火，要求消火栓交汇水柱不得少于 4 股，每股水柱量为 5L/s。

### （三）阀门标志的识别

在管道安装和检修中，常常是已看见了阀门，需要识别并判断此阀门的规格和性能，以利于安装更换和维修，常见识别方法如下。

阀门的类别、驱动方式和连接方式可按阀门的外形加以识别。阀门的公称直径、公称压力或工作压力介质的流动方向等已由制造厂标注在阀体的正面。阀体的材料可根据所涂的油漆颜色识别。

### （四）BSA（EMCS）与给排水

给排水设备控制子系统的主要功能包括监测给排水设备的状态，测量用水量及排水量，检测污物、污水池水位及异常警报，检测水箱水位，过滤公共饮水，控制杀菌设备，监测给水水质，控制给排水设备的启停，监测和控制卫生、污水处理设备运转及水质等。

整个供水系统由若干台水泵和各类水池、储水箱组成，每台水泵都可选择手动/自动控制，楼宇自控系统将根据水位的高低操作泵的启停，将存储每台泵的整体运行时间，并且自动更换泵的运行，以确保每台水泵的运行时间较为平均，当水位超过设定的高、低位置时楼宇控制系统将给出报警信号。

整个排水系统由若干台排水泵和污水池组成，每台排水泵都可选择手动/自动控制，楼宇控制系统将存储每台泵的整体运行时间，并且自动更换泵的运行，以确保每台水泵的运行时间较为平均。

常见的设备控制点及监控参量如下。

1. 水位信号监测

①下水池水位信号（数字量输入）。②上水池水位信号（数字量输入）。

2. 生活水泵监测和控制

①生活水泵开关状态（数字量输入）。②生活水泵故障报警（数字量输入）。③生活水泵开启及停止（数字量输出）。④生活水泵手动/自动转换（数字量输入）。

3. 污水泵监测和控制

①污水泵状态（数字量输入）。②污水泵报警（数字量输入）。③污水泵开启和停止（数字量输入）。④污水泵手动/自动转换（数字量输入）。⑤污水泵水位监测（数字量报警输入）。

4. 集水泵监测和控制

①集水泵状态（数字量输入）。②集水泵报警（数字量输入）。③集水泵开启和停止（数字量输入）。④集水泵动/自动转换（数字量输入）。⑤集水泵水位监测（数字量报警输入）。

### （五）给排水系统维护检测中心

由BSA维护检测中心工作站、UPS及相应打印设备组成，实现远程、现场报警、维护监管功能，能使维护、维修人员方便、实时了解系统设备运行状态，以保证设备的正常运行。同时，具有网络拓扑功能和综合监控功能。

### （六）给排水系统日常维护工作

1. 硬件设备日常巡检及维护

**表4-4　硬件设备日常巡检表**

| | 名称 | 质量检查及要点 |
|---|---|---|
| 情形1 | 水泵日常巡检 | 车站水泵的巡检内容：<br>检查水泵填料压得是否太紧，泵轴弯曲、轴承磨损，应松开压盖，重新调整-更换泵轴和轴承，检查叶轮和减漏环是否完好，检查叶轮是否损坏或不平衡，清除叶轮内杂物或更换叶轮。<br>检查水泵振动或噪声是否异常。<br>检查地脚螺栓是否松动或减振器是否损坏失灵。<br>检查轴承发热情况，检查联轴器不同心或泵轴是否弯曲，应调整联轴器或更换泵承，检查轴承是否损坏，轴承座是否磨损，及时更换，是否弯曲或联轴器安装时未找正，需更换泵轴或调整联轴器。<br>检查油位是否在两油位线之间或油质不干净，需加油或更换全部润滑油（润滑油选用N32、N46） |

续表

| | 名称 | 质量检查及要点 |
|---|---|---|
| 情形 2 | 阀门的日常巡检 | 阀门的检查：<br>观察安装位置、进出口是否正确，连接是否牢固、紧密，是否无漏水现象，启闭是否灵活等 |
| 情形 3 | 消防设备日常巡检 | （1）检查消防接合器的阀瓣处是否漏水，发现漏水应更换阀瓣表面的密封片，若阀杆失灵，必须更换阀杆及损坏的零件。<br>（2）检查湿式报警阀阀瓣关闭情况，清洁阀瓣，发现零件损坏，及时更换，若出现阀瓣损坏、阀体开裂等其他无法修复的故障，宜更新该报警阀，湿式报警阀维修后，必须进行调试、信号管内不应有连续不间断的漏水现象。<br>（3）检查消防设备有无漏水现象，发现漏水应及时修复，检查压力表是否已坏，压力表坏了应更换压力表，零件被损坏的均应更新配齐。<br>（4）消防设备（包括阀门、管道、水泵等），更换时，除按阀门、管道、水泵等的技术要求外，还应符合以下规定。<br>室内消火栓栓口应朝外，启闭应灵活。<br>消火栓门应锁得牢、打得开。<br>湿式报警阀重新安装后应进行调试，检查其性能，湿式报警阀的信号管内不宜有连续不间断的漏水现象存在。<br>车站消火栓出水压力不得小于10m水柱，水喷淋系统末端放水的出水压力不应小于0.1MPa，消火栓、水喷淋各系统的联动试验应正常。<br>消防供水为2路进水，且布置为环状，形成1+1，互为冗余系统，钢管均应表面镀锌处理 |

## 2. 给排水系统常见故障及处理

**表 4-5　给排水系统常见故障及处理**

| | 名称 | 质量检查和复试要点 |
|---|---|---|
| 情形 1 | 特殊情况应急处理 | （1）发生误喷：<br>①应立刻关闭湿式报警阀前的蝶阀，如果喷淋泵启动，则立即关闭喷淋泵再进行系统复位。<br>②误喷情况需汇报行调和环调。<br>③自动喷水灭火系统修复后，人工确认无误，则可将系统恢复自动状态<br>（2）水压波动及超压时：<br>①因供水水压波动引起误动时应立即停泵，并对系统进行放水卸压，待系统压力正常后，才能将系统恢复自动状态。<br>②当自动喷水灭火系统水压大于0.6MPa，自动喷水灭火系统并未引起误动时，应对系统进行放水卸压，待系统压力正常后，将系统恢复自动状态 |
| 情形 2 | 车站设备故障的操作及处理 | 1. 消火栓系统管道故障发生跑水<br>（1）跑水发生在区间隧道内管道中：<br>应立即关闭该隧道两端头的消火栓供水阀门，切断水源，查明情况后上报调度，执行调令。<br>专业人员进入故障点查明原因，关闭跑水点两端供水阀门，打开其余被关闭的阀门。<br>检查管道损坏情况，采用快速堵漏装置或其他方法修复管道，恢复消防供水。<br>（2）跑水发生在车站：<br>关闭跑水点两端的阀门，切断水源。<br>必要时切断本车站的消火栓系统管网水源，操作时应关闭以下阀门：关闭消防泵房内2台消火栓增压水泵的出水口阀门（即切断市政自来水管的供水），关闭站间4个区间隧道内消火栓管道的阀门（即切断车站与区间隧道内消火栓管道的水流）。 |

续表

| | 名称 | 质量检查和复试要点 |
|---|---|---|
| 情形 2 | 车站设备故障的操作及处理 | 查明跑水原因，关闭跑水点两端阀门，打开其余被关闭的阀门，修复管道，恢复供水城市轨道交通的地面车站和高架车站，由于各站之间消火栓系统是不联通的，此时只需切断市政自来水管对车站消防供水即可。<br>2. 自动喷水灭火系统供水管道跑水<br>（1）立即关闭车站内报警阀的供水阀门，必要时可关闭自动喷水灭火系统的 2 台增压水泵出水口阀门，将自动喷水灭火系统增压水泵设置于手动位置。<br>（2）查明跑水原因，修复设备，恢复供水。<br>（3）自动喷水灭火系统恢复供水后应进行系统调试，以防自动喷水灭火系统误动作，影响城市轨道交通的正常运营。<br>3. 市政自来水管网供水水源中断<br>城市轨道交通的自动喷水灭火系统设备已投入自动运行状态，当发现消防供水中断或需要切断消防供水时，为防止自动喷水灭火系统误动，应将增压泵置于手动位置，待市政供水恢复，确认无误后方可调回自动模式。<br>4. 车站自动喷水灭火系统玻璃球洒水喷头发生误喷或管道发生漏水，紧急关停自动喷水灭火系统水泵，就地控制箱转换开关放，“就地”挡立即关闭车站内报警阀的供水阀门，必要时可关闭自动喷水灭火系统的 2 台增压水泵出水口阀门。<br>打开自动喷水灭火系统的卸水阀门和末端试验放水阀放水。<br>（1）组织抢修，及时修复设备。<br>（2）完整真实地记录事件过程。<br>5. 排水泵故障不能排水<br>（1）当常用备用排水泵均故障，一时无法修复且集水池水位已处于高水位情况下，值班人员应立即投入应急排水泵，从泵站排水管的应急排水接口排水，无应急排水接口装置的泵站，用塑料排水带排水，随后交由赶来的检修队员抢修设备。<br>（2）投入应急排水泵的数量根据实际情况，参照排水泵的流量、扬程确定。<br>（3）抢修人员应集中力量先修复一台排水泵投入运行。<br>6. 排水泵排水管道止回阀故障<br>（1）立即启泵排水至低水位，然后关闭排水管道阀门并停泵。<br>（2）在故障未排除前，运行操作人员必须手控排水，将排水泵启动后，立即打开排水阀门，排水至低水位后关闭阀门停泵。<br>（3）换或修复止回阀<br>7. 雨水进入车站且超越车站排水能力时采取的措施<br>（1）投入应急排水泵排水，将积水排出车站。<br>（2）立即向上级汇报，组织更多人力及排水设备将积水排出车站 |

【知识拓展】

小贴士：

给排水系统规范与标准部分对系统日常维护与故障问题处理具有指导作用，其相关内容请参阅《车站线路设计与施工》等相关课程。主要内容应包括但不局限于以下方面。

（1）室内消火栓系统的安装：①系统组成；②材料选用标准；③工程误差标准。

（2）自动喷水灭火系统安装：①施工准备；②供水设施安装与施工。

具体包括一般规定、消防水泵和稳压泵安装、消防水箱和水池安装施工、消防气压给水设备安装、消防水泵接合器的安装、管网及系统组件安装、喷头安装、报警阀组安装、系统测试等内容。

给排水系统维护保养制度：

Ⅰ、集水井污水泵及主要相关配件保养内容

A类：

(1) 定期检查水泵运行中是否出现异常，如漏水、异响、不转及抽水不畅等。

(2) 检查电箱电气配件是否正常工作，紧固接线端子。

(3) 检查电液位控制浮球是否启闭灵敏。

(4) 检查电箱和水泵的接地是否牢固可靠。

B类：

(5) 定期清洁电箱内外及室内其他配套件。

(6) 检查止回阀是否启闭正常。

(7) 检查闸阀是否启闭良好，不漏水，并为螺杆添加润滑油脂。

(8) 清洗水泵体积污物。

C类：

(9) 检查水泵底进水口格网是否有异物堵塞并清理。

(10) 检查水泵电缆是否老化、破损等。

(11) 水泵固定支架及管道卡箍油防锈漆。

Ⅱ、生活水泵与空调补水泵保养内容

A类：

(1) 定期检查水泵机组各压力表和其他仪表参数、压力变化是否正常。

(2) 检查水泵是否漏水（机封密封性），泵内是否有反常声音，是否振动。

(3) 清洁水泵表面灰尘，保持泵体干净。

(4) 检查水泵吸水是否正常，电机散热是否良好，运行温度是否在允许范围内。

B类：

(5) 检查水泵各部件连接与底座固定螺丝是否牢固，防止松动。

(6) 定期更换水泵电机轴承润滑油脂。

(7) 检查电机各电缆的绝缘是否有损坏，接地是否可靠。

(8) 定期打开放气阀（多级离心泵）排空气。

(9) 紧固控制接线端子（电箱中的与电机上的）。

C类：

(10) 定期更新水泵体表面的防锈油漆。

(11) 检测电机电缆的绝缘，检查电机滑油脂。

Ⅲ、消防水泵保养内容

A类：

(1) 紧固各接线端子（控制电箱与水泵上接地线等）。

(2) 清除水泵表面与电箱内（外）表面的灰尘。

(3) 定期检查水泵接地与电箱接地。

(4) 检查水泵运行时是否有异响，是否异常振动，是否漏水。

(5) 检查电机散热（电机散热风扇）是否良好。

(6) 检查控制电箱中的元器件。

B类：

(7) 检查水泵转速是否正常。

(8) 检查水泵流量是否稳定。

(9) 定期打开放气阀门排气。

(10) 水泵轴承和油漆，检查润滑情况。

C类：

(11) 定期更换电机轴承的润滑油脂。

(12) 定期除锈，刷防锈漆。

(13) 检查各电机的绝缘测试及电机加油。

Ⅳ、水系统管网保养内容

A类：

(1) 定期检查各给水闸阀启闭灵活性。

(2) 检查管道卡箍的胶封是否良好，连接螺栓是否牢固。

(3) 检查各应急闸阀附近的使用环境是否正常。

(4) 检查各排污管网（车场明渠、外围明渠等）。

B类：

(5) 定期检查排污情况。

(6) 定期清洗环管立管的Y形过滤器网芯。

(7) 检查闸阀用途挂牌是否明确，启闭信息是否清晰。

(8) 检查各管网相应的排气阀是否正常排气。

C类：

(9) 定期紧固螺杆型闸阀法兰螺栓并添加润滑油脂。

(10) 定期为闸阀、箍除锈，刷防锈漆。

备注：A类为月份保养；B类为季度保养（包含月份保养）；C类为年度保养（包含月份保养、季度保养）。

3. 案例学习

2010年某市轨道交通3号线一车站站厅消防管上的波纹补偿管爆裂，造成站厅大面积积水。

处理经过如下。

(1) 关闭车站两路消防总进水阀门，切断市政进入车站的消防水。

(2) 关闭通往相邻车站上、下行区间的联络阀门，切断通往相邻车站的消防。

(3) 打开站台消火栓（由于站台消火栓处于车站消防管网的最低点，此时打开消火栓即对管网进行泄压。需注意泄压用的消火栓应避免采用公共区域内的，以免造成站台大面积积水）。

(4) 更换爆裂波纹补偿管，并确认无漏水、渗水现象。

(5) 打开车站两路消防总进水阀门及通往相邻车站上、下行区间的联络阀门。

(6) 完成相关故障报备与登记防范措施：

① 加强对事故区域水管的监控与巡检。

② 测试事故区域水管的压强承受力。

练一练：给排水系统各项参数是否正常工作的记录与调试。

## 四、任务评价

给排水系统使用与维护项目实施评价见表 4-6。

**表 4-6　给排水系统使用与维护项目实施评价表**

| 项目任务 | 给排水系统使用与维护 | | | | |
|---|---|---|---|---|---|
| 班级 | | 姓名 | | 评价时间 | |
| 【考核内容】 | | | | | |
| 考核项目 | 考核标准 | | | 分值 | 得分 |
| 给排水系统应知 | 给排水系统的组成 | | | 10 | |
| | 给排水系统的功能 | | | 10 | |
| 给排水系统应会 | 熟悉给排水系统设备及使用操作 | | | 10 | |
| | 熟悉风系统设备及使用操作 | | | 10 | |
| | 明确三级运行控制的作用 | | | 20 | |
| 报告内容 | 能反映水系统与风系统设备的运行及操作规程 | | | 15 | |
| | 展示水系统与风系统设备的布置、内外部设备图片 | | | 15 | |
| | 报告具有一定的前瞻性、科学性和实用性 | | | 10 | |
| | 合计 | | | | |
| 指导教师意见： | | | | | |
| 说明：1. 建议采用四级评分制（如 90%～100%、80%～90%、60%～80%、<60%）。<br>2. 主要采用小组互评的方式进行评价，教师最后进行参考评分。 | | | | | |

## 五、思维拓展（思考题）

【实操目标考核题】

1. 给排水系统的日常维护实操。
2. 简单的给排水系统故障排查实操。

【技能操作题】

1. 地铁车站给排水系统设备认知演练。
2. 地铁车站给排水系统日常维护演练。
3. 地铁车站给排水系统故障排查演练。

【问答题】

1. 城市轨道交通的环控系统主要由哪些部分组成？环控系统的功能有哪些？
2. 简述离心泵的工作原理。
3. 环控系统的风机主要有哪些？分别有哪些功能？
4. 简要列举给排水系统的设备。
5. 给排水系统的日常维护工作任务有哪些？

6. 给排水系统的常见故障该如何处理？

【案例分析题】

北京地铁5号线南起丰台宋家庄站，经天坛、崇文门、东单等站，北至昌平天通苑北站。线路全长约27km，其中地下线约17km。全线共设有22个车站，其中16座地下站、6座地上站，一个车辆段、一个停车场和一个指挥中心。地铁工程中地下车站及区间除车站出入口、风亭及地下线路两端隧道洞口外，基本与大气隔绝。通风空调系统的任务是对地下车站及区间隧道内的温度、湿度、风速、事故工况排烟等进行全面控制。车站两端分别设置新风井及排风井各一座，风井面积因通风量而异。

北京地铁5号线工程空调通风系统制式采用闭式系统，开/闭式运行。空调通风系统由以下4部分组成：车站公共区空调通风/区间通风系统（空调大系统）、设备管理用房空调通风系统（空调小系统）、空调水系统（水系统）和其他区间通风系统（中间风井、洞口空气幕及射流风机）。

隧道通风系统中车站的公共区夏季采用空调控制，其余季节通风换气。车站公共区空调通风机与置于车站的区间隧道风机合二为一，即车站空调通风兼具区间隧道风机的功能，采用变频控制，工况不同时，风量不同，从而实现节能运行的目的。

地铁运营正常时，通风空调设备排除余热和余湿，为乘客创造一个往返于地面至列车内的过渡性舒适环境。隧道通风机通过送/回风管对车站公共区进行通风换气。当区间夜间通风和区间隧道阻塞时，通过控制组合风阀转换开关实现区间的通风换气。风机根据运行模式的要求进行正转或反转运行，以达到向车站和区间隧道送风、排风的目的。同时，该风机兼顾车站及区间火灾事故通风，通风空调设备具有排烟功能，可以为乘客和消防人员提供必要的新风量，形成一定的迎面风速，诱导乘客安全撤离。

问题：

1. 结合案例，讨论分析环控系统的组成及功能。

2. 结合实际，讨论空调通风系统在地铁运营中的重要意义。

# 项目五　车站低压动力照明配电系统的操作与维护

## 项目背景

车站动力和照明供电系统也称低压动力照明配电系统。动力是指风机、水泵等使用380/220V交流电源的设备，照明是指站台、站厅、设备房、通道、区间等的一般照明和事故照明。根据《地下铁道设计规范》，低压系统用电负荷可分为一级负荷、二级负荷和三级负荷。车站低压动力照明系统的主要设备有动力变压器、跟随变电所35kV隔离开关、电缆、电线、塑壳式断路器和照明（动力）配电箱；车站事故照明为一级负荷，应保证不间断供电，包括站台厅、站厅层、设备房、隧道、区间的事故照明和疏散诱导照明，原则上为长明灯。

## 项目任务书

车站低压动力照明配电系统使用与维护任务书如表5-1所示。

**表5-1　车站低压动力照明配电系统使用与维护任务书**

| 名称 | 车站低压动力照明配电系统使用与维护 | |
|---|---|---|
| 学习目标 | 知识目标 | 1. 了解城市轨道交通低压配电系统的组成。<br>2. 掌握城市轨道交通低压配电房的设置原理。<br>3. 掌握照明系统的组成。<br>4. 了解地铁照明的分类及功能。<br>5. 了解和掌握低压开关柜技术要求。<br>6. 了解应急照明系统的布置形式。<br>7. 掌握开关柜的组成结构。<br>8. 了解应急照明系统的主要部件。 |
| | 技能目标 | 1. 能叙述低压配电系统各组成部分的主要功能。<br>2. 能识别照明种类及其功能。<br>3. 能够熟练使用低压开关柜。<br>4. 能够掌握应急照明的供电方式及简单故障的处理。<br>5. 会UPS应急操作。 |
| | 素质目标 | 1. 具有良好的社会公德、职业道德和专业基本素质。<br>2. 具有强烈的法律意识、安全环境保护意识、安全与自我保护意识。<br>3. 具有沟通协调能力、语言表达能力、班组管理能力。<br>4. 培养团结协作、热情有礼、认真细心、沉着冷静、遇乱不惊的职业素养。 |
| 学习内容 | 知识准备：<br>关于标准电压等级的定义<br>关于照明的名词定义<br>负荷等级的分类 | |

续表

| 名称 | 车站低压动力照明配电系统使用与维护 |
| --- | --- |
| 学习内容 | 任务一　车站低压配电及照明系统的正常运行<br>工作任务一　低压配电系统认知（低压配电系统概述、外观结构、内部结构认知）<br>工作任务二　低压供配电常见元件认知<br>工作任务三　城市轨道交通照明系统的认知（照明系统的组成、配置方式、内部结构认知）<br>任务二　车站低压配电及照明系统设备的运行维护<br>工作任务一　低压开关柜的运行维护（低压开关柜结构认知、操作界面认知、设备功能描述设备运行维护）<br>工作任务二　应急照明系统设备（应急照明设备的操作模式及优先级别操作与运行维护）<br>任务三　UPS操作<br>工作任务　UPS及配电柜应急操作 |
| 任务实施要求 | 1. 将授课班级学生分组，每小组5～8人为一个学习团队。<br>2. 每个学习团队组织学习，进行项目任务分析、任务分配、制定团队工作任务分配表。<br>3. 资料学习、相关知识准备完成项目的资讯环节。<br>4. 现场教学、资源利用完成项目的实施演练环节。<br>5. 学习团队讨论，编制项目任务知识点学习计划书。<br>6. 学习团队现场实践，制订现场实践的实施方案。<br>7. 学习团队按任务分配表制作项目任务的汇报演讲稿，团队派代表上台演讲。<br>8. 制定该项目任务的评价表，考核要素，进行小组互评。 |
| 任务实施要点 | 1. 收集与整理教学资源。<br>2. 确认任务学习的重点与难点。<br>3. 制订任务学习计划，小组任务分工，汇报PPT制作，小组交流演讲。<br>4. 学习团队进行讨论，可让老师参与讨论，通过团队合作解决问题。<br>5. 能够识别安全标识，注意安全与环保意识的培养。 |
| 任务拓展 | 1. 会收集具有国内、外领先水平的机电设备监控系统的运行与管理相关技术资料。<br>2. 按“准员工”的要求学习机电设备监控系统的运行与管理系统操作手册。<br>3. 能够进行机电设备监控系统的运行与管理应急处理。<br>4. 会制作机电设备监控系统的运行与管理的多媒体课件。 |
| 任务下发人 | 日期：　　年　　月　　日 |
| 任务执行人 | 日期：　　年　　月　　日 |

# 任务一　低压配电及照明系统运行

## 一、任务导入

### （一）城市轨道交通供电系统概述

城市轨道交通供电系统的根本作用是为城市轨道交通运营提供动力能源——电能。其供电电源一般取自城市电网，高压电通过输送或交换，以适当的电压等级供给设备，以保证电源的供应。城市轨道交通供电系统是由电力系统经高压输电网、主变电所降压、配电网络，以及牵引变电所降压、换流等环节，向城市轨道交通系统输送电力的全部供电系统。根据用电性质的不同，城市轨道交通供电系统分为两部分：由牵引变电所为主组成的牵引供电系统和以降压变电所为主组成的低压配电与照明配电系统。

（1）至引供电系统经由车引变电所，将城市电网中压电降压、整流后变换为城市轨道交通需要的750V或1500V的直流电，传递给接触网，以提供列车动力电源。

（2）低压配电与照明配电系统则是以降压变电所为基础，将城市电网10kV中压配电降压为380V/220V或660V/380V的低压配电，包含照明系统和低压配电系统两个子系统，是城市轨道交通供电系统的重要部分，其主要作用是为低压设备提供和分配电能。

### （二）城市轨道交通供电系统的供电方式

供电系统是城市轨道交通的动力能源，负责为列车和动力照明负荷提供电源。它不仅要为电力用户提供安全、可靠、经济的电能，还要保证城市轨道交通的安全、正常运行，防止各类电气事故和灾害的发生。

城市轨道交通作为城市电网的用户之一，一般直接从城市电网中取得电能，无须单独建设电厂，城市电网对城市轨道交通进行供电。供电系统按供电方式可分为集中式供电、分散式供电和混合式供电三种方式。

1. 集中式供电

在城市轨道交通沿线，根据用电容量和线路长短建设专用的主变电所。主变电所进线电压一般为110kV，经降压后变为35kV或10kV，城市电网供车引变电所与降压变电所。主变电所应有两路独主变电所中压网络立的进线电源。集中供电有利于城市轨道交通供电形成独立体系，便于管理和运营。例如，上海地铁、广州地铁、南京地铁、香港地铁、德黑兰地铁等采用的是集中供电的方式。

集中式供电的优点如下。

（1）可靠性高，便于集中、统一调度和集中管理。

（2）施工方便，维护容易，电缆敷设径路比较好走。

（3）抑制谐波的效果较好。为减少谐波对电网的影响和危害，采用较高脉波（24脉波）整流机组，或者选用较高电压（110kV）的电源，因为大容量、高电压电网的承受能力强，同时国家标准规定的谐波总畸交率和谐波电压含有率比小容量、低电压电网要低得名，有利于今后集中采取高次谐波防治措施。

（4）计费方便、简单。采用110kV电压集中供电方式，运行管理单位与电业部门的电度计费在主变电所设总计量就行，不必在各变电所分别计量。

2. 分散式供电

在地铁沿线直接由城市电网引入多路电源构成供电系统。一般为10kV电压级。分散式供电要保证每座牵引变电所和降压变电所均获得双路电源，要求城市轨道交通沿线有足够的电源引入点及备用容量。沈阳地铁、长春轻轨、大连轻轨、北京城铁、北京八通线、北京地铁5号线等均采用了分散式供电。

3. 混合式供电

将前两种供电方式结台起来，一般以集中供电为主，个别地段引入城市电网电源作为集中式供电的补充，使供电系统更加完善和可靠。北京地铁一号线和环线、武汉轨道交通工程、青岛地铁南北线工程等均为混合式供电方案。

### （三）低压配电与照明系统的作用

低压配电与照明供电系统在城市轨道交通中占据举足轻重的地位，其可靠性、安全性决定了通信系统、信号系统、环境与设备监控系統、自动售检票、火灾自动报警系统及消防系统等的运行质量，尤其体现在非正常工况状态下，它是城市轨道交通正常运营不可缺少的重要保障。

总的来说，低压配电系统的作用是将低压电力安全、可靠、合理地配置给各用电负荷。具体要求如下。

（1）安全性。能够尽量防止人身触电，保证设备的正常运行，在发生火灾时保证供电的正常进行。

（2）可靠性。保证城市轨道交通运营持续不间断地供电，保证运营高峰时期的用电负荷容量（开关/线缆/变压器），保证良好的电力质量，保证过电流、过电压的继电保护，并能在恶劣气候条件下可靠地运行。

（3）合理性。保证重点负荷的供电，经济运行，节约用电。

### （四）车站动力和照明供电设备的分布

城市轨道交通车站动力和照明供电系统也称低压动力照明配电系统。动力是指风机、水泵等使用380/220V交流电源的设备，照明是指站台、站厅、设备房、通道、区间等的一般照明和事故照明。

车站动力及照明设备从变电所配电变压器后的低压柜及变电所交直流盘馈出电缆获得电源，每个变电所0.4kV的双电源向其供电范围内的动力和照明负荷供电。车站内所有负荷电源一般都以车站中心为界进行布置，其中，一般地下车站（标准站）的布置原则如下。

（1）在站台层两端分别布置变电所低压室、低压配电室各1座，各自负责半个车站及相邻半个区间的照明和动力负荷。

（2）在站厅层两端各布置1座环控电控室，各自负责半个车站的环控负荷及隧道通风负荷。

（3）在物业层（站台层或站厅层）设置1个物业配电室。

（4）在站台和站厅层两端分别设置1座照明配电室，分别负责半个车站的照明。一个车站共4座照明配电室，一般以车站中心为界，分别由位于车站两端的低压配电室按照明的供电范围（出入口照明、站厅层照明、站台层照明、隧道区间照明、地面照明）及照明种类（按负荷分类）分回路供电。

（5）在站台层两端各设置1座蓄电池室，分别负责半个车站和相邻半个区间的事故照明。归环调和电力调度管辖和控制的设备均采用当地和远动两种操作方式，并分别留有接线端子。例如，在环控电控室的继电器屏为BAS留出接线端子，水泵类设备在其控制箱为BAS留出接线端子，在照明配电室的配电箱上留出BAS接线端子，以供环控调度和电力调度在控制中心监控和操作，同时通过车站控制室IBM盘也可控制操作。

动力系统主要采用放射式供电方式。车站动力及区间动力设备分别从变电所、低压配电室和环控电控室的低压柜引出电源供电。

照明系统采用放射式供电［如图 5-1（b）所示］和树干式供电［如图 5-1（a）所示］相结合的方式，以放射式为主，按照负荷等级的不同进行供配电。

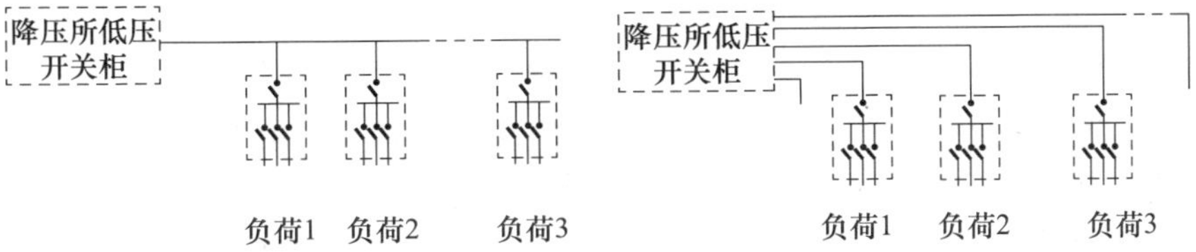


(a) 树干式供电示意图　　(b) 放射式供电示意图

图 5-1　供电示意图

总的来讲，降压变电所、低压配电室和环控电控室的数量及布置方式，需要根据车站形式（地下车站、高架车站、地面车站、岛式车站、侧式车站等）及用电负荷来定，一般的做法是在标准站的基础上增加或减少。例如，在超过 20000m$^2$ 或用电量较大的换乘站等车站，降压变电所的另一端车站站台处还会设置一座跟随所（从环网引入两路中压电源，功能与降压变电所相同，与降压变电所共同承载车站的全部负荷）；在地面段高架车站，由于用电负荷相对较低，可适当地减少低压配电室和环控电控室的数量。相应地，动力和照明配电设备也依据车站形式和用电负荷有所增减。

车站动力和照明供电系统一般由电源、线路、开关和负荷组成。电源是指降压变电所、跟随所、蓄电池组等为用电负荷提供电能的设备。线路是指为用电负荷传输电能的电力电缆等设备。开关用于对负荷进行停、送电操作，一般都具备一定的保护功能。

## 二、知识准备

### （一）车站用电负荷的分类及供电方式

根据《地下铁道设计规范》，低压系统用电负荷可分为 3 级。

（1）一级负荷，是指防排烟风机、废水泵、消防泵、防淹门、通信、信号、防灾报警、自动售检票系统、车站控制室、站台门、站厅照明、站台照明、出入口照明、应急照明（含疏散指示照明）等用电，以及区间的风机和水泵用电，由两路独立的电源供电，分别从降压变电所Ⅰ、Ⅱ段母线各引一路电源到设备附近，在设备末端设双电源自动切换箱（相对集中的小容量一级负荷为节省投资而共用一个双电源，自动切换箱就近配电）。应急照明电源在交直流屏上切换。

（2）二级负荷，是指自动扶梯、电梯、普通风机、污水泵、一般照明（房屋、板下、插座）、设备房维修动力、区间检修动力、管理房及设备房照明等用电，由一路电源供电。当这路电源发生故障时，由变电所低压柜上的母线联络开关进行切换，以保证供电。当电网只有一路电源时，允许将其从电网中切除（人工切除）。

（3）三级负荷，是指冷水机组及其配套的冷冻泵、冷却泵、冷却塔、茶水间热水器及广告照明、装饰照明、商铺照明、清洁机械等设备用电，由三级负荷总开关引来一路单电源，一路总进线电源故障时自动被切除，人工复位。在火灾情况下，FAS 直接切断三级负荷总电源。

车站用电负荷按用途不同，可分为动力和照明两大类。

### （二）车站低压动力照明系统的主要设备

1. 动力变压器

动力变压器常用的电压等级有 10/0.4kV 和 35/0.4kV 两种，单台容量一般在 600kVA 以下，为干式、户内、自冷、环氧树脂浇注变压器，其三相连接组别绝缘介质为环氧树脂，线圈绝缘耐热等级（高压/低压）为 F/F 级。动力变压器具有过载能力强、抗短路能力强、强迫风冷时可使额定容量提高近 50%、设计精巧、占地面积少、安装简单和真正免维修等优点。

环氧树脂浇注变压器是将绕制的高、低压线圈固定在模具内，在真空状态下用环氧树脂浇注成型。环氧树脂浇注变压器按有无填料（硅微粉）可分为带填料树脂浇注和不带填料树脂浇注，按绝缘材料的耐热等级可分为 F 级绝缘和 H 级绝缘。F 级绝缘的温升限值为 100K，H 级绝缘的温升限值为 125K。目前国内城市轨道交通大部分为 F 级绝缘。

动力变压器由铁芯、绕组、外壳和附件组成。

2. 跟随变电所 35kV 隔离开关

跟随变电所 35kV 隔离开关如图 5-2 所示。隔离开关为三相共底架闸刀式开关，由底架、绝缘子及导电部分组成。底架由转轴及弯板和角钢焊接组成，底架上固定 6 个绝缘子，每两个组成一级，相互间中心距为 460mm。转轴上装有 3 个操作绝缘子，用于操作三相闸刀分/合闸运动。导电部分由静触头、触刀和触座组成，静触头上可有 6 对、14 对、16 对触片，由弹簧钢丝压紧，触头可上下摆动，每组有 2 片闸刀装在触座上，并用弹簧压紧。

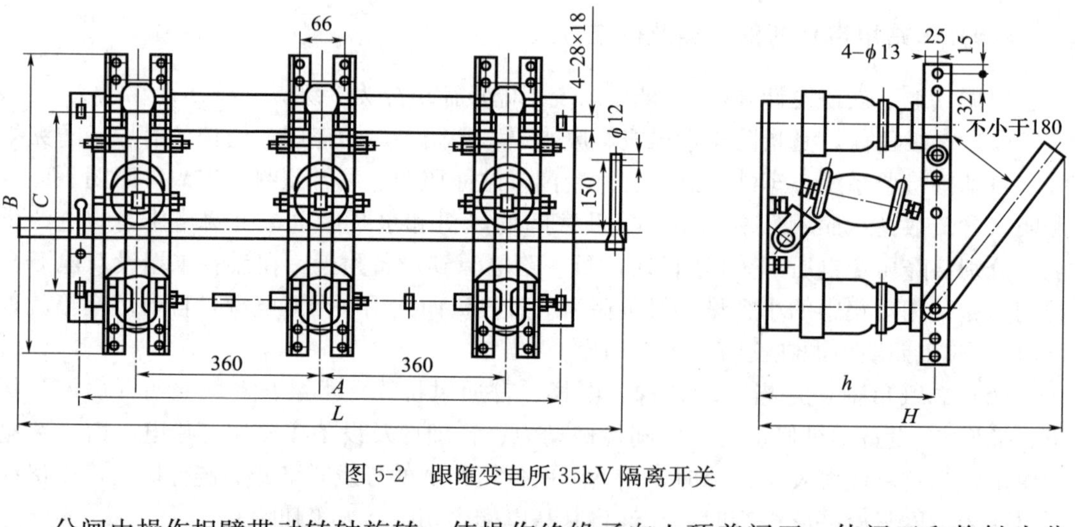


图 5-2　跟随变电所 35kV 隔离开关

分闸由操作拐臂带动转轴旋转，使操作绝缘子向上顶着闸刀，使闸刀和静触头分开，闸刀绕触座旋转，静触头也在闸刀带动下向上移动至分闸位置。

合闸由操作拐臂带动转轴旋转，使操作绝缘子拉着闸刀向下转动，在与静触头相遇后带动静触头转动，一起转动至合闸位置。

3. 电缆、电线

在城市轨道交通车站及区间，从变电所低压配电柜到各配电箱全部采用电缆配电及电线，其中，电缆的绝缘电压等级为1000V，电线的绝缘电压等级为500V。根据配电系统（TN-S）的要求，一般用五芯电缆。电缆除了符合电流、电压并满足电压损失等一般条件外，某些地市还要求使用无卤、低烟、B级阻燃的铜芯电缆。无卤即燃烧时不产生有毒的酸性气体，低烟即要求燃烧时烟尘较小，阻燃等级要求B级是上海市的规范要求。过去只提出阻燃要求，没有明确等级，一般按C级供货，2003年2月，韩国大邱城市轨道交通发生火灾造成了惨重的损失，乘客死伤较多，鉴于此教训，上海市消防部门提出了针对阻燃等级的明确要求。电缆的阻燃特性如表5-2所示。

**表5-2 电缆的阻燃特性（成束燃烧试验）**

| 阻燃等级 | 试样的供火时间/min | 试样长度/m | 试样根数每米含的非金属材料总体积/L | 碳化部分的高度不超过/m |
|---|---|---|---|---|
| A | 40 | 3.5 | 7 | 2.5 |
| B | 40 | 3.5 | 3.5 | 2.5 |
| C | 20 | 3.5 | 1.5 | 2.5 |

电缆敷设时，站台板下用电缆支架，站台及站厅的吊顶内用电缆桥架，且穿越墙体及楼板的孔洞时均应用防火堵料封堵。

4. 塑壳式断路器

在低压配电系统中，常用塑壳式断路器做终端开关或支路开关。塑壳式断路器取代了过去常用的熔断器和闸刀开关，具有过载长延时、短路瞬动的二段保护功能，还可以与漏电器、测量和电操等模块单元配合使用。

5. 照明（动力）配电箱

照明（动力）配电箱作为配电系统的终端电器设备被广泛应用于照明和动力系统，一般引入两路电源，且具备自投、自切功能。

照明配电箱按安装方式不同可分为封闭悬挂式（明装）和嵌入式（暗装）两种。照明配电箱的主要结构包括箱壳、面板、安装支架、中性母线排、接地母线排等部件。面板上有操作主开关和分路开关的开启孔，若不需要安装全数分路开关，可以使用封口板将开启孔部分封闭。进出线敲落孔置于箱壳上、下两面。背面有长圆形敲落孔，可以根据用户需要敲孔后使用。

照明配电箱按箱体材质又可分为钢箱、不锈钢箱、铁箱和塑料箱等。

### （三）车站事故照明应急电源

车站事故照明为一级负荷，应保证不间断供电，包括站台层、站厅层、设备房、隧道、区间的事故照明和疏散诱导照明，原则上为长明灯。

正常情况下，车站事故照明负荷采用交流双电源互为备用供电。当一路电源失电时，由另一路电源自动投入；当两路电源均失电时，由蓄电池组构成的事故照明应急电源把储备的电能经过逆变后提供交流电源给事故照明灯具。一般要求蓄电池持续供电时间不小于1h。

蓄电池组事故照明应急电源一般组装成套，简称为应急电源（Emergency Power Supply，EPS），设置在每个车站两端的低压配电室，各负责半个车站的事故照明，由蓄电池组、充电器、逆变器、隔离变压器、切换开关、监控器和保护装置等组成。

逆变器通常采用DSP或单片CPU对逆变部分进行调制和控制，使之获得良好的交流波形输出。整流充电器的作用是在市电输入正常时，实现对蓄电池组适时充电；逆变器的作用则是在事故照明交流电源全部失去时，将蓄电池组存储的直流电能变换为三相交流电能输出，给负荷设备提供稳定、持续的电力。互投装置可保证负荷在市电及逆变器输出间的顺利切换。系统控制器可对整个系统进行实时控制，可发出故障告警信号并接收远程联动控制信号，还可通过标准通信接口由上位机实现EPS的远程监控。

当交流电源输入正常时，两路交流电源通过互投装置为事故照明负荷供电，系统控制器自动进行交流电源检测并通过充电机对蓄电池组的充电情况进行管理。由于EPS充电器的容量通常仅相当于蓄电池组容量（AH）的10%，所以，此时充电机仅为蓄电池组浮充或补充电能，而不具备直接向逆变器提供直流电源的能力。同时，在EPS控制器的调控下，逆变器将停止工作，处于自动关机状态，此时事故照明负荷实际使用来自低压配电室的交流电源。

当输入交流电源中断或电压超限（±15%或±20%的额定输入电压）时，系统控制器会指令互投装置在短时间内（0.1～4s）投切至逆变器供电，EPS在蓄电池组提供的直流能源的支持下，向事故照明负荷提供三相交流电源。

当输入的交流电源、电压恢复正常工作时，EPS控制器会发出指令，对逆变器执行关机操作，同时通过互投开关执行从逆变器供电向交流旁路供电的切换操作，随即EPS经交流旁路向事故照明负荷供电，并通过整流充电器向蓄电池组充电。

城市轨道交通车站内一套EPS应急电源蓄电池组的容量一般为100AH左右，主变电所一般为300AH左右。

### （四）高架车站水电资料

#### 1. 车站用电负荷

（1）一级负荷：综合监控系统（ISCS）、通信系统、信号系统、火灾自动报警系统、环境与设备监控系统（BAS）、电力监控系统（PSCADA）、自动售检票（AFC）、门禁、安全门、民用通信、变电所用电、应急照明、废（雨）水泵、消防系统设备、排烟系统用风机、用于疏散的自动扶梯、防火卷帘、挡烟垂帘等。

供电要求：一级负荷应由两路来自变电所不同低压一、二级负荷母线的电源供电，一用一备，在末端配电箱处自动切换；应急照明为一级负荷中特别重要的负荷，以双电源切换+EPS应急电源装置的方式供电。

（2）二级负荷：车站公共区照明、设备管理用房照明、高架区间照明、不用于疏散的自动扶梯、电梯、安检设备、维修电源、普通风机等。

供电要求：二级负荷由变电所低压一、二级负荷母线提供一路电源供电，当变电所只有一路电源时，由低压母线分段开关切换保证供电。

(3) 三级负荷：空调机组及其配套设备、排气扇、广告照明、清扫电源及其他不属于一、二级负荷的用电设备，且停电后不影响轨道交通正常运行的负荷。

供电要求：三级负荷仅由变电所的低压三级负荷母排提供一路电源供电，当供电系统一路电源失电时，切除该负荷。

2. 车站照明

(1) 照明种类

车站照明分为正常照明和应急照明。其中正常照明包括公共区工作照明、公共区节电照明、设备房照明、36V 安全特低电压照明、导向照明、广告照明。应急照明包括疏散照明和备用照明。车站公共区照明中，工作照明占 1/2，节电照明占 1/2，广告照明可作为工作照明的一部分。公共区的疏散照明约占公共区总照明的 1/10。在车站出入口、双层地面站及高架车站昼间站台到站厅楼梯处设过渡照明。

开关设置在站厅和站台配电房。使用时关闭相应空气开关，按压配电箱上的运行按钮即可开启照明。配电箱上设有远程和就地开关，开关处于“手动”位置时，由车站就地控制照明的启动；开关处于“自动”位置时，由环控调度员/BAS 远程控制车站照明的启动。

(2) 节电模式

节电模式是将工作照明中的部分设置为节电照明，节电照明一般由专业部门装置定时器控制，定时开、定时关。在运行的高峰时段，站台站厅公共区的所有照明全部开启。高峰过后，关闭正常照明。

(3) 供电方式

① 应急照明电源设备采用 EPS 电源装置，车站站厅、站台各设一套负责本层应急照明的配电。在附属用房二层设一套 EPS 电源装置，负责附属用房应急照明的配电。EPS 电源装置平时蓄电池处于浮充状态，在两路交流电源都失压的情况下蓄电池放电向应急照明供电。持续供电时间不少于 60min。

② 在车站站厅、站台、出入口通道、疏散楼梯、疏散通道、重要设备用房等处设置疏散照明。在站台、站厅、出入口通道、疏散楼梯及其转角平台、疏散通道、安全门端门、有人值班设备房、重要设备房（如气瓶室、0.4kV 开关柜室、35kV 开关柜室、车控、主控、通信等）、所有通向外界的应急出口处应设置疏散指示标志灯（含出口标志灯或指向标志灯）。

③ 在车控室、通信信号机房、变电所、消防泵房、应急电源装置室等应急指挥或应急设备应用场所设置备用照明。

(4) 照明控制

① 公共区照明、广告照明、区间照明、导向照明设两级控制，在车站车控室集中控制和在照明配电室就地控制。根据不同运营时段需求，分为正常高峰、正常非高峰、节假日、停运等模式进行节电控制。

② 设备管理用房照明设照明配电室、BAS 控制、就地设翘板开关控制。车站渡线区设置用于检修的加强照明，在站台下至轨道的楼梯处设置开关。

③ 应急照明控制：车站公共区、出入口等处应急照明设为接触器控制，火灾时可

由FAS强启；设备房应急照明采用就地控制方式，设双控开关，火灾时不受就地开关的控制，实现强启；车站内疏散指示标志常亮，不设控制。

### （五）地下站水电控制

1. 车站用电负荷

（1）一级负荷：综合监控系统（ISCS）、通信系统、信号系统、火灾自动报警系统、环境与设备监控系统（BAS）、电力监控系统（PSCADA）、自动售检票（AFC）、门禁、站台门/安全门、防淹门、民用通信、变电所用电、应急照明、车站公共区的正常照明、区间照明、废（雨）水泵、消防系统设备、排烟系统用风机、用于疏散的自动扶梯、防火卷帘、挡烟垂帘等。

供电要求：一级负荷应由两路来自变电所不同低压一、二级负荷母线的电源供电，一用一备，在末端配电箱处自动切换；站台、站厅正常照明由变电所两段低压母线交叉供电，各带约一半的照明负荷；应急照明为一级负荷中特别重要负荷，以双电源切换＋EPS应急电源装置的方式供电。EPS在双路交流电源失电时，蓄电池组经逆变器投入运行。

（2）二级负荷：设备管理用房照明、冷水机集控柜、不用于疏散的自动扶梯、电梯、污（集）水泵、普通风机及相关阀门、维修电源等。

供电要求：二级负荷由变电所低压一、二级负荷母线提供一路电源供电，当变电所只有一路电源时，由低压母线分段开关切换保证供电。

（3）三级负荷：冷水机组及其配套设备、广告照明、清扫电源及其他不属于一、二级负荷的用电设备，且停电后不影响轨道交通正常运行的负荷。

供电要求：三级负荷仅由变电所的低压三级负荷母排提供一路电源供电，当供电系统一路电源失电时，切除该负荷。

2. 车站照明

（1）照明种类

车站照明分为正常照明和应急照明。其中正常照明包括公共区工作照明、公共区节电照明、设备房照明、36V安全特低电压照明、导向照明、广告照明。应急照明包括疏散照明和备用照明。车站公共区照明中，工作照明占1/2，节电照明占1/2，广告照明可作为工作照明的一部分。公共区的疏散照明约占公共区总照明的1/10。在车站出入口、双层地面站及高架车站昼间站台到站厅楼梯处应设过渡照明。过渡照明宜优先利用自然光，不足时增加人工照明。

开关设置在站厅、站台配电房。使用时关闭相应空气开关，按压配电箱上的运行按钮即可开启照明。配电箱上设有远程和就地开关，开关处于“手动”位置时，由车站就地控制照明的启动；开关处于“自动”位置时，由环控调度员/BAS远程控制车站照明的启动。

（2）节电模式

节电模式是将工作照明中的部分设置为节电照明，节电照明一般由专业部门装置定时器控制，定时开、定时关。在运行高峰时段，站台站厅公共区的所有照明全部开启。高峰过后，关闭正常照明。

（3）供电方式

① 应急照明电源设备采用EPS电源装置，车站两端各设一套负责本端应急照明及区间的配电。EPS电源装置平时蓄电池处于浮充状态，在两路交流电源都失压的情况下蓄电池放电向应急照明供电。持续供电时间不少于90min。

② 在车站站厅、站台、出入口通道、疏散楼梯、疏散通道、重要设备用房等处设置疏散照明。在站台、站厅、出入口通道、疏散楼梯及其转角平台、疏散通道、站台门端门、有人值班设备房、重要设备房（如气瓶室、0.4kV开关柜室、35kV开关柜室、车控、主控、通信等）、所有通向外界的应急出口处应设置疏散指示标志灯（含出口标志灯或指向标志灯）。

③ 在车控室、通信信号机房、变电所、消防泵房、应急电源装置室等应急指挥或应急设备应用场所设置备用照明。

④ 区间照明为应急照明，电源取自就近端应急照明电源室EPS。区间每隔10m设置一盏照明灯具，采用不同回路交叉配电，以提高供电可靠性。

（4）照明控制

① 公共区照明、广告照明、区间照明、导向照明设两级控制，在车站车控室集中控制和在照明配电室就地控制。根据不同运营时段需求，分为正常高峰、正常非高峰、节假日、停运等模式进行节电控制。

② 设备管理用房照明设照明配电室、BAS控制、就地设翘板开关控制。车站渡线区设置用于检修的加强照明，在站台下至轨道的楼梯处设置开关。

③ 应急照明控制：地下车站公共区、出入口、走廊处应急照明不设控制，为长明灯；设备房应急照明采用就地控制方式，设双控开关，火灾时不受就地开关控制，实现强启；区间应急照明为长明灯，运营后也可根据需要灵活调整模式。

## 三、任务实施

### 工作任务一　低压配电系统认知

【情境描述】

低压配电系统配电原则一般采用放射式、树干式或两者结合的方式，现行国家标准《地铁设计规范》（GB 50157）中明确规定“大容量设备或性质重要的用电设备宜采用放射式配电”，由此决定了通信、信号、自动售检票、设备监控、防灾报警、消防、电梯及变电所自用电等重要负荷与隧道通风机（一般单台容量为90～110kW）、冷水机组均采用由降压变电所直接供电的放射式配电方式。除此之外，只有照明及为数不多的二、三级负荷采用树干式供电。在城市轨道交通的配电系统中，为使故障范围缩至最小，大都采用放射式为主、树干式为辅的配电原则。这也是保障供电可靠性的根本选择。

【学习过程】

#### （一）低压配电系统的构成和分布

供配电系统均由电源（来源）、输电线路和负荷三个部分组成。相应地，低压配电系统对应的三个具体的构成分别为低压配电室开关柜、低压电缆线路和设备配电箱。变电所内设有低压开关柜，各级设备的负荷电源都从低压开关柜接引，通过低压电缆线路向各个用电设备配电。

变电所低压室、低压配电室各 1 座分别设置于站台层的两端，各负责半个车站及区间的负荷；环控电控室 2 座设置于站厅层的两端，各负责半个车站的环控负荷；照明配电室 4 座分别设置于站台层和站厅层的两端；蓄电池室 2 座，设置于站台层的两端。

## （二）低压配电负荷的分类

1. 按照用途分类

低压配电负荷按用途可分为动力设备负荷和照明设备负荷两类。

动力设备负荷主要包括通信、防灾报警、信号、火灾自动报警系统、自动票务、站台门、风机、空调器、气体灭火、垂直电梯、污水泵、环境与设备监控系统；照明设备负荷主要包括自动扶梯检修插座、冷冻机组、空调水泵、冷却塔、清扫插座。

2. 按照设备重要程度分类

低压配电负荷按设备的重要程度分一级负荷、二级负荷和三级负荷。

（1）一级负荷

一级负荷设备包括消防设备、通信设备、信号设备、自动售检票设备、事故风机、排风机、排烟机、废水泵、站台门等。一级负荷设备极为重要，其停电可能引发城市轨道交通运营的延误或乘客疏散困难，导致较大的伤亡事故。因此，一般采用两路独立电源供给，并配有备用不间断电源。

（2）二级负荷

二级负荷设备包括一般风机、自动扶梯、直升电梯、污水泵等。二级负荷设备较为重要，其停电可能引发运营的延误或乘客疏散困难，导致一定程度的伤亡事故，一般采用两路独立电源供给。

（3）三级负荷

三级负荷设备包括空调机、冷水机组及清扫、检修等设备。三级负荷设备相对重要性较低，其停电可能导致乘客舒适度下降，但一般不会导致伤亡事故。

## （三）低压配电设备的供电方式

系统所供配电设备可分为车站降压所直接供配电设备和环控电控室供配电设置。环控电控室一般设置在空调通风机房、车站的一端或两端。不同负荷的不同供电系统的供电方式各有不同，下文将简单阐述。

1. 一级负荷供电方式

一级负荷设备，如通信系统、信号系统、综控室等，系统由降压变电所低压柜 2 段母线（两路引自变电器电源）各引一路电源到设备附近，在设备末端设置双电源自动切换箱（相对集中的小容量一级负荷为节省救资可能共用一个双电源自动切换箱就近配电，即前述树干式布线）。

2. 二级负荷供电方式

二级负荷设备，如自动扶梯、排污泵等，系统由降压变电所低压柜 1 或口段母线引一路电源，当所在母线故障时母联开关投入，由另一母线供电。当电网只有一路电源时，允许将其从电网中切除（人工切除）。

3. 三级负荷供电方式

三级负荷设备，如环控三类负荷、冷水机组、空调机等，系统由降压变电所低压柜三级负荷总开关引一路单电源，一路总进线电源故障时自动被切除，人工复位。在发生火灾情况下，火灾自动报警系统直接切断三级负荷总电源。

对于环控室直接配电的环控一二级负荷设备（如区间隧道风机、送排风机、防火阀、环境与设备监控系统控制柜等），系统采用单母线断路器分段接线形式供电，并设有电源自动切换装置，通过母联断路器（连接两段母线）的备用电源自动切换装置，实现两路电源的互备供电。

对于环控室供配电（直接或间接）的环控三级负荷设备（如电动蝶阀、冷却水泵等），系统采用单母线接线形式供电。当该母线失压或故障时，中断供电；当电网只有一路电源供电时，联跳中断供电。

### （四）低压配电设备的控制

为保障低压配电设备的安全使用，系统采用多种控制设备方式，分别对各种配电设备进行控制，如控制通风机运行、控制电梯运行等，一般设备采用就地控制和综合控制两种方式。

1. 就地控制

就地控制是指在设备附近，便于直接控制的控制方式。例如，自动扶梯一般采用就地控制方式，事故状态下才会采用综控室联动控制方式，紧急停止自动扶梯。

2. 综合控制

综合控制是指在车站综控室由环境与设备监控系统实现对风机、空调、水泵等设备的控制与监视，并将采集的信息送至中央控制室。

除以上两种控制方式外，环控电控室直接的环控设备（如风机等）同时存在环控电控控制方式，即在环控电控室内可对各环控设备进行控制，以保证环控的整体运行。

### （五）低压系统的型式

城市轨道交通低压配电系统的供电方案集中体现为降压变电所（以下简称“降压所”）的设置型式，基于以上动力照明配电原则，降压所的设置必须遵循靠近车站负荷中心的基本原则，为满足现行国家标准《地铁设计规范》（GB 50157）中规定的“末端设备电压偏差允许值（以额定电压的百分数表示）为±5%”的要求，降压所不可远离负荷中心，在此前提下可以根据不同站型，采用多种型式及数量，以下主要就降压所的几种型式进行剖析。

1. 一所型式

车站只设一座降压所，位于重负荷一端，根据上述配电原则，车站所有重要的一、二级负荷及容量较大的三级负荷均从所内放射性供电，根据设计经验，标准的地下双层车站的降压所馈出回路为 80～90 个，除冷冻站外，由于车站两端负荷一般分布较为均匀，故远离降压所一端的供电回路约占一半左右。以上分析表明，降压所为一所型式的供电方案具备以下明显优势。

一是设备房屋简捷，整个车站的供电设备（除环控电控室外）集中设置在一处，做到了数量最少，从而减少了降压所的设备投资。

二是设备用房数量最少，最低限度地影响土建造价，但随之带来的不利因素亦很明显，包括以下几方面。

(1) 由于供电方案为放射式，势必造成供电距离大幅增加，为将线路电压损失限制在规定范围内，必须增大导线截面，同时大幅增加低压线路的数量，出现故障的几率增大，较大程度上降低了供电的质量及可靠性。

(2) 因为供电距离较长，单机大容量设备需要采用电缆大截面或密集型母线供电，而二者（尤其是密集型母线）价格高昂，会引起电力投资的显著增加。

(3) 由于地下车站风道、水管道及各专业的管线均集中在站台板下及吊顶内，会造成电缆尤其是母线路径的不通，影响供电方案。

(4) 采用单所供电时，由于低压线路多而复杂，将会增加运营时的电能损耗，对长久的经济效益不利，损耗产生的热量又会加剧空调负荷，产生不良循环。

2. 一主所一跟随所型式

在车站一端设一座降压所（与高压柜相邻），另一端设一座跟随式降压变电所，主接线及运行方式为：降压所的高压侧采用单母线分段中间加母联断路器的接线方式，正常时母联断路器处于断开状态，每段母线分列运行，且每段均有一主所和一跟随所，两路变压器的馈出主接线型式决定了两所的高压进线均为两路独立电源，引自不同的馈线回路，互不干扰，即两座降压所为并列关系。因此，两者低压间亦不存在联系，各负担本端的负荷用电，以上主接线决定了此种型式供电方案的诸多优点如下。

(1) 两所各负责本端的用电负荷，所间为高压送电，根本上解决了低压供电的压损问题，电缆截面及数量随之显著降低，供电方案十分合理。

(2) 所间采用高压联系，在供电质量、可靠性和安全性上达到了质的飞跃，尤其突出体现在远离站中心的用电负荷及单机大容量设备的供电上，做到了可靠、安全和灵活。

(3) 两所型式单台变压器容量一般为1000、800、630kVA几种规格，较一所型式规格为1250、1600kVA的配电变压器，总安装容量变化不大。但单台安装容量降低了2～3个级别，其运转的经济性会大幅提高。

两所型式在供电方案上有显著的优势，但也存在一定的缺陷。

(1) 设置跟随所需增加高压柜、变压器及低压柜等设备，使整个降压所的投资大幅增加。

(2) 因跟随所的设置，其房屋要求增加许多，面积约为110$m^2$左右，对土建设计造成一定影响。

3. 一所一室型式

除以上两种型式外，还存在一所一室型式。与两所型式不同的是，低压配电室替代了跟随所以车站中心分界，降压所与低压配电室各负责本端的负荷供电（除单台容量较大的车站通风机外），为确保车站一、二级负荷供电的可靠性，降压所与低压配电室均采用单母线分段中间加母联断路器的接线方式，且两处的一、二级负荷母线为并列关系，可最大程度地降低故障范围及影响，低压电气主接线如图5-3所示。

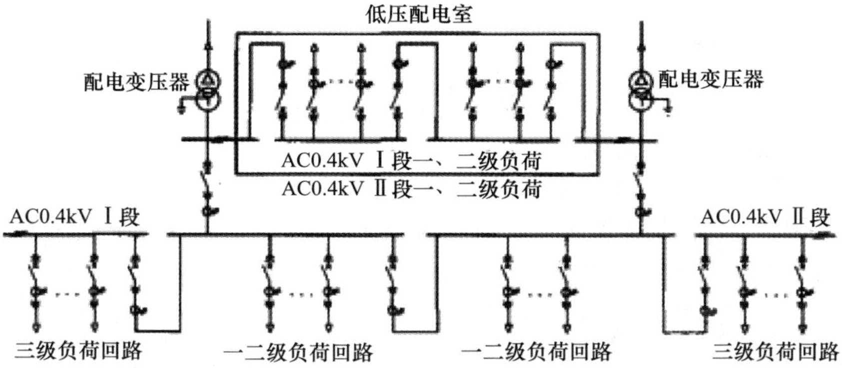


图 5-3　低压电气主接线

一所一室型式的低压供电方案优点如下。

（1）远离降压所端的大部分设备从低压配电室馈出，供电负荷较一所型式有明显降低，从而减少了纵穿车站低压电缆的数量。

（2）低压配电室配电负荷的供电距离相对减小，可在一定程度上减少故障几率，提高供电的质量及可靠性。

（3）低压配电室房屋面积约为 $80m^2$，较一主所一跟随所型式相对减小，同时亦减少两面高压馈出柜。

由于方案所限，优点是相对的，而缺点非常明显。

（1）由于低压配电室电源引入为低压，不可避免地造成电压损失，未从根本上解决末端设备的压损问题。

（2）由于单机大容量设备还须从降压所直接供电，所以仍存在一所型式的供电可靠性差的缺陷。

（3）低压配电室引入 0.4kV 的低压电源，为保障供电方案进线必须采用大截面电缆或密集型母线的型式，根据核算，其设备与电缆或母线的总投资与跟随所的造价基本持平。

从专业角度而言，跟随所是最佳方案。它可以保障供电质量，提高供电可靠性，减少有色金属消耗和运营能耗。但须结合经济造价，对于一般换乘站、带折返线的车站及车站长度超过 200m 的大规模车站，由于其负荷容量较大，供电距离较长，两所的方案较为合理；而车站长度小于 200m 的一般车站，在节约投资的前提下，一所型式即可满足供电方案。另外，对于综合管线比较困难的站型（如站台宽度为 8m 的岛式车站），一所型式无法实现，必须采用另两种型式。

## 工作任务二　低压供配电常见元件认知

低压断路器是一种不仅可以接通和分断正常负荷电流和过负荷电流，还可以接通和分断短路电流的开关电器。低压断路器在电路中除起控制作用外，还具有一定的保护功能，如过负荷、短路、欠压和漏电保护等。低压断路器可以手动直接操作和电动操作，也可以远距离遥控操作。

低压断路器主要分为框架断路器（Air Circuit Breaker，ACB）、塑料外壳式断路器（Mould Case Circuit Breaker，MCCB）、小型断路器（Miniture Circuit Breaker，MCB）、

漏电断路器（RCD）。

### （一）框架断路器

适用于交流 50Hz、电压至 690V、电流至 5000A 的配电网络。主要用于分配电能并保护线路、电机设备免受过载、欠电压、短路、接地故障等的危害。断路器采用具有精确选择性保护和多功能的智能控制器，特别适用于需要提高供电可靠性、避免不必要停电的配电网络。断路器的额定工作电压为 400V、690V，额定绝缘电压为 1000V，额定工作电流为 630～5000A。外形如图 5-4 所示。

图 5-4　框架断路器外形

### （二）塑料外壳式断路器

一般为 63A 以上，1250A 以下。额定绝缘电压 800V，额定工作电压 690V。采用热固性塑料作为外壳（一般为酚醛树脂或 DMC），具有短路及过载保护功能的断路器遵循 GB/T 14048.2 标准。外形如图 5-5 所示。

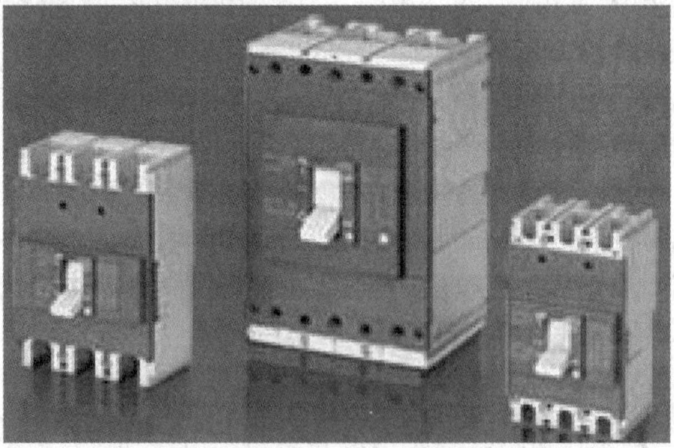

图 5-5　塑料外壳式断路器外形

### （三）微型断路器

一般为 1～125A，额定电压 230/400V，采用热塑性塑料（一般为尼龙料）为外壳，一般为家用或类似场合使用的断路器。在 63A 及以下额定电流下，遵循 GB/T 10963.1；

63～125A 额定电流的产品则需同 MCCB，遵循 GB/T 14048.2 标准。外形如图 5-6 所示。

图 5-6　微型断路器外形

### （四）漏电断路器（RCD）

漏电断路器在 MCCB 中一般分为两种型式，一种为一体式的，即漏电和空开装于一个整体的外壳中，这种型式的漏电部分不可拆卸。一体式的特点是价格便宜，但体积偏大（偏长）。外形如图 5-7 所示。

另一种是拼装式的，这种型式漏电部分是以附件型式分离于空开主体，可拆卸，漏电断路器在 MCB 中也分为拼装式和一体式两种型式。拼装式的特点是可拆卸，方便，但价格偏贵，按极数可分为 1P＋N、2P、3P、3P＋N 和 4P。其漏电附件在外观上基本一样，只是接线端有所不同。外形如图 5-8 所示。

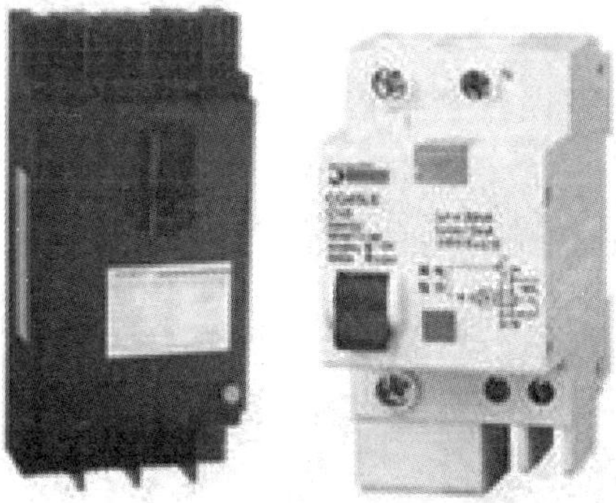

图 5-7　漏电断路器外形

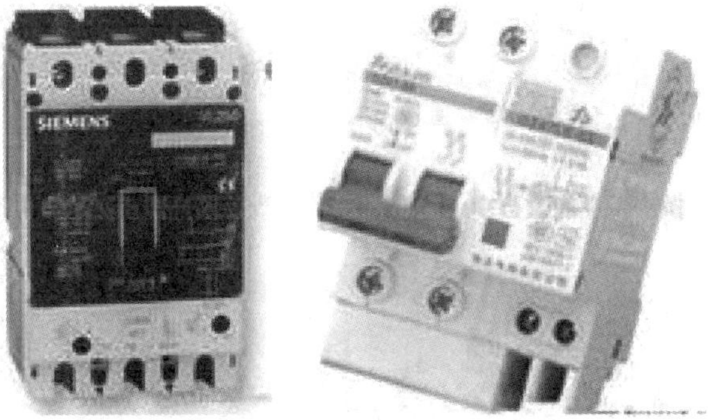


图 5-8　拼装式漏电断路器外形

低压断路器广泛应用于低压配电系统各级馈出线、各种机械设备的电源控制和用电终端的控制和保护。低压断路器一般由触头、灭弧装置、操作机构和保护装置等组成。

### （五）低压断路器选型标准

（1）路器额定电流≥负载工作电流。

（2）断路器额定电压≥电源和负载的额定电压。

（3）断路器脱扣器额定电流≥负载工作电流。

（4）断路器极限通断能力≥电路最大短路电流。

（5）线路末端单相对地短路电流/断路器瞬时（或短路时）脱扣器整定电流≥1.25。

（6）断路器欠电压脱扣器额定电压=线路额定电压。

## （六）ATS

自动转换开关（Automatic Transfer Switching，ATS）主要用于紧急供电系统，将负载电路从一个电源自动换接至另一个（备用）电源的开关电器，以确保重要负荷的连续、可靠运行。ATS为机械结构，转换时间为100ms以上，会造成负载断电，适合照明、电机类负载。

其中负荷开关派生的自动转换开关采用双列复合式触头、传动机构、微电机预储能及微电子控制技术，基本实现了零飞弧。驱动电机为聚氯丁橡胶绝缘湿热型电机，装有安全装置，在超出110℃温度和过电流状态时自动跳闸。待故障消失后自动投入工作，较大程度保证了开关寿命。

1. ATS七大功能

（1）保证供电的连续性。

（2）抗短路电流冲击。

（3）侦测电源状况。

（4）启动应急电源设备。

（5）自投转换供电电源。

（6）监视正常电源的恢复。

（7）自复转换供电电源。

2. ATS按结构形式分类

（1）接触器式ATS：由两台交流接触器和一些联锁装置搭接而成。外形如图5-9所示。

（2）断路器式ATS：由两台断路器和一些外在的机械联锁装置组合而成。外形如图5-10所示。

图5-9 接触器式ATS外形

图5-10 断路器式ATS外形

（3）负荷开关式ATS：由两台负荷开关和一套内置的联锁装置组合而成。外形如图5-11所示。

（4）双投式ATS：由电磁力驱动，内置的机械连接保持状态，单刀双投一体化转换开关。外形如图5-12所示。

图 5-11　负荷开关式 ATS 外形

图 5-12　双投式 ATS 外形

## 工作任务三　城市轨道交通照明系统的认知

【学习目标】

通过该情境的教学，使学生掌握城市轨道交通车站站台门的照明系统的组成及各种照明的控制方式。

【情境描述】

城市轨道交通车站中的地下光环境较为特别，主要表现在长期没有自然光，导致车站内外光度差异大。因此，在设计照明时，地下照明需经过细致的设计，以保证乘客的舒适性，提供明亮的环境。同时，车站照明应能辅助乘客更好地完成乘车等活动，并保证特殊、危险时刻的疏散活动。另外，城市轨道交通日益成为人们文化生活的一部分，车站的功能也不再是单纯地输送乘客，不同地区的车站应具有一定的艺术感染力和文化性。总之，城市轨道交通照明系统在车站设备中起着至关重要的作用。地铁的建筑特点决定了照明的多样性，包括事故照明、一级负荷应急照明、节电照明、疏散诱导指示照明一般照明、标志照明、广告照明等。

【学习过程】

### (一) 照明系统的设计原则

鉴于对城市轨道交通照明功能的各种要求，在设计过程中，需注意以下基本原则。

(1) 避免使出入城市轨道交通车站的人员感受过大的亮度差别。

(2) 保证城市轨道交通车站内人员的安全性和舒适性。城市轨道交通车站中的灯光布置需要具备充足、均匀的光照，具有便于维修、安全、布置整齐美观、光线射向适当、没有眩光和阴影等特点。

(3) 光源的光色和灯具的安装位置都不应导致与信号图像相混淆。

(4) 照明方式按照视觉工作程度、照度、显色性、配光及布置方法等因素选择。

(5) 照度标准。

（6）灯具布置按照照度充足均匀、维修方便、安全等原则选择。

（7）灯泡安装容量小，布置整齐美观，与建筑空间相协调，光线射向适当、无眩光、无阴影。

（8）安全节能，具有一定的设计感，反映车站主题和文化。

## （二）照明系统的分类

城市轨道交通车站的地下地域特征及地铁运营性质决定了车站内照明种类的多样化，进而决定了照明配电回路的数量不亚于动力用电回路。一般来说，城市轨道交通车站照明系统采用380V三相五线制和220V单相三线制方式供电。

1. 按照照明位置分类

城市轨道交通照明系统范围为车站降压所变压器后的照明设备、设备及线路。大致包括以下四大部分。

（1）站台、站厅公共区的一般照明、节电照明、事故照明、广告照明。

（2）出入口的一般照明、事故照明、广告照明。

（3）设备及管理用房的一般照明、事故照明及出入口的疏散导向标志照明。

（4）电缆廊道的一般照明及区间隧道的一般照明、事故照明。

2. 按照照明属性分类

按照照明属性及其作用的不同，照明系统可分为不同的类型，主要有节电照明、标志照明、出入口照明、站台站厅照明、广告照明、事故照明、疏散诱导指示照明等。不同属性的照明分别在不同领域发挥各自的作用。例如，标志照明保证乘客更为清晰、快速地获取标志信息。

3. 按照重要性分类

城市轨道交通照明负荷按照重要性可分为三个等级，其分类原则与动力设备负荷分类原则一致。

一级负荷：节电照明、事故照明、疏散诱导指示照明、公共区工作照明。

二级负荷：设备区域一般照明、各类指示牌照明。

三级负荷：广告照明。

其中，一般照明是城市轨道交通车站地下通道、站厅、站台内设置灯具最多的一种照明。这种照明用于保证乘客在城市轨道交通车站能安全地候车和上下车。

## （三）照明系统的控制

地铁车站照明主要分为正常照明与应急照明。一般除应急照明为满足消防的相应规范及保证人身安全而设置长明灯外，正常照明普遍采用如下多种控制方式相结合，以减少对资源的浪费。

1. 就地级控制

主要用于设备房及管理用房照明控制口，地铁站设备及管理用房由于只允许有权限的工作人员进出，基本能做到“人来灯开，人走灯灭”的管理控制。所以只需在相应的房门口设置就地控制的翘板开关控制房间照明即可。

区间隧道一般照明受隧道两端入口处的区间隧道一般照明配电箱控制。

2. 照明配电室控制

照明配电室设有相应照明场所的照明配电箱，可在室内集中控制相应场所的一般照明、节电照明、事故照明及广告照明。

3. 车站设备监控系统集中控制

车站设备监控系统集中控制主要指通过机电设备监控中的车站设备监控系统实现控制。在其控制下，事故照明应具有防灾报警系统集中强启动功能，照明系统通过读取车站列车接发系统或旅客引导系统的信息，合理启闭站台灯具。

车站设备监控系统的主要功能如下。

（1）具有系统联网自动控制及人工控制功能。

（2）按车次信息进行自动启闭灯具和降功率二次节能的功能。

（3）具有人工干预功能，如可对列车晚点、更改站台股道、加开临客、车次停运进行人工干预。

（4）具有查询功能，如可按站台、车次等查询照明工作情况，按通道、终端查询设备参数情况。

（5）具有检错功能，如线路、接口设备、终端逻辑控制编/译码器故障均能自动显示在监视器上，对操作人员的错误操作具有汉字提示及操作指导。

（6）具备直接发送功能，如可直接向任一控制终端发送干预信息。

4. 智能照明控制系统

主要应用于现代公共区域照明控制中，充分利用自然光，在满足照明质量的前提下，尽可能减少人工照明设置及使用时间。同时应结合照明技术（光源、灯具、控制技术等）的发展，安全合理地采用新技术，实现照明节能这一目标，科学控制公共区域照明灯具，提高管理效率，达到照明节能效果。智能照明控制系统通过开关、照度自动开关、程序定时器或由网络转换器接受控制指令，控制命令由这些设备通过系统总线传入传送单元，传送单元辨识该指令后将动作信号通过系统总线传送给继电器控制用 T/U 和荧光灯调光器，并由这些设备来动作 HID 继电器并对荧光灯进行调光，继电器动作后，又通过信号总线将照明回路的状态信号反馈至开关，通过开关上的 LED（发光二极管）指示灯显示。该系统可实现群组控制、模式控制、时间控制、照度控制和组合控制多种控制功能。

车站公共区内以站厅或站台中心线为界，分别于站厅和站台层的两侧各设置 2 个照明配电总箱，在每个照明总箱内设置各公共照明回路，在每个总箱面板上设置多位可编程控制开关。可就地实现本箱内每一个照明回路的手动控制与群组控制，在车控室内设置智能照明控制系统主体控制的传送单元、系统时钟、集中控制面板及 MODBUS、通信接口，通过通信接口将智能照明控制系统与车站 BSA 连接，在车控室最近的出入口（能采集到外界自然光的位置）设置 1 套照度传感器，通过对自然光照度信号的采集，对各出入口的荧光灯实施调光控制。

除以上控制方式外，还有各个控制照明的配电箱、低压配电室的开关柜等，也可以对照明系统进行控制，此处不再赘述。

### （四）照明系统的配电方式

根据照明系统属性、用途及重要性的不同，配电方式也不同。

1. 站台、站厅等一般照明

一般情况下，车站站台、站厅的两端各设置一个照明配电室，室内集中安装各类照明配电控制箱。在站台的两端各设置一个事故照明装置室。一般照明、节电照明、设备及管理用房照明的电源，分别在降压所的低压柜两段母线上各馈出一路电源，与照明配电室的两个配电箱连接，以交叉供电方式向站台、站厅、设备及设备管理用房供电。

2. 事故照明的配电

事故照明作为车站发生突发状况的“救命灯”，保证其正常供电尤为重要。事故照明的具体配电方式、设置方式如下。

（1）事故照明的配电方式

事故照明正常采用交流双电源互为备用供电，一路失电，另一路接入电路。事故照明是由低压所的低压柜两段母线上各馈出一路电源，经事故照明配电室再馈出给各事故照明。同样，疏散导向标志照明由事故配电箱分配给单独回路供电，如此设计可保证事故照明不受其他照明负荷干扰，事故发生时仍然可以正常使用。

当两路电源均失电后，事故照明由车站两端设备的事故照明电源装置——蓄电池供电，电源装置由蓄电池组、充电器和逆变器组成。其具体工作原理如下：当交流电源失去后，蓄电池提供220V直流电源供电，经过逆变器将直流电逆变为交流电输出，一般可持线1h供电；当电源恢复后，又自动切换回交流380V供电，并利用整流器将交流电转变为直流电，为蓄电池充电，保证蓄电池持续带电。

（2）事故照明的设置方式

① 重要房间设置事故照明，事故照明照度为正常照度的10%左右。

② 站内通道每隔20m设标志灯，距地面小于1m。

③ 站台、站厅及出入口设置长明灯，不设集中控制。

④ 侧墙上导向标志灯间距10～15m，高度距地面1m。

⑤ 安全（疏散）出口标志灯应安装在出口顶部或靠近出口上方的墙面上。

⑥ 安全出口标志灯的下边缘距门的上边缘不宜大于0.3m，并与疏散方向垂直。

⑦ 安全出口标志灯的方向应指向最近的安全出口。

⑧ 当安全（疏散）出口位于疏散通道侧面时，应在其前方位置的顶棚下设置安全标志灯。

3. 广告照明

广告照明分设于站台、站厅公共区，采用日光灯灯箱的形式。广告照明一般由照明配电室配电箱统一分配供给，而在某些城市轨道交通车站，三级负荷的广告照明与正常其他照明的供电电源是分开的。

4. 区间隧道照明

区间隧道照明均安装在两侧壁。一般照明设在站台两端，隧道入口处，区间隧道一股照明箱配出，每隔 20m 一个，一般为 70W 高压钠灯；疏散照明每隔 20m 一个，一般为 36W 荧光灯；指示照明，出口标志灯照明每隔 50m 设置一个，按照不同属性照明交叉设置。

### （五）应急照明系统配电方式

应急照明是因正常照明的电源失效而启用的照明，轨道交通应急照明属于一级负荷中特别重要的负荷，除由双电源供电外，应增设应急电源，应急照明包括疏散照明和备用照明。

紧急电力供给（Emergency Power Supply，EPS）电源是当今重要建筑物中为保证电力供应和消防安全而采用的一种应急电源，它主要由输入单元、输出单元、充电模块、电池组、逆变器、监控器、输出切换装置等部分组成，总结近年来城市轨道交通各条线地下站应急照明的系统设计，主要有四种方式。

（1）EPS 分散设置，即 EPS 安装在站厅层、站台层两端（以车站中心线为界，下同）。各照明配电室内，下设分配电箱，由各分配电箱馈出回路供站厅和站台公共区、出入口通道、设备管理用房、区间隧道等应急照明用电。

（2）EPS 分散设置，即 EPS 安装在站厅层、站台层两端各照明配电室内。不设分配电箱，由各 EPS 馈出回路直接供站厅和站台公共区、出入口通道、设备管理用房、区间隧道等应急照明用电。

（3）EPS 集中设置，即 EPS 柜安装在站厅层或站台层两端。EPS 电源室（或称蓄电池室）内，下设分配电箱，由各分配电箱馈出回路供站厅和站台公共区、出入口通道、设备管理用房、区间隧道等应急照明用电。

（4）EPS 集中设置，即 EPS 柜安装在站厅层或站台层两端。EPS 电源室内，除应急导向标志分配电箱外，不设其他分配电箱。由各 EPS 馈出回路直接供站厅和站台公共区、出入口通道、设备管理用房、区间隧道等应急照明用电。

EPS 分散设置，车站无需专用蓄电池室。EPS 柜安装在每个照明配电室内，一般每个站设 4 个照明配电室，每室面积为 15～20$m^2$，全站 60～80$m^2$。EPS 集中设置，车站需专用蓄电池室，每间蓄电池室面积为 20～25$m^2$；另加 4 个照明配电室，每室面积为 10～15$m^2$，全站 80～110$m^2$，两种方式相差 20～30$m^2$。

### （六）照明系统总配电

（1）EPS 集中设置，照明配电室设分配电箱。变电所低压开关柜室设在站厅层，EPS 室设在站台层，EPS 电源进线需从站厅层低压开关柜引出经电缆井引下至站台层 EPS 室。而站厅层照明配电室内应急照明配电箱电源又从站台层 EPS 室经电缆井引来，电源迂回、返送对低压配电设计不利，只要变电所低压开关柜室和 EPS 室不在同层，就会产生此问题，根据多年轨道交通工程地下站动力照明设计经验，车站两端 EPS 室和变电所低压开关柜室都在同层的很少。

（2）EPS 集中设置，不设分配电箱（应急导向照明配电箱除外）方式。如 EPS 室设在站台层，会有站厅层公共区应急照明、疏散照明、设备区应急照明、疏散照明、出入口通道应急照明、疏散照明等大量分支回路从站台层引上至站厅层相应位置；如 EPS

室设在站厅层，将有站台层公共区应急照明、疏散照明、设备区应急照明、疏散照明、区间应急照明、疏散照明等大量分支回路从站厅层引下至站台层和区间起点相应位置，给施工和运营维护带来很多困难，此种配电方式，无论 EPS 室是设在站厅层还是站台层，都会有很多分支回路跨越防火分区（轨道交通工程地下站防火分区划分，一般是站厅层、站台层公共区为一个防火分区，站厅层、站台层两端设备管理用房各为一个防火分区，共 5 个防火分区）违反了 GB 51348—2019《民用建筑电气设计标准》中“消防用电设备配电系统的分支回路，不应跨越防火分区，分支干线不宜跨越防火分区”的条款。

(3) EPS 分散设置，照明配电室设分配电箱，无论变电所低压柜是设在站厅层还是站台层，EPS 柜电源电缆和应急照明分配电箱电源电缆都不会迂回，此配电方式缺点是照明配电室配电箱数量较多，配电箱安装布置较困难，而每个配电箱出线回路较少，尤其是站厅层和站台层设备管理用房较少端（轨道交通工程设计中通常简称小端），分配电箱出线回路更少，再设分配电箱有些浪费。

(4) EPS 分散设置，不设分配电箱。无论变电所低压柜是设在站厅层还是站台层，EPS 柜电源电缆和应急照明分配电箱电源电缆都不会迂回，且照明配电室配电箱数量较少，节省建筑面积，EPS 馈出回路直接到灯具，减少一级配电，既减少了一级开关动作选择性配合问题，又减少了故障点，且分支回路跨越防火分区数量大量减少（目前轨道交通工程设计中尚未解决应急照明分支回路不跨越防火分区问题）。

## 四、任务评价

**表 5-3　低压配电及照明系统运行项目实施评价表**

| 项目任务 | 低压配电及照明系统运行 | | | | |
|---|---|---|---|---|---|
| 班级 | | 姓名 | | 评价时间 | |
| 【考核内容】 | | | | | |
| 考核项目 | 考核标准 | | | 分值 | 得分 |
| 低压供电与照明应知 | 低压配电系统的组成 | | | 10 | |
| | 低压动力照明系统的功能 | | | 10 | |
| 低压供电与照明应会 | 熟悉低压配电系统 | | | 10 | |
| | 明确城市轨道交通照明系统 | | | 10 | |
| | 熟悉主要低压动力照明系统中使用的元器件 | | | 20 | |
| 报告内容 | 能反映压动力照明系统的组成与功能 | | | 15 | |
| | 展示主要压动力照明系统设备的布置、内外部设备图片 | | | 15 | |
| | 报告具有一定的前瞻性、科学性和实用性 | | | 10 | |
| | 合计 | | | | |

指导教师意见：

说明：1. 建议采用四级评分制（如 90%～100%、80%～90%、60%～80%、<60%）。
2. 主要采用小组互评的方式进行评价，教师最后进行参考评分。

# 任务二　车站低压配电及照明系统设备的使用及运行维护

## 一、任务导入

低压配电与照明系统是确保地铁车站正常运行不可缺少的重要部分，其运行状态直接关系整个地铁车站的日常运作，根据地铁车站低压配电与照明系统的实际故障情况，采取有效的维护管理措施，并定期检查低压配电与照明系统的运行状态，确保地铁车站低压配电与照明系统处于良好的运行状态。

## 二、知识准备

### （一）电力系统操作安全规范

对于普通工作人员来说，当设备发生故障时，为了不造成更大范围的影响，由工作人员依照“先通后复”原则及相关规则暂进行技术处理，并按程序报专业维修人员处理。

当发生严重漏水等事故时，工作人员要立刻暂停自动扶梯等设备，以防止设备漏电对乘客造成伤害。

当无法确定设备是否接地或带电时，切忌轻易接触带电设备，做好安全防护，保证其接地后再进行操作。

### （二）低压配电与照明系统的日常巡视与维护

低压配电及照明系统在城市轨道交通运营中意义重大，每位工作人员都会与低压配电照明相关的设备有所联系。因此，在日常工作中，工作人员要时刻关注该部分的情况。低压配电及照明系统的巡视以“望、闻、问、切、嗅”为主要方式。作为工作人员，日常工作中应多“望”，多留心照明情况，找到故障点，并及时通知维修人员。

1. 日常巡视

日常巡视的主要内容如下。

（1）巡视设备外观有无污染、机械损伤。

（2）巡视设备运行状态，如“望”“问”“嗅”，查抄电压电流表，有无故障报警指示。

（3）检测设备运行温度和设备管理用房温度。

（4）巡查线路外观，包括污染、机械损伤、外皮温度、过载老化、接头温度。

（5）巡查灯具及外壳防护、光源，如发现灯具灯头两端变黑，须进行更换。

（6）建立设备巡视记录，记录对比分析各次检查数据。

2. 计划检修

电力设备在进行检修过程中，购置后即要对电力设备的检修做好计划，并按照计划进行检修，主要包括以下内容。

（1）定期做好设备的清洁、刷防护漆，保持配电房的清洁。

（2）定期更换易损元器件。

(3) 检测接头温度，检查接线有否松动、连接件是否紧固。

(4) 检查开关元器件机械动作。

(5) 检查各电气接口，进行电气交接试验，并进行接口联动测试。

(6) 检查设备线路绝缘情况，严查漏电现象。

(7) 进行备用设备检测，如发现设备损坏，应立即更换。

(8) 定期地对蓄电池充放电进行维护，检测蓄电池溶液位置，如发现溶液容量不达标，立即更换。

(9) 测量设备三相电流、电压、相序（维修后需检测）。

### （三）地铁车站低压配电的负荷分类及供电方式

#### 1. 一级负荷

(1) 应急照明、站厅和站台照明、出入口照明。

(2) 通信、信号、FAS、EMCS、AFC。

(3) 站台门、垂直梯、排水泵、雨水泵、回排风机、排热风机、组合式空调箱、小系统排烟风机。

从低压室Ⅰ、Ⅱ段母线（两路引自变电器电源）各引一路电源到设备附近，在设备末端设双电源自动切换箱（相对集中的小容量一级负荷为节省投资而共用一个双电源自动切换箱就近配电，即前述树干式布线）

#### 2. 二级负荷

(1) 一般照明（房屋、板下、插座）。

(2) 自动扶梯、污水泵、通风机。

(3) 设备房维修、区间检修。

从低压室Ⅰ或Ⅱ段母线引一路电源，当所在母线故障时母联开关投入，由另一母线供电。当电网只有一路电源时，允许将其从电网中切除（人工切除）。

#### 3. 三级负荷

(1) 广告照明。

(2) 装饰照明。

(3) 冷水机组。

(4) 冷冻泵、冷却泵、冷却塔风机。

(5) 清扫机械。

(6) 商铺。

由三级负荷总开关引来一路单电源，一路总进线电源故障时自动被切除，人工复位，在发生火灾情况下，FAS直接切断三级负荷总电源。

### （四）就地控制与综合控制的概念

就地控制：指在设备附近，便于直接控制的控制方式。

综合控制：指车站综合控制室的EMCS实现对风机、空调、水泵等设备的控制与监视，并将采集的信息送至中央控制室。

## 三、任务实施

### 工作任务一　低压开关柜的运行及维护

【学习目标】

通过该情境的教学，使学生掌握城市轨道交通低压开关柜的运行及设备维护方法。

【情境描述】

低压配电与照明系统是确保地铁车站正常运行不可缺少的重要部分，其运行状态直接关系整个地铁车站的日常运作，根据地铁车站低压配电与照明系统的实际故障情况，采取有效的维护管理措施，并定期检查低压配电与照明系统的运行状态，确保地铁车站低压配电与照明系统处于良好的运行状态。

【学习过程】

#### （一）低压开关柜故障及解决措施

（1）母联断路器运行故障

地铁车站低压开关柜的母联断路器发生运行故障后，自动转换开关没有处在自动位置，会造成 PLC 死机，母联断路器未及时投入，会造成母联断路器失电，低压开关柜的转换开关没有设置在远控位置，会导致母联断路器发生运行故障。

针对地铁车站低压配电系统的这种运行故障，首先可以将母联断路器设置在人工作业位置，将母联断路器的转换开关设置到自动位置，如果开关柜的指示灯仍然不亮，则可以判定为熔断器烧坏，维护检修人员要及时更换熔断器，同时，将低压开关柜 PLC 的控制电源插头拔掉，将转换开关设置在远控位置，以及时处理母联断路器运行故障。另外，在检查母联断路器的运行状态时，要确保断路器准确分闸，转换开关处于手动或就地状态，并将母联断路器设置到自动位置，将断路器拧到自动位置后，还要停留一段时间再合闸，在更换熔断器时要将转换开关设置到手动状态，更换完之后，再拧到自动位置，在插拔过程中，使三级负荷开关灵活调整。

（2）变压器恢复供电后断路器没有自动恢复，低压配电系统的断路器转换开关没有设置在自动位置，从而导致变压恢复供电后，断路器没有自动恢复，为了解决这一问题，要及时将断路器转换开关设置到自动位置，将控制电源的插头拔出后，等待几秒钟再通电，同时，要更换熔断器的控制回路，注意检测变压器 PLC 的指示灯。为避免再次出现这种运行故障，要将母联断路器转换开关拧到自动位置，在插拔过程中，转换开关必须处于手动状态，在完成插拔操作之后，再设置到自动位置。

#### （二）地铁车站低压配电系统的维护管理

1. 日常运营维护管理

在日常工作中，地铁车站工作人员要做好工作票受理，根据低压配电系统的实际运行情况，严格审查工作票上的内容，尽量缩短工作票的申请时间，及时组织维护检修人员处理低压配电系统的运行故障，在对低压配电系统进行倒闸操作时，要提前通知各部门，由专业技术人员现场进行监护，加强对低压配电系统设备的运行维护，维护检修人员要做好相关记录，制订科学、合理的低压配电系统检修计划，并定期进行维护检修，提高地铁车站低压配电系统的安全、稳定性。

2. 异常处理

在正常运行状态下，低压配电系统会失去部分工作能力，在一些特别严重的异常状态下低压配电系统会出现运行故障，造成地铁车站运行中止或局部区域中止，这种情况下工作人员要准确、快速地判断系统故障原因，然后根据地铁车站现场的实际情况和低压配电系统的相关技术条件，采用有效的故障解决措施，及时进行处理和抢修，避免影响地铁车站的正常运行。

3. 设备的维护检修

地铁车站低压配电系统的维护检修主要包括临时检修、预防性检修和定期检修。在日常工作中，要将这三种检修方法结合起来，最关键的是要做好低压配电系统的预防性检修，结合低压配电系统的运行特点，采取预防性措施，及时发现低压配电系统的安全隐患，在对低压配电系统进行临时检修时，要做好相应的安全防护，确保维护检修人员的安全。

### （三）地铁车站照明系统的维护管理

一方面，地铁车站照明系统的维护管理不善，没有定期对照明系统进行运行维护，导致照明系统出现运行故障。另一方面，由于刮风、下雪、下雨等因素的影响，造成地铁车站照明系统短路、断路或某些设备出现零件松动、螺栓锈蚀等问题，严重影响了地铁车站的正常运行。

1. 预防性检测试验

为确保地铁车站的正常照明，要对照明系统的配电箱、低压侧线路和高压侧线路进行预防性检测，根据照明系统的相关技术要求，严格检测照明系统电力回路的绝缘性能，照明系统的配电箱安装完成之后，要准确标记相序，确保供电系统和照明设备的相序一致，设置好接地线，照明系统的试验检测数据达不到合格标准时，要立即查明原因，及时进行检修。

2. 照明系统的保养和维护

地铁车站工作人员要做好照明系统的保养和维护工作，全面掌握照明系统供电回路的结构布置和敷设方式等，加强日常巡视，定期检查照明系统的发热情况和负荷大小，出现恶劣的雨雪天气时，还要做好相应的防护措施。另外，照明系统的配电箱周围必须严禁烟火，确保良好的通风，并仔细检查接地线是否连接良好，及时更换锈蚀、松动的螺栓。

## 工作任务二　应急照明系统设备

【学习目标】

通过该情境的教学，使学生掌握城市轨道交通应急照明系统的组成及设备配置、维护方法。

【情境描述】

20 世纪 90 年代前，EPS 蓄电池主要采用富液开口式铅酸蓄电池，它有两个主要缺点：一是充电末期水会分解为氢、氧气体析出，需经常加酸、加水，维护工作繁重；二是气体溢出时形成酸雾，腐蚀周围设备并污染环境，故蓄电池一般需放置在专用通风良好的房间内。

【学习过程】

### （一）设备性能

现代轨道交通工程地下站应急电源 EPS 电池一般为阀控式密封铅酸电池，也叫 VRLA（Valve Regulated Lead Acid）电池，在正常操作中，电解液不会从电池的端子或外壳中泄漏，安全密封，电池内压超出正常水平后，VRLA 会放出多余气体并自动重新密封，保证电池内没有多余气体，独一无二的气体复合系统使产生的气体转化为水，在使用电池的过程中不需要加水，维护简单，特殊的吸液隔板将酸保持在内，电池内部没有自由酸液，是干净的绿色能源，因此电池可放置在任意位置，采用抗腐蚀结构的铅钙合金栏板，电池可浮充使用 10～15 年，使用寿命较长。

### （二）设备维护

目前轨道交通工程地下站应急电源 EPS 装置一般由主机柜和蓄电池柜组成。10kW 以下的主机和蓄电池安装在一台柜中；15～25kW 为一面主机柜，一面蓄电池柜；30～45kW 为一面主机柜，两面蓄电池柜。轨道交通工程地下站应急电源 EPS 装置总容量一般为 40～50kW，分散设置时每台 10～15kW，一面柜即可，通常采用离墙 200mm（考虑通风散热）的安装方式；集中设置时每台 20～25kW，至少 2 面柜，通常采用离墙安装方式，柜后离墙 800～1000mm。如果采用 EPS 集中设置，不设分配电箱，出线回路过多时，EPS 除主机柜、电池柜外，还需增加一面馈出柜。

## 四、任务评价

表 5-4　车站低压配电及照明系统设备的使用及运行维护项目实施评价表

<table>
<tr><td>项目任务</td><td colspan="5">车站低压配电及照明系统设备的使用及运行维护</td></tr>
<tr><td>班级</td><td></td><td>姓名</td><td></td><td>评价时间</td><td></td></tr>
<tr><td colspan="6">【考核内容】</td></tr>
<tr><td>考核项目</td><td colspan="3">考核标准</td><td>分值</td><td>得分</td></tr>
<tr><td rowspan="2">使用与维护应知</td><td colspan="3">地铁车站低压配电的负荷分类及供电方式</td><td>10</td><td></td></tr>
<tr><td colspan="3">就地控制、综合控制</td><td>10</td><td></td></tr>
<tr><td rowspan="3">使用与维护应会</td><td colspan="3">熟悉应急照明系统设备</td><td>10</td><td></td></tr>
<tr><td colspan="3">明确低压开关柜故障及解决措施</td><td>10</td><td></td></tr>
<tr><td colspan="3">熟悉低压开关柜的维护</td><td>20</td><td></td></tr>
<tr><td rowspan="3">报告内容</td><td colspan="3">能反映压动力照明系统的组成与功能</td><td>15</td><td></td></tr>
<tr><td colspan="3">展示主要应急照明系统设备的布置、内外部设备图片</td><td>15</td><td></td></tr>
<tr><td colspan="3">报告具有一定的前瞻性、科学性和实用性</td><td>10</td><td></td></tr>
<tr><td></td><td colspan="3">合计</td><td></td><td></td></tr>
<tr><td colspan="6">指导教师意见：</td></tr>
</table>

说明：1. 建议采用四级评分制（如 90%～100%、80%～90%、60%～80%、<60%）。
2. 主要采用小组互评的方式进行评价，教师最后进行参考评分。

# 任务三　UPS 应急操作

## 一、任务导入

UPS 是不间断电源系统"Uninterrupted Power System"的英文缩写。UPS 是一种含有储能装置（常见的是蓄电池），以逆变器为主要组成部分的恒压、恒频的不间断电源。它可以解决现有电力的断电、低电压、高电压、突波、杂讯等现象，使计算机系统运行更加安全可靠。一期工程采用每个专业分别独立设置 UPS 的方式，因其负载少、容量小，往往导致 UPS 主机质量不佳，主机和蓄电池型号众多且分散设置，不利于维护；二期工程开始由综合监控系统设置大容量 UPS 为信号系统以外的弱电系统供电，包括通信系统、自动售检票系统（AFC）、综合监控系统（ISCS）和乘客资讯系统（PIS）等。采用综合 UPS 集中供电减少了 UPS 主机和蓄电池的数量，质量有一定保障。但由于多个弱电系统集中供电，一旦车站 UPS 发生故障，输出中断将导致整个车站多个系统掉电失去功能，甚至影响车站的运作。因此，作为 UPS 的维护人员，综合监控专业每位员工必须牢固掌握 UPS 的工作原理及应急操作。

## 二、知识准备

### （一）认识 UPS

一个常见的错误概念认为，我们使用的市电除了偶尔发生断电事故外，是连续而恒定的，其实不然。市电系统作为公共电网，上面连接了成千上万各种各样的负载，其中一些较大的感性、容性、开关电源等负载不仅从电网中获得电能，还会反过来对电网本身造成影响，恶化电网或局部电网的供电品质，造成市电电压波形畸变或频率漂移。另外，意外的自然和人为事故，如地震、雷击、输、变电系统断路或短路，都会影响电力的正常供应，从而影响负载的正常工作。根据电力专家的测试，电网中经常发生并会对电脑和精密仪器产生干扰或破坏的问题主要有以下几种。

电涌（Power Surges）：指输出电压有效值高于额定值的 110%，而且持续时间达一个或数个周期。电涌主要是指电网上连接的大型电气设备关机时电网因突然卸载而产生的高压。

高压尖脉冲（High Voltage Spikes）：指峰值达 6000V，持续时间从万分之一秒至二分之一周期（10ms）的电压。这主要因雷击、电弧放电、静态放电或大型电气设备的开关操作而产生。

暂态过电压（Switching Transients）：指峰值电压高达 20000V，但持续时间界于百万分之一秒至万分之一秒的脉冲电压。其主要原因及可能造成的破坏类似于高压尖脉冲，只是在解决方法上有所区别。

电压下陷（Power Sags）：指市电电压有效值介于额定值的 80%～85%的低压状态，并且持续时间达一个或数个周期。大型设备开机、大型电动机启动或大型电力变压器接入都可能造成这种问题。

电线噪声（Electrical Line Noise）：系指射频干扰（RFI）和电磁干扰（EFI）及其他高频干扰。马达的运行、继电器的动作、马达控制器的工作、广播发射、微波辐射及电气风暴等，都会引起线噪声干扰。

频率偏移（Frequency Variation）：指市电频率的变化超过 3Hz 以上。这主要由应急发电机的不稳定运行，或频率不稳定的电源供电所致。

持续低电压（Brownout）：指市电电压有效值低于额定值，并且持续较长时间。其产生原因包括大型设备启动和应用、主电力线切换、启动大型电动机、线路过载。

市电中断（Power Fail）：指市电中断并持续至少两个周期到数小时的情况。其产生原因包括线路上的断路器跳闸、市电供应中断、电网故障。

对于微机来说，显示器及主机工作都需要正常的电力供应。尤其是内存，对电源的要求更高。它是一种依赖电能的存储设备，需要不断的刷新动作保持存储内容。一旦断电，保存的内容立即消失。如果非正常断电，内存中的信息来不及保存到硬盘等存储设备上，就会造成信息因完全丢失或变得不完整而失去价值，从而浪费大量的工作精力、时间，甚至造成巨大的经济损失。而 UNIX 这样的操作系统，如果不正常关机，内存中的系统信息没有回写至硬盘，还可能造成系统崩溃，无法再次启动。此外，电脑中的硬盘虽然使用的是磁存储介质，不会因断电而损失信息，但突然的电力故障会使正进行读写工作的硬盘物理磁头损坏，或者系统文件在维护文件系统时，造成文件分配表错误，从而造成整个硬盘报废。另外，现在的操作系统大多能设置虚拟内存，由于突然断电，使系统来不及取消虚拟内存，从而造成硬盘中出现“信息碎片”，不仅浪费了硬盘存储空间，还会导致机器运行缓慢。电脑电源是一种整流电源，过高的电压可能造成整流器烧毁。而电压尖脉冲和暂态过电压及电源杂讯等干扰都可能通过整流器进入主机板，影响机器的正常工作，甚至烧毁主机线路。

1. UPS 的作用

（1）防止电网电压中断造成的损失

当电网发生断电时，计算机往往来不及储存数据，造成数据丢失，甚至可能使某些软件不能恢复正常工作。另外还可能使硬盘的磁头与盘面相磨，损坏磁盘。UPS 的用途之一就是不间断地供电。当断电时，UPS 将自己蓄电池内的电能释放出来，像发电机一样继续维持对设备的供电。这样操作人员可及时储存数据，或者在此期间启动备用电源，保持对设备供电的持续性。之所以需要启动备用电源，是因为 UPS 的蓄电池容量是有限的，放电时间不可能无限长。一般供电的时间为十几分钟至数小时，视蓄电池容量而定。

（2）稳压、稳频作用

电网的电压波动是经常发生的。随着电网负载的变化，电网电压亦发生高低变化。电网电压过高或过低对计算机设备都会产生不良影响。另外，有的计算机设备对电源的频率变动较敏感。大部分计算机对电源频率变化范围有一定的要求，通常是 $\leqslant \pm 1$Hz。UPS 交流整流变直流，直流逆变为交流的过程，输出标准的正弦波，能够起到稳压、稳频的作用。

（3）隔离电网的干扰

电网上接入的负载设备类型繁多。如产生电火花的设备、带有可控硅的设备及大型电动机的频繁启停都会给电网带来干扰。这些干扰通过电网串入计算机设备，扰乱其正常工作。尤其是通信设备对电网中的干扰较敏感。而UPS处于计算机设备与电网之间，电网来的干扰被UPS滤除隔断，有效防止了电网干扰对计算机的影响。

2. UPS的分类

UPS大致可分为三种：离线式（off line）、在线式（on line）和在线交互式（line interactive）。

离线式UPS电源平常市电通过旁路直接向负载供电。只有停电时才通过逆变器将电池能量转换为交流向负载供电。

离线式不间断电源的特点：当市电正常时，离线式UPS对市电没有任何处理而直接输出至负载，因此对市电噪声及浪涌的抑制能力较差；存在转换时间；保护性能最差；结构简单、体积小、质量轻、控制容易、成本低。

在线式UPS平常由逆变器输出向负载供电，只有当UPS发生故障、过载或过热时才会转为由旁路输出给负载。

在线式UPS的特点：输出的电力经过UPS的处理，输出电源品质最高；无转换时间；结构复杂，成本较高；保护性能最好，对市电噪声及浪涌的抑制能力最强。

在线交互式UPS平常由旁路经变压器输出给负载，逆变器此时作为充电器为电池充电。断电时逆变器则将电池能量转换为交流电输出给负载。

在线交互式UPS的特点：具双向性转换器设计，UPS电池回充时间较短；存在转换时间；控制结构复杂，成本较高；保护性能介于在线式UPS与离线式UPS之间，对市电噪声和浪涌的抑制能力较差。

3. UPS的输入输出方式

UPS的输入输出方式大致分为三种：单相输入/单相输出、三相输入/单相输出和三相输入/三相输出。

上述三种输入输出方式的选择主要由负载容量状况决定，单入/单出UPS为1kVA～15kVA；三入/单出UPS为10kVA～20kVA；三入/三出UPS为10kVA～500kVA。可以看出，输入输出形式主要由UPS的容量及现场应用时对现场的适应性而决定的。输入形式主要取决于对现场三相电平衡度的影响程度，输出形式主要取决于UPS输出线径及功率元件的容量，一般每个单相输出应在5kVA以上，以保证有效带载率；或考虑到三相负载对输出形式的要求，采用更小的单相输出容量。

（1）单相输入/单相输出方式

如果容量比较小，单入方式的UPS挂在任何一相入户的市电上都不会对入户市电的三相配平衡问题造成麻烦，而负载容量较小，UPS采用单相输出，其输出线径（电流值）都不大，可以采用单相逆变器设计，因此小容量（一般15kVA以下）的UPS多采用单入/单出形式。

（2）三相输入/单相输出形式

容量稍大时，如大于20kVA的负载，若挂在某一单相输入电上，会对现场的输入电配平衡造成麻烦，而采用三相输入，可自动平均分配输入电流，从而有效解决配平问题。

（3）三相输入/三相输出形式

随着负载容量的增大，在输入三相形式的基础上，输出也采用三相形式，使每个单相输出的电流不致过大。在某些特殊场合，也使用容量较小的三相输出形式UPS，主要是为小容量三相负载而设计的。

4. UPS的主要组成部分

（1）整流充电器

将市电或油机的交流电变为直流电，为逆变器和电池提供电能。可控硅整流器：输出容量大，可靠性高，工作频率低，滤波器体积大，噪声大，适应输入电压小，适用于大功率UPS。二极管＋IGBT：工作频率高，具有功率因数校正功能，滤波器体积小，噪声低，可靠性高，适用于中小功率UPS。

（2）逆变器

将市电变换后的直流电或电池的直流电转换为稳压稳频的交流电。IGBT逆变器：工作频率高，滤波器体积小，噪声低，可靠性高，工作频率20kHz。

（3）旁路开关

提高UPS系统工作的可靠性，承受负载的瞬时过载或短路。IGBT过载能力有限，当过载时转到旁路，市电内阻小，可允许充分大电流，提供足够的时间，使过载部分跳闸，使其他负载继续供电。旁路开关可以是静态开关，也可以是动态开关。静态开关：可控硅——转换时无间断，损耗大；动态开关：接触器——转换时有间断，损耗小。

（4）蓄电池组

储存电能，市电中断时，电池组放电供给逆变器，为UPS提供一定的后备时间。

## （二）UPS工作原理

这里我们以在线（on line）型UPS为例讲述其原理。所谓在线型UPS，是指无论电网是否断电，负载设备始终由逆变器供电。基本电路结构如图5-13所示。UPS主要由整流器、充电器、蓄电池组、逆变器、旁路静态开关及控制电路构成。

1. UPS的工作状态

（1）电网电压正常时，电网交流电压$u$经输入滤波器，通过整流器转换为直流电$U$，再经逆变器变为PWM脉宽调制波$U_p$，经输出滤波还原为正弦交流电$U_0$。整个波形变换过程如图5-14所示。

（2）电网电压中断时，由于整流器无输出电压，隔离二极管处于正向偏置而导通。蓄电池组的直流电经隔离二极管D向逆变器供电，维持逆变器的正常输出。确保负载得到的电压不中断。

（3）电网电压恢复供电时，整流器恢复输出，其直流电压高于蓄电池电压，使隔离二极管处于反向偏置而关断。蓄电池终止放电，逆变器改由整流器继续供电。同时整流器输出的直流电压经充电器稳压、限流给蓄电池充电，补充蓄电池放出的电能。

（4）逆变器故障及超载时，UPS切换至旁路供电，静态旁路开关立即导通（如图5-12所示），由于静态旁路开关是由可控硅构成的电子开关，因此其反应速度极快。UPS输出端产生的电压中断极短，以致负载几乎感觉不到断电。在严重超载情况下，UPS也产生逆变器输出向旁路切换的动作。但此时输出端不产生瞬间中断。切换动作是静态开关先接通，然后关断逆变器输出。这两种情况下负载获得的电压 $U_L$ 如图 5-15 所示。图中 $U_o$、$U_b$ 分别为逆变器输出电压和旁路输出电压。

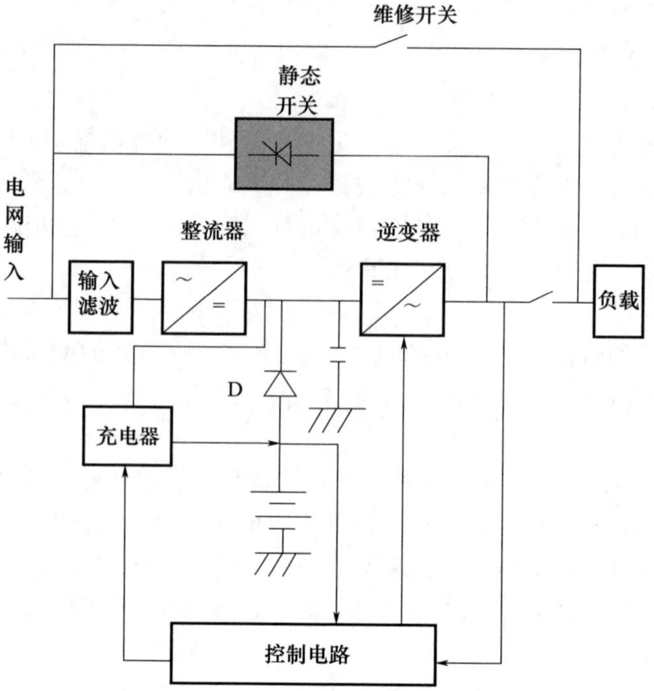


图 5-13　UPS 基本电路结构

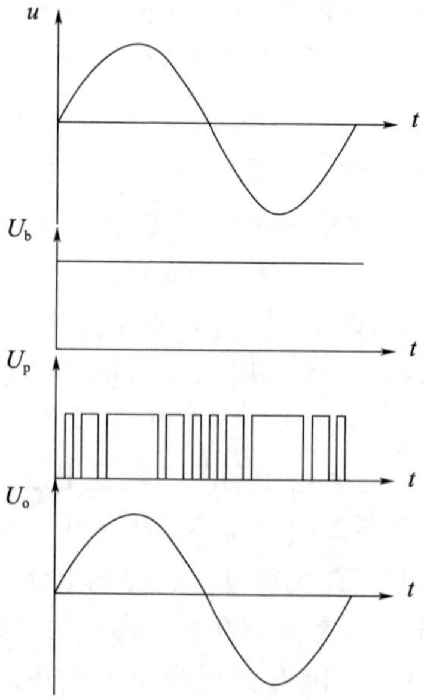


图 5-14　波形变换过程图

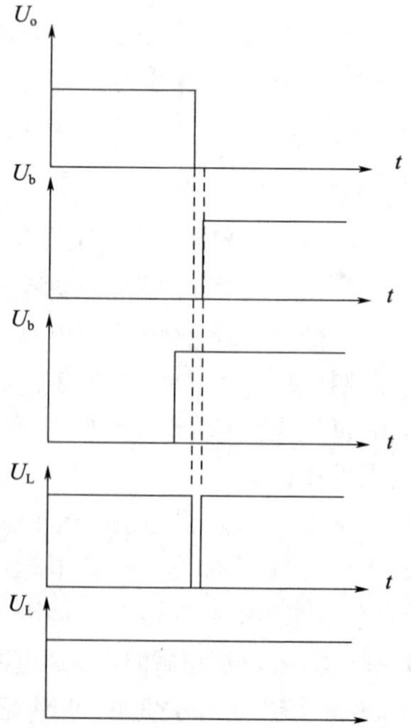


图 5-15　逆变器输出电压和旁路输出电压

2. 稳压原理

逆变器输出电压的幅度与PWM脉宽调制波的面积成正比，调整PWM脉宽调制波的脉冲宽度即可调整逆变器输出电压的幅度。控制电路不断地将输出电压与某一标准电压作比较。当输出电压比标准值高时，控制电路就使PWM脉宽调制波的脉冲宽度减小。即减小PWM脉宽调制波的面积，使逆变器输出电压幅度下降。当输出电压比标准值低时，控制电路就使PWM脉宽调制波的脉冲宽度增大，最终使逆变器输出电压幅度上升，从而达到稳压目的。

3. 稳频原理

严格地说在指定的频率范围内（如±1Hz），UPS是不稳频的，它通过锁相环跟踪旁路电压频率，随其变化而变化。当旁路电压频率超出指定范围时，UPS才进入稳频状态。其锁相环的参考电压来源由旁路切换到晶体振荡器。其频率稳定度一般小于千分之一，即频率变化范围<0.1Hz。通常指定的频率范围是根据设备要求确定的。例如，某计算机设备要求电源频率变化范围≤±1Hz，那么UPS频率跟踪范围就可设定为±1Hz。之所以这样设计是因为当发生逆变器向旁路切换时，旁路先接通逆变器后切断。只有逆变器输出电压的频率和相位必须与旁路电压的频率和相位严格保持一致时，才能保证两者相位准确地衔接，避免发生旁路与逆变器间的环流。我们知道若两者相位不一致，则意味着两者的瞬间电压不一致。如图5-16所示，这是一个旁路电源与逆变器电源并联在一起的等效电路，此电压差会引起一个环流，其值最大可达数千安培，足以烧毁逆变器。

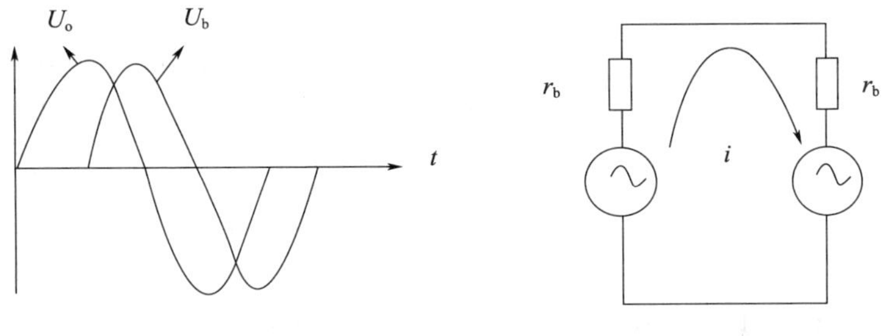


图5-16　旁路电源与逆变器电源并联的等效电路

也就是说，在计算机设备允许的频率范围内，UPS严格跟踪旁路电压相位，与旁路频率保持一致，在旁路频率超出计算机设备允许的范围，UPS即提供稳定的电压频率。但此时不能进行不间断切换。

4. 滤除干扰原理

如图5-13所示，由于UPS是先对电网电压整流，再将整流后的直流逆变为交流。因此电网中的干扰在整流后，经电容滤波被滤除，不可能通过逆变器进入计算机设备。

5. UPS主要性能指标

输入电压范围：即保证UPS不转入电池逆变供电的市电电压范围。在此电压范围内，逆变器（负载）电流由市电提供，而不是电池提供。输入电压的范围越大，UPS电池放电的可能性越小，故电池的寿命相对延长。

输入频率范围：即 UPS 能自动跟踪市电、保持同步的频率范围。当切换旁路时，UPS 能自动跟踪市电、保持同步可避免因输入输出相位差开甚至反相，引起逆变器模块电源和交流旁路电源间出现大的环流电源而损坏 UPS。

输入功率因数：指 UPS 输入端的功率因数。输入功率因数越高，UPS 吸收的无功功率越小，对市电电网的干扰就越小。

过载能力：越大，表示逆变器能力越好。

切换时间：由于计算机开关电源在 10ms 的间隔时间能保证计算机的输出，因此一般要求 UPS 切换时间小于 10ms，对于在线 UPS，其切换时间为 0。

输出电压稳定度：指 UPS 输出电压的稳定程度。输出电压稳定程度越高，UPS 输出电压的波动范围越小，也就是电压精度越高。大部分 UPS 的电压稳定度大于 5%。

输出电压失真度：即 UPS 输出波形中所含的谐波分量所占的比率。常见的波形失真有削顶、毛刺、畸变等。失真度越小，对负载可能造成的干扰或破坏就越小。

负载峰值因数：指 UPS 输出所能达到的峰值电流与平均电流之比。一般峰值因数越高，UPS 所能承受的负载冲击电流越大。

三相不平衡能力：对于三进三出的 UPS 来说，若出现三相的每一相电流不一致，就会造成输出电压不平衡。具有 100%负载不平衡能力的 UPS，表示该 UPS 允许一相输出带满载，而其他两相空载。

整机效率：效率低会造成 UPS 本身功耗大、易老化。还会造成电池供电时间变短。

电池管理水平：由于电池在 UPS 整机成本中所占比重较大，特别是长延时 UPS，占 1/3 以上，而且电池故障在 UPS 故障率中也占 70%以上。所以电池管理水平直接关系 UPS 的使用。

监控软件：软件性能指标主要分为保护、监测和管理（控制）3 个层次。

冷启动功能：在无市电或不接市电的情况下，直接用电池组提供的直流电压启动 UPS。

旁路功能：指 UPS 超载或逆变器发生故障时，通过控制开关转换至市电供电，也就是旁路供电。

接发电机功能：发电机的输出波形一般失真度较高，且频率波动范围较大。因此，UPS 必须具有良好的发电机频率跟踪性能，保持与发电机同步工作，并且保持质量较高的输出波形和稳定的输出电压。

6. 不间断电源的通信接口介绍

目前市场上销售的不间断电源（UPS）采用的通信接口有继电器接口、RS-232 接口、AS400 接口、SNMP 接口和 USB 接口。

其中 AS400 接口主要是针对 IMB 电脑设计的。而 SNMP 则能使 UPS 无须通过电脑设备就可以连上网络，同时通过网络对 UPS 进行监控。继电器连接与 RS-232 接口是最常见的，现将其功能简单介绍如下：继电器连接方式能够使 UPS 能过监控软件监控市电是否正常，电池电压是否过低，同时提供自动储存文档和系统关闭等功能。RS-232 通信接口除了具有继电器方式连接的全部功能以外，还可以通过监控软件实时监控不间断电源的电压、电流、频认、负载容量等，并可以设置 UPS 开关机时间与广播功能。USB（万用串行接口）是今后通信接口的发展趋势。目前深圳地铁主要使用 SNMP 接口方式。

7. 蓄电池

蓄电池是能将所获的电能以化学能的形式储存并将化学能转化为电能的一种电化学装置。单体蓄电池由电极和电解质组成，是构成蓄电池组的基本单元。充电时，蓄电池从外电路接受电能，并转化为化学能。放电时，蓄电池将化学能转化为电能，并向外电路输出电流。即使蓄电池不与外电路连接时，也会因蓄电池内自发反应而引起化学能损失，称之为自放电。电池在一定放电条件下所能给出的电量称为电池容量，用符号 C 表示。常用的单位为安培小时，简称安时（Ah）。通常在 C 的右下角处标明放电时率，如 $C_{10}$表明 10 小时率的放电容量，$C_3$ 表明 3 小时率的放电容量。蓄电池的容量易受温度影响。温度过低，电池容量将减少，例如，温度降低 20℃，容量将下降 16%左右；同时温度过低，容易造成电池长期充电不足，也会造成电池放不出电及负极硫酸盐化等问题。随着环境温度的升高，电池的容量也会增大，例如，温度升高 10℃，容量将上升 6%左右。然而环境温度的升高会加速电池板栅的腐蚀和电池水分的损失，从而大大缩短电池的寿命。由此可见，严格控制电池的环境温度非常重要。

一般将多个单体蓄电池用电气方式连接起来组成蓄电池组。蓄电池组与 UPS 的整流器和逆变器并联，平时处于浮充状态，充电电流很小，当整流器停止工作时蓄电池组放电，维持逆变器工作，为负载提供电源。电池放电时，电压会下降。当电压下降到不宜再放电时，此时的最低工作电压称为终止电压，终止电压过低对电池的损伤极大，尤其当放电达到 0V 而又不能及时充电时，将大大缩短电池的寿命。一般情况下，12V 的蓄电池终止电压设置为 10.5V。

为了达到电池的设计使用寿命和额定容量，还需要选择特定的浮充电压。如果浮充电压过高，电池的浮充电流随之增大，电池发热严重，会引起板栅腐蚀的速度加快，电池使用寿命缩短；浮充电压过低，则电池不能维持在完全充电状态，引起极板硫酸盐化，容量减少，同样缩短电池的使用寿命。一般情况下，按单个蓄电池 13.5V 计算，30 节一组的蓄电池组设置浮充电压为 30×13.5V＝405V。

蓄电池组应该由多少节蓄电池组成，每节电池应该选择多大容量，是由 UPS 的逆变电压和负载功率及要求的延时时间决定的。计算方法如下。

(1) UPS 电源的输出功率、蓄电池逆变电压

这里以梅兰日兰 PW 120kVA 为例，这是视在功率为 120kVA、电池逆变电压为 360V 的 UPS 电源。这些资料一般可从产品说明书中获取，不同型号机器电池组的电压也不一样。

(2) 计算 UPS 电源的实际输出功率

UPS 电源视在功率×功率因素＝实际输出有功功率，120kVA×0.8＝96kW（实际输出有功功率），96kW＝96000W。

(3) 计算蓄电池组的总容量

(实际输出有功功率/电池电压）×延时时间＝蓄电池组总容量（AH），延时时间在系统设计时确定，因不同系统延时要求不同，计算时按 1.3h 折算：（96000W/360V）×1.3H＝346AH（蓄电池组总容量）。

(4) 蓄电池选型

以常规蓄电池为参考，12V 蓄电池规格有 12V4AH、2V7AH、12V17AH、12A24AH、

12V38AH、12V65AH、12V100AH、12V205AH、12V235AH，这里有个问题需要说明一下，电池串联后的容量等于一只电池的容量，但是电压升高了。比如，12V205AH×30只＝360V205AH（串联电池组容量），根据电池总容量为360V346AH，我们对照电池规格型号，要想达到346AH，必须要2组205AH的电池。346AH/205AH＝1.68组（取2组205AH蓄电池）。另外电池的实际容量只有标称容量的70%～90%，电池质量差的只有60%。2组205AH并联＝360V410AH，360V410AH×0.85（取平均值）＝360V348AH（接近346AH计算结果），电池型号确定为12V205AH。

（5）计算蓄电池的每组数量

电池组电压/每只电池电压＝每组电池数量360V/12V＝30只。

（6）计算电池总数量

电池组数量×每组电池数量＝电池总数量2组×30只（每组）＝60节205AH电池（需要的电池数量和容量）。

## 三、任务实施

### 工作任务 UPS及配电柜应急操作

【学习目标】

通过该情境的教学使学生掌握UPS的组成、作用、维护方法及应急操作。

【情境描述】

深圳地铁采用综合UPS集中供电，减少了UPS主机和蓄电池的数量，质量有一定的保障。但由于多个弱电系统集中供电，一旦车站UPS发生故障输出中断将导致整个车站多个系统掉电失去功能，甚至影响车站的运作。因此，作为UPS的维护人员，综合监控专业每位员工必须牢固掌握UPS工作原理及应急操作。

【学习过程】

#### （一）配电柜电气原理图

深圳地铁从二期工程开始，弱电系统设置集中的综合UPS，应用最多的是梅兰日兰Galaxy PW系列，容量有100kVA、120kVA和160kVA。每台UPS设置一个配电柜，完成市电输入及UPS输出馈出至各专业及市电旁路功能。其电气原理如图5-17所示。

#### （二）应急操作原则

UPS的维护和维修中有一个重要原则，那就是尽最大努力保证各用电专业电源不中断。虽然UPS是个比较成熟的产品，能实现不间断电源供应，但是一旦出故障，可能导致输出中断。在UPS的维护中，有多次故障经验总结，也需进行多次演练。遵循“先恢复、后维修”的应急操作原则。

#### （三）应急操作步骤

本着“先恢复、后维修”的原则，UPS应急操作有两种情况：一是UPS输出中

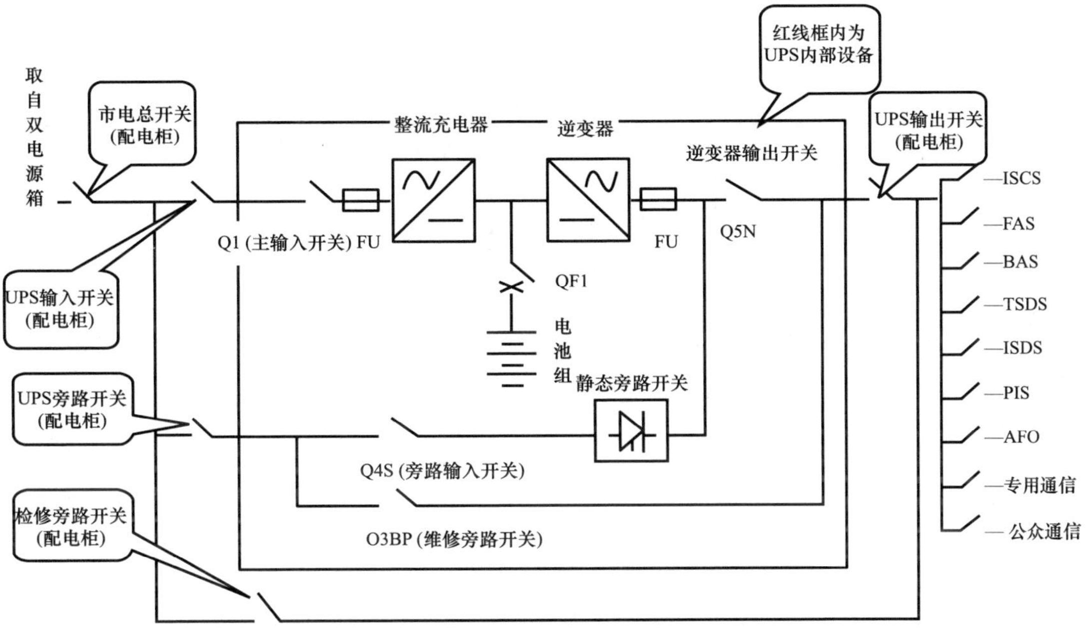


图 5-17　UPS及配电柜电气原理

断，所有系统失电（包括有过中断，已经自动恢复）；二是 UPS 输出未中断，所有系统有电，UPS 自身异常。

第一种情况，由于 UPS 输出中断，肯定是由于 UPS 内部产生了严重的故障，所以不管是否自动恢复供电，必须立即将 UPS 整体切除，防止次生故障，通过配电柜旁路进行供电，然后对 UPS 进行检查和维修，查明输出中断的原因。应急操作步骤如下（对应图 5-16）。

（1）向下依次断开 UPS 输出、输入、旁路输入开关。

（2）向下依次断开各系统负载开关。

（3）向上闭合上级双电源切换箱为 UPS 供电的总开关（如已闭合转至第四步）。

（4）向上闭合 UPS 配电柜输入总开关（如已闭合转至第五步）。

（5）向上闭合检修旁路开关。

（6）逐一检查各系统负载回路无异常后，向上闭合各系统负载开关。

（7）通知电调、环调和驻站机电人员，运营时间该站不能进行电源切换倒闸和双电源切换箱保养作业。

第二种情况，由于输出没有中断，所以应在保证输出不中断的前提下，尽快停止 UPS，通过配电柜旁路进行供电，然后对 UPS 进行检查和维修，查明 UPS 异常的原因。应急操作步骤如下（对应图 5-16）。

（1）按压 UPS 红色急停按钮关机。

（2）向上闭合 UPS 配电柜维修旁路开关。

（3）向下依次断开 UPS 输出开关、输入开关、旁路输入开关。

（4）通知电调、环调和驻站机电人员，运营时间该站不能进行电源切换倒闸和双电源切换箱保养作业。

## 四、任务评价

**表 5-5　UPS 应急操作项目实施评价表**

| 项目任务 | UPS 应急操作 | | | | |
|---|---|---|---|---|---|
| 班级 | | 姓名 | | 评价时间 | |
| 【考核内容】 | | | | | |
| 考核项目 | 考核标准 | | | 分值 | 得分 |
| UPS 应急操作应知 | UPS 的作用 | | | 10 | |
| | UPS 的原理 | | | 10 | |
| UPS 应急操作应会 | 熟悉 UPS 配电柜电气原理图 | | | 10 | |
| | 明确 UPS 的应急操作原则 | | | 10 | |
| | 熟悉 UPS 两种情况的应急操作步骤 | | | 20 | |
| 报告内容 | 能反映 UPS 及供电柜的电气原理 | | | 15 | |
| | 展示主要 UPS 的原理、布局等图片 | | | 15 | |
| | 报告具有一定的前瞻性、科学性和实用性 | | | 10 | |
| | 合计 | | | | |

指导教师意见：

说明：1. 建议采用四级评分制（如 90％～100％、80％～90％、60％～80％、＜60％）。
　　　2. 主要采用小组互评的方式进行评价，教师最后进行参考评分。

## 五、思维拓展（思考题）

【复习思考题】

1. 低压配电系统为哪些系统服务？
2. 照明系统由哪些部分组成？
3. 应急照明的配电方式有几种？
4. 低压开关柜由哪些部分组成，可以实现哪些功能？

【技能操作题】

以实训基地的自动售检票系统终端设备为例，通过实训任务的方式完成本项目的技能学习。

1. 任务 1——认知低压配电的系统构成。
2. 任务 2——照明的照度控制。
3. 任务 3——开关柜功能的识别。
4. 任务 4——应急照明的使用。

# 项目六　站台门系统的操作与维护

## 项目背景

城市轨道交通站台门系统安装于城市轨道交通沿线车站站台边缘，将车站站台与行车轨道区域隔离开，是用于提高运营安全性，改善乘客候车环境，节约运营成本的一套机电一体化的机电设备系统。城市轨道交通站台门系统安装位置示意图如图 6-1 所示。

图 6-1　站台门系统安装位置示意图

站台门主要有两种类型：第一类是全立面玻璃隔墙和活动门，沿车站站台边缘和站台两端头设置，将站台乘客候车区与列车进站停靠区域分隔开，属于全封闭型。如图 6-2 所示。这种形式的站台门一般应用于地下车站，主要功能是增强车站站台的安全性、节约能耗并加强环境保护。

第二类是一道栏杆式玻璃隔墙和活动门，属于半封闭型。如图 6-3 所示。安装位置与第一种方式基本相同，这类站台门系统相对第一种简单，高度更低，空气可以通过站台门上部流通，主要起隔离作用，保障站台候车乘客的安全，即为“安全门”。站台门系统在站台设有应急门和端头门。应急门一般当作固定门使用，在列车进站无法停靠在允许的误差范围位置时，必有一道车门对准应急门，此时若需由应急门紧急疏散时，可由乘客在轨道侧列车上打开对应的列车门后，推动应急门的解锁装置，或由站台工作人员在站台侧用专用钥匙打开应急门，进行紧急疏散。应急门使用后必须确保关闭与锁紧。端头门是车站工作人员通道，可在轨道侧推动端头门推杆锁的解锁装置，或由站台工作人员在站台侧用专用钥匙打开。

图 6-2　全封闭式站台门

图 6-3　半封闭式站台门

站台门系统主要由玻璃门体、控制系统及电源系统组成，其中滑动门是乘客上下列车的主要通道，由车站电脑系统控制，与地铁列车门对应开门或关门。

与传统的地下车站相比，采用站台门具有如下优点。

（1）设置站台门后，可实现列车司机一人全程操作，站台上不必再设站务人员接发列车（站台门的开启由列车司机操纵）。

（2）一般站台门上都装有各类障碍物传感器。一旦发现障碍物，传感器发出的信息将使站台门再次开闭，避免车门夹人、夹物事故的发生。

（3）乘客候车时不会与列车进出站发生任何关系，保证了乘客的乘车安全。

（4）设置站台门后，站台空间显得更加舒适。

（5）节省了地下车站空调负荷，降低了能耗。

本项目通过认知站台门系统结构，站台门系统的使用、各种模式的操作、运行管理，掌握站台门系统的故障处理，保证城市轨道交通的运营安全。

## 项目任务书

站台门系统的运行与维护任务书如表 6-1 所示。

**表 6-1　车站自动售检票系统的操作与维护任务书**

| 名称 | 站台门的运行与维护 | |
|---|---|---|
| 学习目标 | 知识目标 | 1. 掌握站台门系统的概念、分类及各组成部件的主要功能。<br>2. 了解站台门系统的机械结构及工作原理。<br>3. 了解站台门系统的布置形式及相关技术要求。<br>4. 掌握站台门系统的控制及监视系统的结构原理。<br>5. 掌握站台门系统一般故障处理原则。 |
| | 技能目标 | 1. 会使用站台门的各种操作模式。<br>2. 熟记站台门操作注意事项、操作规程。<br>3. 能进行故障处理的准备、实施故障处理。<br>4. 紧急情况下执行站台门故障的应急处理程序，并能实施站台门故障应急处理。 |
| | 素质目标 | 1. 具有良好的社会公德、职业道德和专业基本素质。<br>2. 具有强烈的法律意识、安全环境保护意识、安全与自我保护意识。<br>3. 具有沟通协调能力、语言表达能力、班组管理能力。<br>4. 培养团结协作、热情有礼、认真细心、沉着冷静、遇乱不惊的职业素养。 |
| 学习内容 | 任务一　站台门系统的使用与运行维护<br>　工作任务　站台门系统的使用与运行管理<br>任务二　站台门系统的故障处理<br>　工作任务　站台门系统的故障处理 | |

一、任务描述

站台门设备系统是运营设备的基本组成部分，直接关系乘客乘车安全，城市轨道车站站务工作人员应认真学习站台门设备的相关知识，严格执行站台门系统的操作规程；掌握城市轨道交通站台门系统功能、结构和组成部分；熟悉站台门系统操作手册；了解站台门系维修作手册；具备站台门系统的使用与维护能力。能够以城市轨道交通站台门系统运行与维护为主线，进行站台门系统的使用与运行维护、站台门系统的故障处理等任务的学习与实施；能够根据站台门系统的操作手册编写站台门系统的操作步骤、站台门系统的故障处理等作业流程；能够在紧急情况下执行站台门故障的应急处理程序，并能实施站台门应急处理工作。

任务完成时要求做到：

1. 能够编写站台门系统的操作流程和运行维护步骤等工艺文件。
2. 根据站台门系统的使用与运行维护的步骤，实施站台门操作和运行维护。
3. 能够进行站台门系统的使用与运行中的简单故障处理和设备管理。
4. 了解站台门系统的使用与运行的规格和工作环境。
5. 学生以团队组织讨论学习，每个设备由一名学生代表结合设备进行站台门系统的功能、结构和运行模式讲解，同时，操作站台门系统进行示范演示。
6. 学习团队和教师对每名学生编写站台门系统的操作流程及日常维护步骤工艺文件，对站台门系统进行功能、结构和运行模式讲解，以及正确操作站台门系统设备等任务进行任务评价。

二、任务实施说明

1. 将授课班级学生分组，每小组 5～8 人为一个学习团队。
2. 每个学习团队组织学习，进行项目任务分析、任务分配、制定团队工作任务分配表。
3. 资料学习、相关知识准备，完成项目的资讯环节。
4. 现场教学、资源利用，完成项目的实施演练环节。
5. 学习团队讨论，编制站台门系统使用与运行维护的工艺文件。
6. 学习团队现场实践，实施站台门系统使用与运行维护、站台门系统的故障处理。

续表

| |
|---|
| 7. 学习团队按任务分配表制作站台门系统使用与运行维护、站台门系统的故障处理PPT汇报演讲稿，团队派代表上台演讲。<br>三、任务实施注意点<br>1. 观察站台门系统的结构和使用环境。<br>2. 必须按操作规程操作站台门的各种模式。<br>3. 掌握站台门系统的故障处理方法，能够处理站台门简单处理。<br>4. 学习团队进行讨论，可让老师参与讨论，通过团队合作解决问题。<br>5. 能够识别安全标识，注意安全与环保意识的培养。<br>四、拓展任务<br>1. 掌握具有国内外领先水平的城市轨道交通站台门系统的技术指标、实现的功能。<br>2. 按“准员工”的要求学习站台门系统操作手册和站台门系统故障应急处理指南。<br>3. 紧急情况下执行站台门故障的应急处理程序，并能实施站台门故障的应急处理。<br>4. 掌握站台门系统夹人夹物、站台门损坏等现场处理方法。<br>5. 会制作车站自动售检票系统的操作与维护的多媒体课件。 |
| 任务下发人：<br>日期：　　年　　月　　日 |
| 任务执行人：<br>日期：　　年　　月　　日 |

# 任务一　站台门系统的使用与运行维护

## 一、任务导入

在地铁运行中，站台门每2～3mim要开关一次，使用频率非常高，是保证运营率、乘客安全的重要设备，又将地铁车站站台与轨行区空间分隔为两部分，有效保证了车站舒适宜人的环境温度，实现安全、节能的目的。

站台门任务的学习通过真实的城市轨道交通站台门设备的现场实践，完成对站台门的认知、使用、运行操作及维护保养等技能目标。

## 二、知识准备

### （一）站台门系统的专业术语

（1）PSD——Platform Screen Door，即站台门，由屏封、门、控制及驱动系统组成，将站台与轨道隔开，使站台变为封闭式，当列车进站停稳后打开列车门，打开滑动门上下乘客，当列车关车门时关闭滑动门。

（2）EED——Emergency Exit Door，即应急门，列车进站不能准确停靠时的紧急疏散通道。

（3）PED——Platform End Door，即端门，车站工作人员由站台侧两端进入轨区侧的通道。

（4）MSD——Manual Secondary Door，即手动端门，其上设有手动开门推杆，在站台的乘客区侧手动端门设有门锁和隐蔽的开门机构。

（5）FIX——Fixed Door，即固定门，设在双扇滑动门之间。

（6）ASD——Automatic Slide Door，即滑动门，是正常运行时乘客上下车的通道。

（7）PEDC——Platform Edge Door Control，即站台门主控制器。

（8）PSL——Platform Screen door remote Annuciator Panel，即站台操作盘，用于实现站台级控制。

（9）PSA——Platfrom Screen door remote Annunciator Panel，即站台门监视器，用于监视站台门的状态并诊断站台门的故障状态。

（10）ATC——Automatic Travel Control，即自动驾驶控制系统。

（11）EMCS——Electrical & Mechanical Control System，即机电设备监控系统。

（12）DCU——Door Control Unit，即门控制单元，安装于门机内，用于控制门单元运动，并反馈控制状态给 PEDC。

（13）LCB——Local Control Box，即就地控制盒。

（14）SIG——Signal System，即信号系统。

（15）IBP——Integrated Backup Panel，即综合后备盘。

### （二）站台门系统基本设计原则

（1）在设计载荷的作用下，门体结构应符合限界及设计要求。

（2）站台门系统的设计应遵循可靠性、可用性、可维护性和安全性原则。

（3）站台门系统应符合电磁兼容性要求。

（4）站台门的类型应根据气候环境条件、车站建筑形式、通风与空调制式等因素综合选定。

（5）站台门系统的配置及控制模式宜与车站其他系统相结合，其安装和运行应满足各种运营模式的要求。

（6）站台门门体不应作为防火隔离设施。

（7）站台门安装范围不宜设置土建结构变形缝，如确有跨越变形缝时，门体应做特殊设计。

（8）在正常使用及正常维护条件下，门体结构设计寿命不应小于 30 年，驱动电机设计寿命不应小于 20 年。

（9）在正常运营条件下，站台门的任何故障不应造成滑动门自动打开。

（10）站台门系统的设计运行强度应符合每天 20h、每 90s 开/关 1 次，且应能常年连续运行。

（11）站台门应设置在车站有效站台长度范围内，以有效站台中心线为基准向两端布置。站台门各门体部件在任何状态下都不应超出单侧站台门纵向设计范围。

（12）站台门系统在站台侧应能方便更换与维修。

### （三）站台门系统的功能及控制模式

#### 1. 站台门系统的功能

站台门系统作为站台公共区与轨道列车之间的可控通道，应具有以下功能。

(1) 列车进站时配合列车车门动作，打开或关闭滑动门，为乘客提供上下列车的通道。

(2) 隔断站台侧公共区空间与轨道侧空间，避免人员跌落轨道的安全隐患及司机驾车进站时产生的心理恐慌问题。

(3) 隔离列车运行时产生的噪声和活塞风，保证站内乘客有良好的候车环境，避免活塞风造成站内空调冷量损失，节省运营成本；同时还可减少设备的容量和数量及土建工程量等投资建设成本，产生良好的经济效益。

(4) 障碍物检测。滑动门关闭时若检测到障碍物，会先后退做短暂停止，以释放夹到的障碍物，然后再关闭，以免夹伤乘客。

(5) 站台门系统与机电设备监控系统之间或主控系统之间设有通信接口，用于传送站台门系统的运行状态和故障诊断信息，便于车站控制室的人员和维修人员监视站台门的状态。

(6) 站台监控亭设有站台门监控器，车站工作人员、站台门维修人员可通过站台门监控器监控站台门系统的运行状态，查看或下载站台门系统的运行历史记录，修改或上传站台门系统的控制程序和参数等。

2. 站台门系统的控制模式

站台门的控制系统主要由中央接口盘（PSC）、就地控制盘（PSL）、远程监视设备（PSA）、门控单元（DCU）、通信介质及通信接口等设备组成。

除两端车站外，每车站设一套中央接口盘控制两列站台门，且每列安全门都由一套独立的逻辑控制子系统组成，确保一侧安全门的故障不影响另一侧安全门的正常运行。

每套子系统包括控制单元、PSL、控制回路及就地控制盒等，以确保某一道门故障不影响同侧其他门的正常运行，每一道门均有 LCB 钥匙开关，包括一个自动/隔离/手动关/手动开四位钥匙开关、站台侧工作人员在站台侧用专用钥匙解锁或由乘客在轨道侧推动解锁装置打开滑动门，即专用钥匙进行模式转换，钥匙只有在自动位时方可取出。

站台门系统的控制有系统级控制、站台级控制和人工操作级控制（或称手动操作）3 种正常控制模式。系统级控制即执行信号系统命令的控制模式；站台级控制即执行站台 PSL 操作盘发出命令的控制模式；其中手动操作级控制为最高级，系统级控制为最低级。三级控制方式中包括 5 种操作，优先级从高到低依次为手动操作级（包括站台侧和轨道侧）、站台级（LCB）、站台级（IBP）、站台级（PSL）、系统级（SIG）。此外，站台门系统还设置火灾控制模式，即在相应的火灾模式下，车站值班人员在车站控制室操作消防联动盘操作站台门紧急控制开关，配合打开滑动门，疏散乘客并配合环控系统排烟，站台门控制系统方框图如图 6-4 所示。

### （四）站台门的构成与工作程序

1. 站台门的构成

(1) 站台门外观

站台门系统一般有密闭型和开放型两种。前者是在站台侧面从地板到顶棚全部遮挡起来，而后者只是隔离站台门的高度，其余部分敞开。对于采用车站进风、区间排风的

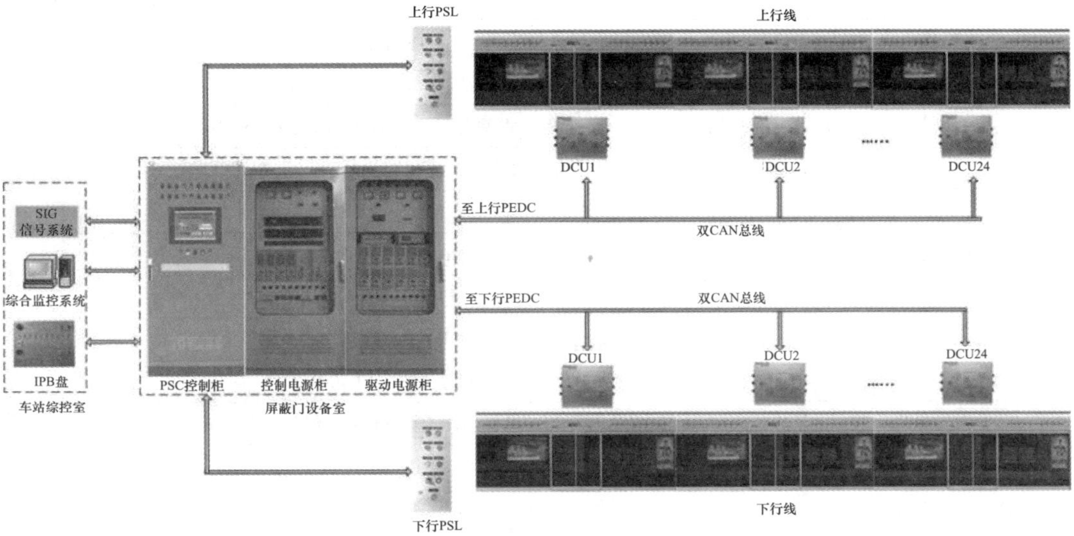


图 6-4　站台门控制系统图

车站来说，以敞开式站台门为好，这样有利于站台和隧道的通风和排烟；对于采用全封闭空调的车站来说，则要采用密闭式，以保证车站本身空调的效率。

（2）站台门结构

站台门系统是机电一体化设备，集成了现代微机控制、伺服驱动、网络技术、UPS 电源技术、钢化玻璃技术和精密机械技术，大致由门体、门机、控制系统及电源等组成。站台门的结构示意图如图 6-5 所示。

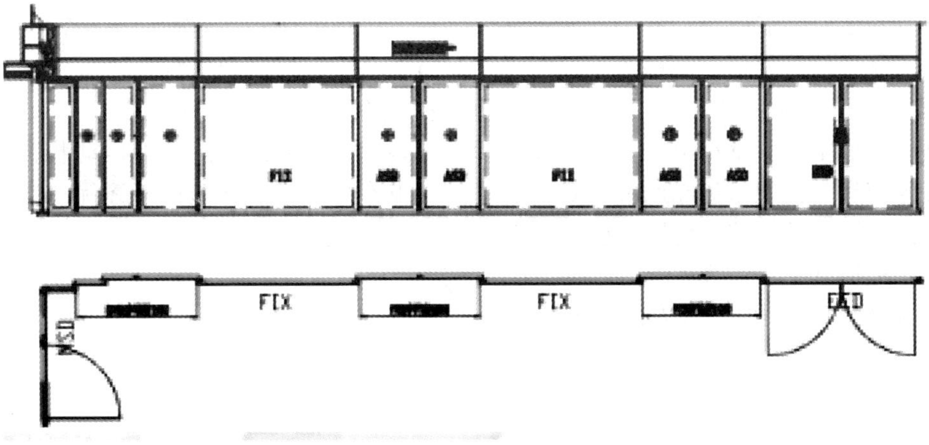


图 6-5　站台门的结构示意图

站台门的有关技术指标如表 6-2 所示。

**表 6-2　站台门的技术指标**

| 项目 | 技术性能 |
| --- | --- |
| 站台门的形式 | 半密闭型 |

续表

| 项目 | 技术性能 |
|---|---|
| 站台门 | 32组/每站，32组×6站=192组 |
| | 横拉式站台门，有效开度2m×2m |
| | 铝制动型门体，氟化树脂涂数，门重600N/扇 |
| 驱动装置 | 气缸驱动，压缩空气压力为50N/cm²，推力为285N |
| | 气缸行程为1005mm，控制电源为AC单相100V |
| | 空冷式空气压缩机7.5kW×2台 |
| 压缩空气源 | 储气罐500L×2，自动交替运转 |
| | 电源为AC三相400V |
| 发射应管器 | 2组/站（上下行各1组） |
| 综合控制盘 | 1组/站 |
| 个别控制盘 | 1面/门 |
| 站务员操作盘 | 2面/站（上下行各1面） |
| 乘务员操作盘 | 2面/站（上下行各1面） |
| 机器表示操作盘 | 1面/站 |
| 安全装置 | 门沿传感器1组/门（导电橡胶带） |
| | 障碍物传感器1组/门（红外线） |
| | 防夹传感器1组/门（红外线） |
| | 开关门预告器1组/门（电子音） |

2. 站台门各部分的组成与功能

站台安全门一般由机械和电气两大部分构成，机械部分主要包括门体结构和门机驱动系统；电气部分包括电源系统、控制系统及监控系统。控制及监视系统包括中央接口盘（PSC）、就地控制盘（PSL）、IBP盘、就地控制盒（LCB）、门控单元（DCU）等。门机驱动系统主要由驱动电机、传动装置和锁紧装置三部分组成，其中传动装置常见的有皮带传动和丝杠螺母传动两种形式，后者因其工作高可靠性和低噪声等优点逐渐被广泛使用。门机驱动系统示意图如图6-6所示。

长沙地铁1、2号线安装的站台门，由滑动门（ASD）、固定门（FD）、应急门（EED）和端门（MSD）组成，每侧站台门共设24对与列车门对应的滑动门、6对（12扇）与每节车厢对应的应急门和两扇端门组成。

（1）门体

门体由支撑结构、门槛、滑动门、固定门、应急门、端门和顶箱组成，门体结构外观及示意图如图6-7所示。

① 支撑结构，包括（上下底部）支撑部件、门梁、立柱、顶部伸缩装置等构件，能承受站台门的垂直载荷、隧道通风系统产生的风压、列车运行时形成的正负水平风压荷载和乘客挤压荷载等。

② 门槛，包括固定门门槛和滑动门门槛。固定门门槛承受固定门的垂直荷载，滑动门门槛承受乘客荷载。门槛结构中有滑动导槽，配合滑动门滑动。门体各部分的名称

如图 6-8 所示。

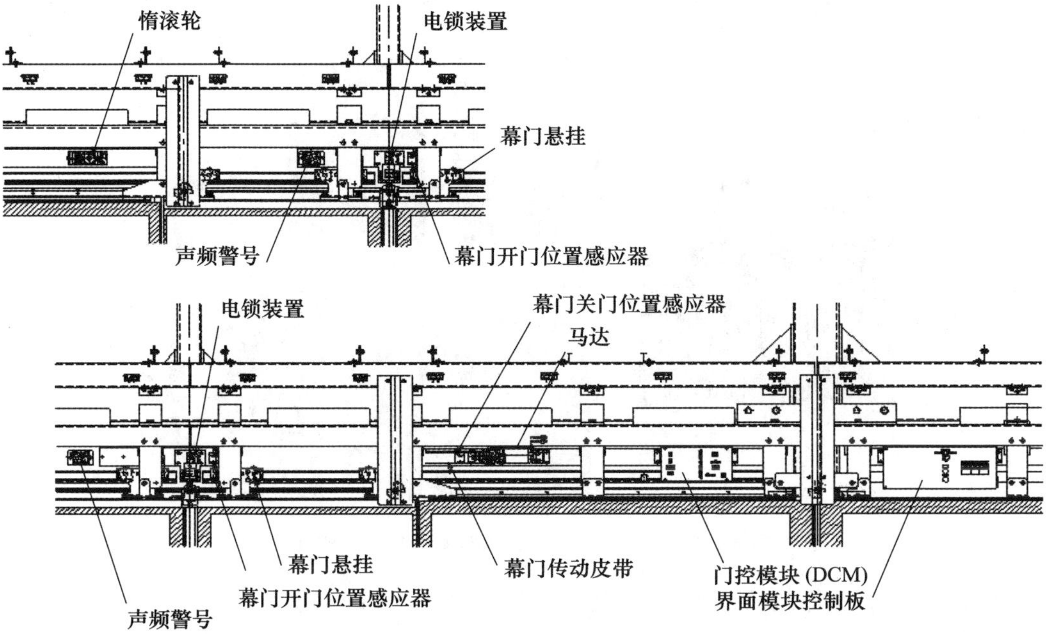


图 6-6　门机驱动系统示意图

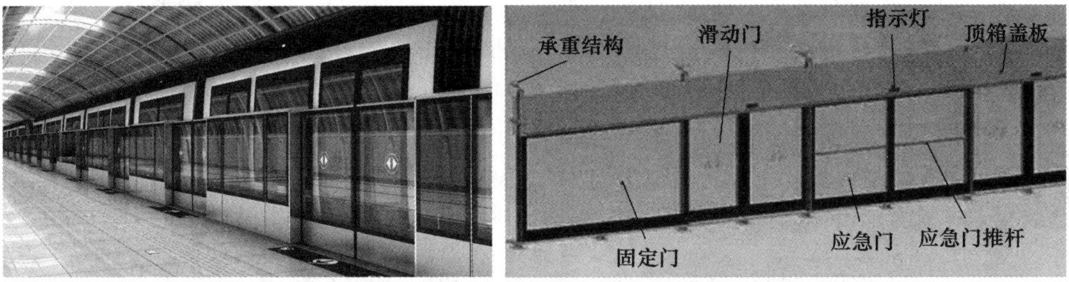


图 6-7　门体结构外观及示意图

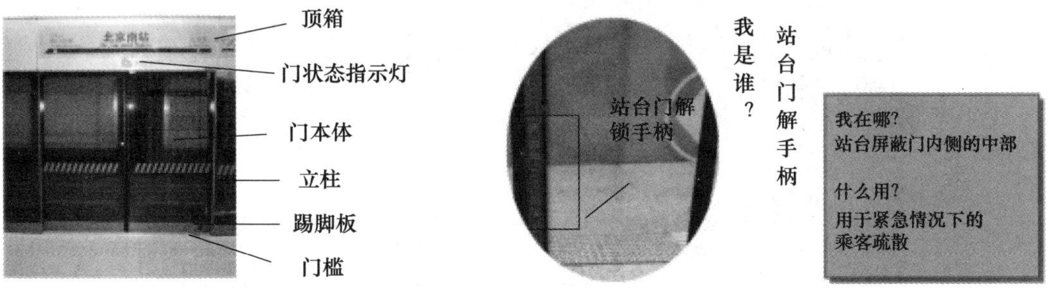


图 6-8　门体各部分名称

③ 滑动门，是正常运行时乘客上下列车的通道，有系统级、站台级和手动操作 3 种控制模式。滑动门由钢化玻璃、门框、门吊挂连接板、门导滑板、门胶条、手动解锁装置等组成，门吊挂连接板设有滑动碳刷架，使金属门框接轨地。

滑动门上设有手动解锁装置，紧急情况时，乘客可从轨道侧手动开门，工作人员可从站台侧用钥匙解锁开门，滑动门钥匙解锁开门和乘客手动解锁开门如图 6-9 所示。

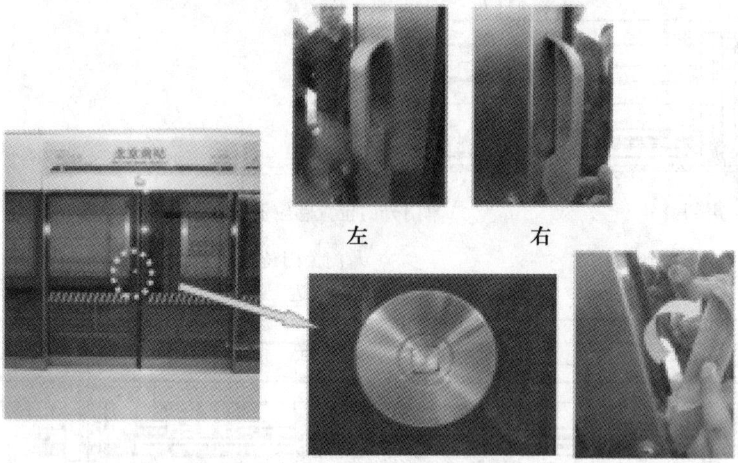


图 6-9　滑动门钥匙解锁开门和乘客手动解锁开门

滑动门设有障碍物探测功能，能探测到的最小障碍物为 5mm（厚）×40mm（宽）的物体（视品牌而定）。滑动门关门受阻时，门操作机构能通过探测器检测到有障碍物存在并释放关门力，停顿 2s 后（0～10s 可调）继续关闭。若障碍物仍存在，门立即全开，然后再次关门，重复关门 3 次（1～5 次可调），门仍不能关闭，滑动门全开并进行报警，ISCS 设备可显示具体故障信息和位置，门状态指示灯闪烁，等待处理。

④ 固定门。由钢化玻璃、门框等构成，门框插挂于立柱的方孔内，门框与立柱之间设有橡胶减振垫，固定在两滑动门之间，在满足门体结构的刚度、强度下，为提高通透效果，采用整体固定门，固定门、滑动门、应急门外观如图 6-10 所示。

图 6-10　固定门、滑动门、应急门外观

⑤ 应急门。由钢化玻璃、门框、闭门器和推杆锁等装置组成，在列车没有停在规定位置，又无法进行调整时，乘客可以通过应急门逃生。示意图如图 6-11 所示。

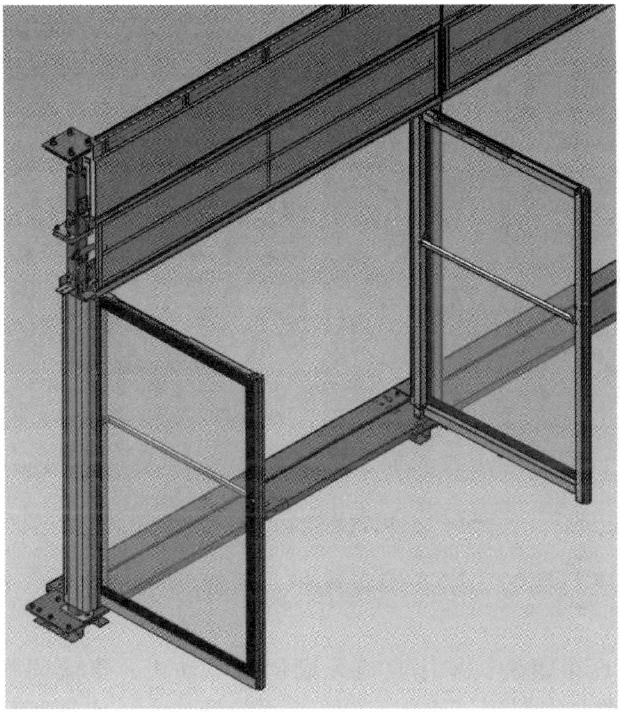

图 6-11　应急门示意图

⑥ 端门。由钢化玻璃、门框、闭门器和推杆锁等装置组成，端门位于站台的两个端头，设在列车司机门和乘客门之间，垂直于站台边线布置，将乘客区与设备区分隔开，端门安装位置示意图如图 6-12 所示。

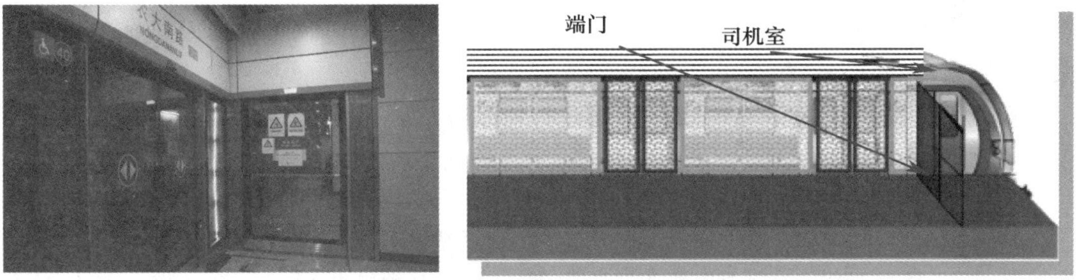


图 6-12　端门安装位置示意图

端门上轨行区侧设置有横向的手动开门推杆，端门上站台区侧设有门锁，可由工作人员用钥匙手动开门。开门转角为朝向站台侧 90°，端门横向的手动开门推杆如图 6-13 所示。

⑦ 顶箱，包括铝合金型材（用于安装门机部件）、门楣、前后盖板、电缆线槽和密封胶等，顶箱外面板有密封保护和导向标识的作用。

⑧ 门状态指示灯，安装在顶箱的下部，如图 6-13 所示，当站台门处于关闭状态时，指示灯灭；处于非关闭状态时，指示灯亮；当门隔离时，指示灯闪烁。

（2）门机系统设备构成

① DCU：门控单元。有电子式、气动式等多种类型，它具备自诊断功能，能与维

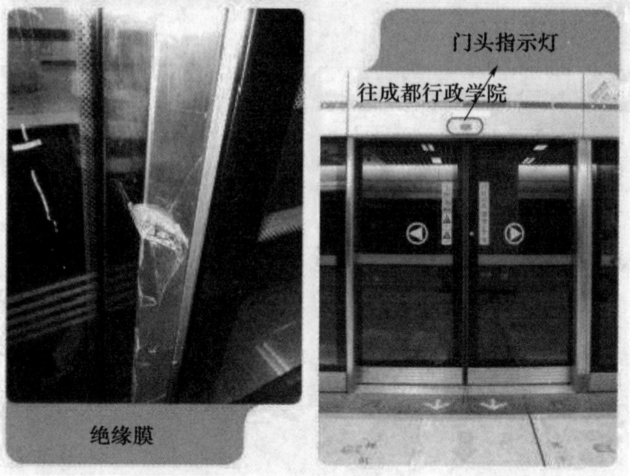


图 6-13　门状态指示灯位置示意图

护计算机连接，可进行测试、组态编程维护，从而实现信息化、智能化及集成网络控制。

② 电动机与减速箱组件：采用直流无刷伺服电动机、直流伺服电机等微特电机，带有霍尔传感器或光电编码器，或由 DCU 使用矢量技术，实现闭环控制及位置控制。由 DCU 采用脉宽调制驱动。减速箱组件用于减速及提高输出驱动力矩。

③ 传动副：是电动机与减速箱组件输出轴至门扇的传动机构，一般为皮带/齿轮式、螺杆式。

④ 门锁紧装置：包括闭锁检测开关、手动解锁检测开关、解锁电磁铁、凸轮、门锁支架。

⑤ 应急门检测开关：用于检测应急门开关状态，输入至 DCU，以及构成门单元的关闭与锁紧信号。

⑥ 金属电缆槽：包括通信线路线槽、控制线路线槽、电源供电线路线槽，位于顶箱之上。

（3）电源供电系统

站台门电源供电系统主要分为驱动电源供电系统和控制电源供电系统。

① 驱动电源 UPS：为门机提供门头电源，当外电中断供电时，能为断电后的站台门提供一定开关门次数控制的驱动能量，为车站人员提供应急处理的时间。

② 控制电源 UPS：为系统控制线路提供电源，当外电中断供电时，能为站台门控制回路提供不少于 30min 的后续能量，为车站人员提供应急处理时间。

③ 系统配电柜：包括系统总开关、主隔离变压器、门单元分路负荷开关、各控制回路工作电源开关、车站低压配电接地保护等。

④ 站台门与轨地：上下安装支架设有绝缘套，使站台门金属构件与车站地绝缘。站台门金属门体构件通过地线与轨道连接，使站台门金属构件与列车车体等电位。

⑤ 站台绝缘地板：沿站台门在站台侧及站台门端门轨侧设有一定宽度的绝缘地板。

（4）电气控制系统的主要构成

① 站台门主控制器（PSC）：是站台门控制系统的核心，可实现系统内部信息的收发、采集、汇总和分析，并实现与系统内部各单元之间、与系统外部或主控系统、信号系统之间的信息交换。

② 站台操作盘：根据列车运行的需要，可以在站台靠近列车行进方向的一段或两端设置，其布设位置与列车正常停车时驾驶室的门相对应。站台操作盘用于实现站台级控制。其外观图如图 6-14 所示。

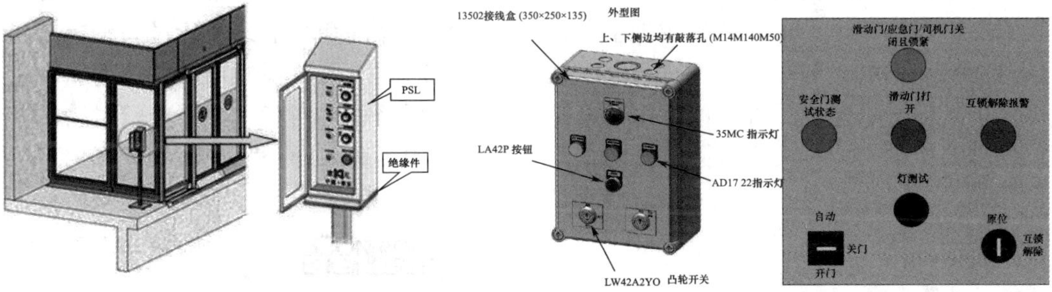


图 6-14　站台操作盘外观图

③ 站台门监视器：用于监视站台门状态、诊断站台门故障状态、运行记录下载、软件重载等。

④ 控制回路：包括站台操作盘继电器、火灾模式控制回路、控制变压器、CAN 总线等。

（5）监视系统

① 安全门单元中所有设备的状态信息均通过现场总线传达到每个安全门控制子系统的 PSC 上。

② PSC 将安全门的所有状态及故障信息通过与 BAS 的接口传送到车站 BAS 进行状态显示、故障报警、数据记录和查询，并可根据运营需要进行月、季报表的生成，运营故障记录等。BAS 对安全门只监不控。

③ 安全门运行的关键状态及故障信息由 BAS 系统发送到全线控制中心 BAS 服务器，并上传至综合故障报警中心。同时利用远程监视设备（PSA）从 PSC 上查询所监视设备的当前状态。

3. 站台门的工作程序

站台门的开关是与车厢门联动的。通常司机打开车门时，站台门也自动打开。关闭车门时也是如此。除此之外，在站台的相应位置还设有供站务员使用的操作盘，每个站台门都设有个别操纵开关，在车站的调度室和运输调度所均设有相应的控制显示和开关，以保证站台门开闭的绝对安全。站台门的开闭采用与车厢门有同等可靠性的压缩空气为动力，驱动气缸安装在站台门顶部的盖内。

站台门以关闭为定位，正常情况下的开闭按以下作业程序进行。

（1）列车进站，由 ATO 控制在指定位置停车，车厢门对正站台门。

（2）司机按动开门按钮，站台门先动作，0.5s 后，车辆门开始动作打开。司机给出指令到车辆门全部打开的时间一般为 3s。

(3) 司机根据列车停站时间，催促乘客抓紧时间上下，当判断乘客乘降结束时，准备关门。

(4) 司机按动车上的关门按钮，预告蜂鸣器发出声响后车门先动作，0.5s 后站台门动作。整个关门时间为 3s。

站台门的开闭指令是由司机从列车驾驶室发出的，而门的执行机构安装在站台上。另外，门开闭到位的确认及动作过程中各种异常情况的感知和信息处理都需要列车与站台固定设备之间的信息往返传递。完成这一任务的通常是发射应答器，它由信息处理装置的变换器和轨道上设置的有源地上元件组成。地上元件和车上元件通过高频电波进行信息交换。例如，列车定点停车与站台门和车厢门对准之间关系的判断方法为：车上元件发出某信号由地上元件中的两个列车定位检测线圈接收，当车门与站台门对正或在允许的误差范围之内，两个线圈收到的信号强度达到均衡，综合控制盘确认后发出可以进行开关门的操作信号。如果列车的停车位置超出规定的停车误差，则两个线圈收到的信号强度不一致，检测的结果不允许进行开关门操作，这时司机必须手动驾驶列车，重新修正停车位置，直到允许进行开关门操作为止。

## 三、任务实施

### 工作任务　站台门系统的使用与运行

通过完成该工作任务，能够在各种模式下进行站台门操作。操作站台门时应首先认真学习操作注意事项，掌握站台门各种模式的操作及站务员应具备的操作能力，站台门就地控制盘及钥匙操作外观如图 6-15 所示。

图 6-15　站台门就地控制盘及钥匙操作外观

### (一) 站台门各种模式的操作

1. 主控制器（PSC）

适用范围：在正常运行模式下，采用系统级控制方式。

(1) 当站台门系统和信号系统通信状态正常的情况下，列车进站并在允许的停车误差范围内停车，站台门系统接收信号系统发来的“开门”指令，自动打开各挡滑动门；当列车停站时间到后，站台门系统接收信号系统发来的“关门”指令，自动关闭各挡滑动门。

(2) 当站台门系统确认各挡滑动门关闭锁紧，并且确认无障碍物被夹在中间时，向信号系统发出“关闭锁紧”信号；经司机确认列车具备离站条件时，列车离站，主控制器外观如图 6-16 所示。

PSC 是整个站台门控制系统的核心，收集并处理来自各个监控点的控制、状态、事件信息，并将处理后的控制、状态、事件信息传向各个监控点。

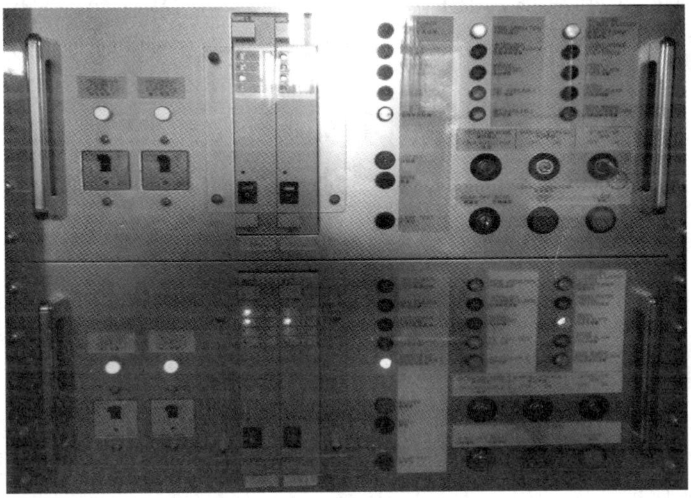

图 6-16　主控制器外观

2. 综合后备控制盘（IBP）

综合后备控制盘（IBP）：在车控室 IBP 盘上可打开/关闭单侧所有滑动门，以便疏散乘客。IBP 外观如图 6-17 所示。

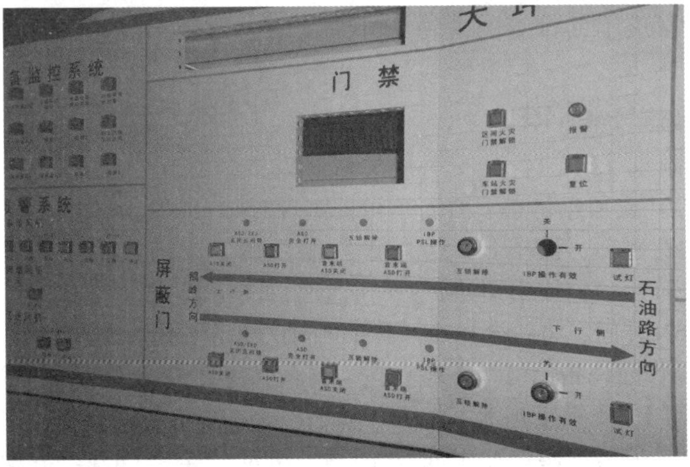


图 6-17　综合后备控制盘外观

(1) IBP 开/关门滑动门

IBP 操作开门：用钥匙插入 IBP 盘钥匙孔，旋转到“开”位置；此时“IPB 操作允许指示灯”点亮；按“ASD 打开”命令，对应侧站台所有滑动门开始打开，“关闭锁紧指示”熄灭。

IBP 操作关门：操作 IBP 盘开门后，滑动门全部打开，需要关门时，按“ASD 关闭”命令，对应侧站台所有滑动门开始关闭，当所有滑动门关闭锁紧后“关闭锁紧指示”点亮，操作完毕关门后钥匙旋转到“关”位。

(2) IBP 开/关门滑动门（本条适用于长沙地铁 2 号线）

适用范围：经授权后紧急情况下对站台门进行紧急开/关门的控制。

操作 IBP 开门：用钥匙插入 IBP 盘钥匙孔，旋转到“操作允许”位置；此时“操作允许指示灯”点亮；按“开门”命令，对应侧站台所有滑动门开始打开，“关闭锁紧指示”熄灭。

操作 IBP 关门：操作 IBP 盘开门后，滑动门全部打开，需要关门时，按“关门”命令，对应侧站台所有滑动门开始关闭，当所有滑动门关闭锁紧后“关闭锁紧指示”点亮，操作完毕关门后钥匙旋转到“自动”位。

(3) IBP 排烟开/关滑动门（本条适用于长沙地铁 1 号线）

IBP 排烟开门：用钥匙插入 IBP 盘钥匙孔，旋转到“开”位置，此时“IPB 操作允许指示灯”点亮；按“首末端 ASD 打开”命令，侧站台上对应辅助排烟的滑动门开始打开，“关闭锁紧指示”熄灭。

IBP 排烟关门：当操作完 IBP 开门后需要关门时，按“首末端 ASD 关闭”命令，侧站台上对应辅助排烟的滑动门开始关闭，当所有门关闭后“关闭锁紧指示”点亮。

(4) IBP 排烟开/关滑动门（本条适用于长沙地铁 2 号线梅溪湖西站至梅溪湖东站，望城坡站至光达站无此功能）

操作 IBP 排烟开门：用钥匙插入 IBP 盘钥匙孔，旋转到“操作允许”位置；此时“操作允许指示灯”点亮；用手按“排烟开门”命令，单侧站台上对应辅助排烟的滑动门开始打开，“关闭锁紧指示”熄灭。

操作 IBP 排烟关门：操作 IBP 盘开门后需要关闭滑动门时，用手按“排烟开门”命令，单侧站台上对应辅助排烟的滑动门开始关闭，当所有门关闭后“关闭锁紧指示”点亮。

3. 站台就地控制盘（PSL）

站台就地控制盘（PSL）：列车司机与站台门系统交互的设备，用于非正常状态下（如信号系统故障）或紧急状态下由列车司机实现对站台门的操作。

操作 PSL 注意事项：操作 PSL 互锁解除需要用 2 片钥匙，2 片钥匙相同可以互换使用，操作完 PSL 后，应拔出钥匙。

(1) 操作 PSL 开门：将钥匙插入“PSL 自动/操作”孔，旋转到“操作”位置，此时“PSL 自动/操作允许指示灯”点亮；按“开门按钮”命令，对应侧站台所有滑动门开始打开，“所有门关闭锁紧指示”熄灭。

(2) 操作 PSL 关门：操作完 PSL 开门后，滑动门全部打开，滑动门需要关门时，按“关门按钮”命令，对应侧站台所有站台门的滑动门开始关闭，当所有门关闭后“所有门关闭锁紧指示”点亮，操作完关门后钥匙旋转到“自动”位并拔出。

（3）操作 PSL 互锁解除：用第 1 片钥匙插入“PSL 自动/操作”孔，旋转到“操作”位置，钥匙留在此位置；用第 2 片钥匙插入“PSL 互锁解除”孔，旋转到“开”位，此时“互锁解除指示”灯点亮，若此时松开，则“互锁解除指示”熄灭。操作 PSL 互锁解除时需要一直保持“互锁解除指示”灯点亮，否则会影响列车进出站。操作完互锁解除后 2 片钥匙旋转到“自动”和“关”位并拔出。

4. 就地控制盒（LCB）

就地控制盒（LCB）：当单扇门体发生故障或检修维护时，站台人员可以通过操作 LCB 开关对门体进行单独控制。LCB 共有 4 个位置顺时针依次为：“自动”“关门”“开门”“隔离”。

操作注意事项：“自动”“隔离”位置钥匙可以拔出，“关门”“开门”位置钥匙不可以拔出；将模式开关置于自动位前须确认门处于关闭锁紧状态。

适用范围：单个或多个滑动门故障，滑动门相邻的应急门故障（滑动门和应急门是一个安全回路），IBP、PSL、信号系统无法开关滑动门，由车务人员在站台操作。

（1）操作 LCB 开门：用钥匙插入 LCB，依次按顺时针旋转到“开门”位，此时对应的滑动门打开，对应滑动门门头灯点亮。

（2）操作 LCB 关门：操作完 LCB 开门后，对应滑动门打开，滑动门需要关闭时，逆时针旋转到“关门”位，此时对应的滑动门关闭，对应滑动门门头灯熄灭。

5. 站台滑动门手动操作（包括站台侧和轨道侧）

适用范围：当紧急情况时打开单挡滑动门或者应急门，由站务人员在站台侧、乘客在轨道侧操作。

（1）站台侧操作手动打开滑动门：用 T 形四角钥匙插入钥匙孔逆时针旋转，同时用力向左/向右推，打开单挡滑动门。

（2）站台侧操作手动关闭滑动门：用手直接推单个滑动门门扇，确保滑动门关闭锁紧。

（3）轨道侧操作手动打开滑动门：用手直接扳压绿色手柄使其顺时针旋转，用力向两侧推，打开单挡滑动门。

（4）轨道侧操作手动关闭滑动门：用手直接拉单个滑动门门扇，确保滑动门关闭锁紧。

（5）站台侧操作手动打开应急门：用 T 形四角钥匙插入钥匙孔逆时针旋转，同时用力向站台侧拉，打开单个应急门。

（6）站台侧操作手动关闭应急门：用手直接推单个应急门门扇，确保应急门关闭锁紧。轨道侧操作手动打开应急门：用手推动应急门推杆，从轨道侧向站台侧打开门体。

（7）轨道侧操作手动关闭应急门：将应急门手动推杆复原位，用手直接拉应急门推杆，从站台侧向轨道侧关闭门体，确保应急门关闭锁紧。

（8）端门的开关操作参考应急门的操作。

# 任务二　站台门系统的故障处理

## 一、任务导入

为提高应对地铁运营突发站台门故障的处置能力，防止事故进一步扩大，将站台门故障造成的影响降到最低，确保地铁安全运营。

## 二、知识准备

### （一）站台门的专业术语及定义

（1）站台门：沿站台边缘布置，将车站站台与行车轨道区域隔离开，可以消除乘客误落入轨道的危险因素、降低能耗。站台门系统主要由玻璃门体、控制系统及电源系统组成。滑动门是乘客上下列车的主要通道，与地铁车门同步打开或关闭。

（2）断电：门单元右侧的空气开关置于断路。

（3）联动：指站台门控制系统接收信号系统的控制命令，与列车门同步打开或关闭。

（4）旁路：站台门单挡门单元的一种故障工作模式，LCB 置于“关门”位置或“开门”位置，将故障门单元的控制回路从控制系统的旁路出来，不影响信号系统。

（5）隔离：站台门门单元的一种维修工作模式，模式开关置于“隔离”位置，将该门单元的控制回路从控制系统中隔离出来，用于维修情况下测试使用，影响关闭且锁紧信号。

（6）“不能关闭故障”：是指信号系统、PSL 或 IBP 发出关闭命令后，站台门或安全门不执行关闭动作响应的故障。当某一门单元不执行关闭动作响应的故障视为“××门单元不能关闭故障”。

（7）“关闭且锁紧信号”：是指站台门关闭后，由站台门控制系统发出的确认所有滑动门及应急门处于关闭且锁紧的信号。

（8）“不能打开故障”：是指信号系统、PSL 或 IBP 发出打开命令后，站台门不执行打开动作响应的故障。当某一门单元不执行打开动作响应的故障视为“××门单元不能打开故障”。

（9）“自动”：是指站台门单元的一种正常工作模式，此时门单元控制回路接收信号系统、PSL 或 IBP 控制指令。

（10）互锁解除：旁路该侧站台门与信号系统的联锁关系。

### （二）站台门故障处理原则

（1）发生站台门故障时，应坚持“先通后复”的原则，当无法隔离（旁路）时，应先发车再处理，司机报行调后凭站台人员“好了”信号以 RM 模式动车，如故障不能修复，行调通知车站后续列车采用互锁解除接发。

（2）发生站台门故障时，车控室值班人员要将故障现象及时向行调报告，车站人员、司机要及时进行处理，做好行车组织的同时，视情况做好乘客广播、引导等客运组织工作。

（3）当车站同时发生整侧滑动门故障不能开启时，行调可根据列车运行实际情况安排首趟列车越站通过或不上下客作业（首末班车除外）。原则上不能组织连续两列车在同一车站通过，后续列车车站人工操作每节车打开一挡滑动门上下客，必要时立即启动滑动门整侧不能打开应急预案。

（4）车站凭行调指令使用互锁解除接发车。车站接行调指令后，通知列车运行方向的后方邻站在列车到达后向本站报点，后方邻站待列车上下客作业完毕后，立即向前方车站报点。车站根据后方站报点，通过站台头端墙直通电话或800兆电台组织站台人员操作互锁解除接发车。

（5）运营期间，对不能关闭的单挡或多挡滑动门，车站必须设置安全防护栏或安排专人看护。

（6）运营期间检修人员在对故障门进行检修过程中，必须严格保证检修门单元处于旁路状态，若不能保持站台门处于旁路，则须征得行调同意后操作。

（7）故障站台门修复后，利用行车间隔或下一列车进行一次试验。

## 三、任务实施

### 工作任务　站台门系统的故障处理

通过该任务的实施，掌握站台门各种故障的处理程序及故障处理，地铁车站站台门故障处理现场如图6-18所示。

图6-18　地铁车站站台门故障处理现场

### （一）就地控制盘（PSL）操作与联动故障操作

（1）与信号系统联锁后，在RM、ATP、ATO模式下站台门均可实现与车门同步开关；在NRM模式下，司机须使用PSL开关站台门；在反方向运行时行调通知相关车站协作司机操作PSL开关站台门。

（2）列车到站停稳后，发生站台门与车门联动功能故障时，先在PSL上手动操作（原则上司机操作）站台门打开或关闭，若PSL上手动操作不能打开或关闭时，再在

IBP 盘进行操作（车站人员操作）。

## （二）两挡及以下/两挡以上站台门不能打开故障处理

两挡及以下/两挡以上站台门不能打开故障处理程序如表 6-4 所示。

**表 6-4　两挡及以下/两挡以上站台门不能打开故障处理程序**

| 负责人员 | 两挡及以下/两挡以上站台门不能打开故障处理程序 | 备注 |
| --- | --- | --- |
| 站台人员 | 1. 发现两挡及以下站台门不能正常开启：<br>（1）报告车控室，并引导乘客从其他开启的站台门下车。<br>（2）将 LCB 开关操作至“关门”位置旁路该故障站台门。<br>（3）确认乘客上下完毕及站台安全后向司机显示“好了”信号，待列车离开站台后，在故障站台门上张贴告示，加强监控。<br>2. 发现两挡以上站台门不能开启：<br>（1）报告车控室，引导乘客从其他开启的站台门下车。<br>（2）必须保证每节车厢至少有一挡对应的站台门供乘客上下，不能满足以上站台人员条件时，人工手动操作故障站台门的开关。<br>（3）确认乘客上下完毕及站台安全后向司机显示“好了”信号，待列车离开站台后，在故障门张贴告示，加强监控。<br>（4）若故障门未能及时恢复或旁路，确认乘客上下完毕及站台安全后，车站人员在 PSL 上将“PSL 互锁解除”打到“开”位，直到列车尾部出清站台区域外不少于 50m。<br>3. 列车离开站台后，在已关闭的故障站台门上张贴故障告示，加强监控。<br>4. 故障站台门抢修时加强安全防护，确保行车安全；抢修完毕后向车控室报告。<br>5. 确认故障站台门单元恢复正常后，撤除站台门故障告示。<br>6. 观察两趟列车开关站台门情况。 | |
| 行车<br>值班员 | 1. 接到故障报告后，视情况广播引导乘客从其他开启的站台门上下车。<br>2. 将故障信息报告行调、环调，并通知生产调度。<br>3. 故障修复后，向行调、环调汇报本站站台门恢复正常。<br>4. 记录事件发生节点，通知维修人员补办施工手续。 | |
| 值班站长 | 1. 发现故障或接到故障的通知后，立即安排人员前往协助处理故障站台门，值班站长做好乘客引导工作。<br>2. 加强站台巡视，安排好各岗位工作。 | |
| 列车司机 | 1. 发现站台门不能打开时，立即报告行调。<br>2. 发现三挡及以上站台门不能打开时，广播引导乘客从其他开启的站台门下车。<br>3. 视情况延长站停时间，乘客上下完毕，确认车站“好了”信号关门，凭信号显示或行调指令动车。 | |
| 行调 | 1. 接到故障报告后，通知生产调度。<br>2. 故障修复前，将故障信息通知全线司机做好客室广播。<br>3. 故障修复后，组织车站和司机配合，利用下一列车进行一次相应侧的站台门开关门试验。 | |

## （三）两挡及以下/两挡以上站台门不能关闭故障处理

两挡及以下/两挡以上站台门不能关闭故障处理程序如表 6-5 所示。

**表 6-5　两挡及以下/两挡以上站台门不能关闭故障处理程序**

| 负责人员 | 两挡及以下/两挡以上站台门不能关闭故障处理程序 | 备注 |
| --- | --- | --- |
| 站台人员 | 1. 发现两挡以下站台门不能正常关闭：<br>（1）若因有阻碍物阻挡则及时清除后就地关闭站台门，如不能及时清除，报告车控室，将故障门 LCB 开关操作至“关门”位置，并对故障的站台门做好安全防护。<br>（2）若非异物阻挡，则直接将故障门 LCB 开关操作至“关门”位置。<br>（3）确认乘客上下完毕，站台安全后，向司机显示“好了”信号，待列车离开站台后，并张贴告示或做好安全防护，加强监控。<br>2. 发现两挡以上站台门不能正常关闭：<br>（1）报告车控室，让乘客离开开启的站台门，操作 PSL 互锁解除，确保站台安全后，向司机显示“好了”信号。<br>（2）待列车离开站台后，采取人工方式关闭故障门单元，若连续多挡门故障时，保证每节车厢至少有一挡对应的滑动门供乘客上下车。并在关闭的故障门上张贴故障告示，引导乘客从正常开启的站台门处上车。<br>（3）故障未修复时，凭车控室指令，使用互锁解除接发列车。<br>（4）须加强对开启的站台门安全防护，防止乘客落入轨行区，确认乘客上下完毕、站台安全后，向司机显示“好了”信号。<br>3. 故障站台门维修时加强安全防护，确保行车安全；抢修完毕后向车控室报告。<br>4. 故障站台门单元恢复正常后，撤除站台门故障告示及安全防护。<br>5. 后续观察两趟列车开关站台门情况。 | |
| 行车值班员 | 1. 视情况广播引导乘客从其他开启的站台门上下车。<br>2. 将故障信息报告行调、环调，并通知生产调度。<br>3. 若需采用互锁解除接发列车，凭行调指令，通知站台岗操作执行。<br>4. 故障修复完毕，向行调、环调汇报本站站台门恢复正常。<br>5. 记录事件发生节点，通知维修人员补办施工手续。 | |
| 值班站长 | 1. 发现故障或接到故障的通知后，立即安排人员前往协助处理故障站台门，并做好乘客引导工作。<br>2. 加强站台巡视，安排好各岗位工作。 | |
| 列车司机 | 1. 发现站台门不能关闭时，立即报告行调。<br>2. 确认车站“好了”信号，凭信号显示或行调指令动车。<br>3. 后续列车司机进站加强瞭望，视情况延长停站时间，做好客室广播，引导乘客从开启的站台门下车。 | |
| 行调 | 1. 接到故障报告后，通知生产调度。<br>2. 故障无法及时排除时，首列车视情况指令司机 RM 模式动车。<br>3. 将故障信息通知全线司机，做好客室广播，加强瞭望。<br>4. 故障门修复后，组织车站和司机配合，利用下一列车进行一次相应侧的站台门开关门试验。 | |

## （四）整侧站台门不能打开故障处理

整侧站台门不能打开故障处理程序如表 6-6 所示。

**表 6-6　整侧站台门不能打开故障处理程序**

| 负责人员 | 整侧站台门不能打开故障处理程序 | 备注 |
| --- | --- | --- |
| 站台人员 | 1. 发现整侧站台门不能打开，立即通知车控室。<br>2. 接到车控室手动开启站台门的指令后，人工开启站台门，保证每节车厢至少有一挡对应的站台门供乘客上下车，做好站台安全监控，引导乘客上下车。 | |

续表

| 负责人员 | 整侧站台门不能打开故障处理程序 | 备注 |
| --- | --- | --- |
| 站台人员 | 3. 相关人员接到站台门故障通知后，尽快到达故障点支援协助。<br>4. 确认乘客上下完毕，对乘客自行打开的站台门进行恢复，并对打开的站台门进行安全防护，确认站台安全后，向司机显示“好了”信号。<br>5. 若乘客自行打开的站台门无法及时恢复或旁路，通知车控室，凭车控室指令执行相关操作。<br>6. 故障站台门抢修时加强安全防护，确保行车安全；抢修完毕后向车控室报告。<br>7. 故障恢复正常后，撤除站台门故障告示，后续观察两趟列车开关站台门情况。<br>8. 若列车执行越站时，做好站台客流引导等。 | |
| 行车值班员 | 1. 接到故障通知后，凭行调指令在车控室操作 IBP 盘尝试打开站台门，仍无法打开后，指示站台手动开启，报行调、环调，并通知生产调度。<br>2. 通知值班站长等相关人员前往站台协助处理故障站台门，加强对站台的监控及广播引导。<br>3. 若需采用互锁解除接发列车，凭行调指令，通知站台岗操作执行。<br>4. 后续列车若需执行越站，凭行调指令及时做好车站广播及客流组织等工作。<br>5. 抢修完毕后，向行调、环调汇报本站站台门恢复正常。<br>6. 记录事件发生节点，通知维修人员补办施工手续。 | |
| 值班站长 | 1. 发现故障或接到故障的通知后，立即安排人员前往协助处理故障站台门，并做好乘客引导工作。<br>2. 加强站台巡视，安排好各岗位工作。<br>3. 列车执行越站时，及时组织做好车站客流组织等工作。 | |
| 列车司机 | 1. 发现整侧站台门不能开启，迅速操作 PSL 尝试打开，若仍不能打开，则立即报告行调。<br>2. 做好客室广播，安抚乘客，引导乘客从开启的站台门下车，并视情况广播指引乘客自行打开站台门下车。<br>3. 视情况延长停站时间。乘客上下完毕，司机凭车站“好了”信号，关车门动车出站。<br>4. 车门关闭后，若未收到站台门关闭锁紧信号，则据行调指令和车站“好了”信号动车。<br>5. 后续列车司机进站加强瞭望，做好客室广播，引导乘客从打开的站台门处下车，若需执行越站，凭行调指令执行，并做好客室广播。 | |
| 行调 | 1. 接整侧站台门不能打开故障报告后，立即通知车站操作 IBP 盘尝试打开。<br>2. 将故障信息通知全线司机，提醒进站时加强客服广播和瞭望。<br>3. 视行车组织需要，组织列车执行越站，并及时通知车站及司机做好应对工作。<br>4. 故障门修复后，组织车站和司机配合，利用下一列车进行一次相应侧的站台门开关门试验。 | |

## （五）整侧站台门不能关闭故障处理

整侧站台门不能关闭故障处理程序如表 6-7 所示。

**表 6-7　故障处理整侧站台门不能关闭故障处理程序**

| 负责人员 | 整侧站台门不能关闭故障处理程序 | 备注 |
| --- | --- | --- |
| 站台人员 | 1. 发现整侧站台门不能关闭，立即通知车控室。<br>2. 相关人员接到站台门故障通知后，尽快到达故障点协助。 | |

续表

| 负责人员 | 整侧站台门不能关闭故障处理程序 | 备注 |
| --- | --- | --- |
| 站台人员 | 3. 列车客室门关闭时，引导站台乘客远离站台门，防止乘客抢上抢下；客室门关闭后，确认站台安全，向司机显示“好了”信号，并密切注意站台乘客的动态，确保乘客安全。<br>4. 列车离开站台后，手动关闭故障站台门，每节车厢至少保留一挡站台门开启，供乘客上下车，并做好安全防护，加强对站台的监控，防止在没有客车停站时乘客靠近开启的站台门而掉下轨行区。<br>5. 故障修复前，接车控室通知操作互锁解除，接发后续列车。<br>6. 故障站台门抢修时加强安全防护，确保行车安全，抢修完毕后向车控室报告。 | |
| 行车值班员 | 1. 接到故障通知后，凭行调指令在车控室操作 IBP 盘尝试关闭站台门，仍无法关闭后，通知站台加强防护，报行调、环调，通知生产调度。<br>2. 报值站，通知相关人员前往站台协助处理站台门故障，加强对站台的监控及广播引导。<br>3. 故障修复前，经行调同意，使用互锁解除接发后续列车并通知站台人员执行相关操作。<br>4. 接到站台岗抢修完毕的通知后，向行调、环调汇报。<br>5. 记录事件发生节点，通知维修人员补办施工手续。 | |
| 值班站长 | 1. 接到故障通知后，凭行调指令在车控室操作 IBP 盘尝试关闭站台门，仍无法关闭后，通知站台加强防护，报行调、环调，通知生产调度。<br>2. 报值站，通知相关人员前往站台协助处理站台门故障，加强对站台的监控及广播引导。<br>3. 故障修复前，经行调同意，使用互锁解除接发后续列车并通知站台人员执行相关操作。<br>4. 接到站台岗抢修完毕的通知后，向行调、环调汇报。<br>5. 记录事件发生节点，通知维修人员补办施工手续。 | |
| 列车司机 | 1. 发现整侧站台门不能关闭，迅速操作 PSL 尝试关闭，若仍不能关闭，则立即报告行调。<br>2. 司机确认车站“好了”信号，凭信号显示或行调指令动车。<br>3. 后续列车司机进站鸣笛、加强瞭望，视情况延长站停时间，做好客室广播，引导乘客从开启的站台门下车。 | |
| 行调 | 1. 接报整侧站台门不能关闭，立即通知车站操作 IBP 盘尝试关闭。<br>2. 故障无法及时排除时，首列车视情况指令司机 RM 模式动车。<br>3. 将故障信息通知全线司机，要求进入该车站限速，加强客服广播和瞭望。<br>4. 故障修复后，组织车站和司机配合，利用下一列车进行一次相应侧的站台门开关门试验。 | |

## （六）站台门玻璃破碎时的处理程序

站台门玻璃破碎时的处理程序如表 6-8 所示。

**表 6-8　站台门玻璃破碎时的处理程序**

| 负责人员 | 站台门玻璃破碎时的处理程序 | 备注 |
| --- | --- | --- |
| 站台人员 | 1. 发现站台门龟裂时：<br>（1）报车控室，保持龟裂的滑动门处于常开状态、保持龟裂应急门/固定门两侧滑动门处于常开状态，并将开启的滑动门 LCB 操作至“开门”位。<br>（2）使用封箱胶纸将龟裂的玻璃粘贴住，设置防护区域，张贴告示牌，并加强对故障门的监控。 | |

续表

| 负责人员 | 站台门玻璃破碎时的处理程序 | 备注 |
|---|---|---|
| 站台人员 | 2. 玻璃破碎掉落时：<br>（1）若玻璃已经破碎，应立即按压紧停按钮，确认是否落入轨行区，及时报告车控室。<br>（2）当破碎玻璃未落入轨行区时，马上进行清理，防止破碎玻璃掉入轨行区，并在故障门处设置安全防护。<br>（3）当破碎玻璃已落入轨行区，但不影响行车安全，向车控室汇报，在故障门处设置安全防护，运营结束后清理，加强监控。<br>（4）当破碎玻璃落入轨行区且影响行车安全时，立即通知车控室向行调请示进入轨行区清理，清理完毕后向车控室汇报，并在故障门处设置安全防护。<br>（5）当滑动门玻璃破碎时，须将故障门 LCB 操作至“开门”位，并做好安全防护。 | |
| 行车值班员 | 1. 将故障信息报行调、环调及生产调度。<br>2. 安排人员做好现场防护措施，并通过 CCTV 做好监控，必要时做好乘客安全广播。<br>3. 当破碎玻璃落入轨行区影响行车安全时，凭行调指令组织车站人员下轨行区进行清理。<br>4. 故障修复后，向行调、环调汇报。 | |
| 值班站长 | 1. 发现故障或接到故障的通知后，立即安排人员前往协助处理故障站台门，并做好乘客引导工作。<br>2. 加强站台巡视，安排好各岗位工作。 | |
| 列车司机 | 1. 动车前注意确认车门与站台门之间的空隙安全。<br>2. 后续列车司机进站加强瞭望，并视情况做好客室广播。 | |
| 行调 | 1. 通知全线司机，进站加强瞭望，必要时扣停相关列车，并通知司机做好客室广播工作。<br>2. 关注维修进度情况，若破碎玻璃落入轨行区影响行车安全时，及时安排车站人员应急处理。 | |

## 四、任务评价

### （一）站台门系统的使用与运行维护

站台门系统的使用与运行维护评价表如表 6-9 所示。

**表 6-9　站台门系统的使用与运行维护评价表**

| 项目任务 | 站台门系统的使用与运行维护 | | | | |
|---|---|---|---|---|---|
| 班级 | | 姓名 | | 评价时间 | |
| 【考核内容】 | | | | | |
| 考核项目 | 考核标准 | | | 分值 | 得分 |
| 日常运营应知 | 熟练掌握站台门系统的结构与功能 | | | 10 | |
| | 熟练掌握站台门操作注意事项及 MMS 电脑使用规定 | | | 10 | |
| | 熟练掌握站台门控制系统的三级控制方式 | | | 10 | |
| 日常运营应会 | 能够进行手动操作级（包括站台侧和轨道侧）操作 | | | 10 | |
| | 能够进行站台级（LCB）、站台级（IBP）操作 | | | 15 | |
| | 能够进行站台级（PSL）、系统级（SIG）操作 | | | 15 | |

续表

| 考核项目 | 考核标准 | 分值 | 得分 |
|---|---|---|---|
| 制作内容 | 能反映本地站台门不同型号的特点与实现的功能 | 10 | |
| | 展示本地站台门操作、运行、故障处理的图片清晰、内容新颖丰富 | 10 | |
| | 撰写工作任务报告时要求工作描述具体、工作内容清晰完整 | 10 | |
| 指导教师意见： | | | |
| 说明：1. 建议采用四级评分制（如 90%～100%、80%～90%、60%～80%、<60%）。<br>2. 主要采用小组互评的方式进行评价，教师最后进行参考评分。 | | | |

## （二）站台门系统的故障处理

站台门系统的故障处理评价表如表 6-10 所示。

**表 6-10　站台门系统的故障处理评价表**

| 项目任务 | 站台门系统的故障处理 | | | | |
|---|---|---|---|---|---|
| 班级 | | 姓名 | | 评价时间 | |
| 【考核内容】 | | | | | |
| 考核项目 | 考核标准 | | | 分值 | 得分 |
| 日常维护应知 | 站台门系统相关的英文缩写代号对应的设备和说明 | | | 10 | |
| | 发生站台门与车门联动功能故障时的操作方法 | | | 10 | |
| 日常维护应会 | 两挡及以下/两挡以上站台门不能打开故障处理 | | | 10 | |
| | 两挡及以下/两挡以上站台门不能关闭故障处理 | | | 10 | |
| | 整侧站台门不能打开故障处理 | | | 10 | |
| | 整侧站台门不能关闭故障处理 | | | 10 | |
| | 站台门玻璃破碎时的处理 | | | 10 | |
| 制作内容 | 能反映本地站台门故障处理方法和措施 | | | 10 | |
| | 展示本地车站站台门系统各种故障的处理程序 | | | 10 | |
| | 报告具有一定的前瞻性、科学性和实用性 | | | 10 | |
| 指导教师意见： | | | | | |
| 说明：1. 建议采用四级评分制（如 90%～100%、80%～90%、60%～80%、<60%）。<br>2. 主要采用小组互评的方式进行评价，教师最后进行参考评分。 | | | | | |

# 五、思维拓展（思考题）

1. 站台门系统由哪些部分组成？
2. 站台安全门有哪些？分别应用于什么场合？
3. 叙述站台门系统的三级控制方式？
4. 简述就地控制盘（PSL）各键的使用与功能。
5. 站台门操作应注意的事项有哪些？简述站台门手动操作规程和步骤。

# 项目七　自动扶梯及电梯系统的操作与维护

## 项目背景

电梯系统由自动扶梯、垂直电梯及楼梯升降机组成，是城市轨道交通系统的一个重要组成部分，它每天担负着运送大量客流的任务，其对客流的及时疏散起到了至关重要的作用。城市轨道交通系统配置自动扶梯、垂直电梯及楼梯升降机的基本原则为：站台至站厅间根据车站远期客流量设置上、下行自动扶梯；出入口及过街隧道根据人流量设置上、下行或上行自动扶梯；当提升高度达到 6m 以上时，设上、下行自动扶梯，以保证人流的疏散和服务质量；车站内还设置垂直电梯和楼梯升降机，以满足残疾人等特殊人群的需要。

## 项目任务书

自动扶梯及电梯系统的运行与应急处理任务书如表 7-1 所示。

**表 7-1　自动扶梯及电梯系统的运行与应急处理任务书**

| 名称 | 自动扶梯及电梯系统的运行与应急处理 | |
|---|---|---|
| 学习目标 | 知识目标 | 1. 了解电扶梯的发展史。<br>2. 掌握电扶梯在地铁中的应用、选型、布置及主要设计标准。<br>3. 掌握电扶梯的组成部分。<br>4. 掌握电扶梯的机械安全和电气安全装置。<br>5. 掌握电扶梯的操作原则。<br>6. 掌握电扶梯的操作注意事项。<br>7. 掌握电扶梯的日常使用制度。<br>8. 掌握电扶梯的应急处置程序。<br>9. 掌握电扶梯的日常检查项目及要求。 |
| | 技能目标 | 1. 能指出电扶梯主要机械结构的名称。<br>2. 会正常操作电扶梯。<br>3. 能正确分析处理电扶梯的常见故障。<br>4. 会指导处理紧急时刻如何正确使用电扶梯。<br>5. 会采用适当言辞敬告使用电扶梯不正当行为的乘客。<br>6. 会日常检查电扶梯。 |
| | 素质目标 | 1. 具有良好的社会公德、职业道德和专业基本素质。<br>2. 具有强烈的法律意识、安全环境保护意识、安全与自我保护意识。<br>3. 具有沟通协调能力、语言表达能力、班组管理能力。<br>4. 培养团结协作、热情有礼、认真细心、沉着冷静、遇乱不惊的职业素养。 |

续表

| 名称 | 自动扶梯及电梯系统的运行与应急处理 |
| --- | --- |
| 学习内容 | 知识准备：收集各个城市轨道交通运营公司电扶梯的相关资料，包括使用类型、主要技术指标等。收集各个地铁公司电扶梯的使用规程、日常管理规程，收集各种电扶梯的事故案例。<br>任务一　自动扶梯的使用与运行管理<br>工作任务一　自动扶梯正常运行操作<br>工作任务二　自动扶梯转换运行方向操作<br>工作任务三　自动扶梯紧急停止操作<br>任务二　垂直电梯的使用与运行管理<br>工作任务一　垂直电梯正常使用操作<br>工作任务二　垂直电梯日常使用管理<br>工作任务三　垂直电梯日常检查<br>任务三　自动扶梯系统及电梯系统的应急处理<br>工作任务一　自动扶梯紧急停止操作<br>工作任务二　危难时刻正确使用电梯<br>工作任务三　宣传和解答电梯应急处理方法 |
| 任务实施要求 | 1. 将授课班级学生分组，每小组 5～8 人为一个学习团队。<br>2. 每个学习团队组织学习，进行项目任务分析、任务分配、制定团队工作任务分配表。<br>3. 资料学习、相关知识准备完成项目的资讯环节。<br>4. 现场教学、资源利用完成项目的实施演练环节。<br>5. 学习团队讨论，编制项目任务知识点学习计划书。<br>6. 学习团队现场实践，制定现场实践的实施方案。<br>7. 学习团队按任务分配表制作项目任务的汇报演讲稿，团队派代表上台演讲。<br>8. 制定该项目任务的评价表，考核要素，进行小组互评。 |
| 任务实施要点 | 1. 教学资源收集与整理。<br>2. 确认任务学习的重点与难点。<br>3. 制订任务学习计划，小组任务分工，汇报 PPT 制作，小组交流演讲。<br>4. 学习团队进行讨论，可让老师参与讨论，通过团队合作解决问题。<br>5. 能够识别安全标识，注意安全与环保意识的培养。 |
| 任务拓展 | 1. 会收集具有国内、外领先水平的机电设备监控系统的运行与管理相关技术资料。<br>2. 按“准员工”的要求学习机电设备监控系统的运行与管理系统操作手册。<br>3. 能够进行机电设备监控系统的运行与管理应急处理。<br>4. 会制作机电设备监控系统的运行与管理的多媒体课件。 |
| 任务下发人 | 日期：　年　月　日 |
| 任务执行人 | 日期：　年　月　日 |

# 任务一　自动扶梯的使用与运行管理

## 一、任务导入

由于地铁站客流量比较大，营运时间长，部分出入口提升高度大，因此使用自动扶梯作为乘客出入地铁或疏散的工具，是世界各地地铁系统建设的首要选择。

在城市轨道交通车站中，自动扶梯的用途主要是解决乘客的快速疏解，即列车到达后，大量的乘客从候车站台向地面站厅疏解。由于车站的候场站厅一般离开地面 5～7m（浅埋式），甚至 7～10m（深埋式），乘客的上下只能依赖楼梯，而自动扶梯则具备自动输送乘客的能力，满足了乘客对乘降舒适度的要求。

自动扶梯日常运行管理由各车站工作人员根据车站运作需要，对自动扶梯设备进行开、关和控制运行方向的操作，并对设备镜像监管及故障报告，当车站出现紧急情况或发生火灾时由控制中心统一指挥，车站工作人员按照救灾模式控制自动扶梯的运行，由于自动扶梯设备属于特种设备，安全性要求很高，因此制定了严格的操作规程及管理制度，以保障乘客的安全。在地铁中自动扶梯可靠性要求高，扶梯停止运行时，应能作为固定楼梯疏散乘客。

## 二、知识准备

1. 自动扶梯简介

从自动扶梯最基本的功能来说，是一个经过简单改装的输送带，带有循环运动梯路向上或向下倾斜输送乘客的固定电力驱动设备，按驱动装置位置不同，可分为端部驱动自动扶梯与中间驱动自动扶梯。各种自动扶梯如图 7-1 所示。

图 7-1　自动扶梯示意图

自动扶梯是由一台链式输送机和两台胶带式输送机组合而成的升降传送系统，用于在建筑物的不同楼层间连续运载人员。由于其结构特殊，无论是造型还是工作特性，都与单一的链式或胶带式输送机有很大的区别。与一般电梯不同的是，自动扶梯具有连续输送功能，能够在较短时间内输送大量乘客。

自动扶梯作为地铁车站内集散乘客的主要运输工具，它可以将乘客安全、快捷、舒适地送入或送出车站，有效解决地面至站厅、站厅至站台不同标高间乘客的乘降需要，改善乘客的乘车条件，提高其乘车舒适度，是地铁车站建筑设计中非常重要的环节。

图 7-2　站内自动扶梯

图 7-3　出入口自动扶梯

2. 自动扶梯的主要优缺点

自动扶梯的优点：输送能力大，生产效率高，无等候时间，能连续运送乘客，特别适合有大量人流汇集与疏解的场所，如商店、车站、机场、码头等，对地下车站尤其如此；自动扶梯能逆转，根据需要可选择向上或向下运行，上、下行都能运转，近来又出现了旋转式和平行式等新型自动扶梯，以满足不同场所的需要，甚至可以实现在车站从候车站台到地面出入口的连续输送；与一般电梯不同，当停电或重要零件损坏需要停用时，可作一般楼梯使用。

自动扶梯的缺点：自动扶梯构成中有水平区段，会产生附加的能量损失；提升高度较大时，乘客在自动扶梯上停留的时间较长。

3. 自动扶梯的主要技术参数

（1）梯级名义宽度 $B$：有 600mm、800mm、1000mm。

梯级宽度决定了每个梯级所能站立的人数。我国梯级宽度的取值如表 7-2 所示：

**表 7-2　自动扶梯梯级宽度取值**

| 自动扶梯种类 | $B$（m） | |
|---|---|---|
| | 单人 | 双人 |
| 小提升高度 | 0.6 | 1.0 |
| 中、大提升高度 | — | 1.0 |

（2）倾斜角 $\alpha$：梯路的倾角一般采用 30°，在要求节省空间的地方，也可考虑采用 35°。另外，为了与建筑物内普通扶梯的梯级尺寸相配合（比例为 16∶31），也有采用 27°18′的，以便在普通固定扶梯旁同时并列安装自动扶梯，这一点在城市轨道交通地下车站中尤为普遍。我国规定，自动扶梯的倾角一般不超过 30°。

（3）提升高度 $H$：是指使用自动扶梯的建筑物上、下楼层间或地铁地面与地下站厅间的高度。我国目前生产的自动扶梯系列高度如下。

小提升高度，$H$＝3～10m。

中提升高度，10～45m。

大提升高度，45～65m。

我国城市轨道交通车站的自动扶梯大多采用小提升高度。对于倾斜角为 35°的扶梯自动扶梯，其提升高度不应超过 6m。

(4) 额定速度 $v$：自动扶梯的运行速度与倾角 $\alpha$ 有关。当倾角 $\alpha$ 小于 30°时，速度小于 0.75m/s，当倾角 $\alpha$ 为 30°～35°时，速度小于 0.50m/s。

(5) 输送能力 $Q$。

自动扶梯的输送能力是每小时运载乘客的人数。理论上，自动扶梯满载时的小时最大输送能力为：

$$Q=360.0\frac{1}{t_{级}}nv$$

式中：$t_{级}$——两梯级间的节距（m），为定值；

$n$——每梯级上站立人员数，根据梯级宽度，按国家标准规定取值，一般 $n\leqslant$ 2 人；

$v$——梯级运行速度（m/s），按规定确定。

4. 自动扶梯机械结构

地铁系统中应用的自动扶梯一般使用较多的是链轮式端部驱动自动扶梯，其基本结构可分为四大部分，如图 7-4 所示。

一是供乘客站立并能连续提升的梯路，梯路由梯级、牵引构件及梯路导轨系统 3 部分组成，其中，梯级（如图 7-4 所示）是一种具有特殊结构的四轮小车，包括两个主轮和两个辅轮。

二是动力驱动装置，可完成梯路的提升和连续循环运转。

三是框架结构，用于自动扶梯各零件的组合、定位及现场的定位安置。

四是控制与安全装置。

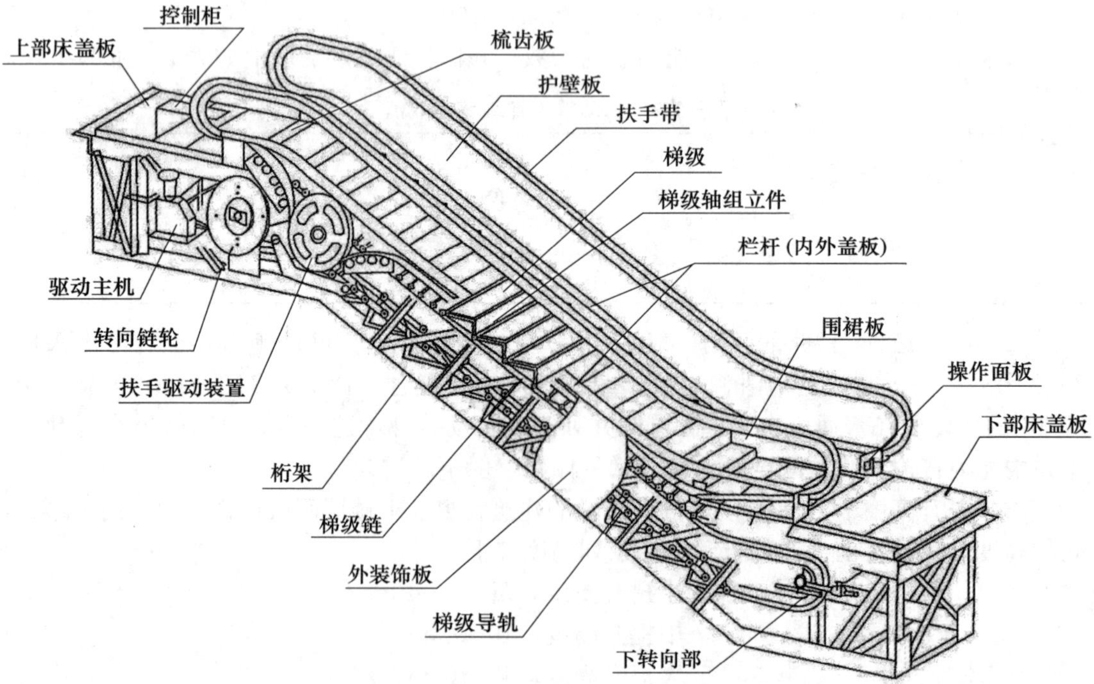


图 7-4　自动扶梯机械结构

（1）桁架：（机架）架设在建筑结构上，支承梯级、踏板及运动机构等部件的金属结构件。

（2）梯级：在扶梯桁架上循环运行，供乘客站立的部件。

梯级是一种具有特殊结构的四轮小车，包括两个主轮和两个辅轮。主轮的轮轴与牵引链条铰接在一起，全部梯级沿着按一定规律布置的导轨运行，其基本的运行规律如下。

自动扶梯上分支的梯级保持水平，以保证乘客站立；自动扶梯下分支的梯级处于倒挂位置，以完成梯级的循环运行。

在一台自动扶梯中，梯级是数量最多的部件，一台小提升高度的自动扶梯约需 50～100 只梯级，而大提升高度的自动扶梯的梯级可达 600～700 只。

从梯级的构成看，可分为分体式与整体式两类。分体式梯级由踏板、踢板和撑架等部分零件拼装组成，而整体式梯级则是把三者形成一体压铸而成，整个梯级通过前辅轮与自动扶梯的其他结构部件组合起来，完成自动扶梯的乘客输送功能。

（3）围裙板：与梯级、踏板两侧相邻的金属围板。

（4）驱动链：传递运动并带动梯级运行的部件。

（5）梯级导轨：供梯级滚轮运行的导轨。

（6）梳齿板：位于运行的梯级出入口，为方便乘客上、下过渡与梯级踏板相啮合的部件。

（7）驱动装置：驱动扶梯运行的部件，包括电动机、减速器、驱动链轮主轴和驱动链轮等。

（8）扶手带装置及扶手带：扶手带装置是在扶梯两侧对乘客起安全防护作用，并便于乘客扶握的部件。扶手带是在扶手装置顶面，与梯级同步运行，供乘客扶握的带状部件。

（9）扶手带张紧装置：当扶手带被拉长或安装过紧时，用于调节其长度的部件。

（10）控制柜：主要由主机板、变频器、主开关、各种继电器、接线端子、通信接口和接地保护装置等构成。

（11）自动润滑系统。

（12）安全装置。

5．自动扶梯电气控制

电气控制系统包括主控制柜、操纵面板、检修控制盒及各种安全保护开关，节能型扶梯还包含变频器、进入感应装置，在无人乘梯时扶梯停止或以低速运行，当感应到有人进入扶梯时扶梯加速到正常速度。整个控制电路包括主电路、控制电路、整流电流和保护电路。

（1）控制电路

主电路由交流拖动电动机、交流润滑电动机及接触器等组成，是自动扶梯的动力电路，如图 7-5 所示。

控制电路主要完成自动扶梯的起动、停止、正反转、制动、报警及“星三角”变换，对其进行全面的控制和管理，对运行中发生的短路、欠电压、过载等故障实施高速并行处理，使自动扶梯迅速制动并正确停车。

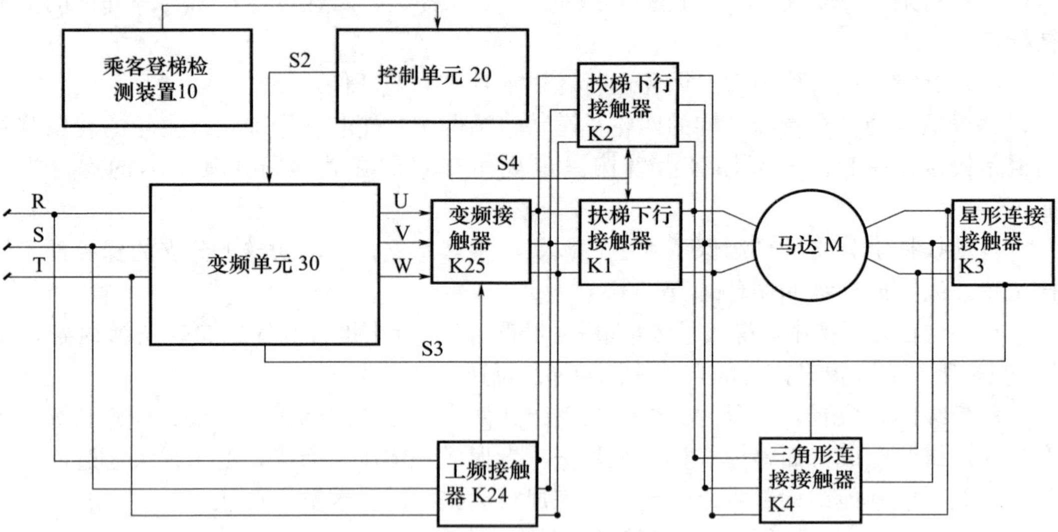


图 7-5　自动扶梯的动力电路图

保护电路的主要功能是检测故障并进行声光报警，切断控制电路电源，迅速制动拖动电动机。

（2）控制箱

控制箱置于上部桁架的机房内。为方便维修，去掉机房盖板后，整个控制箱可以顺一根导轨拉上来并且转动。控制箱内部主要包含主机板、变频器、主开关、各种继电器、接线端子、通信接口和接地保护装置等，如图 7-6 所示。

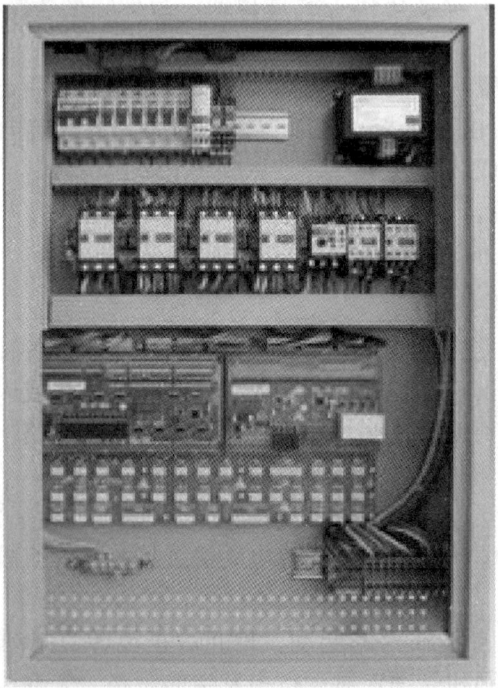

图 7-6　自动扶梯控制箱

6. 自动扶梯安全装置

安全装置主要是防止自动扶梯工作中可能出现的危及乘客安全的事故或在出现这种事故后能及时中断自动扶梯的运行，减少可能对乘客造成的伤害。安全装置可分为必备与辅助装置两大类。

必备安全装置如下。

（1）工作制动器。自动扶梯正常停车时使用的制动器，在制动电路断开后，制动器应立即起动。

（2）紧急制动器。在驱动机组与驱动主轴间采用传动链条进行连接时设置，以确保乘客的安全。

（3）速度监控装置。一旦发生自动扶梯失速（速度过大或过小），速度监控装置会切断自动扶梯的电源。

（4）牵引链条伸长或断裂保护装置。

（5）梳齿板保护装置。当乘客的伞尖、鞋跟或其他异物嵌入梳齿后，确保自动扶梯立即停止运转。

（6）扶手胶带入口防异物保护装置。防止扶手胶带在端部下方入口处发生异物夹住事故。

（7）梯级塌陷保护装置。一旦发生梯级塌陷，使自动扶梯停止转动。

（8）裙板保护装置。当异物进入裙板与梯级之间的缝隙后，确保自动扶梯立即停止运转。

（9）梯级间隙照明装置。显示梯级形成阶梯（上升）或阶梯消失（下降）的位置，以使乘客能调整站立的位置。

（10）电机保护。防止自动扶梯驱动电机超载或电流过大。

（11）相位保护。防止电源相位接错或相位脱开。

（12）急停按钮。红色紧急开关。遇有紧急情况，按下该开关，即可立即停车。

辅助安全装置如下。

（1）辅助制动器。自动扶梯停车时起到保险作用。

（2）机械锁紧装置。自动扶梯运输过程中或长期不用时，将驱动机组锁紧。

（3）梯级上的黄色边框。安全站立区域显示标志。

（4）裙板上的安全刷。防止梯级与裙板之间夹住异物。

（5）扶手胶带同步监控。

## 三、任务实施

### 工作任务一　自动扶梯正常运行操作

【学习描述】

自动扶梯正常运行操作是车站工作人员日常工作的一项内容，正确的启动、停止操作方法对于设备的使用寿命至关重要，并且很大程度上减少了运行过程中出现的突发故障，为乘客的安全提供保障。

【学习过程】

1. 开始运行之前

（1）检查出入口、梯级、扶手带、梳齿板等部位的清洁情况，除去夹在其中的碎纸、小石子、口香糖等妨碍运行的杂物。

（2）确认自动扶梯周围的安全设施（三角警示牌、防止进入栅栏等，如图 7-7 所示）有无破损等异常状况。

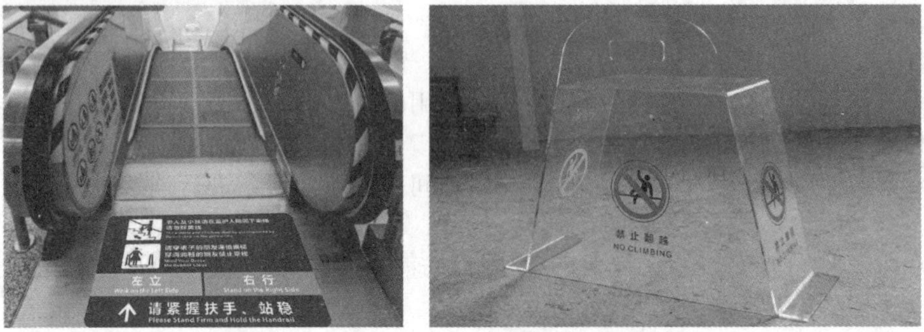


图 7-7　自动扶梯警示牌

（3）用手感触并确认裙板及竖板的润滑剂是否充分。

2. 开始运转时

（1）将钥匙插入报警开关，鸣响警笛数秒，向附近人员发出将运转的信号。

（2）确认自动扶梯踏板上或周围没人时，将钥匙插入“启动开关”并转至运行需要的“上行”或“下行”侧并保持 1s 以上，自动扶梯则开始工作，如图 7-8 所示；放开手，则钥匙回到中立位置，将钥匙拔出。

（3）启动后需确认扶梯踏板和扶手是否正常工作，如有异常声响或振动时，应立即按动紧急停止按钮，停止自动扶梯。

图 7-8　自动扶梯启动

（4）确认正常运转之后，再试运转 5～10min。

（5）试运转时按动紧急停止按钮，确认紧急停止是否正常。

3. 停止运转时

（1）在停止自动扶梯之前，需确认有无发生异常声音或振动，以便停运后及时将故障情况上报给环调，再由环调组织专业人员维修。

（2）将钥匙插入报警开关，鸣响警笛数秒，向附近的人发出将停止运行的信号。

（3）自动扶梯停稳之前，禁止人员进入自动扶梯的乘梯口。

（4）确认自动扶梯附近或扶梯踏板上无人后，将专用钥匙插入停止开关并转至“停止”侧，使扶梯停止运行。

（5）为防止乘客将停用中的自动扶梯用作楼梯，应采取措施，用栅栏等挡住乘梯口，设置停用牌，如图 7-9 所示。

图 7-9　自动扶梯警示带和栅栏

## 工作任务二　自动扶梯转换运行方向操作

【学习描述】

目前绝大部分自动扶梯均设有上行及下行功能，至于是选择长期运行上行还是长期运行下行，需要看运用场合。对于地铁车站，客流量可能出现单向的严重拥堵情况，应对这种上下班高峰客流量，转换自动扶梯运行方向可以加快乘客疏散，减少拥堵带来的安全隐患。

【学习过程】

（1）利用警报开关通知扶梯附近或踏板上的乘客，鸣响警笛数秒。

（2）确认扶梯踏板上无人后再用停止开关停止运行。

（3）待完全停止后，再重新打开启动开关，向计划的方向运行。

（4）乘梯口有楼面文字显示时，一旦转换运行方向，楼面文字表示也要相反，如图 7-10 所示。

图 7-10　自动扶梯楼面文字

## 工作任务三　自动扶梯日常检查

【学习描述】

自动扶梯因其设备作用的特殊性，日常检查不仅关系到乘客的舒适度及设备的使用寿命，更关系到乘客的人身财产安全，因此自动扶梯设备必须做到启动前和停止后的检查，使设备始终处于良好的工作状态。

【学习过程】

1. 自动扶梯日常检查方式

自动扶梯日常检查以“望、闻、问、摸、嗅”为主要手段，必要时使用专用仪器或设备进行检查。

（1）望：用眼睛观察设备运行是否正常，如梯级、扶手带、扶梯盖板、梳齿有无损坏，螺丝、装饰条有无松脱，锁匙开关、急停按钮是否处于正常位置。

（2）闻：用耳听设备运行声音有无异常，如梯级与裙板的碰撞声、扶手带与装饰板的摩擦声、电机及相关机械工作时发出的声音，接触器与继电器的吸合是否正常。

（3）问：询问其他工作人员关于设备的运行情况，是否有故障现象。

（4）摸：用手转动开关或按动按钮，检查该功能是否正常，触摸电机表面温升是否正常，检查各开关的电线是否松动。

贴士：电器温度升高后，其自身温度与周围环境温度之差称为温升。

（5）嗅：用鼻嗅，检查是否有电器烧焦的气味。

2. 自动扶梯日常检查内容

（1）紧急停止按钮：可重复开关几次紧急停止按钮，确保可靠有效，指示是否清楚。

（2）梯级、梳齿板：检查是否卡有异物，梳齿板（如图 7-11 所示）及梯级面板是否有断裂或损伤，如有断齿、缺齿现象，应通知维修单位及时更换。

图 7-11　自动扶梯梳齿板

（3）扶手带：检查扶手带是否有异常膨胀或老化，有无污垢，有则清理；并检查扶手带与梯级的同步速度，如有滞后或超前梯级速度的现象，立即通知维修单位调整扶手带的松紧。

（4）内盖板：检查螺栓是否松动，接合处是否平滑，如图 7-12 所示。

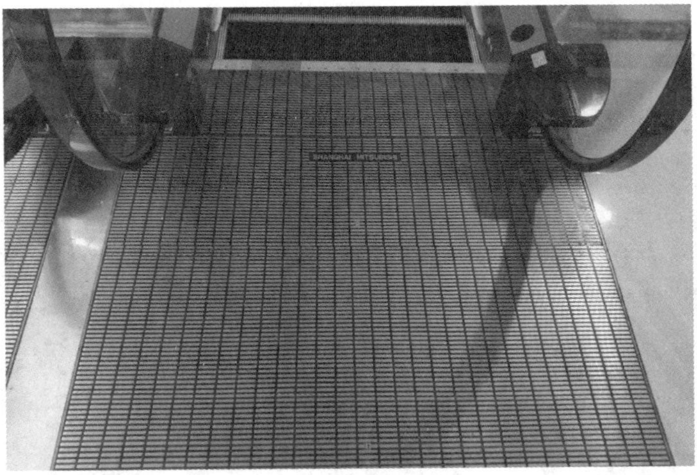

图 7-12　自动扶梯内盖板

（5）防护装置和三角警示牌：检查自动扶梯与建筑物夹角处的警示牌是否安装牢固、完整无损，如图 7-13 所示。

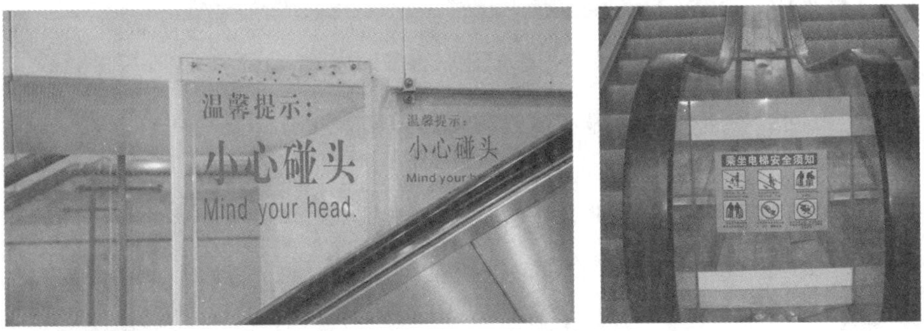


图 7-13　自动扶梯防护装置及警示牌

（6）围裙板与梯级的间隙：单边间隙不大于 4mm，两边间隙总和不大于 7mm，梯级不得摩擦围裙板，如图 7-14 所示，发现超标应及时通知维修单位调整。

图 7-14　围裙板与梯级间隙

（7）启动及停止开关：检查钥匙插入后转动是否灵活。

（8）警示标识：检查入口处警示标识是否完好无损，如图 7-15 所示。

图 7-15　自动扶梯警示标识

（9）运行方向：检查自动扶梯入口处的运行方向显示标识是否可靠、有效，如图 7-16 所示。

图 7-16　自动扶梯运行方向显示标识

（10）检查自动扶梯的定期检验合格证，如图 7-17 所示，确保完好无损。

【知识拓展】

在地铁系统中不宜安装自动扶梯和电梯的地方，为方便残疾人轮椅出入地铁，部分楼梯还会加装楼梯升降机，如图 7-18 所示。

图 7-17　自动扶梯检验合格证

图 7-18　楼梯升降机

楼梯升降机采用钢缆驱动沿轨道上下运行，不运行时轮椅平台可折叠放置，以减少占用空间。楼梯升降机主要由轮椅平台、驱动机与牵引系统、轨道系统、输送缆 4 个部分组成。

## 四、任务评价

**表 7-2　自动扶梯的运行使用与操作项目实施评价表**

| 项目任务 | 自动扶梯的运行使用与操作 | | | | |
| --- | --- | --- | --- | --- | --- |
| 班级 | | 姓名 | | 评价时间 | |

续表

【考核内容】

| 考核项目 | 考核标准 | 分值 | 得分 |
|---|---|---|---|
| 自动扶梯系统应知 | 自动扶梯的正常运行、运行方向操作 | 10 | |
| | 自动扶梯的日常使用管理 | 10 | |
| 自动扶梯系统应会 | 熟悉自动扶梯日常检查 | 10 | |
| | 熟悉自动扶梯紧急停止操作 | 10 | |
| | 危难时刻能正确使用电梯 | 20 | |
| 报告内容 | 能宣传和解答自动电梯应急处理方法 | 15 | |
| | 展示自动扶梯的布置、内外部设备图片 | 15 | |
| | 报告具有一定的前瞻性、科学性和实用性 | 10 | |
| | 合计 | | |

指导教师意见：

说明：1. 建议采用四级评分制（如 90%～100%、80%～90%、60%～80%、<60%）。
2. 主要采用小组互评的方式进行评价，教师最后进行参考评分。

# 任务二　垂直电梯的使用与运行管理

## 一、任务导入

垂直电梯是人们日常出入地铁站需要使用的设备之一，如图 7-19 所示。地铁设计中应充分体现以人为本的理念，特别是给残疾人及盲人出入地铁带来很大的便利；同时在地铁车站中，电梯同时兼顾大尺寸、重行李的垂直乘降功能。

图 7-19　地铁垂直电梯

## 二、知识准备

现代地铁电梯设计最大限度地考虑乘客的安全，但这并不能保证设备在任何情况下不出意外，乘客在电梯正常运行时要做到安全文明使用电梯，在电梯发生故障时必须提高自我保护意识，防止危险发生。如果乘客使用不当也可能造成电梯使用效率下降甚至危及人身安全，故必须指导乘客正确使用电梯。

### 1. 电梯简介

1889 年 12 月，美国奥的斯电梯公司制造出了名副其实的电梯，它以直流电动机为动力，通过蜗轮减速器带动卷筒上缠绕的绳索，悬挂并升降轿厢。

电梯在驱动控制技术方面的发展经历了直流电机驱动控制，直流有齿轮、无齿轮调速驱动控制，交流调压调速驱动控制，交流变压变频调速驱动控制，交流永磁同步电机变频调速驱动控制等阶段。19 世纪末，采用沃德-伦纳德系统驱动控制的直流电梯出现，使电梯的运行性能明显改善。20 世纪初，开始出现交流感应电动机驱动的电梯，后来槽轮式（曳引式）驱动的电梯代替了鼓轮卷筒式驱动的电梯，为长行程和具有高度安全性现代电梯的出现奠定了基础。

电梯在操作控制方式方面的发展经历了手柄开关操纵、按钮控制、信号控制、集选控制等过程，可对多台电梯并联控制、智能群控。

### 2. 电梯的分类

建筑物的高度、用途及客流量（或物流量）不同，设置的电梯类型也不同。目前电梯的基本分类方法大致如下。

（1）按用途分类

乘客电梯：为运送乘客设计的电梯，要求有完善的安全设施及一定的轿内装饰。

载货电梯：主要为运送货物而设计，通常有人伴随。

医用电梯：为运送病床、担架、医用车而设计的电梯，轿厢具有长而窄的特点。

杂物电梯：供图书馆、办公楼、饭店运送图书、文件、食品等。

观光电梯：轿厢壁透明供乘客观光用的电梯。

车辆电梯：用作装运车辆的电梯，

船舶电梯：船舶上使用的电梯。

除上述常用电梯外，还有些特殊用途的电梯，如建筑施工电梯、车辆电梯、冷库电梯、防爆电梯、矿井电梯、电站电梯、消防员用电梯等。

（2）按驱动方式分类

交流电梯：将交流感应电动机作为驱动力的电梯。根据拖动方式又可分为交流单速、交流双速、交流调压调速、交流变压变频调速等。

直流电梯：将直流电动机作为驱动力的电梯。这类电梯的额定速度一般为 200m/s 以上。

液压电梯：一般利用电动泵驱动液体流动，由柱塞使轿厢升降的电梯。

齿轮齿条电梯：将导轨加工成齿条，轿厢装上与齿条啮合的齿轮，电动机带动齿轮旋转使轿厢升降的电梯。

螺杆式电梯：将直顶式电梯的柱塞加工成矩形螺纹，再将带有推力轴承的大螺母安装于油缸顶，然后通过电机经减速机（或皮带）带动螺母旋转，从而使螺杆顶升轿厢上升或下降的电梯。

（3）按速度分类

电梯无严格的速度分类，我国习惯上按下述方法分类：低速梯常指低于 100m/s 速度的电梯，中速梯常指速度为 100～200m/s 的电梯，高速梯常指速度大于 200m/s 的电梯，超高速梯常指速度超过的 500m/s 的电梯。

随着电梯技术的不断发展，电梯速度越来越快，区别高、中、低速电梯的速度限值也在相应地提高。

（4）按电梯有无司机分类

有司机电梯：电梯的运行方式由专职司机操纵完成。

无司机电梯：乘客进入电梯轿厢，按下操纵盘上的目标层楼按钮，电梯自动运行到达目标层楼，这类电梯一般具有集选功能。

有/无司机电梯：这类电梯可变换控制电路，平时由乘客操纵，如遇客流量大或必要时改由司机操纵。

（5）按操纵控制方式分类

手柄开关操纵：电梯司机在轿厢内控制操纵盘手柄开关，实现电梯的起动、上升、下降、平层、停止的运行状态。

按钮控制电梯：是一种简单的自动控制电梯，具有自动平层功能，常见的有轿外按钮控制、轿内按钮控制两种控制方式。

信号控制电梯：是一种自动控制程度较高的有司机电梯，除具有自动平层、自动开门功能外，还具有轿厢命令登记、层站召唤登记、自动停层、顺向截停和自动换向等功能。

集选控制电梯：是一种在信号控制基础上发展起来的全自动控制电梯，与信号控制的主要区别在于能实现无司机操纵。

并联控制电梯：2～3 台电梯的控制线路并联起来进行逻辑控制，共用层站外召唤按钮、电梯本身都具有集选功能。

群控电梯：用微机控制和统一调度多台集中并列的电梯，群控包括梯群程序控制、梯群智能控制等形式。

3. 在地铁中的应用及选型

在地铁系统中垂直电梯除了供盲人、乘坐手动轮椅的残疾人等使用外，还可供老、弱、病人及车站工作人员使用。电梯按乘客自助使用设计，提升高度不高，层站一般设置为 2～3 层。通常在地铁出入口与站厅之间设置 1 台垂直电梯，由于地铁中使用的垂直电梯提升高度不高，因此选用低速电梯或液压电梯。

近年来，由于低速无机房电梯技术应用的成熟，且地铁车站的空间比较紧张，因此无机房电梯以其占用空间小、无污染的优势在地铁系统中应用日益广泛。

地铁需长时间面向公众运营，所以配置的电梯应能满足地铁运营环境的各种要求，电梯的技术水平应是先进的、成熟的，性能应是安全可靠的，结构及零部件应设计、配置合理，并具有一定的规范性和互换性，以易于调整和维护，电梯的整机质量水平应能满足设备经久耐用的要求，电梯应具有较高的安全性和先进性，并满足各项技术规格的要求。为满足以上要求，地铁系统中应用的垂直电梯一般选择液压电梯或无机房电梯。

4. 地铁车站内电梯的布置

(1) 站厅到站台：地铁车站内部站厅-站台设置于付费区，多采用透明井道观光电梯。

(2) 出入口：出入口电梯多采用混凝土井道，出地面部分设置候梯厅及无障碍坡道，并与市政无障碍设施连通，如出地面部分采用透明井道，对设备主机环境考验较大，可在景观要求比较高的区域局部采用，如图 7-20 所示。

图 7-20　出入口垂直电梯

5. 地铁车站电梯的主要设计标准（参考值）

无机房电梯技术指标额如下。

(1) 定载重量：1000kg。

(2) 额定速度：(上升及下降) 均 1m/s。

(3) 轿厢尺寸：不小于 1600mm×1400mm×2300mm（宽×深×高)。

(4) 开门方式及尺寸：中分两扇密封自动门（层门和轿门)，开门宽度不小于 1100mm。

(5) 操作控制方式：集选控制。

(6) 平层精度：±5mm 内。

(7) 平衡系数：04～05。

(8) 开门时间：4s。

(9) 噪声：机房噪声＜75dB；运行中轿厢内噪声≤50dB；开关门过程噪声≤55dB。

(10) 地铁车站所设电梯应具有方便残疾人使用的功能装置：电梯轿厢内除设普通操纵箱外，还在左侧壁（面向门内）设一符合残疾人使用标准的副操纵箱，操纵箱上设有警铃按钮和对讲机及其他各种按钮，均为残疾人（包括轮椅和盲人）适用。

（11）电梯轿厢内设语音报站装置，以及与车控室相联的轿内对讲机。

（12）为了增强站厅、站台的通透性，可采用透明轿厢和透明井道的电梯，即除控制柜和操纵箱以外的轿厢壁板和电梯门及厅门，均由 12mm 厚的夹层钢化安全玻璃制成，四周和中间骨架由不锈钢制成。

6. 垂直电梯组成

电梯总体结构包括机械和电气两大部分，结构框图如图 7-21 所示。

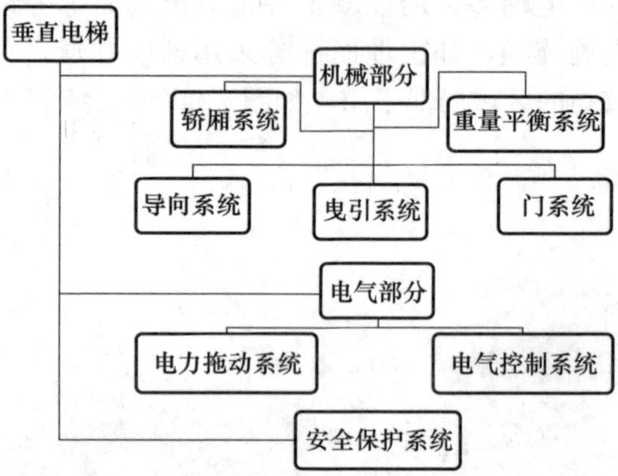


图 7-21　结构框图

7. 报警和救援装置功能

人员被困在电梯轿厢内时，通过报警或通信装置将情况及时通知管理人员，并通过救援装置将人员安全救出轿厢。

（1）报警装置：电梯必须安装应急照明和报警装置，并提供应急电源供电。

（2）救援装置：救援装置包括曳引机的紧急手动操作装置和层门的人工开锁装置。

8. 乘坐电梯应注意的安全事项

（1）注意超限过载电梯不能超载：当电梯报警时，就应该主动退出，乘坐下一趟。电梯超载是很危险的。

（2）不顶阻电梯门：当电梯门快关上时，千万不要强制冲进电梯，阻止电梯关门，切忌一只脚在内一只脚在外停留。

（3）不随意按应急按钮：应急按钮是为应对意外情况而设置的。

（4）不开门运行：乘坐电梯时，如果电梯门未关闭就运行，说明电梯有故障，乘客不应乘坐，并应向维修人员报告。

（5）不乘坐维修中的电梯：来到电梯前，乘客首先看是否挂有“停梯检修”标志，如果电梯正在维修，应挂有这种标志，提示乘客不要乘坐。

（6）发生火灾时别乘坐电梯：乘客禁止使用电梯逃生，而应从楼梯安全出口处逃生。

（7）发生意外千万别慌：电梯运行中万一出现故障，乘客不要惊慌，应按对讲或警铃按钮通知维修人员救援；不要乱动乱按，等待是保障安全的明智选择。

（8）进出电梯须观察：电梯停稳后，乘客进出电梯时，应注意观察电梯轿厢地板和楼层是否水平，如果不平，说明电梯存在故障，应及时通知检修。

## 三、任务实施

### 工作任务一　垂直电梯正常使用操作

【学习描述】

垂直电梯正常运行操作是车站工作人员的工作内容之一，正确的启动、停止操作方法对于设备的使用寿命至关重要，并能很大程度上减少运行过程中出现突发故障，为乘客的安全提供保障。

【学习过程】

1. 呼梯

在电梯层门的一侧设有呼梯按钮，分↑（上行）或↓（下行）两个方向，乘客应按自己的目标楼层选择↑或↓按钮，不应两个都按下，否则会影响电梯的正确选向和运行。

乘客赶到电梯门口正好遇到电梯正在关门的情况，这时不应向电梯门口冲击，更不应用脚或者手扒电梯门，应尽快按住呼梯按钮，使电梯重新开门迎客，这是电梯所谓的“本层呼梯开门”功能。

特别提示：

① 正确按下门口的↑或↓呼梯按钮，切忌同时按下 2 个呼梯按钮，如果是多台并联电梯组，任何一台电梯到站时灯会闪亮并发出到站钟响，提示乘客乘坐。

② 电梯开门后，乘客先下后上。

③ 如果轿厢满载，等待下一台电梯。

④ 电梯关门时，不要将手或其他物体伸到两个门扇之间。

2. 乘梯

电梯停靠开门后，应先使电梯内的乘客出来，再进入轿厢。乘客较多时，如果轿厢操纵盘上的超载信号灯（OVER LOAD）闪烁并发出断续蜂铃声，说明电梯已超载，后进入轿厢的乘客应主动依次退出，直至灯不闪、铃不响为止。

3. 选层

乘客进入轿厢后，应及时掀按操纵盘上自己要去的层站按钮，该按钮内的指示灯点亮表示已经登记好，电梯会按登记的楼层逐一停靠并开门放人。

特别提示：

① 安全快速出入轿厢，切忌在门口处停留，站在门口的乘客应先离开轿厢。

② 正确按下目标楼层选层按钮，以保证不错过你的楼层。

③ 如果轿厢内乘客人数适中，可以向轿厢深处移动，以方便其他乘客。

④ 带小孩的乘客应照看好小孩，带宠物的乘客要防止宠物单独活动。

⑤ 与电梯门保持距离，开关门时要特别注意防止衣物或其他随身物品被电梯门夹住。

⑥ 若需电梯门保持开门状态，应按住开门按钮。如果需要搬运物品，可以请求其他乘客帮忙按住开门按钮。

4. 乘坐电梯

电梯轿厢内不得吸烟、吐痰、乱扔杂物，不嬉闹打斗，不损坏电梯设施，靠近轿壁站立。有扶手时将手放在扶手上，注意观察楼层显示器，提前做好离开轿厢的准备。到站后电梯不开门，可按下开门按钮。如果还不开门，应使用报警按钮或轿内对讲系统、电话，与中控室或物业管理部门联系，等待专职人员救援。

## 工作任务二　垂直电梯日常使用管理

【学习描述】

任何一种设备的投入使用都会有一些明显的温馨提示或使用注意事项。而垂直电梯作为地铁车站内集散乘客的辅助运输工具，在出入口等位置也应有明显的提示标志，告知乘客如何正确使用垂直电梯，避免出现不必要的安全事故。

【学习过程】

### 1. 垂直电梯日常使用安全管理

（1）为确保电梯安全运行，工作人员均需持证上岗，并制定相应的工作人员安全操作守则：保证电梯正常运行，提高服务质量，防止发生事故；正常出勤，不得擅离岗位；电梯不带病运行，不超载运行；操作时不吸烟、不闲谈等。

（2）执行操作规程如下。

①每次开启厅门进入轿厢内，必须作试运行，确定正常时才能载人；②电梯运行中发生故障，立即按停止按钮和警铃，并及时要求修理；③遇停电时，电梯未平层禁止乘客打开轿箱门，并及时联系外援；④禁止运超大、超重的物品；⑤禁止运行中打开厅门；⑥工作完毕时应将电梯停在基站并切断，关好厅门。

### 2. 加强对乘梯人员的安全管理

制作电梯乘梯人员安全使用乘梯的警示牌，悬挂于乘客经过的显眼位置，敬告乘梯人员安全使用电梯的常识，乘梯须知应做到言简意赅，警示牌要显而易见。

### 3. 电梯困人救援的安全管理

规范电梯困人救援工作以确保乘客安全是电梯困人救援管理工作的目的。凡遇故障司梯人员应首先通知电梯维修人员和管理人员。5min 仍未到场，工程部经过训练的救援人员可根据不同情况，设法先行释放被困乘客。

### 4. 救援程序

（1）告知被困人员，等待救援。当发生电梯困人事故时，电梯管理员或救援人员通过对讲机或喊话与被困人员取得联系，务必使其保持镇静，静心等待救援人员的救援，被困人员不可将身体任何部位伸出轿箱外，如果轿箱属于半开闭状态，电梯管理员应设法将厢门完全关闭。

（2）准确判断轿箱位置。做好援救准备，根据楼层指示灯等判断轿箱所在的位置，然后设法援救乘客。

### 5. 救援步骤

轿箱停于接近电梯口位置时的救援步骤如下。

（1）关闭机房电源开关。

（2）用专门外门锁钥匙开启外门。

（3）在轿箱顶用人力慢慢开启轿门。

（4）协助乘客离开轿箱。

（5）重新关好厅门。

轿箱远离电梯口时的救援步骤如下。

（1）进入机房，关闭该故障电梯的电源开关。

（2）拆除电机尾轴端盖，按上旋柄座及旋柄。

（3）救援人员用力把住旋柄，另一救援人员手持制动释放杆，轻轻撬开制动，注意观察平层标志，使轿箱逐步移动至最接近厅门为止。

（4）当确认刹车制动无误时，放开盘车手轮，然后按321的方式救援；遇到其他复杂情况时，应请电梯公司帮助救援，援救结束时，电梯管理员填写援救记录并存档。

6. 垂直电梯日常使用过程中常见故障处理

电梯不能正常关门，可能的原因如下。

（1）门光幕：电梯轿厢轿门安装门光幕，一边为发射杆，另一边为接收杆，当电梯门关闭时，如果有物体挡住光线，接收杆接收不到发射杆的光源，立即驱动光电继电器动作，光电继电器控制门向反方向开启，当门光幕杆被异物或灰尘挡住，门就不会关闭，此时轿厢内楼层指令能按亮，但电梯不能关门运行。

（2）开关门按钮：电梯门自动开到位时，如果按住开门按钮，则电梯门长时间开启，可以方便乘客多时正常进出轿厢；按一下关门按钮，可使门立即关闭。有时开关门按钮被按后会卡住无法弹出，如果开门按钮被卡住，可能导致电梯到站后门一直开着，无法关闭；关门按钮被卡住，可能导致电梯到站门开到位后立即关闭。

（3）厅外召唤按钮：厅外召唤按钮用于登记厅外乘客的呼梯需要，同时具有同方向本层开门功能，如电梯向上运行时，如按住上召唤不放，则电梯门会长时间开启（有的电梯被设计成超过一定时间后强制关门）。召唤按钮被卡住时，电梯会停在本层不关门，或过一段时间强制关门后运行，然后每次都要驶向该层停留一段时间。

（4）轿厢地坎及厅门地坎槽内有异物（如沙石、木棍、水泥等）堵塞，则电梯门也不能开启和关闭，因此需时刻保持轿厢地坎及厅门地坎洁净。

（5）轿内手动模式处于独立状态，则电梯也不能关门，厅外召唤也不能被登记，厅外呼不到电梯。

温馨提示：

（1）当电梯无动力开关门时，不准手拉强制关门，防止人员受伤。

（2）使用过程中不能敲打开关门按钮、轿内指令按钮及厅外召唤按钮，否则可能导致按钮被损坏，进而引起电梯故障，无法运行。

电梯正常停车后不能正常开门的原因可能为厅门或轿门地坎有异物堵塞。

电梯关门后不能正常启动的原因可能是电梯门关闭后轿门或厅门没有关到位，引起门锁未能接通，造成电梯无法运行。

## 工作任务三　垂直电梯日常检查

【学习描述】

自动扶梯因其设备作用的特殊性，日常检查不仅关系到乘客的舒适度及设备使用寿命，更关系到乘客的人身财产安全，因此自动扶梯设备必须做到启动前和停止后的检查，使设备始终处于良好的工作状态。

【学习过程】

1. 垂直电梯日常检查方式

垂直电梯日常检查以“望、闻、问、摸、嗅”为主要手段，必要时使用专用仪器或设备进行检查。

（1）望：用眼睛观察设备运行是否正常。

（2）闻：用耳听设备运行声音有无异常。

（3）问：询问其他工作人员关于设备的运行情况，是否有故障现象。

（4）摸：用手转动开关或按动按钮，检查该功能是否正常，触摸电机表面温升是否正常，检查各开关的电线是否松动。

（5）嗅：用鼻嗅，检查是否有电器烧焦的气味。

2. 垂直电梯日常检查内容

（1）基站厅内日常检查项目及要求

外选按钮：要求外观正常、不歪斜、无缺损、固定牢固，按钮动作灵活、无卡涩，外呼选层时，选层记忆灯亮且能保持到电梯开门。

基站层灯：电梯上下运行一遍，基站的层楼指示灯、方向灯全亮，且指示正确。

钥匙开关及消防开关：外观正常、固定牢固、无缺损、开关有效，开关状态正确。

（2）轿厢内日常检查项目及要求

照明、风扇：轿内照明设备齐备，开关启动灵敏，镇流器无异常音响，灯管无闪烁，风扇运转正常。

通信设施及警铃：电话或对讲机声音清晰，警铃按钮动作灵活、无卡涩，声音正常。

天花板、壁板、地面：天花板完整，安装牢固无坠落可能，电梯运行时无震动，轿厢壁板牢固，无开裂及严重变形，轿厢地面平整、无变形、无破损。

按钮：操纵盘上各按钮外观正常，动作灵活无卡涩，内选按钮全部按下后，除本层外其他信号灯全亮。

轿门：轿门开关正常，无异常声响，开关过程无卡滞及较大晃动，门板与门套间隙6±2mm，日本梯为5±2mm，上下间隙均匀。

安全触板及其他安全保护设施：设施完好无误动作，各活动部位润滑正常，开关门及运行过程无异声。

运行：电梯上下试运行一次，运行过程轿厢不会抖动，各部位无异常声响。

轿内层灯、停电备用灯：外观清洁无异常，方向及层楼指示正确，电梯断电时，备用灯能持续亮15min以上。

（3）其他各层日常检查项目及要求

各层外选按钮及指示灯外观正常，触点接触良好，按钮动作灵活，指示灯全能亮，按钮安装牢固无缺损，各层厅门及门套清洁无较大变形，门板与门板、门板与门套上下间隙一致，其间隙符合标准（国产梯6±2mm，日本梯5±2mm），开关门过程无卡阻。

（4）机房内电梯设备日常检查项目及要求：警告牌及门锁机房门外的“机房重地，闲人免进”警告牌清晰、醒目，门锁工作可靠；机房照明、通道、地面及屋顶照明设备完好，照明正常，通道畅通，地面无积尘等异物，屋顶不漏雨，门窗不进水，通风及消防设备机房通风设备完好，消防设备齐全完好，每台电梯一般不少于两个用于电气火灾的灭火器；电梯关人故障时的盘车工具要齐全、适用，放在明显位置；制动器外表清洁，刹车皮无油污、不老化；制动器动作时无较大撞击声。

## 四、任务评价

**表 7-3　垂直电梯系统的运行与管理项目实施评价表**

| 项目任务 | 垂直电梯系统的运行与管理 | | | | |
|---|---|---|---|---|---|
| 班级 | | 姓名 | | 评价时间 | |
| 【考核内容】 | | | | | |
| 考核项目 | 考核标准 | | | 分值 | 得分 |
| 垂直电梯系统应知 | 垂直电梯正常运行操作 | | | 10 | |
| | 垂直电梯日常使用管理 | | | 10 | |
| 垂直电梯系统应会 | 熟悉垂直电梯日常检查 | | | 10 | |
| | 熟悉垂直电梯紧急停止操作 | | | 10 | |
| | 危难时刻能正确使用电梯 | | | 20 | |
| 报告内容 | 宣传和解答垂直电梯应急处理方法 | | | 15 | |
| | 展示垂直电梯系统的布置、内外部设备图片 | | | 15 | |
| | 报告具有一定的前瞻性、科学性和实用性 | | | 10 | |
| | 合计 | | | | |
| 指导教师意见： | | | | | |

说明：1. 建议采用四级评分制（如 90%～100%、80%～90%、60%～80%、<60%）。
2. 主要采用小组互评的方式进行评价，教师最后进行参考评分。

# 任务三　自动扶梯系统及电梯系统的应急处理

## 一、任务导入

现代地铁电梯设计最大限度地考虑乘客安全，但这并不能保证设备任何情况下都不出意外。作为乘客，电梯正常运行时要做到安全文明使用电梯，电梯发生故障时则必须提高自我保护意识，防止危险发生，但如果乘客使用不当，也会造成电梯使用效率下降甚至危及人身安全。故相关城轨人员应指导乘客正确使用电梯，并在出现状况时做好应急处理。

## 二、知识准备

1. 自动扶梯危险性分析及危险防范

（1）自动扶梯夹人事故：扶梯设备使用过程中，扶梯梯级和扶手带都处于运动状态。使用人员按照警告、提示标识指引，正确站位和扶手，不会发生危险。但是，当使用人员因使用知识欠缺或安全意识不足，或缺乏实际控制行动能力的老人、儿童不恰当地使用扶梯时，当头部夹在建筑物梁柱与扶手带之间，手部夹在扶手带、裙板边，脚部夹在梯级入口处、裙板边，衣服下摆或饰物夹在梯级入口处、裙板边时，均可能发生夹人事故。如处置不当，容易导致伤害事件。发生此类事故时应立即启动预案。

（2）上行扶梯逆转：处于上行状态的扶梯安全开关时，如扶梯的制动器动作不可靠，或者扶梯的驱动力不足，则上行的扶梯会瞬间下行，导致扶梯上的乘客站立失稳，身体摔倒，造成伤害，人多时相互挤压踩踏，可能造成群体伤害事故。此类事故重点在于保证设备的性能，满足安全要求。

（3）下行扶梯运行中急停故障：处于下行状态的扶梯安全开关时，如扶梯的制动器动作导致梯级制动过猛，则可能导致扶梯上的乘客站立失稳，身体摔倒，造成伤害，人多时相互挤压踩踏，可能造成群体伤害事故。此类事故重点在于保证设备的性能，满足安全要求。

（4）检修扶梯时非维修人员使用扶梯事故：处于检修状态的扶梯，通常需要打开上下机仓盖板、拆除部分梯级。当乘客误踏入空梯级处或上机仓、下机仓时，容易踏空摔倒，造成伤害。如扶梯调试运行时发生此类事件，则后果更严重。此类事故重点在于保证维修环境的监管满足安全要求。

根据危险源分析，加强现场监管，控制高峰时期客流，重点关注高危人群，严格维护保养工作环境现场监管，定期检查设备状态，可以有效防止事故发生。

2. 扶梯事故应急处置程序

扶梯发生故障→乘客发出求救信息→紧急停止扶梯→迅速建立现场隔离带，分隔客流→安抚乘客、消除乘客恐慌情绪→维保人员现场判断/实际处理→现场实施救援工作→如事故扩大，则按照综合预案通知相关政府部门启动更高级预案→必要时通知医护、消防人员赶赴现场抢修→恢复→应急结束→后期处置。

3. 自动扶梯事故应急处理预案

（1）突然停车的应急处理：操作人员应首先做好记录，切断自动扶梯的控制电源，检查停车的原因。

（2）异常现象的应急处理：自动扶梯行驶过程中出现异常声响、异味、不正常振动和摩擦，梯级或踏板有较大跳动，扶手装置及裙板有“麻电”感觉现象时，应立即按下急停按钮，停止自动扶梯运行，并立即通知专业维修人员检查维修。如按下急停按钮，仍无法停车，应切断供电总电源开关。

（3）无法启动的应急处理：首先检查电源的供电情况，如无问题但仍不启动，应暂停使用，检查修复后再投入使用。

（4）制动距离过长的应急处理：自动扶梯急停时制动距离过长，须及时检查自动扶梯制动器的抱闸间隙、制动器表面油污及磨损情况。

（5）自动扶梯装置夹入异物的应急处理：发现扶梯的出入口或扶梯与扶手装置之间夹入异物，不能等待扶梯的安全保护装置起作用，而应立即按下急停按钮或切断总电源开关；根据夹入异物的情况和程度，对异物进行取出处理，如能顺利取出，则对扶手带装置、安全保护开关等有关部位进行检查，确认正常后，重新启动扶梯；如果异物不能顺利取出，须打开驱动机房进行手动盘车，取出异物。如果手动盘车仍不能取出异物，则应请求支持，尽快采取措施。

4. 电梯引发事故的原因

违规使用：使用非法设备、安全附件检修维护不当、作业人员违章操作等。

违规安装：安装过程不严格执行安装工艺、违章作业等。

违规维修：维修单位无维修资质、违章作业等。

违规改造：改造单位无改造资质、违章作业等。

5. 电梯事故防范

（1）将电梯事故遏制在制造源头和安装环节，根据《特种设备安全监察条例》规定，电梯属于特种安全设备，未经检验的设备不得出厂或投入使用。

（2）在电梯安装验收后应对电梯进行一年一次的定检，定检不合格的，质监部门责令整改维修，然后复检。

（3）电梯管理人员、电梯操作人员要取得资格证并持证上岗。

（4）电梯至少每 15 日进行一次清洗、润滑、调整和检查。

（5）加强维修保养，确保电梯运营部门联系畅通，以便乘客遇到电梯故障时及时脱险。

（6）加强有关知识的宣传普及。

6. 建立自动扶梯、电梯技术档案并由专人保管

电梯技术档案包括以下技术文件。

（1）《特种设备使用注册登记表》。

（2）产品出厂合格证、主要部件型式试验证书及合格证。

（3）安装使用维护说明书。

（4）电气原理图及符号说明、电气敷线图。

（5）自动扶梯、电梯安装、改造、重大维修、事故检验报告及有关资料。

（6）安装单位自检记录或报告。

（7）维保单位年度自检记录或报告。

（8）日常检查与使用状况记录、维保记录、紧急救援演练记录。

（9）定期检验报告。

（10）自动扶梯、电梯运行故障与事故记录。

（11）维保合同、作业人员证书。

7. 电梯钥匙使用管理

（1）电梯钥匙包括紧急开锁钥匙（俗称三角钥匙）、厅门外电源锁钥匙、轿内操纵盘检修盒锁钥匙、机房钥匙、机房主电源柜锁钥匙。

（2）坚持“谁使用电梯钥匙，谁负责使用安全”的原则。

（3）电梯钥匙由电梯安全管理人员负责保管。

（4）不得将紧急开锁钥匙等交给无电梯作业资格的人员使用。

（5）使用紧急开锁钥匙时须站立稳固、有人监护、按规定方法操作；用紧急开锁钥

匙开启过的层门，如无人值守，应确认层门已经完全关闭。

(6) 电梯钥匙使用完毕须立即交回。

(7) 电梯钥匙保管人员变更时，应办理变更交接备案手续。

(8) 电梯钥匙保管使用人员应及时、主动参加或配合电梯困人事故的紧急救援工作。

8. 自动扶梯的部分不正当行为举例

(1) 行李或小推车放到梯级上。

(2) 用扶梯运载货物。

(3) 坐在梯级上或赤脚乘坐扶梯。

(4) 尖锐物放到梯级上（如雨伞尖端等）。

(5) 沿下行的扶梯反方向往上跑或上行的反方向往下跑。

(6) 站在扶梯盖板上或骑在扶手带上。

(7) 在扶梯乘降处玩耍。

(8) 将身体伸出扶手带外。

(9) 让小孩或老人单独乘坐扶梯。

(10) 站在梯级侧边或前端位置。

## 三、任务实施

### 工作任务一　自动扶梯紧急停止操作

【学习描述】

乘坐扶梯时，当遭遇意外事故或发现他人遭到意外时，应迅速按下紧急停止按钮，电梯就会静止，避免进一步造成人员伤害。

【学习过程】

(1) 使用自动扶梯紧急停止按钮，需事先通知乘客。

(2) 紧急状态下不得不进行操作时，应大声通知乘客“紧急停止，请抓住扶手带”，再用力按动乘梯口的紧急停止按钮。

(3) 重新开启扶梯之前，应确认造成紧急情况的原因，并予以排除。

(4) 如遇到机器异常及不明原因时，不要开梯，并设置防护栅栏和“暂停使用”标示，及时通知维护人员进行维护。

小贴士：地铁内的自动扶梯均设有电梯急停按钮，当自动扶梯出现故障或异常情况（如夹人、夹物）时可按下该按钮，使自动扶梯停止运行，非紧急情况下禁止擅自触碰该按钮。

### 工作任务二　危难时刻正确使用电梯

【学习描述】

乘坐及使用扶梯时，当遭遇意外事故，或者发现他人遭到意外，应当保持冷静，按照指引正确使用电梯自救互救。

【学习过程】

(1) 电梯伤人事故大多发生在门口（人员被运动中的轿厢挤压）或空井道（人员坠

落），电梯发生故障时，应远离这两个地方以保障安全。

（2）电梯门口（厅轿门地坎处）是很危险的地方，切记不要在此停留。

（3）电梯修理过程中，万一工作人员疏忽忘记放警告标志和护栏而开着厅门作业，不可出于好奇向井道内探头。

（4）如果被关在轿厢中，唯一的正确方案是设法请求救援，千万不可强行扒门出逃，停在两个楼层之间的轿厢和扒开的厅门会将人置于双重危险中。在你向外爬的过程中，万一电梯运行，人即刻被门框和轿厢挤压，如果侥幸爬出了轿厢，当试图向下跳到楼层地面时身体极易失去重心而坠入空井道。

## 工作任务三　宣传和解答电梯应急处理方法

【学习描述】

乘坐及使用扶梯时，当遭遇意外事故，或者发现他人遭到意外，能够按照电梯事故处理应急步骤进行处理。

【学习过程】

1. 乘电梯时遇到地震怎么办？

乘客应保持膝盖弯曲，将整个背部和头部紧贴电梯内墙，呈直线状，如电梯有扶手最好能紧握扶手，尽量将自己与电梯固定，以减少可能发生的坠梯对身体造成的伤害。

很多人认为乘坐电梯时遇到地震，应迅速按下电梯所有楼层按键，在最短的时间内停下以逃生，但当电梯遇到地震时，会自动启动“自我保护”机制，通过停梯确保安全。如果同一时间迅速按下所有楼层按键，反而可能导致电梯系统紊乱，增加不必要的伤害。

此时乘客一定要等待救援，千万不要自己试图打开电梯，因为电梯轿厢内的乘客难以判断自身位置，更无法预测是否会发生坠梯，如果盲目打开电梯，将十分危险。

2. 被困电梯内怎么办？

电梯中途停下后，首先要保持镇定，不要担心连接轿厢的钢丝绳折断，因为国家对电梯用的钢丝绳有专门的规定和要求，钢丝绳的配置不只是为承担轿厢和额定载重量，还考虑到拽引力的大小，其抗拉强度远大于电梯的载重量，一般电梯都配有 4 根以上钢丝绳，因此电梯不会轻易掉入井道。乘客被困电梯内不要惊慌，千万不要尝试自行爬出电梯，应设法通知维保单位，可利用电梯内的电话求援，如无电话，可拍门叫喊，或用鞋子敲门，若实在无人回应，最安全的做法是保持镇定，保存体力，等待救援。

3. 电梯运行中突然停电怎么办？

电梯运行中如果遇到突然停电或供电线路出现故障，电梯会自动停止运行，不会有什么危险。因为电梯本身设有电气机械安全装车，一旦停电，电梯的制动器会自动制动，使电梯不能运行。另外，供电部门如果有计划地停电，会事先通知，电梯会提早停止运行。

4. 电梯运行速度突然加快怎么办？

电梯不论是上行还是下行，均应在规定的额定速度范围以内运行，一般不会超速。如果出现超速，电梯控制系统内设有防超速装置，此时该装置会自行启动，使电梯减速或停止运行。

5. 电梯的轿厢门能否被扒开？

电梯的轿厢门从外部是不能被扒开的，必须用专用工具才能开启，内部的乘客也绝不能扒门，即使电梯天花板有紧急出口，也不能爬出去，因为出口板一打开，安全开关就会使电梯停止不动。但如出口板意外关上，电梯可能突然开动，令人失去平衡，在漆黑的井道中可能会被电梯缆索绊倒，或者因踩到电梯外壁的油垢而滑倒，从电梯顶上坠落。

6. 发现电梯运行异常时怎么办?

乘坐电梯时，发现电梯有超速或梯速较慢的情况，或发现电梯轿厢内有焦糊味时，应按下操纵盘上的红色急停按钮，使电梯停车，并及时通报维保人员。

7. 乘坐电梯时遇到火灾怎么办?

发生火灾时，如果乘客正在电梯中，应将电梯停在火势或烟火未蔓延到的梯层，然后从楼梯逃生。高层建筑发生火灾时千万不可坐电梯下楼。

温馨提示：

发生火灾时，电梯不具有防高温性能，当遇到高温时，电梯厢容易失控甚至变形被卡住，有的还会有触电风险。

电梯运作时会使电梯竖井失去防烟功能，从而产生烟囱效应，使其成为拔烟助火的垂直通道，既会威胁人员安全，又会助长烟火扩散与蔓延。

发生火灾时，当楼内电气线路被烧毁或断电时，电梯便会停在楼层中间，一方面，不利于电梯内人员逃生，另一方面，有碍于外面的抢险人员营救，极易造成人员伤亡事故。

电梯的通行能力极其有限，通常一次只能载十几人，当人员多而集中、情况紧急时，疏散缓慢会引起被困人员惊慌失措，导致混乱，从而易发生挤压、跳楼等事故，造成不应有的人员伤亡。

想一想：如果你遇到上述某种情况，应如何与乘客沟通，制止其不当行为。

## 四、任务评价

**表 7-4　自动扶梯系统及电梯系统的应急处理项目实施评价表**

<table>
<tr><td>项目任务</td><td colspan="5">自动扶梯系统及电梯系统的应急处理</td></tr>
<tr><td>班级</td><td></td><td>姓名</td><td></td><td>评价时间</td><td></td></tr>
<tr><td colspan="6">【考核内容】</td></tr>
<tr><td>考核项目</td><td colspan="3">考核标准</td><td>分值</td><td>得分</td></tr>
<tr><td rowspan="2">自动扶梯及电梯系统应急处理应知</td><td colspan="3">危急出现的七种情形</td><td>10</td><td></td></tr>
<tr><td colspan="3">危难紧急时电梯系统正确使用操作方法</td><td>10</td><td></td></tr>
<tr><td rowspan="3">自动扶梯及电梯系统应急处理应会</td><td colspan="3">熟悉危急出现的七种情形的处理程序</td><td>10</td><td></td></tr>
<tr><td colspan="3">熟悉自动扶梯紧急停止操作</td><td>10</td><td></td></tr>
<tr><td colspan="3">危难时刻能正确使用电梯</td><td>20</td><td></td></tr>
<tr><td rowspan="3">报告内容</td><td colspan="3">宣传和解答电梯应急处理方法</td><td>15</td><td></td></tr>
<tr><td colspan="3">展示危难时的应急处理的逃生布置图片等</td><td>15</td><td></td></tr>
<tr><td colspan="3">报告具有一定的前瞻性、科学性和实用性</td><td>10</td><td></td></tr>
<tr><td></td><td colspan="3">合计</td><td></td><td></td></tr>
</table>

续表

| 项目任务 | 自动扶梯系统及电梯系统的应急处理 |
|---|---|
| 指导教师意见： | |
| 说明：1. 建议采用四级评分制（如 90%～100%、80%～90%、60%～80%、<60%）。<br>2. 主要采用小组互评的方式进行评价，教师最后进行参考评分。 | |

## 五、思维拓展（思考题）

【复习思考题】

1. 自动扶梯的功能按钮有哪些？
2. 简述自动扶梯转换功能及操作注意事项。
3. 简述自动扶梯急停开关功能。
4. 简述自动扶梯日常检查内容。
5. 简述自动扶梯乘坐基本注意事项。
6. 垂直电梯的基本按钮功能有哪些？
7. 垂直电梯的安全装置有哪些？
8. 乘坐垂直电梯的安全注意事项有哪些？
9. 垂直电梯的事故有哪些？
10. 垂直电梯的日常检查包括哪些内容？
11. 自动扶梯、垂直电梯由哪几部分组成，各起什么作用？
12. 何为梯路，其核心组成元件是什么？
13. 试画出主辅轮的运动轨迹图，并分析梯路导轨各工作区域的作用。

【技能操作】

1. 自动扶梯的开机操作。
2. 自动扶梯的方向转换操作。
3. 自动扶梯急停开关操作。
4. 自动扶梯日常检查流程操作。
5. 自动扶梯自救演练。
6. 垂直电梯基本按钮功能演练。
7. 垂直电梯应急按钮功能认知演练。
8. 被困垂直电梯救援演练。
9. 垂直电梯停电应急演练。
10. 垂直电梯日常检查程序演练。

# 参考文献


［1］ 仇海兵．城市轨道交通车站设备［M］．北京：人民交通出版社，2010.

［2］ 林瑜筠．城市轨道交通运输设备［M］．北京：中国铁道出版社，2010.

［3］ 刘婉玲．城市轨道交通运输设备［M］．成都：西南交通大学出版社，2010.

［4］ 陈钢．城市轨道交通车站设备［M］．上海：上海交通大学出版社，2017.

［5］ 钟艺．城市轨道交通车站设备［M］．成都：西南交通大学出版社，2010.

［6］ 费安萍．城市轨道交通运输设备的运用［M］．成都：西南交通大学出版社，2015.

［7］ 长沙地铁．JS-CGY-AJB-02-002 2 号线屏蔽门故障应急处理指南［Z］．2014.

［8］ 长沙地铁．运营公司屏蔽门系统设备操作规程［Z］．2016.

［9］ 长沙地铁．自动售票机操作手册［Z］．2016.

［10］ 长沙地铁．自动售票机维修手册［Z］．2016.

［11］ 广州地铁．七号线车站 AFC 设备操作手册［Z］．2016.

［12］ 广州地铁．七号线车站 AFC 设备维修手册［Z］．2016.

［13］ 南京地铁．宁天站机电系统设备资料［Z］．2014.

［14］ 中华人民共和国住房和城乡建设部．GB 50116—2013 火灾自动报警系统设计规范［S］．北京：中国计划出版社，2014.

［15］ 中华人民共和国住房和城乡建设部．GB 50157—2013 地铁设计规范［S］．北京：中国建筑工业出版社，2014.